R. Gupta's®

Popular ENGLISH GRAMMAR with HINDI EXPLANATIONS

By

H.S. BHATIA
M.A. (English)
Formerly Sr. Lecturer in English
(Reader's Grade)
A.S. College, Khanna (Punjab)

RAMESH PUBLISHING HOUSE, NEW DELHI

Published by
O.P. Gupta *for* Ramesh Publishing House

Admin. Office
12-H, New Daryaganj Road, Opp. Officers Mess,
New Delhi-110002 ✆ 23275224, 23245124

E-mail: info@rameshpublishinghouse.com
For Online Shopping: www.rameshpublishinghouse.com

Showroom
- Balaji Market, Nai Sarak, Delhi-6 ✆ 23282525 📱 9354373464
- 4457, Nai Sarak, Delhi-6, ✆ 23918938

38th Edition: July 2025

Book Code: R-204

ISBN: 978-93-5012-598-4

Price: ₹ 220

Printed at: Deepak Offset, Delhi

भूमिका

इस पुस्तक से पूरा लाभ उठाने के लिए यह कहना आवश्यक नहीं कि इसे बहुत ध्यान से पढ़ा जाये। यह भी कहना आवश्यक नहीं कि यह पुस्तक हिन्दी माध्यम द्वारा अंग्रेजी Grammar (व्याकरण) का ज्ञान देने का प्रयास करती है परन्तु यह कहना आवश्यक है कि इस पुस्तक का मुख्य प्रयास हिन्दी व्याकरण की नहीं अपितु अंग्रेजी व्याकरण की बारीकियों को ओर ध्यान आकृष्ट कराना है।

वास्तव में पर्याप्त समय से यह अनुभव किया जा रहा था कि अंग्रेजी व्याकरण (जिसको समझना अधिकतर विद्यार्थी एक असम्भव कार्य मानते थे) को एक सुगम तथा सरल ढंग से प्रस्तुत किया जाये जिससे विद्यार्थी व्याकरण सम्बन्धी ज्ञान में वृद्धि के साथ-साथ, इसकी बारीकियों को भी समझ सकें, वाक्यों की शुद्ध-शुद्ध रचना कर सकें और निबन्ध आदि लिखते समय या Communication के समय इसके अनेक अंगों में उलझने (Pitfalls or Errors) से बच सकें।

यह भी सच है कि Market में इस प्रकार की और भी पुस्तकें हैं परन्तु यह प्रयास किया गया है कि Matter Range और Method of Presentation में यह पुस्तक दूसरी ऐसी पुस्तकों से भिन्न हो, जिससे हर प्रकार और हर स्तर के विद्यार्थी उचित लाभ उठा सकें आशा है कि मेरा यह प्रयास सफल होगा।

इस पुस्तक को और बढ़िया बनाने के लिए आप अपने सुझाव भेज सकते हैं।

H.S. Bhatia

CONTENTS

CHAPTER 1

LANGUAGE-GRAMMAR RELATIONSHIP
(भाषा-व्याकरण सम्बन्ध)

Grammar (व्याकरण)

Grammar का dictionary meaning इस प्रकार है:

"(Grammar is the) study or science of, rules for, the words and structure of a language."

अर्थात् व्याकरण किसी भाषा के शब्दों व ढांचे के नियमों के अध्ययन अथवा विज्ञान को कहते हैं।

यदि हम स्कूली बच्चों की पुस्तक में भी व्याकरण की परिभाषा देखें, तो वह हमें इस प्रकार मिलेगी:

"व्याकरण वह अध्ययन है जिससे भाषा से सम्बन्धित नियमों का पता चलता है और जिससे किसी भाषा को पढ़ने व लिखने के शुद्ध रूप का ज्ञान होता है।"

इस से यह स्पष्ट है कि व्याकरण का भाषा से सीधा सम्बन्ध है। हम कह सकते हैं कि व्याकरण भाषा के लिए ही होती है, तो भी यह भाषा को सींचती है और उसके साथ-साथ परिवर्तित होती है। उदाहरणतया, English में पहले निम्नलिखित यह वाक्य अशुद्ध माना जाता था:

It is me.

कहा जाता था कि यह वाक्य इस प्रकार होना चाहिए:

It is I.

परन्तु अब, *It is me* शुद्ध माना जाता है। भाषा का सम्बन्ध बोलने से है। व्याकरण उसे एक ढांचे में रखना चाहती है, जो वह पूरी तरह कर नहीं पाती। परन्तु फिर भी वह उसे अराजकता से बचाने का प्रयत्न करती है और उसमें Order कायम रखने का प्रयास करती है।

व्याकरण के अध्ययन से पहले एक साधारण नज़र भाषा पर डालनी जरूरी है।

English Language. (अंग्रेजी भाषा) **एक नज़र बिना हिन्दी अनुवाद**

Like mother earth that sustains life on itself, language is man's mother since it sustains him on the earth through the medium of communication. Thus all the languages are important in their own way. However, we know that English in now, undeniably an international language, which is spoken and/or understood in most of the countries of the world.

English, like most of the languages, has passed through a long history, which is beyond the purview of this book. However, we should remember the following points :

(1) Original English was spoken only by the natives of England whose number was very small.

(2) Now, English is spoken by millions of people all over the world as a first language and by millions of others who use it as a second or an auxiliary language.

(3) It is believed that English is a language, which like all major languages of Europe, has branched out of an early language, called Indo-European Language Probably, the people speaking this language lived in central Europe and they later spread in different directions.

(4) Probably, the Celts were the earliest inhabitants of Britain who spoke, Cetotic. Their ancestors were the Indo-Europeans.

(5) In 43 A.D., the Romans, who were also descendants of Indo-Europeans, conquered Britain and made Latin its official language. Latin is also an off-shoot of the Indo-European Language.

(6) In the 5th century, the Romans left Britain due to their domestic problems.

Now, the island was conquered by the Angles, the Saxons and the Jutes who spoke varied dialects of Germanic. These people made Britain their home. The Celts were driven to Scotland, Wales and Ireland. The real old English is the language spoken by these Anglo-Saxon people.

(7) Next came the Danes or Vikings who also settled in England and added their own words to the vocabulary of English.

(8) In 1066, the Norman's who spoke French, conquered England and so, English language was now flooded with French words. French become the official language of England.

(9) By the 14th century, English had been developed considerably to be the common written language, though it could get the official status only later. Middle English, which grew as the most significant language, differed greatly from old English.

(10) Contemporary English (which is still constantly changing) has been developed seventeenth stages in from Middle English (14th century) and Early Modern English (17th century) to present times. It has absorbed words from all the major languages of the world, including some from Hindi.

The English Alphabet

English Alphabet में 26 Letters (वर्ण) हैं। इनमें से निम्नलिखित पांच Vowels कहलाते हैं–

a, e, i, o, u. बाकी वर्णों को Consonants कहते हैं।

किसी शब्द में पहले Vowel या Vowel Sound आने पर Indefinite Article 'an' का प्रयोग

होता है। किसी Consonant अथवा Consonant Sound से पहले 'a' का प्रयोग होता है।

Redundant Consonants

निम्नलिखित Consonants को Redundant (फालतू) या Unwanted माना जाता है:

C, J, Q, X

इनके superfluous (फालतू) होने के कारण यहां लिखने का scope नहीं है, परन्तु यह जान लेना पर्याप्त है कि चूंकि आधुनिक English अधिकतर विदेशी भाषाओं से Grow हुई है, इसलिए इस पर उनका प्रभाव अब अनिवार्य और अमिट है। इसलिए यह अन्तर अब English Alphabet में रहेंगे ही, चाहे उनके बिना भी काम चल सकता हो।

English Sounds

English में प्राय: Vowels की 20 और Consonants की 25 Sounds (ध्वनियां) मानी गई हैं, जिनके बारे में बताना इस पुस्तक के क्षेत्र से बाहर है। परन्तु यह समझ लेना चाहिए कि English में कोई Sounds नहीं है, *e.g.*, हम English में 'ठेकेदार', 'ठेला' आदि शब्द ठीक तरह नहीं लिख सकते:

ठेकेदार = Thakedar = थेकेदार

ठेला = Thela = थेला (या थैला)

इसके अतिरिक्त English में भिन्न Sounds, Gutturals, Palatals, Dentals, Labials, Nasal (n, m, ng) etc के होते हुए भी हम हिन्दी के निम्नलिखित अक्षरों का English में ठीक रूप से उच्चारण नहीं कर सकते और इन अक्षरों के साथ बिल्कुल उचित शब्द नहीं बना सकते।

ऋ, ङ, ञ, ण, ढ़, त, क्ष, त्र, ज्ञ, आदि।

हम स्वयं देख सकते हैं कि जब हम इन्हें अंग्रेजी में बोलने का प्रयास करते हैं, तो ध्वनि बिल्कुल हिन्दी जैसी नहीं बन पाती। सब से बड़े आश्चर्य की बात तो English में 'त' ध्वनि का न होना है:

हिन्दी शब्द	अंग्रेजी शब्द	अंग्रेजी में वास्तविक तथा उत्पन्न ध्वनि
तरसेम	Tarsem	= टरसेम
तरीका	Tarika	= टरीका
तूफ़ान	Toofan or Toofaan	= टूफान
तालाब	Talaab	= टालाब आदि

Spellings in English

English में Spellings का काम विद्यार्थियों को बहुत दुर्गम लगता है। उदाहरणतया:

1. Colonel	=	कर्नल
2. Lieutenant	=	लेफ़टीनेंट
3. Subtle	=	सटल
4. Knife	=	नाईफ़ आदि, आदि

इस दुर्दशा के कई कारण हैं। परन्तु सबसे बड़ा कारण है अंग्रेजी भाषा पर French, Latin आदि भाषाओं का प्रभाव। इसी प्रभाव के कारण English Grammar के दूसरे भागों- Conjugation आदि में भी अनेक anomalies (विंषमतायें) हैं। परन्तु इन सब के कारण ही English language इतनी Rich है। अत: Language and Grammar का घनिष्ठ सम्बन्ध Undeniable है।

CHAPTER 2

THE SPEECH AND THE SENTENCE

(Kinds of Sentences—Contents)

What is Speech?

मनुष्य जब से पैदा हुआ है, अपने-आपको Express करने का यत्न कर रहा है। प्राचीन काल में मनुष्य को बोलना नहीं आता था। इसलिए वह अपनी बात दूसरों को समझाने के लिये चित्रों व चिन्हों का प्रयोग करता था। धीरे-धीरे मनुष्य ने बोलना व लिखना आरम्भ कर दिया। उसके इस बोल कर या लिखकर अपने आप को व्यक्त करने को हम Speech कहते हैं। चिन्हों की जो भाषा मनुष्यों ने लिखना आरम्भ की उसे "Hieroglyph" कहते हैं।

What is a Sentence?

उसके इस बोलने व लिखने में विभिन्न प्रकार के शब्द प्रयुक्त होने लगे। उसके इस भली प्रकार से arrange किये गये शब्दों को Sentences कहा जाता है। कोई भी Speech यदि शब्दों को ठीक से arrange करके नहीं बोली या लिखी जाती वो वह ठीक Speech नहीं कही जा सकती।

Examples

(i) I go to school.

(ii) She plays with her doll.

Kinds of Sentences (Contents)

हम स्वयं को पांच प्रकार से व्यक्त करते हैं। दूसरे शब्दों में, Contents के आधार पर Sentences पांच प्रकार के होते हैं:

1. Assertive Sentences

Sentences, which make simple assertions or statements. e.g., वह वाक्य जिनमें बात सीधे ढंग से कही जाती है।

Examples

(a) He is playing in the ground. वह खेल के मैदान में खेल रहा है।

(b) He takes his breakfast early in the morning. वह अपना नाश्ता प्रात: जल्दी ले लेता है।

इस प्रकार के Sentences को हम Asserative or Declarative Sentences कहते हैं। ये Assertive or Declarative Sentences 'हां' में व 'न' में भी हो सकते हैं। जो वाक्य 'हां' में होते हैं, उनको Positive या Affirmative Sentences कहते हैं। जैसे कि:

(a) He gets up early in the morning. वह प्रात: जल्दी जागता है।

जो Assertive or Declarative Sentences 'न' में होते हैं, उनको Negative Sentences कहा जाता है, जैसे कि:

(a) We should not laugh at the poor. हमें गरीबों पर हंसना नहीं चाहिए।
(b) She will not make a noise in the class. वह कक्षा में शोर नहीं मचायेगी।
(c) He will not tell a lie. वह झूठ नहीं बोलेगा।

2. *Interrogative Sentences*

जिन Sentences में किसी से प्रश्न के तौर पर कुछ पूछा जाये, ऐसे Sentences को हम Interrogative Sentences कहते हैं, जैसे कि नीचे बताया गया है:

(a) Do you go to school ? क्या आप स्कूल जाते है ?
(b) Was he making a noise in the class? क्या वह कक्षा में शोर मचा रहा था ?
(c) Do you like tea? क्या आपको चाय अच्छी लगती है ?

3. *Imperative Sentences*

जिन Sentences में हम किसी से Request करते हैं, कोई Order देते हैं, कोई सुझाव देते हैं अथवा कोई शिक्षा देते हैं, ऐसे Sentences को Imperative Sentences कहा जाता है। जैसे कि:

(a) Kindly give me your note-book. (Request) कृपया मुझे अपनी कॉपी दो।
(b) Please help me. (Request) कृपया मेरी सहायता करो।
(c) Work hard. (Request) खूब मेहनत करो।
(d) Always speak the truth. (Advice) सदा सच बोलो।
(e) Get up early in the morning. (Advice) सुबह जल्दी जागो।
(f) Post this letter. (Order) यह पत्र डाक द्वारा भिजवा दो।
(g) Let us play football. (Suggestion or proposal) आओ फुटबाल खेलें।

4. *Exclamatory Sentences*

जब हम बेहद खुशी में, बेहद दु:ख में या फिर हैरान होकर कुछ करते हैं, ऐसे Sentences को Exclamatory Sentences कहा जाता है। जैसे कि:

(a) Hurrah! we have won the match. आहा! हमने मैच जीत लिया है।
(b) How beautiful the Taj Mahal is ! ताज महल कितना सुन्दर है !
(c) Bravo ! Well done. शाबाश ! बहुत अच्छा किया।
(d) Oh ! what a mean attack. आह ! कितना घटिया आक्रमण है।
(e) Tch ! What a foul smell it is! छी ! यह कैसी गन्दी दुर्गन्ध है।

5. Optative Sentences

जिन Sentences में हम किसी को वरदान या अभिशाप देते हैं या किसी की आराधना करते हैं या कोई इच्छा प्रकट करते हैं, ऐसे Sentences को Optative Sentences कहते हैं। जैसे कि:

(a) May you live long! भगवान करे तुम्हारी आयु लम्बी हो।

(b) Alas ! How short human life is! दु:ख की बात है कि मनुष्य जीवन कितना छोटा है।

(c) Alas! my friend is no more. कितने दु:ख की बात है कि मेरा मित्र जीवित नहीं रहा।

(d) May God help you! भगवान तुम्हारी सहायता करे।

(e) May he die! भगवान करे वह मर जाये।

Note. (i) Assertive and Imperative Sentences के अन्त में full stop (.) का प्रयोग होता है।

(ii) Interrogative Sentences में Sign of Interrogation (?) का प्रयोग होता है।

(iii) Exclamatory व Optative Sentences में Sign of Exclamation (!) का प्रयोग होता है।

EXERCISE I

नीचे दिये गये Sentences में से ढूंढें कि कौन सा Sentence किस प्रकार का है:

1. The clock has just struck ten. घड़ी में दस अभी बजे हैं।

2. What a nice plan! कितनी अच्छी योजना है!

3. Where is Ram? राम कहां है?

4. Why are you making a noise? तुम शोर क्यों मचा रहे हो?

5. Oh! What a horrible animal it is! ओह! यह कितना भयानक जानवर है!

6. Do not pluck the flowers. फूल मत तोड़ो।

7. Kindly give me a coin. कृपया मुझे एक सिक्का दें।

8. May God help you! भगवान तुम्हारी सहायता करे।

9. May I come in, sir? क्या मैं अन्दर आ सकता हूँ, श्रीमान जी?

10. Ugh! How foolish he is! अघ! वह कितना मूर्ख है!

11. March forward, soldiers! आगे बढ़ो, सिपाहियो!

12. Let us go for a walk. आओ घूमने चलें।

13. Don't play outside in the raining season. वर्षा ऋतु में बाहर मत खेलो।

14. Do you know him? क्या आप उसे जानते हैं?

EXERCISE II

(√) Tick the true sentences given below:

नीचे दिये गये Sentences में से सही Sentences के सामने (√) का निशान लगायें:

1. He goes to school daily. वह हर रोज़ स्कूल जाता है।
(a) Affirmative Sentence ☐
(b) Negative Sentence ☐
(c) Imperative Sentence ☐
(d) Exclamatory Sentence ☐

2. Don'ts make a noise here. यहां पर शोर मत करो।
(a) Imperative Sentence ☐
(b) Exclamatory Sentence ☐
(c) Optative Sentence ☐
(d) Negative Sentence ☐

3. Ram never tells a lie.राम कभी झूठ नहीं बोलता।
(a) Optative Sentence ☐
(b) Negative Sentence ☐
(c) Affirmative Sentence ☐
(d) Imperative Sentence ☐

4. May you become rich. भगवान करे कि आप अमीर हो जायें।
(a) Exclamatory Sentence ☐
(b) Imperative Sentence ☐
(c) Optative Sentence ☐
(d) Affirmative Sentence ☐

5. Oh! What a fool you are. ओह ! तुम कितने मूर्ख हो।
(a) Optative Sentence ☐
(b) Exclamatory Sentence ☐
(c) Imperative Sentence ☐
(d) Negative Sentence ☐

6. Does she sing a song? क्या वह गाना गाती है ?
(a) Exclmatory Sentence ☐
(b) Imperative Sentence ☐
(c) Negative Sentence ☐
(d) Interrogative Sentence ☐

7. What is he to you? वह आप का क्या लगता है ?
(a) Interrogative Sentence ☐
(b) Negative Sentence ☐
(c) Imperative Sentence ☐
(d) Optative Sentence ☐

8. What a beautiful pen you have! आपके पास कितना सुन्दर पैन है !
(a) Affirmative Sentence ☐
(b) Exclamatory Sentence ☐
(c) Optative Sentence ☐
(d) Imperative Sentence ☐

9. What a nice flower it is! यह कितना सुन्दर फूल है !
(a) Exclamatory Sentence ☐
(b) Interrogative Sentence ☐
(c) Optative Sentence ☐
(d) Imperative Sentence ☐

10. Please tell me the truth. कृपया मुझे सच्ची बात बतायें।
(a) Optative Sentence ☐
(b) Imperative Sentence ☐
(c) Exclamatory Sentence ☐
(b) Negative Sentence ☐

CHAPTER 3

PARTS OF A SENTENCE

(A) जो भी Sentence हम ठीक ढंग से बोल लेते हैं, उसके मुख्यतया दो भाग होते हैं।

(i) The Subject (उद्देश्य) अथवा कर्ता

(ii) The Predicate (विधेय)

(i) *The Subject*. Sentence के एक भाग में हम किसी व्यक्ति, स्थान या वस्तु को कर्ता के रूप में वर्णन करते हैं, उसे Subject कहा जाता है। यह Noun or Pronoun, एक वचन या बहुवचन हो सकती है। यह केवल Sentence की Nature पर आधारित है।

(ii) *The Predicate.* यह Sentence का वह भाग है जो कि Subject के बारे में बताता है। यह केवल एक Word भी हो सकता है तथा अनेक Words भी हो सकते हैं।

नीचे उदाहरण के तौर पर यह भली-भांति दर्शाया गया है।

(a) The river is deep. नदी गहरी है।

The river = Subject, is deep = Predicate

इस Sentence में Subject "the river" के बारे में बताया गया है। Predicate, कि वो गहरा है "is deep".

(iii) कुछ एक Sentences में कई बार 'it' का भी प्रयोग होता है। जैसे कि:

(a) It is dark outside. बाहर अंधेरा है।

(b) It is raining. वर्षा हो रही है।

(c) It is too late for us now to reach the examination hall in time. परीक्षा-हाल में समय पर पहुँचने में अब हमें बहुत देर हो चुकी है।

(iv) Imperative Sentences में Subject बिना लगाये ही मान लिया जाता है। जैसे कि:

(a) Speak the truth. सच बोलो।
(You are advised to speak the truth.)

(b) Respect your teachers. अपने अध्यापकों का सम्मान करो।
(You are advised to respect your teachers.)

(v) कुछ एक Sentences में 'there' का प्रयोग आगे किया जाता है तथा Subject Sentence के कहीं बीच वाले भाग में सरक जाता है। जैसे कि:

(a) There are nine mangoes in this basket. इस टोकरी में नौ आम पड़े हैं।

(b) There is a little water in the pot. बर्तन में थोड़ा सा पानी है।

(iv) Exclamatory Sentences में subject प्राय: Predicate के बाद में लगाया जाता है। जैसे कि:

(a) What a lovely baby she is! वह कितनी सुन्दर बच्ची है!

(b) What a beautiful flower it is! यह कितना सुन्दर फूल है!

(vii) Interrogative Sentences में भी Subject प्राय: Predicate के बाद में या बीच में प्रयोग में लाया जाता है। जैसे कि:

(a) Are you dumb? क्या तुम गूंगे हो?

इस Sentence में 'Are' भी Predicate है तथा 'dumb' भी। Subject 'you' Predicate के बीच में प्रयोग किया गया है।

(b) Will he speak the truth? क्या वह सच बोलेगा?

Note. कई बार Students जानबूझ कर Double Subject का प्रयोग करते हैं जो कि avoid करना चाहिए। जैसे कि:

(a) You bring a glass of milk for me. तुम मेरे लिए एक दूध का गिलास लाकर दो।

(2) लेकिन कई बार Double Subject का प्रयोग आवश्यक भी हो जाता है। जैसे कि:

(a) You, the foolish man! go away. तुम, मूर्ख आदमी! चले जाओ।

EXERCISE

Segregate the Subject and the Predicate in the following sentences:

नीचे लिखे वाक्यों में कर्ता और विधेय को पृथक् करें:

नीचे दिये गये Sentences में Subject व Predicate ढूँढे:

1. He is telling a lie. वह झूठ बोल रहा है।

2. How nice she looks! वह कितनी सुन्दर लगती है!

3. Fatch me a glass of water. मेरे लिए एक गिलास पानी लाओ।

4. Work hard. खूब मेहनत करो।

5. The Sun sets. सूर्य डूबता है।

6. Are you blind? क्या तुम अंधे हो?

7. What is the problem with you? तुम्हारी क्या समस्या है?

8. How beautifully he is dancing! वह कितना सुन्दर नाच रहा है!

9. Please do not make a noise. कृपया शोर मत मचाएं!

10. I love him very much. मैं उसे बहुत प्यार करता हूँ।

11. He is my best friend. वह मेरा सर्वोत्तम मित्र है।

12. We should respect our elders. हमें अपने से बड़ों का सम्मान करना चाहिए।

13. Why are you weeping? तुम क्यों रो रहे हो?

14. He makes no mistake. वह कोई गलती नहीं करता।

15. He lives in a big house. वह एक बड़े घर में रहता है।

Note. (i) While reading sentences such as given those above, also try to understand their structures. कृपया ऐसे वाक्यों को, जो कि ऊपर दिये गये हैं, पढ़ते समय उनके ढांचों को भी समझने का यत्न करें।

(ii) Now read the following sentences also. अब नीचे दिये वाक्य भी पढ़ें:

16. There is no need to worry. चिन्ता करने की कोई आवश्यकता नहीं।
17. There is nothing better than honesty. ईमानदारी से बढ़कर कोई चीज़ नहीं।
18. What news have you brought? आप क्या समाचार लाये हैं?

(B) किसी भी Sentence को हम Subject व Predicate का मिश्रण कहकर ही काम नहीं चला सकते क्योंकि इस मिश्रण में इस प्रकार की कई वस्तुएं छिपी होती हैं, जिनके बारे में नीचे बताया गया है:

Subject. इसका हम पहले ही वर्णन कर चुके हैं। Sentence में Performing Person or Thing को Subject कहा जाता है।

***Verb* (क्रिया):** यह Sentence में वह शब्द होता है जो कि Subject द्वारा किये गये या subject पर हुए, हो रहे या होने वाले Action को बताता है।

Direct Object. यह Sentence में वह शब्द होता है जो कि सीधे तौर पर कर्म के रूप में आता है।

Indirect Object. जो object एक Sentence में सीधे प्रकार से नहीं आता, उसे Indirect Object कहते हैं।

Note. *(a)* कई Sentences में कोई भी Object नहीं होता। (b) जब किसी वाक्य में Interrogative Verb use होता है, तो उसके बाद object नहीं लगता।

Complement. यह वह शब्द होता है जो कि किसी Sentence में Sense को पूरा करता है।

Examples

(a) He → Subject; is playing → Verb; cricket → Object

He	is playing	cricket
↓	↓	↓
Subject	Verb	Object

वह क्रिकेट खेल रहा है।

(b)

They	made	him	President
↓	↓	↓	↓
Subject	Verb	Object	Complement

उन्होंने उसे President (प्रधान) बनाया।

EXERCISE

नीचे दिये गये Sentences में Subject, Object, Verb व Complement ढूँढे:

1. He went to the school. वह स्कूल गया।

2. He looks happy. वह खुश दिखाई देता है।

3. Mohan is a good boy. मोहन एक अच्छा लड़का है।
4. He is an intelligent student. वह एक होशियार विद्यार्थी है।
5. The peacock was dancing in the garden. मोर बाग में नाच रहा था।
6. My father walks slowly. मेरे पिताजी धीरे चलते हैं।
7. She has two sons. उसके दो बेटे हैं।
8. This is my pen. यह मेरा कलम है।
9. I ran a ten mile race. मैंने दस मील की दौड़ दौड़ी।
10. We should not break the kitchen articles. हमें रसोई की चीज़ों को नहीं तोड़ना चाहिए।
11. Barking dogs seldom bite. जो गरजते हैं, वे बरसते नहीं।
(भौंकने वाले कुत्ते काटते नहीं)
12. He eats too much. वह बहुत ज़्यादा खाता है।
13. Mohan killed a snake. मोहन ने एक सांप मारा।
14. The doctor advised him to take rest for a few days.
डॉक्टर ने उसे कुछ दिन आराम करने की सलाह दी।

CHAPTER 4

THE CLAUSE AND THE PHRASE

What is a Clause?

Clause भी Sentence की ही तरह Words का समूह होता है। उसके भी दो भाग होते हैं: (a) Subject व (b) Predicates लेकिन यह Sentence का पूरा मतलब समझने में असमर्थ होता है। यदि Sentence में Principal Part न हो तो उसे Principal Clause कहते हैं। यदि हम गहराई में जाते हैं तो हम देखेंगे कि Clauses तीन प्रकार की होती हैं:

(a) Principal Clause
(b) Co-ordinate Clause
(c) Subordinate Clause

ये Clauses तीन तरह के Sentences को जन्म देती हैं:

(a) Simple Sentence
(b) Compound Sentence
(c) Complex Sentence

इनके बारे में हम आगे के Chapters में पढ़ेंगे।

Subordinate Clause भी तीन प्रकार की होती हैं:

(a) Noun Clause
(b) Adjectival Clause
(c) Adverbial Clause

What is a Phrase?

जिस तरह कि Clause में व Sentence में Verb व Subject की जरूरत नहीं होती है, Phrase में इसकी ज़रूरत नहीं होती।

वास्तव में Phrase शब्दों का वह समूह है जिसमें न तो Subject और न ही Finite Verb होता है। और ये अपने-आप में कोई भी Sentence पूरी तरह से नहीं बना सकती।

Examples

(a) He is a man of great courage. वह बहुत हौंसले वाला आदमी है।

(b) I do not know what he wants. मैं नहीं जानता वह क्या चाहता है।

ऊपर दिये गये Sentence (a) में "of great courage" एक Phrase है तथा Sentence (b) में "What he wants" एक Clause है।

Note. (A) जो group of words Finite Verb से बनते हैं, वे Sentences या Clauses कहलाते हैं।

(B) Phrase में Infinite Verb या Infinitive हो सकता है जैसे "to go," "to work" etc. परन्तु Finite Verbs नहीं।

(c) Phrase में Gerund (जैसे drinking, smoking etc.) या एक Participle (जैसे crying, having done, being driven etc.) हो सकते हैं।

Examples (Phrases)

नीचे दिये हुए Sentences में जो Words Italics किये गये हैं, वे Phrases हैं:

(a) He drinks a *cup of tea.* वह एक कप चाय पीता है।

(b) They sailed *in a boat.* उन्होंने नाव में सैर की।

(c) They are playing *at cards.* वे ताश खेल रहे हैं।

(d) He should know *how to behave with his elders.* उसे अपने से बड़ों से पेश आने का ढंग आना चाहिए।

(e) There was darkness *on the roadside.* सड़क की तरफ अंधेरा था।

Examples (Clauses)

नीचे दिये गये Sentences में जो शब्द Italics किए गये हैं, वे Clauses हैं:

(a) *He looks quite beautiful* in white shirt. वे सफेद कमीज़ में बहुत सुन्दर लगता है।

(b) *When will you come back* from Delhi? आप दिल्ली से वापिस कब आओगे?

(c) He told me *that he had taken his dinner.* उसने मुझे बताया कि उसने रात्रि का भोजन कर लिया था।

(d) Those *whom God loves* die young. जिन्हें भगवान प्यार करता है वे जल्दी मर जाते हैं।

EXERCISE

नीचे दिये गये Sentences में से Pharses व Clauses ढूँढें:

1. He makes no noise in the class. वह कक्षा में शोर नहीं मचाता है।
2. You should feel sorry for your fault. तुम्हें अपनी गलती के लिए माफी मांगनी चाहिए।
3. Love your country. अपने देश से प्यार करो।
4. I spent a good time in London. मैंने लन्दन में अच्छा समय बिताया।
5. It is no use crying for the moon. चन्द्रमा के लिए चिल्लाने से कोई लाभ नहीं।
6. He felt his heart pounding in his chest. उसे अपना दिल अपनी छाती में जोर-जोर से धड़कता हुआ महसूस हुआ।

7. He has great courage in his chest. वह बहुत हौंसले वाला पुरुष है।
8. He went upstairs on the roof to see the shining moon.
   वह चमकता हुआ चन्द्रमा देखने के लिए छत पर सीढ़ियों द्वारा ऊपर गया।
9. Those, who live in glass houses, should not throw stones at others.
   जो शीशे के घरों में रहते हैं, उन्हें दूसरों पर पत्थर नहीं फेंकने चाहिएं।
10. This is the book he gave me. यह वह किताब है जो उसने मुझे दी।
11. She keeps her nails neat and clean. वह अपने नाखूनों को साफ-सुथरा रखती है।
12. On his way to Delhi, he bought a bouquet for his friend.
    दिल्ली जाते हुए रास्ते में उसने अपने मित्र के लिए फूलों का गुलदस्ता खरीदा।
13. I told him the real story. मैंने उसे सच्ची कहानी सुनाई।

CHAPTER 5

PARTS OF SPEECH

जैसे कि पहले बताया गया है कि Speech में हम Different Sentences बोलते हैं और ये Sentences कई Words के समूह होते हैं। हर एक Word किसी न किसी Class को Belong करता है। हम Speech को आठ अलग-अलग भागों में बांट सकते हैं:

(1) Noun संज्ञा	(5) Adverb क्रियाविशेषण
(2) Pronoun सर्वनाम	(6) Preposition उपसर्ग
(3) Adjective विशेषण	(7) Conjunction संसर्ग
(4) Verb क्रिया	(8) Interjection विस्मयादिबोधक

1. Noun. A Noun is a word, which is used as the name of a person, place or thing, *e.g.,* नीचे Italicise किये गए Words Nouns हैं:

(a) *Ram* is my class-fellow. राम मेरा सहपाठी है।

इस Sentence में "Ram" व "classfellow" Nouns हैं।

(b) *Gopal* goes to *school*. गोपाल स्कूल जाता है।

(c) She is my *mother.* वह मेरी माता जी हैं।

(d) My *pen* has broken. मेरा पैन टूट गया है।

2. *Pronoun.* A Pronoun is a word, which is used in place of a Noun. Pronoun वह शब्द है जो Noun के स्थान पर प्रयोग किया जाता है। नीचे Italicise किए गये शब्द Pronouns हैं:

(a) Lucky could not do *his* work because *he* came late in the class.
लक्की अपना काम नहीं कर सका क्योंकि वह कक्षा में देरी से आया।

(b) Sandeep was punished because *he* was making a noise in the class.
संदीप को मार पड़ी क्योंकि वह कक्षा में शोर मचा रहा था।

(c) *They* played very well in the match.वे मैच में बहुत अच्छा खेले।

3. *Adjective.* An Adjective वह शब्द होता है जो Noun या Pronoun की विशेषता बताता है।

नीचे *Italicise* किये गये शब्द Adjectives हैं:

(a) Mohan is a *brilliant* student. मोहन एक होनहार लड़का है।

(b) She is a *clever* girl. वह एक चालाक लड़की है।

(c) Ram was a *courgeous* man. राम बड़े हौंसले वाला आदमी था।

4. *Verb.* Verb को हिन्दी में क्रिया कहा जाता है। इससे हमें यह पता लगता है कि Noun या Pronoun क्या Action कर रहा है, क्या Action करेगा, क्या Action कर चुका है, क्या Action करना चाहता है etc.

नीचे Italicise किये गए शब्द Verbs हैं:

(a) She *works very hard.* वह बहुत मेहनत करती है।

(b) Mohan *is singing* a song. मोहन एक गाना गा रहा है।

(c) Tony *has broken* the lamp. टोनी ने लैम्प तोड़ा है।

(d) The frog *jumped* into the river. मेंढ़क ने तालाब में छलांग लगाई।

5. *Adverb.* Adverb वह शब्द है जो कि किसी Adjective, किसी verb या किसी Adverb की विशेषता बताता है। नीचे Italicise किये गये शब्द Adverbs हैं:

(a) He works *very quickly.* वह बहुत तेज़ी से काम करता है।

(b) He plays hockey *well.* वह हॉकी बहुत अच्छी खेलता है।

(c) They were running *very fast.* वो बहुत तेज़ी से दौड़ रहे थे।

(b) We returned home *happily.* हम खुशी-खुशी घर लौटे।

6. *Preposition.* Preposition वह word है जो कि Noun या Pronoun का Sentence के दूसरे भागों से सम्बन्ध व्यक्त करता है। नीचे Italicise किये गये शब्द Prepositions हैं:

(a) The rat went *into* the hole. चूहा बिल में चला गया।

(b) He sat *on* his bench.वह अपने बैंच पर बैठ गया।

(c) The boys went *to* the party. लड़के पार्टी पर चले गये।

(d) He was coming *with* his dog. वह अपने कुत्ते के साथ आ रहा था।

(e) A mat *of* green grass was spread over the ground. हरी घास का एक कालीन मैदान में बिछा था।

(f) The cat jumped *upon* the table. बिल्ली मेज़ पर कूदी।

(g) The dog was lying *under* the table. कुत्ता मेज़ के नीचे लेटा था।

(h) We should abide *by* the laws *of* our country. हमें अपने देश के कानूनों का पालन करना चाहिए।

(i) He laughed *at* me. वह मुझ पर हंसा।

7. *Conjunction.* Conjunction वह word होता है जो शब्दों, Phrases, Clauses या Sentences को जोड़ता है। नीचे Italicise किये गये शब्द Conjunctions हैं:

(a) Ram *and* Shyam are friends. राम व श्याम दोस्त हैं।

(b) I know him *but* I will not talk to him. मैं उसे जानता हूँ पर मैं उससे बात नहीं करूंगा।

(c) He did a mistake and *therefore,* he was punished. उसने गल्ती की और इसलिए, उसे सजा मिली।

8. *Interjection.* ये वे शब्द हैं जो कि किसी अचानक भावना—जैसे दुःख, सुख, खुशी, हैरानगी, गुस्सा आदि—को प्रकट करते हैं। नीचे *Italicise* किए गये शब्द interjection हैं:

(a) *Hurrah* ! We have won the match. हुर्रे ! हमने मैंच जीत लिया है।

(b) *Oh*! What a fool you are. ओह ! तुम कितने मूर्ख हो।

(c) *Alas*! He is no more. हाय ! वह जीवित नहीं है।

(d) *Ah*! my throat is burning. आह ! मेरे गले में जलन हो रही है।

EXERCISE 1

You have to tick the right answer for the Italicised word:

1. *He* makes a number of mistakes. वह बहुत सी गल्तियां करता है।

(a) Noun ☐
(b) Pronoun ☐
(c) Interjection ☐
(d) Adverb ☐

2. Mohan *and* Sohan are real brothers. मोहन व सोहन सगे भाई हैं।

(a) Pronoun ☐
(b) Adverb ☐
(c) Adjective ☐
(d) Conjunction ☐

3. He lives in *Delhi.* वह दिल्ली में रहता है।

(a) Noun ☐
(b) Pronoun ☐
(c) Adjective ☐
(d) Adverb ☐

4. He talks *too* much. वह बहुत बातें करता है।

(a) Adverb ☐
(b) Adjective ☐
(c) Conjunction ☐
(d) Preposition ☐

5. He was lying *in* the shade of a tree. वह एक पेड़ की छाया में लेटा हुआ था।

(a) Preposition ☐
(b) Adjective ☐
(c) Pronoun ☐
(d) Adverb ☐

6. *Oh*! He is wounded badly. ओह ! वह बुरी तरह घायल है।

(a) Interjection ☐
(b) Conjunction ☐
(c) Preposition ☐
(d) Adjective ☐

7. My brother is very *wise.* मेरा भाई बहुत समझदार है।

(a) Noun ☐
(b) Preposition ☐
(c) Adjective ☐
(d) Adverb ☐

8. He *knows* how to swim. वह तैरना जानता है।

(a) Verb ☐
(b) Adverb ☐
(c) Adjective ☐
(d) Interjection ☐

9. She *makes* a noise in the class.
वह कक्षा में शोर मचाती है।
(a) Adverb ☐
(b) Verb ☐
(c) Noun ☐
(d) Pronoun ☐

10. We should not laugh *at* the poor.
हमें गरीबों पर नहीं हंसना चाहिए।
(a) Conjunction ☐
(b) Adverb ☐
(c) Preposition ☐
(d) Verb ☐

EXERCISE 2

नीचे दिये गये Sentences में से Verbs, Adverbs, Adjective, Pronouns, Nouns, Interjections, Prepositions व Conjunction ढूँढें:

1. His house is situated opposite to mine. उसका घर मेरे घर के सामने है।
2. Wow! You have stood first in the examination. वाह! तुम परीक्षा में प्रथम आये हो।
3. Ganesh tells me a false story. गणेश मुझे एक झूठी कहानी सुनाता है।
4. Ram is a nice boy but he belongs to a poor family. राम एक अच्छा लड़का है पर वह एक गरीब परिवार से है।
5. Everything is all right here. यहां पर सब चीज ठीक-ठाक है।
6. Bravo! well done. शाबाश! बहुत अच्छे।
7. This road leads to Mumbai. यह सड़क मुम्बई जाती है।
8. It has started raining outside but my brother has not come back yet from the bazaar. बाहर वर्षा शुरू हो गई है लेकिन मेरा भाई अभी तक बाज़ार से नहीं आया है।
9. Nobody likes him. उसे कोई भी पसन्द नहीं करता।
10. King Ashoka was a very kind man. राजा अशोक एक बहुत दयालु आदमी था।
11. I am happy that you have invited me to visit Delhi on your birthday. मैं खुश हूँ कि आपने मुझे दिल्ली अपने जन्मदिन पर बुलाया है।
12. The teacher shouted at me. अध्यापक मुझ पर चिल्लाया।
13. He will be compelled to resign. उसको त्यागपत्र देने पर मजबूर किया जायेगा।
14. You must take care or your health. तुम्हें अपनी सेहत का ध्यान रखना चहिए।
15. You cannot finish it so soon. तुम इसे इतनी जल्दी समाप्त नहीं कर सकते।

CHAPTER 6

KINDS OF NOUNS

1. जैसा कि पहले बताया गया है, किसी वस्तु, स्थान अथवा किसी व्यक्ति के नाम को Noun कहा जाता है। Noun निम्नलिखित पांच प्रकार के होते हैं:

2. *Kinds of Nouns*

(a) Proper Nouns
(b) Common Nouns
(c) Collective Nouns
(d) Material Nouns
(e) Abstract Nouns

3. *Proper Noun.* किसी विशेष स्थान, वस्तु या व्यक्ति के नाम को Proper Noun कहते हैं।

(a) Kapil Dev was a good bowler. कपिल देव एक अच्छा गेंदबाज़ था।
(b) The Bible is a holy book. बाईबल एक पवित्र पुस्तक है।
(c) New Delhi is the capital of India. नई दिल्ली भारत की राजधानी है।

ऊपर दिये गये Sentences में "Kapil Dev" एक विशेष व्यक्ति का नाम है। इसी प्रकार "Bible" एक विशेष पुस्तक का नाम है तथा "New Delhi" एक विशेष नगर का नाम है। 'India' एक विशेष Country का नाम है। ये सभी अर्थात् "Kapil Dev", "Bible," "New Delhi" व "India," Proper nouns हैं। परन्तु दूसरी ओर इन्हीं Sentences में यदि हम ध्यान से देखें तो हमें पता चलेगा कि Proper Noun का पहला अक्षर सदा Capital Letter से आरम्भ होता है।

(e) कई बार Proper Noun Common Noun की तरह ही इस्तेमाल होता है। परन्तु यह वहां भी Capital Letter से आरम्भ होता है जबकि Common Noun सदा Small Letter से आरम्भ होता है:

(i) Mohan is the Kapil Dev of our team. मोहन हमारी टीम का कपिल देव है।
(ii) Kalidasa is the Shakespeare of India. कालीदास भारत का शेक्सपियर है।

4. Common Noun

(a) Kapil Dev was a good bowler. कपिल देव एक अच्छा गेंदबाज़ था।
(b) The Bible is a holy book. बाईबल एक पवित्र पुस्तक है।

इन Sentence में 'Bowler' व 'Book' Common Nouns हैं। और इसीलिए ये Small Letter से शुरू होते हैं।

5. Collective Noun. किसी व्यक्ति, वस्तु या स्थान के झुण्ड को सम्बोधित करने वाले Noun को Collective Noun कहा जाता है। *e.g.,*

(a) A Class of students. विद्यार्थियों की कक्षा।
(b) A gang of robbers. लुटेरों का गिरोह।
(c) A bunch of grapes. अंगूरों का गुच्छा।
(d) An army of soldiers. सिपाहियों की सेना।
(e) A herd of cattle. पशुओं का समूह।
(f) A committee of members. सदस्यों की एक कमेटी।
(g) A crowd of people. लोगों की भीड़।
(h) A flock of sheep. भेड़ों का झुण्ड।
(i) A team of players. खिलाड़ियों की टीम।
(j) A jury of judges. न्यायधीशों की ज्यूरी।
(k) A basket of vegetables. सब्ज़ियों की टोकरी।
(l) A bag of rice. चावलों की थैली।
(m) A hive of bees. मधुमक्खियों का छत्ता।

A few Examples for Usage:

(a) My class consists of fifty students. मेरी कक्षा में पचास विद्यार्थी हैं।
(b) He brought a basket of vegetables. वह सब्जियों की एक टोकरी लाया।
(c) He ate a bunch of grapes. उसने अंगूरों का एक गुच्छा खाया।
(d) Our cricket team is very strong. हमारी क्रिकेट की टीम बहुत मज़बूत है।
(e) Our army has great courage. हमारी थल सेना में बहुत उत्साह है।

6. Material Noun. Material Noun कई प्रकार की धातुओं तथा कई प्रकार के Objects जो कि प्रकृति में मौलिक रूप में पाये जाते हैं, इनके बारे में बताता है। जैसे कि Iron, Cotton, Wheat, Milk, Gold, Mercury, Honey, Sugar, Glucose etc.

(a) I need iron rods to build my house. मुझे अपना घर बनाने के लिए लोहे की सलाखें चाहिएं।
(b) Woollen clothes give us warmth. ऊनी कपड़े हमें गर्माहट देते हैं।
(c) Wheat is the main crop of Punjab. गेहूँ पंजाब की मुख्य फसल है।
(d) Honey and sugar are sweet to taste. शहद व चीनी स्वाद में मीठे होते हैं।
(e) Mercury is filled in the thermometer. थर्मामीटर में पारा भरा जाता है।

Note. (a) Definite article 'the' प्राय: Material Noun से पहले नहीं लगाया जाता। *e.g.,*

(i) Milk is good for health. दूध सेहत के लिए अच्छा होता है।
(ii) Butter is also good for health. मक्खन भी सेहत के लिए अच्छा होता है।

(iii) Iron goes rusted when it comes in contact with water. लोहे को ज़ंग लग जाता है जब यह पानी के सम्पर्क में आता है।

(b) परन्तु जब Material Noun किसी विशेष Sense में लिखा जाता है तो इससे पहले Article 'the' का प्रयोग अनिवार्य होता है। *e.g.,*

(i) The water of this river is very clean. इस नदी का पानी बहुत साफ है।

(ii) The milk of this cow is very dense. इस गाय का दूध बहुत गाढ़ा है।

(iii) The wheat grains of this field are of golden colour. इस खेत के गेहूँ के दाने सुनहरी रंग के होते हैं।

(iv) The milk I like the most, is given by this cow. जो दूध मुझे सबसे अच्छा लगता है, वह यह गाय देती है।

7. Abstract Noun. Abstract noun निम्नलिखित बातों को बताता है:

(a) *Quality.* Truth, honesty, goodness, kindness, wisdom, foolishness, bravery, cunningness, dullness, softness, mercy, love, hatred etc.

(b) *State.* Childhood, boyhood, infancy, youth, freedom, sickness, death, sleep, soundness, slavery, confusion, war, peace etc.

(c) *Action.* Activity, action, theft, movements, behaviour, robbery, upheaval, commotion etc.

(d) *Names of various professions, arts and sciences.* History, economics, grammar, botany, zoology, chemistry, pharmacy etc.

Note. (a) Abstract Noun किसी भी Proper Noun, Common Noun अथवा Collective Nouns, चाहे वह व्यक्ति या वस्तु हों, किसी सूक्ष्म गुण अथवा भाव को प्रकट करता है। *e.g.,*

(i) Honesty is a quality, which we can realise in a person but we cannot see it nor can we touch it.
ईमानदारी एक ऐसा गुण है जिसे हम किसी व्यक्ति में महसूस कर सकते हैं लेकिन हम इसे देख नहीं सकते और न ही हम उसे छू सकते हैं।

(ii) इसी तरह Goodness (अच्छाई) को महसूस किया जा सकता है परन्तु देखा या छुआ नहीं जा सकता।

(iii) इसी तरह Cunningness (चालाकी) को महसूस किया जा सकता है परन्तु देखा या छुआ नहीं जा सकता।

(b) Abstract Noun जब किसी व्यक्ति (Person) को Represent करता है तो उसकी *Personification* हो जाती है।

(i) Youth beats old age. युवावस्था बुढ़ापे को हरा देती है।

(ii) Sleep is the beloved of mankind। नींद मानवता की प्रेमिका है।

(c) The Article 'the' Abstract Noun में केवल Particular Sense में Use होता है। *e.g.,*

(i) Youth is a golden period. जवानी एक बहुत अच्छा समय होता है।

(ii) The youth of Mohan was full of happiness. मोहन की जवानी बड़ी प्रसन्नतायुक्त थी।

(d) नीचे दिये गये Sentences में Italicise किये गये शब्द Abstract noun हैं:

(i) *Cleanliness* is next to *godliness.*

(ii) *Wisdom* is better than *strength.*
बुद्धि बल से श्रेष्ठ होती है।

EXERCISE I

नीचे दिये गये Sentences में जो शब्द Italicise किये गये हैं। आपको उसके सही उत्तर के सामने (√) Tick का निशान लगाएं:

1. *Love* is the business of the idle. प्यार बेकार लोगों का काम है।

(a) Collective noun ☐
(b) Common Noun ☐
(c) Abstract Noun ☐
(d) Material Noun ☐

2. Our *team* is better than theirs. हमारी टीम उनकी टीम से अच्छी है।

(a) Collective Noun ☐
(b) Abstract Noun ☐
(c) Common Noun ☐
(d) Proper Noun ☐

3. The lion has a great *strength.* बब्बर शेर में बड़ी शक्ति होती है।

(a) Common Noun ☐
(b) Abstract Noun ☐
(c) Collective Noun ☐
(d) Proper Noun ☐

4. I have lost the *bunch* of keys. मेरी चाबियों का गुच्छा गुम हो गया है।

(a) Common Noun ☐
(b) Material Noun ☐
(c) Proper Noun ☐
(d) Collective Noun ☐

5. *Bottles* are made up of glass. बोतलें कांच की बनी होती हैं।

(a) Common Noun ☐
(b) Collective Noun ☐
(c) Proper Noun ☐
(d) Abstract Noun ☐

6. He is an honest *man.* वह एक ईमानदार आदमी है।

(a) Common Noun ☐
(b) Collective Noun ☐
(c) Abstract Noun ☐
(d) Proper Noun ☐

7. Satish is the *Sachin Tendulkar* of our team. सतीश हमारी टीम का सचिन तेंदुलकर है।

(a) Common Noun ☐
(b) Proper Noun ☐
(c) Abstract Noun ☐
(d) Collective Noun ☐

8. The *cattle* are grazing in the fields. पशु खेतों में चर रहे हैं।

(a) Collective Noun ☐
(b) Common Noun ☐
(c) Abstract Noun ☐
(d) Proper Noun ☐

9. This *cow* gives a lot of milk. यह गाय बहुत सारा दूध देती है।
(a) Common Noun ☐
(b) Collective Noun ☐
(c) Material Noun ☐
(d) Proper Noun ☐

10. I will not forget your *kindness.* मैं आपकी दयालुता को नहीं भूलूंगा।
(a) Collective Noun ☐
(b) Common Noun ☐
(c) Proper Noun ☐
(d) Abstract Noun ☐

EXERCISE II

नीचे लिखे Sentences में विभिन्न प्रकार के Nouns को ढूंढें:

1. A committe of five was appointed. पांच व्यक्तियों की कमेटी बनाई गई थी।
2. This ring is made up of gold. यह अँगूठी सोने की बनी हुई है।
3. Always speak the truth. सदा सच बोलो।
4. A chair is made of wood. कुर्सी लकड़ी की बनी होती है।
5. Divya is a very brilliant girl. दिव्या एक बहुत होशियार लड़की है।
6. Our teacher gave us orders not to talk in the class. हमारे अध्यापक ने हमें कक्षा में न बोलने का आदेश दिया।
7. An angry mob threw stones at the bus. क्रोधित भीड़ ने बस पर पत्थर फैंके।
8. Ashoka was a brave king. अशोक एक बहादुर राजा था।
9. He lives in a big town. वह एक बड़े नगर में रहता है।
10. Air is essential for life. वायु जीवित रहने के लिए जरूरी है।
11. The use of alcohol is injurious to health. शराब पीना सेहत के लिए हानिकारक है।
12. This bag is full of wheat. यह बैग गेहूँ से भरा हुआ है।
13. Jagdish is a very foolish boy. जगदीश एक बहुत मूर्ख लड़का है।
14. The mercury has fallen due to heavy snowfall on the mountains. पहाड़ों पर भारी हिमपात के कारण गर्मी कम हो गई है।
15. You look quite smart today. तुम आज बहुत सुन्दर दिख रहे हो।

CHAPTER 7

THE NOUN : NUMBER

I. English में दो प्रकार के Numbers (नम्बर) होते हैं:

(i) The Singular Numbers; and

(ii) The Plural Numbers.

Singular Number एक व्यक्ति या एक वस्तु को प्रकट करता है जबकि Plural number एक से अधिक व्यक्तियों या वस्तुओं को प्रकट करता है, जैसे कि नीचे दिखाया गया है:

Examples. (a) There is a man singing a song (or, There a man is singing a song.)

(**Note**. इन दो वाक्यों के अर्थों में थोड़ी सी भिन्नता है जो यहां बतानी आवश्यक नहीं।)

(b) There are men singing a song.

(c) There are men singing songs.

अर्थात् Example (a) में बताया गया है कि एक आदमी गाना गा रहा है। Article 'a' या 'an' का प्रयोग Noun से पहले Singular Number में होता है।

उदाहरण (b) में बताया गया है कि एक से अधिक आदमी एक गाना गा रहे हैं। उदाहरण (c) में बताया गया है कि एक से अधिक आदमी कई गाने गा रहे हैं।

2. Formation of Plurals

(i) अधिकतर Nouns के साथ 's' लगाने से वह Singular Number से Plural Number में परिवर्तित होते हैं। *e.g.,*

(a)	Tree	—	Singular Number
	Trees	—	Plural Number
(b)	Pen	—	Singular Number
	Pens	—	Plural Number
(c)	Plate	—	Singular Number
	Plates	—	Plural Number
(d)	Book	—	Singular Number
	Books	—	Plural Number

Note. ऊपर दिए गए उदाहरणों से पता चलता है कि यदि किसी Noun के End में Consonant, 'e' or 'ee' पड़ता है तो इसका Plural बनाने के लिए 's' का इस्तेमाल होता है।

(ii) यदि Noun का Last Letter 'y' consonant के बाद आता हो, तो इसका Plural बनाने के लिए 'y' को हम 'i' में Change करते हैं तथा Last में 'es' add करते हैं। *e.g.*,

(a) Army — Singular Number
Armies — Plural Number
(b) Story — Singular Number
Stories — Plural Number
(c) Baby — Singular Number
Babies — Plural Number
(d) Cry — Singular Number
Cries — Plural Number

Note. एक बात का विशेष ध्यान रहे कि यदि 'y' किसी Word के End में आता है और इससे पहला अतुर Vowel है, तो यह केवल 's' लगाने से ही सही Plural Number बन सकेगा। *e.g.*,

(a) Toy — Singular Number
Toys — Plural Number
(b) Boy — Singular Number
Boys — Plural Number
(c) Storey — Singular Number
Storeys — Plural Number

(iii) कुछ Nouns, जिनका अन्तिम अक्षर 'o' होता है, 'es' लगाने से Plural Number में Change हो जाते हैं। *e.g.*,

(a) Buffalo — Singular Number
Buffaloes — Plural Number
(b) Mango — Singular Number
Mangoes — Plural Number
(c) Tomato — Singular Number
Tomatoes — Plural Number
(d) Potato — Singular Number
Potatoes — Plural Number.

(iv) कुछ Noun, जिनका अन्तिम अक्षर 'o' या 'oo' होता है, केवल 's' add करने से Plural Number में Change हो जाते हैं। *e.g.*,

(a) Bamboo — Singular Number
Bamboos — Plural Number
(b) Photo — Singular Number
Photos — Plural Number
(c) Piano — Singular Number
Pianos — Plural Number
(d) Canto — Singular Number
Cantos — Plural Number

Note. लेकिन ध्यान रहे कि कुछ Noun जिनका आखिरी अक्षर 'o' है, उनके Plural Number में 's' या 'es' दोनों को ही ठीक माना जाता है। *e.g.,*

(a) Buffalo — Singular Number
Buffalos or Buffaloes — Plural Number
(b) Mosquito — Singular Number
Mosquitos or Mosquitoes — Plural Number
(c) Commando — Singular Number
Commandos or Commandoes — Plural Number
(d) Volcano — Singular Number
Volcanos or Valcanoes — Plural Number

(v) Nouns, जो = ss, 'ch', 'sh' and 'x' से खत्म होते हैं, प्राय: 'es' से Plural Number में Change होते हैं। *e.g.,*

(a) Glass — Singular Number
Glasses — Plural Number
(b) Branch — Singular Number
Branches — Plural Number
(c) Box — Singular Number
Boxes — Plural Number
(d) Fox — Singular Number
Foxes — Plural Number
(e) Bench — Singular Number
Benches — Plural Number
(f) Watch — Singular Number
Watches — Plural Number
(g) Bush — Singular Number
Bushes — Plural Number

Note. (a) ध्यान रहे कि Ox का Plural Number Oxes नहीं बल्कि Oxen होता है।

(b) इसी तरह Child का Plural Childs या Childes नहीं बल्कि Children होता है।

(vi) कुछ Nouns जो कि 'f' Sound से समाप्त होते हैं 'ves' लगाने से Plural Number (Voice Plural) में Change हो जाते हैं। *e.g.,*

(a) Knife — Singular Number
Knives — Plural Number
(b) Life — Singular Number
Lives — Plural Number
(c) Wife — Singular Number
Wives — Plural Number
(d) Leaf — Singular Number
Leaves — Plural Number

(e) Loaf — Singular Number
Loaves — Plural Number

Note. परन्तु -'f' से End होने वाले कुछ Nouns हैं जिनमें Regular Plural का प्रयोग होता है। *e.g.,*

(a) Roof — Singular Number
Roofs — Plural Number
(b) Proof — Singular Number
Proofs — Plural Number
(c) Chief — Singular Number
Chiefs — Plural Number

Note. नीचे दिये गये Plurals में Regular व Voiced Plurals दोनों हैं। *e.g.,*

(a) Hoof — Singular Number
Hoofs or Hooves — Plural Number
(b) Handkerchief — Singular Number
Handkerchiefs or
Handkerchieves — Plural Number
(c) Scarf — Singular Number
Scarfs or Scarves — Plural Number

(vii) नीचे दिये गये Nouns के Plural Form में Internal Vowels Change होते हैं। *e.g.,*

(a) foot — Singular Number
Feet — Plural Number
(b) Man — Singular Number
Men — Plural Number
(c) Woman — Singular Number
Women — Plural Number
(d) Tooth — Singular Number
Teeth — Plural Number
(e) Goose — Singular Number
Geese — Plural Number
(f) Mouse — Singular Number
Mice — Plural Number
(g) Louse — Singular Number
Lice — Plural Number

(viii) कुछ Noun ऐसे हैं जिनको Zero Plural कहा जाता है। प्राय: इनका Plural बनाते समय कोई Change नहीं की जाती। *e.g.,*

(a) Deer — Singular Number
Deer — Plural Number
(b) Moose — Singular Number
Moose — Plural Number

(c) Carp — Singular Number
Carp — Plural Number

नीचे दिये गये Nouns Totally Zero Plurals हैं:

(a) Sheep — Singular Number
Sheep — Plural Number
(b) Plaice — Singular Number
Plaice — Plural Number

नीचे दिये गये कुछ Noun Regular का Zero Plural दोनों तौर से use में लाये जाते हैं। *e.g.*,

(a) Fish — Singular Number
Fish or Fishes — Plural Number

यदि एक ही तरह की बहुत सी मछलियां हों तो 'Fish' ही Plural के तौर पर use किया जाता है। परन्तु यदि कई प्रकार की मछलियां हों तो Plural के तौर पर शब्द 'Fishes' use में लाया जाता है।

(b) Reindeer — Singular Number
Reindeer or Reindeers — Plural Number
(c) Antelope — Singular Number
Antelope or antelopes — Plural Number

(ix) नीचे दिये गये Nouns Singular तथा Plural एक ही तरीके से 'use' होते हैं। *e.g.*,

(a) Pair — Singular Number
Pair — Plural Number
(b) Hundred — Singular Number
Hundred — Plural Number
(c) Ton — Singular Number
Ton — Plural Number
(d) Million — Singular Number
Million — Plural Number
(e) Brillion — Singular Number
Brillion — Plural Number
(f) Trillion — Singular Number
Trillion — Plural Number
(g) Dozen — Singular Number
Dozen — Plural Number

Note. परन्तु यदि Sentence में 'of' का प्रयोग किया जाये तो ऊपर दिये गये Nouns नीचे दिये गये ढंग से use में लाये जाते हैं: *e.g.*,

(a) Dozens of Mangoes
(b) Millions/thousands/hundreds of coins.
(c) Tons of coal.
(d) Four pairs of shoes.

परन्तु *'Rupee'* शब्द का प्रयोग नीचे लिखे ढंग से होता है:

I gave him ten Rupees but he gave me a two-Rupee note.

(x) नीचे दिये गये Nouns के दो Plural बनते हैं जिनका meaning अलग-अलग होता है। *e.g.,*

(a) Genius — Singular Number
Genii — Plural Number
(Meaning—Spirits or ghosts)
Geniouses— Plural Number
(Meaning—Extraordinarily intelligent persons)

(b) Cloth — Singular Number
Cloths — Plural Number
(Meaning —Pieces of cloth (not sewn as yet into garment)
Clothes — Plural Number
(Meaning - Garments)

(c) Index — Singular Number
Indexes — Plural Number
(Meaning—Tables of contents in books)
Indices — Plural Number
(Meaning—Algebraic signs)

(d) Brother — Singular Number
Brothers — Plural Number
(Meaning—Sons of the same parents)
Brethren — Plural Number
(Meaning—Members of the same religion, society or community)

(xi) कई Nouns, जैसे कि नीचे दिये गये हैं, सदा Plural Forms में ही लिखे जाते हैं और ये सदा 's' शब्द से समाप्त होते हैं:

(a) Assets (b) Alms (c) Ashes (d) Archives (e) Arrears (f) Amends (g) Arms (meaning—weapons) (h) Brains (when used for intellect) (i) Bowels (*e.g.,* This portion will clear your bowels) (j) Castoms.

The word customs, is used when it is not followed by another connected word like 'duty,' 'house' etc. Read the following sentences:

(a) Customs are collected at the custom-house.

(b) What is Custom Duty on this article?

(c) Where is the Customs (*i.e.,* department dealing with custom duty) situated?

(k) Contents (meaning something which is contained in something, *e.g.,* contents of a book) (l) Earnings (*e.g.,* what are the earnings per share ? But note this sentence—What is the EPS of this share ? (m) Funds (money) (n) Goods (o) Guts (bowels, courage) (p) Looks (Mohan has handsome looks) (q) Manners (*e.g.,* Improve your manners), (r) Outskirts (*i.e.,* outlying parts of a town etc.) (s) Pains (to take pains) (t) Riches (wealth) (u) Stairs (but we have a stair-case) (v) Thanks (w) Troops (x) Valuables (y) Wages (old usage: The wages of sin is death. Modern usage: The wages per month are Rs. 4000/-)

(xi) नीचे दिये गये कुछ Nouns जो कि हमेशा दो भागों में बंटे रहते हैं, Plurals के तौर पर ही Use किए जाते हैं, चाहे एक Pair हो या दस-बीस हों। *e.g.,*

(a) Glasses (a pair of spectacles) (b) Paint (c) Pyjamas (d) Tongs (e) Trousers (f) Scissors (g) Binoculars (h) Knickers (i) Shorts (j) Stockings (k) Compasses (instruments with two legs for drawing circles).

(xii) कुछ खेलें व बीमारियां सदा Plural Form में ही लिखी जाती हैं, *e.g.,*

(a) Measles (b) Mumps (c) Draughts (d) Billiards.

(xiii) नीचे दिये गये Unmarked Plural हैं। जब हम इनका Plural में प्रयोग करते हैं, तो इनके पीछे 's' नहीं लगता। *e.g.,*

(a)	Clergy	—	Singular Number
	Clergy	—	Plural Number
(b)	Cattle	—	Singular Number
	Cattle	—	Plural Number
(c)	Gentry	—	Singular Number
	Gentry	—	Plural Number
(d)	Folk	—	Singular Number
	Folk	—	Plural Number

Note. (1) 'Government,' 'Police' etc. are soemtimes used in plural form, *e.g.,* (a) The Government have issued an ordinance. (b) The Police have caught the thief.

(2) 'Committee', 'Council,' 'Jury,' when divided in their opinions, are used as plurals.

(xiv) नीचे दिये गये Nouns, जिनके पीछे 's' लगता है, वास्तव में Singular Numbers हैं, *e.g.,*

(a) Mathematics (b) Economics (c) Nomismatics (d) Politics (e) Physics (f) Gymnastics etc.

(xv) नीचे दिये गये Nouns, जो कि Plural Form में होते हैं, Singular व Plural तौर पर बिना Change Use होते हैं। *e.g.,*

(a)	Innings	—	Singular Number
	Innings	—	Plural Number
(b)	Runs	—	Singular Number
	Runs	—	Plural Number

(xvi) नीचे दिये गये Nouns के Singular Form के Meanings अपनी Plural Form से Differ करते हैं:

(a)	Air	—	Singular Number

(Mean — Atmosphere)
Airs — Plural Number
(Meaning – Affected demenanour, *i.e.*, an objectionable behaviour)

(b) Compass — Singular Number
(Meaning – Range or a mariner's compass)
Compasses — Plural Number
(Meaning – An instrument for drawing circles)

(c) Force — Singular Number
(Meaning – Power or strength)
Forces — Plural Number
(Meaning – Troops, *e.g.*, armed forces of India)

(d) Good -- Singular Number
(Meaning – Well-being)
Good — Plural Number
(Meaning – Luggage, *e.g.*, household goods)

(e) Wood — Singular Number
(Meaning – a kind of fuel or Timber, *i.e.*, लकड़ी)
Woods — Plural Form
(Meaning – Forest or jungle)

(f) Ash — Singular Number
(Meaning – name of a tree)
Ashes — Plural Number
(Meaning – Mortal remains)

(xvii) नीचे दिये गये Nouns का Singular Form में एक ही meaning होता है परन्तु Plural Form में दो Meanings हो जाते हैं। *e.g.*,

(a) Custom — Singular Number
(Meaning – Tradition)
Customs — Plural Number
(Meaning – (1) Traditions (2) Duties on imports)

(b) Premise — Singular Number
(Meaning – Proposition)
Premises — Plural Number
(Meaning – (1) Propositions (2) Buildings)

(c) Spectacle — Singular Number
(Meaning – A right)
Spectacles — Plural Number
(Meaning – (1) Sights (2) Glasses)

(d) Manner — Singular Number
(Meaning – Method)

Manners — Plural Number
(Meaning – (1) Methods (2) Demeanour)

(e) Moral — Singular Number
(Meaning – (1) Lesson from a story (2) Demeanour)
Morals — Plural Number
(Meaning – (1) Lessons from stories (2) Moral habits)

(xviii) नीचे दिये गये Nouns के Singular के दो Meaning होते हैं लेकिन जब वह Plural में Changes हो जाते हैं तो उसके Meanings दो या दो से अधिक हो जाते हैं। *e.g.*,

(a) Letter — Singular Number
(Meaning – (1) A part of the alphabet (2) Epistle *i.e.*, पत्र)
Letters — Plural Number
(Meaning – (1) Parts of the alphabet (2) Epistles, (3) Literature or, साहित्य)
(A man of letters means a scholar)

(b) Ground — Singular Number
(Meaning — (1) Earth or Enclosed land (2) Reason, *i.e.*, तर्क या कारण)

Note. 'Ground' also means bottom of a sea or a lake. For a ship, we can say—to touch ground.

Ground — Plural Number
(Meaning – (1) Land enclosed by a house or institution (*e.g.*, college ground) (2) Reasons (3) Dregs.

(xix) नीचे दिये गये Nouns के Singular Form में दो या दो से अधिक Meanings होते हैं परन्तु Plural Form में केवल एक ही Meaning रह जाता है। *e.g.*,

(a) People — Singular Number
(Meaning – (1) Nation (2) Folk)
Peoples — Plural Number
(Meaning – Nations)

(b) Powder — Singular Number
(Meaning – (1) dose of medicine in fine grains) (2) Dust (3) An explossive in fine grains (4) A cosmetic form in fine grains, *e.g.*, talcum powder (5) A detergent etc.
Powder — Plural Number
(Meaning – Doses of medicine in fine grains.

(Note. Now, we can also say–powder for skin, washing purposes, baking purposes etc.

(c) Light — Singular Number
(Meaning – (1) Radiance, *e.g.*, I saw a light on his face (2) A lamp)
Lights — Plural Number
(Meaning – Lamps (*Deepawali* is the festival of lights))

(d) Current — Singular Number
(Meaning – (1) sea (or water current) (2) Electric current)
Currents — Plural Number
(Meaning – Sea (or wafer) currents)
(e) Charge — Singular Number
(Meaning – (1) Electric Current (2) Attack (3) Fee, tax etc.
Charges — Plural Number
(Meaning – payments)

(xx) कुछ Proper Nouns लिखे तो Plural Form में जाते हैं, परन्तु उनका Meaning Singular होता है। *e.g.,*

(a) The Times of India (b) The United States of America (c) Athens (d) The Ganges (e) Wales (f) The United Nations (g) Algiers (h) The United Arab Emirates etc.

(xxi) जो Nouns, Class or Community को प्रकट करते हैं, वह भी Regular Way में Plural में Change किये जाते हैं। *e.g.,*

(a) The Hindus (b) The Europeans (c) The Africans (d) The Blacks (e) The Whites.

(**Note:** इस प्रकार के शब्द भी Plural Form में लिखे जाते हैं:
Fundamentals (of science), preliminaries, credentials etc)

(xxii) कुछ Nouns ऐसे होते हैं जो केवल उनकी Last 'i' को 'e' में Change करने से Plural Form में बदल जाते हैं। *e.g.,*

(a) Axis — Singular Number
Axes — Plural Number
(b) Crisis — Singular Number
Crises — Plural Number
(c) Basis — Singular Number
Bases — Plural Number
Oasis — Singular Number
Oases — Plural Number

(xxiii) कुछ Compounds, जैसे कि नीचे दिये गये हैं, प्राय: पहले Element को 's' लगाने से Plural बन जाते हैं:

(a) Brother-in-law — Singular Number
Brothers-in-law
or Brother-in-laws — Plural Number
(b) Sisters-in-law — Singular Number
Sister-in-laws
Sister-in-law — Plural Number
(c) Mother-in-law — Singular Form

Mothers-in-law — Plural Number
Mother-in-laws — Plural Number

(**Note.** प्रथम Element का Plural अधिक प्रयोग में आता है)

(d) Passer-by — Singular Number
Passers-by — Plural Number
(e) Commander-in-chief — Singular Number
Commanders-in-chief — Plural Number
(f) Grant-in-aid — Singular Number
Grants-in-aid — Plural Number

(xxiv) नीचे दिये गये Compounds के Last Element में 's' जोड़ने से Plural Form बन जाती है। *e.g.*,

(a) Boy-friend — Singular Number
Boy-friends — Plural Number
(b) Girl-friend — Singular Number
Girl-friends — Plural Number
(c) Stand-by — Singular Number
Stand-bys — Plural Number
(d) Assistant-Drug Controller — Singular Number
Assistant Drug-Controllers — Plural Number
(e) Assistant-Director — Singular Number
Assistant-Directors — Plural Number
(f) Step-Mother — Singular Number
Step-Mothers — Plural Number
(g) Step-Father — Singular Number
Step-Fathers — Plural Number
(h) Step-son — Singular Number
Step-sons — Plural Number
(i) Maid-servant — Singular Number
Maid-servants — Plural Number
परन्तु Man-servant — Singular Number
Men-servants — Plural Number

(xxvi) नीचे दिये गये Nouns के अन्तिम 'us' को 'i' में Change करने से वे Plurals में बदल जाते हैं:

(a) Stimulus — Singular Number
Stimuli — Plural Number
(b) Locus — Singular Number
Loci — Plural Number

(xxvii) नीचे दिये गये Nouns दोनों तरीके से ठीक Plural माने जाते हैं, चाहे कि Regular

Way हो या "us" को 'i' में Change कर दिया जाये। *e.g.,*

(a) Focus — Singular Number
Focuses — Plural Number
Foci — Plural Number

(b) Fungus — Singular Number
Funguses — Plural Number
Fungi — Plural Number

(c) Nucleus — Singular Number
Nucleuses — Plural Number
Nuclei — Plural Number

(d) Cactus — Singular Number
Cactuses — Plural Number
Cacti — Plural Number

(e) Radius — Singular Number
Radiuses — Plural Number
Radii — Plural Number

(f) Syllabus — Singular Number
Syllabuses — Plural Number
Syllabi — Plural Number

(xxviii) नीचे दिये गये कुछ Nouns, जो कि 'a' शब्द से खत्म होते हैं, केवल 'e' Add करने से Plural Form में Change हो जाते हैं। *e.g.,*

(a) Alga — Singular Number
Algae — Plural Number

(b) Larva — Singular Number
Larvae — Plural Number

(xxix) नीचे दिये गये Nouns, जिनमें आखरी अक्षर 'a' होता है, वे Regular Way में तथा 'e' Add करने से Plurals में Change हो जाते हैं। *e.g.,*

(a) Formula — Singular Number
Formulas — Plural Number
Formulae — Plural Number

शब्द Formulae अधिकतर Scientific Terms के लिए प्रयुक्त होता है।

(b) Nebula — Singular Number
Nebulas — Plural Number
Nebulae — Plural Number

(xxx) नीचे दिये गये Nouns के Regular Way में या "um" को 'a' द्वारा Replace करने से Plural Form बनती है। *e.g.,*

(a) Stadium — Singular Number
Stadiums — Plural Number
Stadia — Plural Number

(b) Ultimatum — Singular Number
Ultimatums — Plural Number
Ultimata — Plural Number

(xxxi) कुछ एक Nouns ऐसे होते हैं, जो केवल 'um' को 'a' से Replace करने से Plural में Change हो जाते हैं:

(a) Bacterium — Singular Number
Bacteria — Plural Number

Note. प्रचलित भाषा में 'Bacteria' अब अधिकतर Singular Number के रूप में Use होता है। इस रूप में यह Collective Noun की तरह प्रयोग में आता है। *e.g.*, Becteria is responsible for most of the body diseases. इसी प्रकार 'Agenda' भी Practically Singular Meaning में ही प्रयोग होता है।

(b) Agendum — Singular Number
Agenda — Plural Number
(Meaning – a set of suggestion or proposals)
(c) Erratum — Singular Number
Errata — Plural Number
(Meaning – mistakes in printing)
(d) Stratum — Singular Number
Strata — Plural Number
(e) Corrigendum — Singular Number
Corrigenda — Plural Number

(xxxii) कुछ Nouns ऐसे हैं, जिनका Plural या तो Regular Way में बनता है या फिर Foreign Plural Form में, *e.g.*,

(a) Symposium — Singular Number
Symposiums — Plural Number
Symposia — Plural Number
(b) Aquarium — Singular Number
Aquariums — Plural Number
Aquaria — Plural Number

(xxxiii) Abstract Nouns and Material Nouns के Plurals नहीं होते। यदि वे होते भी हैं तो किसी विशेष Cases में। *e.g.*,

(a) He cannot forget your kindnesses that have made him a man quite acceptable to the society.

(b) He was taken away in irons by the police.

Note. 'Irons' means handcuffs or fetters).

(c) Our country won many golds at the Asian Games.

Note. 'Golds' here means "gold medals." Similarly, we can use the words 'Silvers' or 'Bronzes').

(xxxiv) जहां तक Member का प्रश्न है, Collective Nouns Common Nouns की तरह ही Behave करते हैं। अर्थात्, उसी प्रकार इनके Plurals बनते हैं, सिवाए उन Cases में जैसे कि 'Committee', 'Jury' आदि जिन के बारे में ऊपर बताया गया है। यदि Committee Jury आदि की Opinion Unanimous (एकमत) हो तो यह शब्द Singular Same ही Convey करेंगे।

(a) The committee was of the opinion that an immediate action should be taken in the matter. परन्तु:

The jury has announced its decision or judgement. परन्तु The jury have not arrived at any decision.

MIXED EXAMPLES

Singular (एक वचन)		Plural (बहुवचन)
1. Advice	सलाह	Advices (सूचना)
2. Air	हवा	Airs
3. Alga	काई	Algae
4. Apex	ऊपरी सिरा, चोटी	Apexes
5. Appendix	परिशिष्ट	Appendixes
6. Area	क्षेत्र	Areas
7. Arm	बाजू	Arms
8. Army	सेना	Armies
9. Ash	राख	Ashes
10. Axis	अक्षरेखा	Axes
11. Baby	बच्ची	Babies
12. Bamboo	बांस	Bamboos
13. Basis	आधार	Bases
14. Book	किताब	Books
15. Box	संदूक	Boxes
16. Boy	लड़का	Boys
17. Boy friend	लड़का मित्र	Boy friends
18. Branch	शाखा	Branches
19. Break down	असफलता, टूटना	Break downs
20. Brother	भाई	Brothers
21. Brush	ब्रश	Brushes
22. Buffalo	भैंस	Buffaloes
23. Campus	कैम्पस	Campuses
24. Canto	स्कंध	Cantos
25. Chief	मुख्य	Chiefs
26. Child	बच्चा	Children

27. Circus	सर्कस	Circuses
28. City	नगर	Cities
29. Class	कक्षा, श्रेणी	Classes
30. Cliff	चोटी	Cliffs
31. Cloth	कपड़ा	Clothes
32. Coat of mail	कवच	Coats-of-mail
33. Codex	पांडुलिपि	Codices
34. Colour	रंग	Colours
35. Compass	परकार	Compasses
36. Copper	तांबा	Coppers
37. Cow	गाय	Cows
38. Crops	साधन	Cropsa
39. Cuckoo	कोयल	Cuckoos
40. Custom	रिवाज	Customs
41. Daughter	बेटी	Daughters
42. Day	दिन	Days
43. Deer	हिरन	Deers
44. Desk	डेस्क	Desks
45. Dilemma	झंझट	Dilemmas
46. Diploma	डिप्लोमा	Diplomas
47. Dish	थाली, प्लेट	Dishes
48. Dormouse	चूहे की तरह का जानवर	Dormice
49. Dozen	दर्जन	Dozen
50. Drama	नाटक	Dramas
51. Duty	कर्त्तव्य	Duties
52. Dwarf	बौना	Dwarfs
53. Echo	गूंज	Echoes
54. Effect	प्रभाव	Effects (वस्तुएं)
55. Elf	परी	Elves
56. Embryo	आरम्भ	Embryos
57. Father-in-law	ससुर	Fathers-in-law
58. Fish	मछली	Fishes
59. Fly	मक्खी	Flies
60. Foot	पांव	Feets
61. Gentlemen Farmer	शरीफ किसान	Gentlemen Farmers
62. Glass	गिलास	Glasses
63. Good	भलाई	Goods (सामान)

64. Goose बतख़ Geese
65. Grant-in-aid (मुफ्त) सहायता Grants-in-aid
66. Grief दु:ख Griefs
67. Ground ज़मीन Grounds
68. Half आधा Halves
69. Halo चमकता चक्र Halos
70. Hero नायक Heroes
71. Hindu हिन्दू Hindus
72. Holiday त्योहार Holidays
73. Hoof गाय, भैंस, घोड़े का पांव Hoofs
74. Hypothesis प्रथम अनुमानित Hypotheses (परिणाम)
75. Index सूचकांक Indexes
76. Iron लोहा Irons (बेड़िया)
77. Journey यात्रा Journeys
78. Key चाबी Keys
79. Kiss चुम्बन Kisses
80. Knife चाकू Knives
81. Lady स्त्री Ladies
82. Leaf पत्ता Leaves
83. Larva लॉवा Larvae
84. Letter पत्र Letters
85. Life जीवन Lives
86. Light रोशनी Lights
87. Looker-on देखने वाला Lookers-on
88. Louse जूँ Lice
89. Man आदमी, पुरुष Men
90. Man servant पुरुष नौकर Men servents
91. Man-of-war जंगी सिपाही Men-of-war
92. Mango आम Mangoes
93. Manner ढंग Manners
94. Match मैच, दियासलाई Matches
95. Matrix दसवीं Matrixes
96. Medium माध्यम Media
97. Memento यादगार Mementos
98. Monkey बन्दर Monkeys
99. Mosquito मच्छर Mosquitoes
100. Motto उद्देश्य Mottoes

101. Mouse	चूहा	Mice
102. Mouthful	मुंह भर	Mouthsful
103. Museum	अजायबघर	Museums
104. Myself	मैं, स्वयं	Ourselves
105. Negro	हब्शी	Negroes
106. Notary Public	नोटेरी पब्लिक	Notaries Public
107. Number	गिनती	Numbers
108. Oasis	नखलिस्तान	Oases
109. Ox	बैल	Oxen
110. Pain	दर्द	Pains (मेहनत)
111. Part	हिस्सा	Parts
112. Passer-by	राहगीर	Parssers-by
113. Potato	आलू	Potatoes
114. Pen	पैन	Pens
115. People	लोग	Peoples
116. Play	खेल, नाटक	Plays
117. Pony	खच्चर	Ponies
118. Peoton	प्रोटोन	Protons
119. Practice	परम्परा	Practices
120. Proof	प्रमाण	Proofs
121. Quarter	चौथाई भाग	Quarters
122. Reef	समुद्र के किनारे पर चट्टान	Reefs
123. Respect	सम्मान	Respects
124. Roof	छत	Roofs
125. Sheep	भेड़	Sheep
126. Solo	अकेला	Solos
127. Son	बेटा	Sons
128. Son-in-low	दामाद	Sons-in-law
129. Stand-by	तैयार वस्तु	Stand-bys
130. Step son	सौतेला पुत्र	Step sons
131. Story	कहानी	Stories
132. Stratum	तह	Strata
133. Swine	सूअर	Swine
134. Syllabus	पाठ्यक्रम	Syllabuses
135. Take-off	ऊपर उठना, उड़ान, उन्नति का समय	Take-offs
136. Thief	चोर	Thieves

137. Tin	कनस्तर	Tins
138. Tocus	केंद्रित बिन्दू	Youses
139. Tooth	दाँत	Teeth
140. Tornado	तूफ़ान	Tornadoes
141. Toy	खिलौना	Toys
142. Turf	घास	Turfs
143. Vortex	भ्रमित	Vortices
144. Washerman	धोबी	Washermen
145. Watch	घड़ी	Watches
146. Wife	पत्नी	Wives
147. Witness	गवाह	Witnesses
148. Wolf	भेड़िया	Wolves
149. Woman	औरत	Women
150. Wood	लकड़ी	Woods

CHAPTER 8

GENDER (लिंग)

(A) English में Grammatically तीन Genders माने जाते हैं:

(1) Masculine Gender (पुल्लिग)

(2) Feminine Gender (स्त्रीलिंग)

(3) Neuter Gender

(neither Masculine nor Feminine)

Pronoun में Masculine Gender के लिए 'he' और Feminine Gender के लिए 'she' का प्रयोग किया जाता है। Neuter Gender के लिए 'it' का प्रयोग होता है।

(B) व्यवहारिक रूप में और Literary रूप में एक और Gender का प्रयोग होता है, अर्थात्:

(4) Common Gender

Examples

(1) Infant, baby, child etc.—यह Masculine या Feminine कोई भी हो सकता है।

(2) प्राय: हम छोटे जीवों (जैसे कि Mosquito, Frog, Snake, Lizard आदि के बिना Sex का पता लगाये) के लिए 'it' का प्रयोग करते हैं।

(3) कई पशुओं को, जैसे कि Mare, Bitch आदि का Sex पता होने पर भी Masculine Gender अर्थात् क्रमश: House, Dog आदि बोलते हैं। इसी प्रकार कई बार हम "he-cat" (बिल्ला) का Sex पता होने पर भी हम 'cat' (बिल्ली) बोलते हैं।

(4) वास्तव में जीवन-रहित वस्तुओं को Neuter Gender और छोटे जीवों या बच्चों आदि को Common Gender में गिनना चाहिए। परन्तु Grammar में प्राय: सबको Neuter Gender में ही Include कर लिया जाता है।

कुछ व्यक्तियों और जीवों के Gender नीचे दिये गये हैं:

	Masculine (पुल्लिग)		Feminine (स्त्रीलिंग)	
1.	Abbot	पादरी	Abbess	पादरिन
2.	Actor	अभिनेता	Actress	अभिनेत्री
3.	Administrator	शासक	Administratrix	शासिका
4.	Author	लेखक	Authoress	लेखिका
5.	Bachelor	कुंवारा	Maid	कुंवारी

	Masculine (पुल्लिंग)		Feminine (स्त्रीलिंग)	
6.	Baron	नवाब	Baroness	नवाबिन
7.	Beau	सुन्दर लड़का	Belle	सुंदर लड़की
8.	Benefactor	लाभ देने वाला	Benefactress	लाभ देनेवाली
9.	Billy-goat	बकरा	Nanny-goat	बकरी
10.	Boar	जंगली सुअर	Sow	सूअरी
11.	Boy	लड़का	Girl	लड़की
12.	Boy friend	(लड़का) मित्र	Girl friend	(लड़की) मित्र
13.	Brother	भाई	Sister	बहन
14.	Buck	हिरन	Doe	हिरनी
15.	Bull	सांड	Cow	गाय
16.	Bull-calf	गाय का बछड़ा	Cow-calf	गाय का बछिया
17.	Bullock	जवान बैल, सांड	Heifer	सांड़नी
18.	Clerk	लिपिक, क्लर्क बाबू	Clerk	क्लर्क (महिला)
19.	Cock	मुर्गा	Hen	मुर्गी
20.	Cock-sparrow	चिड़ा	Hen-sparrow	चिड़िया
21.	Conductor	कंडक्टर	Conductress	महिला कंडक्टर
22.	Count	नवाब	Countess	नवाबिन
23.	Czar	(रूस का राजा) ज़ार	Czarina	ज़ारीना
24.	Director	डायरैक्टर	Directress	डायरैक्ट्रैस
25.	Dog	कुत्ता	Bitch	कुतिया
26.	Don	भद्र-पुरुष	Donna	भद्र स्त्री
27.	Drone	नर मधुमक्खी	Bee	मधुमक्खी
28.	Duke	नवाब	Duchess	नवाबिन
29.	Earl	नवाब	Countess	बेगम
30.	Emperor	महाराजा	Empress	महारानी
31.	Emperor	सम्राट	Empress	साम्राज्ञी
32.	Enchanter	जादूगर	Enchantress	जादूगरनी
33.	Executor	जल्लाद	Executrix	जल्लादिन
34.	Father	पिता	Mother	माता
35.	Colt	घोड़े का बछेड़ा	Filly	घोड़े की बछेड़ी
36.	Founder	संचालक	Foundress	संचालिका
37.	Fox	लोमड़	Vixen	लोमड़ी
38.	Gander	हंस	Goose	हंसिनी
39.	Gentleman	भद्र पुरुष	Lady	भद्र महिला
40.	Giant	राक्षस	Giantess	राक्षसी
41.	God	देवता	Goddess	देवी

	Masculine (पुल्लिग)		Feminine (स्त्रीलिंग)	
42.	Governor	गवर्नर	Governess	गवर्नर
43.	Grandson	पोता	Grand daughter	पोती
44.	Grandfather	दादा	Grandmother	दादी
45.	Hart	हिरनी	Roe	हिरनी
46.	He-goat	बकरा	She-goat	बकरी
47.	Headmaster	मुख्याध्यापक	Headmistress	मुख्याध्यापिका
48.	Heir	उत्तराधिकारी	Heiress	उत्तराधिकारिणी
49.	Hero	नायक	Heroine	नायिका
50.	Host	मेज़बान	Hostess	मेजबान
51.	House	घोड़ा	Mare	घोड़ी
52.	Hunter	शिकारी	Huntress	शिकारिन
53.	Husband	पति	Wife	पत्नी
54.	Instructor	अध्यापक	Instructress	अध्यापिका
55.	Jack-ass	गधा	Jenny-ass	गधी
56.	Jew	यहूदी	Jewess	यहूदिन
57.	King	राजा	Queen	रानी
58.	Lad	लड़का	Lass	लड़की
59.	Landlord	ज़मींदार	Landlady	जमींदारनी
60.	Lion	बब्बर शेर	Lioness	बब्बर शेरनी
61.	Lord	सामन्त	Lady	सामन्तिनी
62.	Male frog	मेंढक	Farmale frog	मेंढकी
63.	Male nurse	नर्स (पु०)	Female nurse	नर्स (इ०)
64.	Man	आदमी	Woman	औरत
65.	Man servant	नौकर	Maid servant	नौकरानी
66.	Manager	प्रबन्धक	Manageress	प्रबन्धिका
67.	Marquis	नवाब	Marchioness	नवाबिन
68.	Master	मालिक	Mistress	मालकिन
69.	Mayor	मेअर	Mayoress	मेअर
70.	Milkman	दूध बेचने वाला	Milkmaid	ग्वालिन
71.	Mitter	मछली (का प्रकार)	Spawner	मछली
72.	Monk	भिक्षु	Nun	भिक्षुणी
73.	Mr.	श्रीमान्	Mrs.	श्रीमती
74.	Murderer	कातिल	Murderess	कातिल
75.	Negro	हब्शी	Negress	हब्शिन
76.	Nephew	भतीजा	Niece	भतीजी
77.	Patron	संरक्षक	Patroness	संरक्षिका

	Masculine (पुल्लिंग)		Feminine (स्त्रीलिंग)	
78.	Pea-cock	मोर	Pea-hen	मोरनी
79.	Peer	बराबर दर्जे वाला	Peeress	बराबर दर्जे वाली
80.	Poet	कवि	Poetess	दादी
81.	Policeman	पुलिसमैन	Police woman	महिला पुलिस
82.	Porter	कुली	Portress	कुली
83.	Preceptor	प्रचारक	Preceptress	प्रचारिका
84.	Priest	पुजारी	Priestess	पुजारिन
85.	Prince	राजकुमार	Princess	राजकुमारी
86.	Prophet	पैगम्बर	Prophetess	पैगम्बर
87.	Ram	भेड़	Ewe	भेड़ी
88.	Shepherd	चरवाहा	Shepherdess	चरवाहिन
89.	Signor	श्रीमान्	Signora	सुश्री
90.	Sir	श्रीमान्	Madam	सुश्री
91.	Sloven	गंदा व्यक्ति	Slut	गंदी स्त्री
92.	Son	बेटा	Daughter	पुत्री
93.	Songster	गायक	Songstress	गायिका
94.	Sorcerer	जादूगर	Sorceress	जादूगरनी
95.	Spaceman	अंतरिक्ष-यात्री (पुरुष)	Spacewoman	अंतरिक्ष-यात्री (महिला)
96.	Stag	बारासिंघा	Hind	बारासिंघी
97.	Steward	देखभाल करने वाला	Stewardess	देखभाल करने वाली
98.	Sultan	सुल्तान	Sultana	सुल्ताना
99.	Swain	देहाती, प्रेमी	Nymph	देहातिन, प्रेमिका
100.	Tempter	आकर्षित करने वाला	Temptress	आकर्षित करनेवाली
101.	Testator	वसीयत करने वाला	Testatrix	वसीयत करने वाली
102.	Tiger	बाघ	Tigress	बाघिन
103.	Traitor	गद्दार, विश्वासघाती	Traitress	विश्वासघातिनी
104.	Uncle	चाचा	Aunt	चाची
105.	Uncle	चाचा, मामा	Aunt	चाची, मामी
106.	Usher	देखभाल करनेवाला चौकीदार	Usheress	चौकीदारनी
107.	Viceroy	वाइसरॉए	Vicereine	वाइसरीन
108.	Viscount	नवाब	Viscountess	नवाबिन
109.	Votary	वोट देने वाला	Votaress	वोट देने वाली
110.	Waiter	बैयरा, सेवक	Waitress	सेविका
111.	Washerman	धोबी	Washerwoman	धोबिन
112.	Widower	रंडवा	Widow	विधवा
113.	Wizard	जादूगर	Witch	जादूगरनी

CHAPTER 9

FORMATION OF ABSTRACT NOUNS

(A) General: Adjectives, Common Nouns और Verbs से बने Abstract Nouns की कुछ उदाहरण नीचे दी जाती हैं:

(1) *From Adjective*

(a) Bravery from brave (b) Loyalty from loyal (c) Wisdom from wise (d) Beauty from beautiful (e) Happiness from happy (f) Youth from young.

(2) *From Common Nouns*

(a) Folly from fool (b) Theft from thief (c) Womanhood from woman (d) Authorship from author (e) Friendship from friend (f) Kingdom from king.

(3) *From Verbs*

(a) Discovery from discover (b) Obedience from obey (c) Knowledge from know (d) Gait from go.

(B) Methods of forming Abstract Nouns

(1) *By addition of 'dom'*

(a) Wisdom from wise (b) Kingdom from King.

(2) *By adding the suffix "ness"*

(a) Kindness from kind (b) Laziness from lazy (c) Happiness from happy (d) Greatness from great (e) Greediness from greed (f) Genuineness from genuine (g) Eagerness from eager.

(3) *By adding "ship"*

(a) Kingship from king (b) Hardship from hard (c) Bishopship from bishop (d) Sponsorship from sponsor (e) Freeship from free (f) Studentship from student.

(4) *By adding 'y' (with other changes)*

(a) Beauty from beautiful (b) Duty from dutiful (c) Glory from glory.

(5) *By adding 'ry'*

(a) Bravery from Brave (b) Rivialy from rival (c) Chivalry from chivalrous.

(6) *By adding 'hard'*

(a) Childhood from child (b) Knighthood from knight (c) Boyhood from boy (d) Girlhood from girl (e) Manhood from man (f) Likelihood from likely.

(7) *By adding 'th' (with other changes)*

(a) Strength from strong (b) Width from wide (c) Breadth from broad (d) Growth from growth (e) Depth from deep.

(8) *By adding 'ty' or 'ity'*

(a) Loyalty from loyal (b) Royalty from royal (c) Novelty from novel (d) Timidity from timid (e) Singularity from singular (f) Spontaneity from spontaneous (g) Cruelty from cruel (h) Liability from liable (i) Reponsibility from responsible (j) Regularity from regular (k) Punctuality from punctual (l) Hilarity from hilarious

(9) *By adding 'cy' (with other changes)*

(a) Frequency from frequent (b) Bankruptcy from bankrupt (c) Accountancy from accounts (or accountant) (d) Deliquency from deliquent.

(10) *By adding 'tion'*

(a) Attention from attend (b) Abstention from abstain (c) Prevention from prevent (d) Detention from detain (e) Prohibition from prohibit (f) Exhibition from exhibit (g) Deliberation from deliberate (h) Liberation from literate (i) Revolution from revolt (j) Devolution from devolve (k) Evaluation from evaluate (l) Motion from move (m) Deprivation from deprive (n) Solution from solve (o) Supposition from suppose.

(11) *By adding 'ce' or 'ance'*

(a) Attendance from attend (b) Repentance from repent (c) Defence from defened (d) Offence from offend (e) Dependance from depend.

(12) *By adding 'ure'*

(a) Closure from close (b) Enclosure from enclose (c) Moisture from moist.

(13) *By adding 'ss' or sion' or 'cion'*

(a) Success from succeed (b) Pretension from pretend (c) Suspicion from suspect (d) Suspension from suspend.

(14) *By adding 'ism'*

(a) Enthusiasm from enthuse or enthusiastic (b) Communism from consume or communist (c) Gandhism from Gandhi (d) Fascism from Fascist (e) Socialism from social.

(15) *By adding 'ing'*

(a) Standing from stand (b) Longing from long (c) Learning from learn (d) Earning from earn (e) Lodging from lodge (f) Boarding from board.

(16) *By adding 'ial' or 'al'*

(a) Denial from deny (b) Trail from try (c) Betrayal from betray.

(17) *By adding 'ment'*

(a) Government from govern (b) Management from manage (c) Arrangement from arrange (d) Derailment from derail (e) Betterment from better (f) Retirement from retire (g) Engagement from engage.

(18) *By adding 'tude'*

(a) Solitude from solitary

(19) *By adding 'ledge' or 'age'*:

(a) Knowledge from know (b) Breakage from break (c) Leakage from leak (d) Carriage from carry (e) Marriage from marry.

(20) *By adding 'red' or 'ren'*

(a) Hatred from hate (b) Brethen from brother.

(21) *By adding 'er' or 'eur'*

(a) Reminder from remind (b) Remainder from remain (c) Grandeur from grand.

(22) *By adding 'sy'*

(a) leprosy from leper

(23) *By adding 'ght'*

(a) Flight from fly (b) Height from high.

Miscellaneous

(a) Song from sing (b) Gait from go (c) Rigour from rigid (d) Pride from proud (e) Languor from languish (f) Loss from lose (g) Filth from foul (h) Gaiety from gay (i) Spontaneity from spontaneous (j) Grandeur from grand **(k)** Piety from pious (l) Abode from abide (m) Contest from contend (n) **Deal** from deal (o) Love from love (p) Hate from hate (q) Reach from reach.

Note. कुछ Words (verbs etc.) के Noun Forms वही शब्द होते हैं। जैसे कि **n, o,** p, q above.)

(r) Ditch from dig (s) Breach from break (t) Sale from sell (u) Tale from tell (v) Receipt from Receive.

Note. पाठकों के लाभ के लिए formation of nouns की एक लिस्ट नीचे दी जाती है:

(c) Fomation of Nouns from adjectives

Adjectives	**Meaning**	**Nouns**
Absent	अनुपस्थित	Absence
Abundant	काफी	Abundance
Accurate	ठीक	Accuracy
Active	सक्रिय	Activity
Adequate	पर्याप्त	Adequacy
Able	योग्य	Ability

Adjectives	Meaning	Nouns
Anxious	चिन्तित	Anxiety
Attractive	आकर्षक	Attraction
Bankrupt	दिवालिया	Bankruptcy
Better	पहले से ठीक	Betterment
Bitter	कड़वा	Bitterness
Bold	हौंसले वाला	Boldness
Brave	बहादुर	Bravery
Brief	संक्षेप	Brevity
Bright	चमकीला	Brightness
Broad	चौड़ा	Breadth
Busy	व्यस्त	Business
Calm	शांत	Calmness
Certain	निश्चित	Certainty
Cheap	सस्ता	Cheapness
Civil	शिष्ट	Civility
Clear	साफ़	Clarity
Complete	पूर्ण	Completion
Compulsory	ज़रूरी	Compulsion
Coward	डरपोक	Cowardice
Cruel	निर्दयी	Cruelty
Curious	जिज्ञासु	Curiosity
Dark	अंधकार में (अथवा काला)	Darkness
Deaf	बहरा	Deafness
Dear	मँहगा	Dearth
Decent	अच्छा	Decency
Deep	गहरा	Depth
Delicate	कोमल	Delicacy
Dense	घना	Density
Different	भिन्न	Difference
Equal	बराबर	Equality
False	झूठा	Falsehood
Fast	तेज़	Fastness
Fertile	उपजाऊ	Fertility
Fine	बढ़िया	Fineness
Foolish	मूर्ख	Foolishness
Foul	गंदा	Filth

Adjectives	Meaning	Nouns
Fragrant	सुगन्धित	Fragrance
Frank	स्पष्ट (वादी)	Frankness
Free	स्वतंत्र	Freedom
Gallant	बहादुर	Gallantry
Gay	प्रसन्न	Gaiety
Generous	उदार	Generosity
Good	अच्छा	Goodness
Grand	महान, विशाल	Grandeur
Grave	गंभीर	Gravity
Great	महान	Greatness
Happy	प्रसन्न	Happiness
Hard	सख्त	Hardship
High	ऊँचा	Height
Holy	पवित्र	Holiness
Honest	ईमानदार	Honesty
Hot	गर्म	Heat
Human	मानविक	Humanity
Humble	नम्र	Humility
Idle	निकम्मा	Idleness
Ignorant	अज्ञानी	Ignorance
Ill	बीमार	Illness
Immense	बहुत	Immensity
Infant	बच्चा	Infancy
Inferior	घटिया	Inferiority
Innocent	मासूम	Innocence
Intense	सख्त	Intensity
Jealous	ईर्ष्यालु	Jealousy
Just	न्यायकारी	Justice
Lame	लंगड़ा	Lameness
Liberal	उदार	Liberality
Local	स्थानीय	Locality
Long	लम्बा	Length
Loyal	स्वामीभक्त	Loyalty
Magnificent	शानदार	Magnificence
Mean	घटिया	Meanness
Merry	प्रसन्न	Merriment

Adjectives	Meaning	Nouns
Miserly	कंजूस	Miserliness
Moist	गीला	Moisture
Moral	नैतिक	Morality
Mortal	नश्वर	Mortality
Necessary	आवश्यक	Necessity
New	नया	Newness
Noble	अच्छा	Nobility
Novel	नया	Novelty
Obedient	आज्ञाकारी	Obedience
Patient	संतोषी	Patience
Perfect	पूर्ण	Perfection
Pious	पवित्रता	Piety
Poor	निर्धन	Poverty
Popular	सर्वप्रिय	Popularity
Private	व्यक्तिगत	Privacy
Prudent	बुद्धिमान	Prudence
Pure	पवित्र	Purity
Quick	तेज़	Quickness
Quiet	शांत, चुप	Quietness
Real	वास्तविक	Reality
Red	लाल	Redness
Rich	धनी	Richness
Rigid	सख्त	Rigidity
Rival	विरोधी	Rivalry
Round	गोल	Roundness
Royal	राजकीय	Royalty
Sacred	पवित्र	Sacredness
Safe	सुरक्षित	Safety
Sane	बुद्धिमान	Sanity
Scarce	कम	Scarcity
Secret	भेद-युक्त	Secrecy
Separate	पृथक्	Separation
Severe	सख्त	Severity
Sharp	तेज	Sharpness
Short	छोटा	Shortness
Simple	सादा	Simplicity

Adjectives	Meaning	Nouns
Soft	नर्म	Softness
Solitary	अकेला	Solitude
Special	विशेष	Speciality
Stable	स्थिर	Stability
Strong	मज़बूत	Strength
Stupid	मूर्ख	Stupidity
Supreme	महानतम	Supremacy
Sure	निश्चित	Surety
Sweet	मधुर	Sweetness
Timid	डरपोक	Timidity
True	सच्चा	Truth
Vacant	ख़ाली	Vacancy
Vain	घमण्डी	Vanity
Various	विभिन्न	Variety
Warm	गर्म	Warmth
Weak	कमज़ोर	Weakness
White	सफ़ेद	Whiteness
Wise	बुद्धिमान	Wisdom
Worthy	योग्य	Worth
Young	जवान, नवयुवक	Youth

(D) Formation of Nouns from Verbs

Verbs	Meanings	Nouns
Add	जमा करना	Addition
Assist	सहायता करना	Assistance
Able	योग्य	Ability
Accede	मानना	Access
Act	काम करना	Action
Argue	विवाद करना	Argument
Admit	मानना	Admission
Abide	कायम रहना	Abode
Arrive	पहुंचना	Arrival
Adore	पूजा करना	Adoration
Apply	प्रार्थना पत्र देना	Application
Assasinate	मार देना	Assassination
Advise	सलाह देना	Advice

Verbs	Meanings	Nouns
Abound	भरपूर होना	Abundance
Absorb	जज़्ब करना	Absorption
Agree	मानना	Agreement
Apprehend	डरना, पकड़ना	Apprehension
Avow	मानना	Avowal
Assure	विश्वास दिलाना	Assurance
Approve	स्वीकृति देना	Approval
Ascend	चढ़ना	Ascent
Assume	ग्रहण करना	Assumption
Attach	बांधना	Attachment
Attend	उपस्थित होना	Attendance
Attract	आकर्षित करना	Attraction
Appear	प्रकट होना	Appearance
Astonish	हैरान करना	Astonishment
Advance	आगे बढ़ना	Advancement
Bear	जन्म देना	Birth
Belong	(मालिक) होना	Belongings
Brave	बहादुर	Bravery
Bless	आर्शीवाद देना	Bliss
Burn	जलाना	Brand
Bury	दबा देना, दबना	Burial
Bear	दफ़्न करना	Bier
Behave	व्यवहार करना	Behaviour
Baffle	हैरान करना	Bafflement
Bind	बांधना	Bond
Betray	धोखा देना	Betrayal
Bite	काटना	Bite
Breach or break	तोड़ना	Breach or Breakage
Broaden	चौड़ा करना	Breadth
Build	बनाना	Building
Bore	बोर करना	Boredom
Breave	शोक करना	Bereavement
Begin	आरम्भ करना	Beginning
Believe	विश्वास करना	Belief
Conclude	समाप्त करना	Conclusion
Cleave	काटना, फाड़ना	Cleavage

Verbs	Meanings	Nouns
Create	बनाना	Creation
Chop	काटना	Chip
Ascertain	निश्चित करना	Certainty
Comply	मानना	Compliance
Choose	चुनना	Choice
Close	बन्द करना	Closure
Carry	उठाना	Carriage
Consider	मानना	Consideration
Convert	बदलना	Conversion
Conform	के अनुसार होना	Conformity
Civilise	सभ्य करना	Civilisation
Decide	निर्णय करना	Decision
Dissolve	भंग करना	Dissolution
Do	करना	Deed
Depart	जुदा होना	Depharture
Deceive	धोखा देना	Deceit
Dismiss	निकाल देना	Dismissal
Disturb	हलचल करना	Disturbance
Direct	आदेश देना	Direction
Discover	पता लगाना	Discovery
Defy	विरोध करना	Defiance
Destroy	नष्ट करना	Destruction
Deliver	बांटना	Delivery
Distract	भटकना	Distraction
Declare	घोषणा करना	Declaration
Degrade	घटाना	Degradation
Descend	नीचे उतरना	Descent
Decorate	सुसज्जित करना	Decoration
Describe	वर्णन करना	Description
Divide	बांटना	Division
Distribute	बांटना	Distribution
Distinguish	भेद करना	Distinction
Enjoy	खुशी मनाना	Enjoyment
Envelop	घेरे में लेना	Envelope
Exist	होना	Existence
Expel	निकाल देना	Expulsion

Verbs	Meanings	Nouns
Enter	प्रवेश करना	Enterance
Excite	भड़काना	Excitement
Educate	शिक्षित करना	Education
Examine	देखना, पड़ताल करना	Examination
Establish	स्थापित करना	Establishment
Float	तैराना, तैरना	Floatage
Follow	पीछा करना	Following
Fail	असफ़ल होना	Failure
Found	नींव रखना	Foundation
Foresee	आगे देखना	Foresight
Form	बनाना	Formation
Gape	(मुंह) खोलना	Gap
Grow	बढ़ना	Growth
Give	देना	Gift
Gratify	प्रसन्न करना	Gratification
Gird	कमर बांधना	Girth
Guide	पथ प्रर्दशन करना	Guidance
Generalise	साधारण बनाना	Generalisation
Go	जाना	Gait
Grieve	शोक करना	Grief
Gamble	जुआ खेलना	Gambling
Generate	पैदा करना	Generation
Graduate	ग्रेजुएट होना	Graduation
Germinate	पैदा करना	Germination
Govern	राज्य करना	Government
Hold	पकड़ना	Holding
Heal	ठीक करना	Health
Haul	खींचना	Haulage
Hate	घृणा करना	Hatred
Hesitate	झिझकना	Hesitation
Humiliate	अपमानित करना	Humiliation
Irritate	चिड़चिड़ाना	Irritation
Indict	दोष लगाना	Indictment
Inspect	निरीक्षण करना	Inspection
Justify	ठीक सिद्ध करना	Justification
Juxtapose	आमने सामने करना	Jaxtaposition

Verbs	Meanings	Nouns
Judge	निर्णय करना	Judgement
Know	जानना	Knowledge
Keep	रखना	Keeping
Kill	मारना	Killing
Lose	खोना	Loss
Land	उतरना	Landing
Lend	उधार देना	Loan
Link	जोड़ना	Linkage
Lament	रोना	Lamentation
Laugh	हँसना	Laughter
Live	जीवित रहना	Living
Lodge	(किसी स्थान पर) रहना	Lodging
Learn	सीखना	Learning
Liquidate	समाप्त कर देना	Liquidation
Locate	(स्थान का) पता लगाना	Location
Long	तीव्र इच्छा करना	Longing
Litigate	मुकद्दमा करना	Litigation
Lubricate	तेल देना	Lubrication
Modify	बदलना	Modification
Meliorate	बेहतर करना	Melioration
Mock	मज़ाक करना	Mockery
Move	हिलाना	Movement
Mean	अर्थ बताना	Meaning
Magnify	बड़ा करना	Magnification
Mix	मिलाना	Mixture
Mourn	शोक करना	Mourning
Maintain	कायम रखना	Maintenance
Multiply	गुणा करना	Multiplication
Meet	मिलना	Meeting
Manage	प्रबन्ध करना	Management
Measure	नापना	Measurement
Moderate	कम करना	Moderation
Merge	डूबो देना, जोड़ देना अर्थात् सम्मिलित कर देना	Merger
Modernize	आधुनिक बनाना	Modernization
Manifest	प्रकट करना	Manifestation

Verbs	Meanings	Nouns
Meditate	सोचना, समाधि लगाना	Meditation
Marry	विवाह करना	Marriage
Misunderstand	ग़लत समझना	Misunder-standing
Necessitate	ज़रूरी होना	Necessity
Notify	नोटिस में लाना	Notification
Navigate	समुद्र में जहाज़ चलाना	Navigation
Nominate	अनुमोदित करना	Nomination
Nationalise	राष्ट्रीयकरण करना	Nationalisation
Negotiate	बातचीत करना	Negotiation
Nourish	पालना	Nourishment
Naturalise	प्राकृतिक बनाना	Naturalisation
Opt	चुनना	Option
Obey	आज्ञा का पालन करना	Obedience
Oblige	बात मानना, अहसान करना	Obligation
Object	एतराज़ करना	Objection
Opine	इच्छा बताना	Opinion
Obsess	भूत सवार होना	Obsession
Observe	देखना	Observance
Obstruct	रूकावट पैदा करना	Obstruction
Offend	नाराज़ करना, विरोध करना	Offence
Oppress	दुःख देना	Oppression
Oranginse	प्रबन्ध करना	Organisation
Press	ज़ोर डालना	Pressure
Perplex	परेशान करना	Perplexity
Participate	भाग लेना	Participation
Plant	पौधा लगाना	Plantation
Punish	दंड देना	Punishment
Purge	निकालना	Purgation
Project	प्रकट करना	Projection
Profess	दिखाना, दिखावा करना	Profession
Persevere	मेहनत करना	Perseverance
Quote	उल्लेख करना	Quotation
Qualify	गुण ग्रहण करना, पास होना, उचित शिक्षा ग्रहण करना	Qualification
Receive	प्राप्त करना	Receipt
Run	भागना	Race

Verbs	Meanings	Nouns
Realise	महसूस करना	Realisation
Refuse	इन्कार करना	Refusal
Radiate	चमकना	Radiation
Refer	हवाला देना	Reference
Relieve	छोड़ना	Relief
Recede	कम होना	Recession
Rag	परेशान करना (होस्टल आदि में)	Ragging
Recover	पुनः प्राप्त करना	Recovery
Recite	गाना, बोलना, वर्णन करना	Recitation
Remember	याद आना	Remembrance
Recollect	याद करना	Recollection
Rationalise	उचित बताना	Rationalisation
Rely	विश्वास करना	Reliance
Recommend	सिफारिश करना	Recommendation
Reduce	कम करना	Reduction
Satisfy	संतुष्ट होना	Satisfaction
Stop	रुकना	Stoppage
Strive	यत्न करना	Strife
Suspect	शंका करना	Suspicion
Settle	रहने लगना	Settlement
Sow	वीजना	Seed
Say	कहना	Saying
See	देखना	Sight
Sustain	कायम रखना	Sustenance
Strike	हड़ताल करना	Stroke
Serve	सेंवा करना	Service
Speak	बोलना	Speech
Subtract	घटाना	Subtraction
Slay	मारना	Slaughter
Sign	हस्ताक्षर करना	Signature
Steal	चुराना	Stealth
Suffer	दु:ख सहन करना	Suffering
Secure	प्राप्त करना, अंक, स्कोर, धन आदि	Security
Solve	हल करना	Solution

Verbs	Meanings	Nouns
Submit	हार मानना या प्रार्थना पत्र आदि देना	Submission
Sing	गाना	Song
Suppose	अनुमान लगाना	Supposition
Seize	छीनना	Seizure
Separate	जुदा करना	Separation
State	बताना, कहना	Statement
Subscribe	चंदा देना	Subscription
Suggest	सुझाव देना	Suggestion
Survive	बच जाना, जीवित रहना	Survival
Tax	टैक्स लगाना	Taxation
Think	सोचना	Thought
Try	यत्न करना	Trial
Threat	व्यवहार करना	Treatment
Tend	सुझाव देना	Tendency
Tell	बताना	Talk
Tabulate	एक चार्ट के रूप में प्रकट करना	Tabulation
Tempt	लालच देना या आकर्षित करना	Temptation
Timidate	डरपोक बनाना	Timidity
Teach	पढ़ाना	Teaching
Trace	पता लगाना	Track
Terminate	समाप्त करना	Termination
Translate	अनुवाद करना	Translation
Train	सिखाना	Training
Transfrom	बदलना	Transformation
Utter	बोलना	Utterance
Usurp	छीन लेना	Usurpation
Utilise	प्रयोग में लाना	Utilisation
Unite	जोड़ना	Union
Vary	भिन्न होना	Variance
Verify	सत्य का पता लगाना	Verification
Vacate	खाली करना	Vacation
Ventilate	हवादार बनाना	Ventilation
Versify	पद में बनाना या बदलना	Versification

Verbs	Meanings	Nouns
Vibrate	(लहरों के रूप में) हिलना (थर्राना या थरथराना)	Vibration
Violate	उल्लंघन करना	Violation
Vulgarise	घटिया बनाना	Vulgarity
Victimise	शोषण करना	Victimisation
Vindicate	(शान) या कायम रखना या फिर प्राप्त करना	Vindication
Wed	विवाह करना	Wedding
Wake	जागना	Watch
Waste	नष्ट (व्यर्थ) करना	Wastage
Weigh	तोलना	Weight
Warm	गर्म करना	Warmth
Weave	बुनना	Web
Write	लिखना	Writing, writ
Yell	चिल्लाना	Yell
Yearn	प्रार्थना करना, तीव्र इच्छा रखना	Yearning
Yoke	पंजाली से बांधना	Yoke

Note. कई शब्दों के Noun Form में Meaning बदल जाता है।

(E) Abstract Nouns from Common Nouns

Common Noun		Abstract Noun
Knight	योद्धा	Knighthood
Boy	लड़का	Boyhood
Infant	बच्चा	Infancy
Baby	बच्चा	Babyhood
Child	बच्चा	Childhood
Girl	लड़की	Girlhood
Member	सदस्य	Membership
Leader	नेता	Leadership
Friend	मित्र	Friendship
Enemy	शत्रु	Enmity
Man	पुरुष	Manhood
Woman	स्त्री	Womanhood
King	राजा	Kingship
Rival	विरोधी	Rivalry
Owner	स्वामी	Ownership

Common Noun		Abstract Noun
Lord	नवाब (स्वामी)	Lordship
Lady	स्त्री (स्वामिन)	Ladyship
Lecturer	प्राध्यापक	Lecturership
Shop	दुकान	Shopping
Consumer	खपत करने वाला	Consumerism
Tenant	किरायेदार	Tenancy
Smoke	धुआं	Smoking
Coward	डरपोक	Cowardice
Miser	कंजूस	Miserliness
Actor	अभिनेता	Acting
Garden	बाग़	Gardening
Reader	पाठक, रीडर	Readership

EXERCISE I

Make Abstract Nouns from:

Boy, man, beggar, priest, friend, owner, mother, caption, rogue, regent, infant, bankrupt, king, coward.

EXERCISE II

नीचे दिये गये Verbs को Abstract Nouns में Change करें:

Succed, starve, attend avoid, seize, obey, protect, conceal, expect, meet, believe, go, try, die, laugh, serve, pursue, pray, excel, occupy, devise, deny, deliver.

EXERCISE III

नीचे दिये गये Adjectives को Abstract Nouns में Change करें:

Decent, clever, human, busy, bright, broad, dark, vain, false, happy, clever, short, poor, long, free, good, deep, sweet, cruel.

CHAPTER 10

THE PRONOUN (सर्वनाम)

1. Pronoun वह शब्द है जो Noun (संज्ञा) के स्थान पर प्रयोग होता है। *e.g.,*

(a) Mohan is a gentleman. He belongs to a noble family.

दूसरे Sentence में 'Mohan' की जगह 'He' का प्रयोग हुआ है। यह 'He' शब्द Pronoun कहलायेगा।

(b) Geeta is a good girl. She always speaks the truth.

इस Sentence में 'Geeta' की जगह 'She' का प्रयोग हुआ है। इस तरह 'She' Pronoun कहलायेगा।

2. यदि मैं आपको अपने बारे में कुछ कहता हूँ या अपने सामने वाले व्यक्ति He or She के बारे में बात करता हूँ तो इस दशा में पहले प्रकार के Pronoun 'I' को Personal Pronoun of the First Person कहते हैं। दूसरे प्रकार के Pronoun (You) को Personal Pronoun of the Second Person कहते हैं और तीसरी प्रकार के Pronoun (He or She) को Personal Pronoun of the Third Person कहते हैं। सभी Pronouns के Plural forms भी होते हैं। नीचे दिये गये Table से यह सब समझना बहुत आसान हो जाता है:

Forms or Cases of Personal Pronouns

Cases			*Nominative*	*Possessive*	*Objection or Accusative*
Ist Person	Masculine or Feminine	Singular	**I**	My, mine	me
	Plural (M or F)		We	Our, ours,	Us
2nd Person	Masculine or Feminine	Singular	You (also thou)	Your, yours Thy there	You Thee
	Plural (M or F)		You	Your, yours	You

3rd Person	Masculine or Feminine	Singular	He She	His Her, hers	Him Her
All genders	Common & Neuter Plural (M, F, C or N)		It They	Its Their, theirs	It Them

3. *Personal Pronouns.* Possessive Case में Nouns से पहले आते हैं तथा Nouns को Qualify करते हैं। इस तरह Pronouns होने के साथ-साथ वे Possessive Adjectives or कभी-कभी वे Prononial Adjectives का भी काम करते हैं। *e.g.,*

(a) That is your book. (b) This is my book. (c) This is his book. (d) This is her book. (e) These are your books. (f) These are their books. (g) These are our books.

ऊपर दिये गये Sentences में 'my', 'our', 'your', 'her', 'their', 'his' etc. Pronouns के साथ-साथ Possessive Adjectives or Pronouncial Adjectives का भी काम करते हैं।

4. कई बार Possessive Case में Pronouns, Nouns के एकदम साथ नहीं आते। *e.g.,*

(a) This rubber is yours. (b) This rubber is mine. (c) This rubber is hers (her). (d) Those rubbers are theirs. (e) These rubbers are yours. (f) These rubbers are ours.

इस तरह के Pronouns को Possessive Pronouns कहते हैं।

EXERCISE 1

नीचे दिये गये Sentences में Pronouns ढूँढें व बतायें कि वे कौन से Nouns के लिए Use में लाये गये हैं:

1. Mohan is a good boy. He always stands first in the class.
2. Sandeep is a brave boy. He never shows any cowardice.
3. If any student is caught talking, he will be punished.
4. Sunil lost his coin yesterday and he is still looking for it in the room.
5. Gurpreet is a naughty boy. That is why, he is not liked by anybody.
6. Manoj kept an eye upon Ram but he could not find anything wrong in his conduct.
7. The students of our class made a great noise. So, they were punished by our class teacher.
8. The horse jumped over the wall. Then, it ran away very fast.
9. Jagdish was often rebuked by his grandfather but he could never be a good boy.

EXERCISE 2

नीचे दिये गये *Blanks* में सही *Pronouns* भरें:

1. She writes as clear as......
   (a) we
   (b) us
2. Lucky and......are enemies.
   (a) him
   (b) he
3. Mohan and......are friends.
   (a) I
   (b) me
4. Geeta and......pay together.
   (a) her
   (b) she
   (c) him
5. I know him and......brother.
   (a) he
   (b) she
   (c) his
6. If I were......I would n[illegible] do it.
   (a) your
   (b) yours
   (c) you
7. Sohan made a noise in the class and so, ... was punished by the teacher.
   (a) his
   (b) him
   (c) he
8. Those were......kites.
   (a) them
   (b) their
   (c) They
9. Ram and Sham are friends......go to school together.
   (a) They
   (b) Their
   (c) Them
10. We should love......country.
    (a) us
    (b) our
    (c) my
11. I have contributed all...... gratuity to the National Defence Fund.
    (a) me
    (b) your
    (c) my

EXERCISE 3

नीचे दिये गये *Sentences* में जहां पर *Nouns* के स्थान पर *Pronouns* लगा सकते हैं, लगायें:

1. Satish plays hockey brilliantly. Satish is my next-door neighbour.
2. The cobbler repairs my shoes and the cobbler polishes them.
3. I saw cattle grazing in the fields. The cattle are very useful to mankind in different ways.
4. Mohan beats his brother because his brother does not obey Mohan.

CHAPTER 11

KINDS OF PRONOUNS

Pronouns को हम नीचे दिये गये भागों में Divide कर सकते हैं:

1. Personal Pronouns
2. Indefinite Pronouns
3. Demonstrative Pronouns
4. Reflexive Pronouns
5. Emphatic Pronouns
6. Interrogative Pronouns
7. Impersonal Pronouns
8. Distributive Pronouns
9. Relative Pronouns

इनकी पहचान नीचे लिखे ढंगों से की जा सकती है:

1. *Personal Pronouns.* इनके बारे में पिछले किसी chapter में वर्णन किया जा चुका है। फिर भी यदि रखने के लिए 'I,' 'we,' 'you,' 'he,' 'she,' 'it,' 'they,' 'my,' 'our,' 'them,' 'her' etc. Personal Pronouns हैं।

2. *Indefinite Pronouns.* जो Pronoun किसी चीज़ या किसी व्यक्ति को साधारण तौर पर ही व्यक्त करता है और उसे भली-भांति स्पष्ट नहीं करता, उसे Indefinite Pronoun कहते हैं। *e.g.*,

(i) Do yo like *anybody*? क्या आप किसी को पसन्द करते हैं?

(ii) *No one* knows what he says? कोई नहीं जानता वह क्या कहता है?

(iii) *Many* of them came to me to know the real thing. उनमें से कई मेरे पास असली बात पूछने के लिए आये।

(iv) *One* should not talk too much. किसी को ज्यादा बातें नहीं करनी चाहिएं।

(v) *Everyone* can do it. इसे हर कोई कर सकता है।

(vi) *They* do not love you. वे आपसे प्यार नहीं करते हैं।

(vii) *Few* can understand it. बहुत कम ही इसे समझ सकते हैं।

(viii) *Nobody* will care about you. तुम्हारे बारे में कोई नहीं सोचेगा।

(ix) *All* are mortal. सभी नश्वर हैं।

Note 1. ऊपर Italicise किये गये अधिकतर Pronouns जब किसी Noun के पहले लग

जाते हैं तो Adjectives बन जाते हैं। *e.g.*,

(a) *All the People* went pale on hearing the real story. सभी लोग सच्ची कहानी सुनकर पीले पड़ गये।

(b) *Few men* came out of their homes. थोड़े से आदमी ही अपने घरों से बाहर आये।

(c) *Any boy* can do it. कोई भी लड़का इसे कर सकता है।

(d) One girl topped the university list. एक लड़की विश्वविद्यालय में प्रथम आई।

(e) Some boys knocked at the door. कुछ लड़कों ने दरवाज़ा खटखटाया।

Note 2. जब कोई बात, जिसमें Use किया गया Pronoun दोनों Sexes पर लागू होता हो, तो Indefinite Pronouns ज़्यादातर Pronouns के Singular Masculine Gender का सहारा लेते हैं। *e.g.*,

(a) Everybody likes to do his best. हर कोई अपनी तरफ से सब से बढ़ कर काम करना चाहता है।

(b) Nobody wants his own defeat. कोई भी अपनी हार नहीं चाहता।

(c) Anybody trying his best must get success in the long run. अपनी तरफ से पूरी कोशिश करने वाला कोई भी अन्त में सफलता प्राप्त कर लेता है।

Note 3. बहुत से Indefinite Pronouns 'he' or 'she' Words की Demand करते हैं। *e.g.*,

(a) Each of the boys played his part. लड़कों में से हर एक ने अपनी भूमिका निभाई।

(b) None of the boys went to greet him. कोई भी लड़का उसे नमस्ते कहने नहीं गया।

3. *Demonstrative Pronouns*. जो Pronouns objects के बारे में सीधे तौर पर बताते हैं, उनको Demonstrative Pronouns कहा जाता है। *e.g.*,

(i) This is my pen. यह मेरा पैन है।

(ii) That is your book. वह आपकी पुस्तक है।

(iii) These are his favourite books. यह उसकी मनचाही पुस्तकें हैं।

(iv) This is what I wanted. मैं यही चाहता था।

(v) Such is his fate. उसका भाग्य ऐसा है।

(vi) Those were the golden days of my life. वह मेरे जीवन के स्वर्णिम दिन थे।

4. *Reflexive Pronouns*. यह वास्तव में Compound Personal Pronouns होते हैं। *e.g.*,

Singular

(a) Her + self = Herself

(b) Him + self = Himself

(c) My + self = Myself

(d) Your + self = Yourself

(e) It + self = Itself

Plurals

(a) Them + selves = Themselves
(b) Our + selves = Ourselves
(c) Your + selves = Yourselves

Note. First तथा Second Persons में "-self" (or "-selves") Pronoun के Possessive या Genitive Case में लगते हैं, लेकिन Third Persson में 'self' (or-'selves') Pronoun के Objective (or Accusative Case) में Use किये जाते हैं।

Subject का Action उसी पर ही (अर्थात् Subject पर ही) प्रभाव डालता है तो उसे Reflexive Pronoun कहते हैं। *e.g.,*

(i) He hit himself. उसने अपने आपको चोट लगा ली।
(ii) She hit herself. उस लड़की ने अपने आप को चोट लगा ली।
(iii) They hit themselves. उन्होंने स्वयं को चोट लगा ली।
(iv) We hit ourselves. हमने अपने आपको चोट लगा ली।
(v) You hit yourselves. आप ने अपने आपको चोट लगा ली।
(vi) I hit myself. मैंने अपने आपको चोट लगा ली।

5. *Emphatic Pronouns*. जब Compound Personal Pronouns (Pronouns + 'self' or 'selves') अपने स्थान किसी बात पर विशेष ज़ोर डालते हैं, तो उनको Emphatic or Emphasising Pronouns कहते हैं। *e.g.,*

(i) He himself told me about the matter. उसने मुझे अपने आप बात बताई।
(ii) She herself broke it. उसने इसे अपने आप तोड़ा।
(iii) They made this mistake themselves. उन्होंने ये गल्ती अपने आप की।
(iv) I haven't guessed it myself. मैंने अपने आप इसका अनुमान नहीं लगाया है।

Note. Emphatic Pronouns कभी भी Subject के रूप में Sentence में Use नहीं हो सकते। अगर वे Use किए जाते हैं तो ऐसे Sentences को Wrong समझा जाता है। *e.g.,*

(i) Himself cut the lake.
(ii) Herself killed the cat.
(iii) Myself have done it.

The correct sentences are:

(i) He cut the cake.
(ii) She killed the cat.
(iii) I have done it.

Note. Emphatic व Reflexive Pronouns में नीचे दिया गया Difference है:

जो Pronoun (does) Subject पर ही ज़ोर डालता है, उसे Reflexive Pronoun कहते हैं लेकिन जब यह Subject के Action को अधिक भली-भांति बताता है, तो इसे Emphatic Pronoun कहते हैं)

6. *Interrogative Pronouns*. The (Relative) Pronouns (*e.g.*, 'what,' 'which,' 'whom,' 'who') जब कोई प्रश्न पूछने के काम में लाये जाते हैं तो उन्हें Interrogative Pronouns कहते हैं। वे Direct व Indirect Questions के तौर पर Use में लाये जाते हैं।

इस प्रकार Interrogative Pronouns वास्तव में Relative Pronouns का ही प्रश्नात्मक रूप है।

(i) ***Direct Questions***

(a) Who are you? आप कौन हैं?

(b) Who has done this? यह किसने किया है?

(c) Which is your ball? आपकी कौन सी गेंद है?

(d) Who makes a noise? शोर कौन करता है?

(e) What is there in your pocket? आपकी जेब में क्या है?

(f) Whom do you want? आप किसको मिलना चाहते हैं?

(ii) ***Indirect Questions***

(a) Tell me who can come to save him. मुझे बताओ उसे बचाने कौन आ सकता है।

(b) Listen what I want to say. सुनो जो मैं कहना चाहता हूँ।

(c) He has no idea what happened there. उसे कुछ नहीं पता कि वहां क्या हुआ।

Note 1. Interrogative Persons, Nominative or Accusative (Objective) Cases के प्रयोग में लाये जाते हैं। *e.g.*,

(i) What is your name? (Nominative) आपका क्या नाम है?

(ii) Which one is your brother? (Nominative) आपका भाई कौन सा है?

(iii) What do you want? (Accusative) आप क्या चाहते हैं?

(iv) To whom do you speak? (Accusative) आप किससे बात करते हैं?

7. *Inpersonal Pronouns*. "It" को Impersonal Pronoun कहा जाता है। इसका प्रयोग किसी और Chapter में बताया गया है।

8. *Distributive Pronouns*. यह Pronouns एक समय पर सदा Singular ही होते हैं क्योंकि यह किसी भी श्रेणी की वस्तुओं या व्यक्तियों के विषय में एक समय पर उनके अकेले रूप के बारे में ही बताते हैं:

Examples

(i) Each of them got a p[illegible]e. उनमें से प्रत्येक को इनाम मिला।

(ii) Either of the two bo[illegible]s will do. दोनों में से किसी भी पुस्तक से काम चल जायेगा।

(iii) Noither of the two boys was selected. दोनों में से कोई भी बालक नहीं चुना गया।

Remember

(i) Each, either and neither को Distributive Pronouns कहा जाता है।

(ii) क्योंकि यह एक समय पर एक ही व्यक्ति या वस्तु के स्थान पर प्रयोग होते हैं, इसलिए इनके बाद Verb सदा Singular Form में लगता है।

(iii) Each किसी सीमित गिनती में से एक के बारे में बताता है और Every असीमित गिनती के बारे में बताता है। *e.g.*,

(a) Each student in the class will get a prize. कक्षा में प्रत्येक विद्यार्थी को पारितोषिक मिलेगा।

(b) Everyone of our countrymen must be ready to defend the motherland. हमारे हर देशवासी को मातृभूमि की रक्षा के लिए तैयार रहना चाहिए।

ऊपर लिखित वाक्यों में 'each' और 'every' दोनों Adjectives के रूप में प्रयुक्त हुए हैं, 'each' कक्षा के प्रत्येक विद्यार्थी के लिए (जिनकी गिनती सीमित या निर्धारित है) और 'every' प्रत्येक देशवासी के लिए (जिनकी गिनती सीमित या निर्धारित नहीं है)।

(iv) Either का अर्थ है- दो व्यक्तियों या वस्तुओं में से कोई एक:
Either of the two boys may accompany me.
दो बालकों में से कोई भी एक मेरे साथ जा सकता है।

(v) Neither का अर्थ है—दोनों में से कोई भी नहीं:
Neither of you has any common sense.
तुम में से किसी में भी सामान्य बुद्धि नहीं है।

(vi) दो से अधिक व्यक्तियों या वस्तुओं के लिए निम्नलिखित शब्दों का प्रयोग होता है:
(a) Any (b) Anyone (c) No one (d) None.

Usage

(a) Any of you (*i.e.*, more than two) may come. आप में से (अर्थात् दो से अधिक) आ सकता है।

(b) Any one can do this job. कोई भी यह काम कर सकता है।

(c) No one is allowed to go there. किसी को भी वहां जाने की आज्ञा नहीं है।

(d) None of the girls could get a prize in the hurdles race. बालिकाओं में से कोई भी रुकावट की दौड़ में इनाम नहीं जीत सकी।

जैसा कि स्पष्ट है, Distributive Pronouns Adje[illegible]ves के रूप में भी प्रयोग हो सकते हैं।

Examples

(i) Each child wants parental help. प्रत्येक ब[illegible] को माता-पिता से सहायता चाहिए।

(ii) Either team made a goal. (दोनों में से) प्रत्येक टीम ने एक-एक गोल बनाया।

(iii) Neither roads leads to Mumbai. (दोनों में से) कोई भी सड़क मुम्बई नहीं जाती।

Note. (i) जब किसी वाक्य में किसी Numeral (गिनती) का प्रयोग हो, तो Each वाक्य के अन्त में लगेगा:

(a) The naughty students were fined Rs. 20/- each.
शरारती विद्यार्थियों में से प्रत्येक को बीस-बीस रुपये जुर्माना किया गया।

(b) The examinees were given one question paper each.
परीक्षार्थियों में से प्रत्येक को एक-एक प्रश्न-पत्र दिया गया।

(ii) Each other और one another को *Reciprocal Pronouns* के नाम से पुकारा जाता है:

(a) *Each other* दो व्यक्तियों या वस्तुओं के लिए लगता है:
The two friends stood by each other in adversity.
दो मित्रों ने मुसीबत में एक दूसरे का साथ दिया।

(b) *One another* दो से अधिक व्यक्तियों या वस्तुओं के लिए प्रयोग होता है:
Men should help one another so that nobody leads a miserable life.
मनुष्यों को एक दूसरे की सहायता करनी चाहिए ताकि कोई भी दुःखदायक जीवन न बिताये।

9. *Relative Pronouns*. निम्नलिखित वाक्यों को पढ़िये:

(i) He, *who* stands first in the class, will be given a prize.
(ii) The boy, *whom* you met on the way, is my close friend.
(iii) The girl, *whose* book was stolen, is my sister.
(iv) The book, *which* he gave me, is very interesting.
(v) Here is the pen *that* she give me.
(vi) *What* he says, is true.

ऊपरलिखित वाक्यों में 'who,' 'whom,' 'whose,' 'which,' 'that' और 'what' दो काम करते हैं:

(a) वह अपने से पहले आने वाले Noun (या Pronoun) के स्थान पर काम करते हैं जो क्रमश: इस प्रकार हैं:

(i) He (ii) boy (iii) girl (iv) book (v) pen (vi) that which

Note. 'What' stands for "that which".

(b) वह वाक्य में दो Clauses को मिलाते हैं। इस प्रकार वह Conjuctions का काम भी करते हैं।

इस प्रकार के शब्दों को Relative Pronouns कहा जाता है तथा जिन शब्दों का स्थान वह लेते हैं, उन्हें Antecedents कहा जाता है।

Note. (i) किसी भी Personal Pronoun की तरह 'who' के तीन भिन्न Cases हैं परन्तु 'which' और 'that' के रूप इस प्रकार हैं:

S. No.	*Relative Pronoun*	*Nominative Case*	*Objective Case*	*Passessive Case*
(1)	Who	Who	Whom	Whose
(2)	Which	Which	Which	Of which
(3)	That	That	That	(i) Whose (ii) Of which

(ii) *Agreement of the Relative Pronoun with its antecedent.* किसी भी वाक्य में Relative Pronoun का अपने Antecedent के साथ Number, Gender और Person में सहमत होना ज़रूरी होता है:

(a) This is the *boy who has* brought laurels to his school.
(b) *Those, whom Gods love,* die young.
(c) The *girl, whose leg was broken,* is still in hospital.
(d) This is the book *that* I wanted.
(e) Say what you want to say.

(iii) Relative Pronoun अपने Antecedent के As Near is Possible आना चाहिए।

Detailed Use of Relative Pronouns

Relative Pronoun का कुछ विस्तार में प्रयोग नीचे दिया गया है:

(i) *Who.* इसका प्रयोग व्यक्तियों के लिए Nominative Case में किया जाता है:

(a) The girl, who stood first in her class, is my sister.
(b) The men, who are sitting in the parking, are the senior citizens of our town.

(ii) *Whom.* इसका प्रयोग व्यक्तियों के लिए Objective Case में होता है:

(a) The child, whom she is looking for, is her niece.
(b) The ladies, whom the message has been sent to, are all related to one another.

(iii) *Whose.* इसका प्रयोग व्यक्तियों के लिए Possessive Case में होता है:

(a) The boy, whose uncle has met with an accident is my class-fellow.
(b) The students, whose luggage was left in the train, were going on a tour to Mathura.

(iv) *Which.* इस का प्रयोग अधिकतर वस्तुओं या छोटे जीवों के लिए होता है:

(a) This is the dog, which I bought yesterday.
(b) These are the books, which are meant for the library.
(c) Here is the table the leg of which, is broken.

(v) *That.* इसका प्रयोग व्यक्तियों और वस्तुओं दोनों के लिए होता है:

(a) The man, who loves his motherland, is a true patriot.
(b) All that glitters in not gold.
(c) The thing that appeals to me the most is self-sacrifice.

(d) The kitten that he gave me is playing in our courtyard.

(vi) *What.* इस का प्रयोग निम्नलिखित ढंग से होता है:

(a) What is meant to one man may be poison to another.

(b) I can't understand what you say.

(viii) *But.* कई बार 'but' भी Relative Pronoun के रूप में प्रयोग होता है:

(a) There was none but wept.
इस वाक्य का अर्थ है:
There was none who didn't weep. अर्थात् वहां कोई भी नहीं था जो नहीं रोया।

(b) There is no man but has to face awkward situation in his life.
इस वाक्य का अर्थ है:
There is no man who doesn't have to face awkward situations in his life. अर्थात् ऐसा कोई मनुष्य नहीं जिसको जीवन में भद्दे हालातों में से नहीं गुज़रना पड़ता।

Defining and Non-defining Clauses

Relative Pronouns से जो Clauses बनती हैं, उनमें Comma (,) के प्रयोग का विशेष ध्यान रखना चाहिए। निम्नलिखित दो वाक्यों को ध्यान से पढ़ें:

(i) The motorists who were driving (their vehicles) without proper licence were challaned.

(ii) The motorists, who were driving (their vehicles) without proper licence, were challaned.

Sentence No. (i) का अर्थ यह है:

उन मोटर चलाने वालों का, जिनके पास उचित लाइसेंस नहीं था, चालान किया गया।

Sentence No. (ii) का अर्थ इस प्रकार है:

जितने भी मोटर चलाने वाले थे, उनके पास उचित लाइसेंस नहीं थे। अत: उनका चालान कर दिया गया।

Note. (a) दूसरे वाक्य से यह स्पष्ट है कि किसी भी मोटर चलाने वाले के पास लाइसेंस नहीं था। परन्तु प्रथम वाक्य से प्रतीत होता है कि ऐसा हो सकता कि कुछ या बहुत से Motorists के पास उचित लाइसैंस हो। ऐसे Motorists का चालान नहीं किया गया। दोनों वाक्यों में यह भेद हमें कैसे पता चला? केवल उस Comma से, जो Antecedent (Motorists) के बाद दूसरे वाक्य में लिखा गया है परन्तु प्रथम वाक्य में नहीं है।

(b) प्रथम प्रकार के वाक्य को Sentence With a Defining (Relative) Clause और दूसरे प्रकार के वाक्य को Sentence With a Non-Defining (Relative) Clause कहते है, क्योंकि Sentence (i) में Sense Defined (*i.e.*, Limited or Restricted) है, जो Sentence (ii) में नहीं।

(c) जिस Clause में Relative Pronoun का प्रयोग होता है, उस Clause को *Relative Clause* कहते हैं।

CHAPTER 12

USE OF THE PRONOUN

1. जैसे कि पहले Chapter में बताया गया है कि जो शब्द Noun के स्थान पर Use में लाये जाते हैं, उनको Pronouns कहते हैं। Pronoun का Same Number व Gender होता है जो Noun का है। *e.g.,*

(a) Suresh goes to school. He chooses the shortest route. सुरेश स्कूल जाता है। वह छोटे से छोटा रास्ता पकड़ता है।

(b) Those, who are too curious to know about others, often know very little about themselves. जो लोग दूसरों को जानने के लिए अत्यधिक उत्सुक होते हैं, प्राय: अपने बारे में बहुत कम जानते हैं।

2. जब (i) एक Singular Noun तथा एक Singular Pronoun और (ii) दो Singular Pronouns को 'and' शब्द से जोड़ा जाता है, तो जो Pronoun हम उनको प्रकट करने में Use करेंगे, वह Plural होगा। *e.g.,*

(a) Mohan and I are good friends. We always sit together for lunch. मोहन और मैं अच्छे दोस्त हैं। हम सदैव दोपहर का भोजन इकट्ठे करते हैं।

(b) He and she live together. They never fight with each other. वह लड़का और वह लड़की दोनों इकट्ठे रहते हैं। वे आपस में कभी नहीं लड़ते।

3. जब दो या दो से अधिक Singular Nouns का प्रयोग 'and' शब्द की सहायता से किया जाता है, तो इनका Pronoun जो कि इनको प्रकट करता है, वह Plural Form में होता है। *e.g.,*

(a) Lucky and Tony play cricket very well. Basically, *both of them* (they) are good batsmen. लक्की व टोनी अच्छी क्रिकेट खेलते हैं। आधारिक रूप से दोनों अच्छे बल्लेबाज़ हैं।

(b) Jasbir and Satbir are two brothers. *They* often stand by each other through thick and thin. जसबीर व सतबीर दोनों भाई हैं। वे अक्सर मुसीबत में एक दूसरे का साथ देते हैं।

4. यदि चाहे Singular Nouns 'and' Word से जोड़े गये हों परन्तु 'every' या 'such' शब्द Noun से पहले Use किया गया हो तो Singular Pronoun Use होता है। *e.g.,*

(a) Every man and woman must keep *his or her* country in mind before doing anything. हर एक आदमी तथा औरत को कोई भी काम करने से पहले अपने देश को अपने मन में रखना चाहिए।

(b) Each boy and girl of our class tries *his or her* best to get good marks in the examinations. हमारी कक्षा का हर एक लड़का व लड़की परिक्षाओं में अच्छे अंक लाने की, अपनी पूरी कोशिश करता है।

5. (i) जब कोई Pronoun Collective Noun को एकमत से प्रकट करता है तो यह Neuter Gender की Form में Use होता है:

(a) The committee has given its final decision. कमेटी अपना अन्तिम फैसला दे चुकी है।

(b) The class shows its disagreement with the teacher. कक्षा अध्यापक से अपनी असहमति प्रकट करती है अर्थात् कक्षा अध्यापक की बात से सहमत नहीं है।

(c) The Indian Army has proved its mettle in the Kargil war. भारतीय थल सेना अपनी शक्ति का प्रदर्शन कारगिल की लड़ाई में कर चुकी है।

(ii) जब कोई Collective Noun एक-एक व्यक्ति के रूप में काम करता है, (बजाये इकट्ठे काम करने के अर्थात् एक मत को प्रकट नहीं करता), तो उसे प्रकट करने वाला Pronoun Plural Form में आता है:

(a) The committee have not given their final decision. कमेटी ने अपना अन्तिम फैसला नहीं दिया है।

(b) The council are divided in their opinion. परिषद का मत एक नहीं है।

(c) The Police have not performed their duty quite well in that area. पुलिस ने अपना काम उस जगह अच्छी तरह से नहीं किया है।

6. Plural Pronoun का प्रयोग उस समय होता है जब एक Singular Noun तथा एक Plural Noun दोनों 'or' या 'nor' शब्द से जुड़े हों। *e.g.*,

(a) Either Mohan or his friends are totally unware of their mistakes. मोहन या उसके दोस्त अपनी गलती से बिलकुल असावधान हैं।

(b) Neither Geeta nor her friends are not making a noise. न ही गीता न ही उसकी सहेलियां शोर मचा रही हैं।

7. प्राय: Singular Pronoun का प्रयोग तब किया जाता है जब दो या दो से अधिक Singular Nouns को 'either,' or अथवा 'neither,' 'nor' से जोड़ा गया हो। *e.g.*,

(a) Lucky, Soni or Bunty has gone to collect the data for her paper. लक्की, सोनी या बंटी अपने पेपर के लिए आंकड़े इकट्ठा करने गये हैं।

(b) Either Sangeeta or Preeti has gone to market to purchase her frock. या तो संगीता या प्रीती मार्किट में अपनी फ्रॉक खरीदने गई है।

(c) Neither Manju nor Sanju is able to complete her homework. न तो मंजु न ही संजू अपना घर का काम समाप्त करने के योग्य है।

8. Plural Pronoun को प्रयोग में लाया जाता है जब Singular Noun व एक Plural Noun को 'nor' शब्द से जोड़ा जाये। *e.g.*,

(a) Neither Sohan nor his friends are trying to understand the whole thing. न तो सोहन न उसके मित्र पूरी बात को समझने का यत्न कर रहे हैं।

(b) Neither Satish nor the members of his family were worried about the problem. न तो सतीश न ही उसके घर के सदस्य, समस्या के बारे में चिन्तित थे।

9. 'Than' शब्द के एकदम बाद Pronoun का प्रयोग होता है, (in the Nominative Case) *e.g.*,

(a) Sonu in taller than I. सोनू मुझसे लम्बा है।

(Note. ......Taller than me का प्रयोग भी अब Common हो गया है)

(b) Jasbeer is stronger than you. जसबीर आप से ज़्यादा ताकतवर है।

(c) Your brother is smarter than you. आपका भाई आपसे ज़्यादा चुस्त है।

10. निम्नलिखित प्रकार के Sentences में Pronoun के Acusative Case का प्रयोग करना ज़रूरी होता है। *e.g.*,

(a) These books are for you and me. यह किताबें तुम्हारे लिए व मेरे लिये हैं।

(b) You have invited me and him to lunch. आपने मुझे तथा उसे दोपहर के भोजन पर बुलाया है।

11. जिन Sentences में सभी Persons (1st Person, IInd Person and IIIrd Person) को Nominative Case में प्रयोग में लाया जाये, तो ऐसे Sentences में प्राय: IInd person पहले तथा इसके पीछे IIIrd person तथा End में 1st person का प्रयोग होता है। *e.g.*,

(a) You, he and I will obey our parents. तुम, वह और मैं अपने माता-पिता की आज्ञा का पालन करेंगे।

(b) You, Sandeep and I have a good chance to get through the examination. तुम्हें, संदीप व मुझे परीक्षा पास करने का अच्छा मौका है।

(c) You and he always do your duty. आप और वह सदा अपने कर्त्तव्य का पालन करते हैं।

12. जब कोई गलत काम हो जाता है या किया जाता है तो ऊपर दिये गये Pronoun का Order change हो जाता है। *e.g.*,

(a) I, he and you have not done well. मैंने, उसने तथा आपने अच्छा नहीं किया है।

(b) I, Mohan and you are to be blamed for this. मैं, मोहन व आप इस बात के लिए दोषी हैं।

(13) कुछ Sentences, जिनमें Pronoun एक से अधिक Noun और Pronouns of

Different Persons को प्रकट करता है, इस तरह के Sentences में:

(a) यदि Pronoun First Person के साथ-साथ Noun या Pronoun Second या Third Person है, तो Pronoun First Person Plural होगा। *e.g.,*

(i) Ramesh and I have taken our decision. रमेश तथा मैं अपना फैसला कर चुके हैं।

(ii) Jagroop and I have sent our message. जगरूप और मैं अपना संदेश भेज चुके हैं।

(b) यदि Pronoun Second Person के साथ-साथ Noun or Pronoun Third person भी है, तो इन सभी को प्रकट करने वाला Pronoun ज़रूर IInd Person Plural होगा। *e.g.,*

(i) You and she are doing your work carefully. तुम तथा वह अपना काम ध्यान से कर रहे हो।

(ii) You and Pammi are busy in your work. तुम तथा पम्मी अपने काम में व्यस्त हो।

CHAPTER 13

USE OF IT

1. 'It' Impersonal Pronoun के तौर पर उस समय Use होता है जब यह किसी Verb का Subject बन जाता है। *e.g.,*

(a) It snows outside.
(*i.e.,* The snow in falling outside)

(b) It thundered and thundered.
(*i.e.,* the clouds continued to thunder)

2. 'It' का प्रयोग छोटे जीवों के लिए भी प्रयोग होता है।

(a) It barks and barks.
(*i.e.,* the dog continuously barks)

(b) It lays an egg daily. (a hen)

3. 'It' Neuter Gender को प्रकट करता है। *e.g.,*

(a) I returned his book because it was not a good one. मैंने उसकी किताब लौटा दी क्योंकि वह अच्छी नहीं थी।

(b) My brother has broken my chair. So, I have sent it to the carpenter for repair. मेरे भाई ने मेरी कुर्सी तोड़ दी है। इसलिए मैंने उसे बढ़ई के पास ठीक करने के लिए भेज दिया है।

(c) He sent me a letter but it was not clearly written. उसने मुझे पत्र भेजा लेकिन यह साफ नहीं लिखा था।

4. 'It' शब्द का प्रयोग छोटे जानवरों को, जो प्राय: Domestic Animals होते हैं, के लिए भी किया जाता है। *e.g.,*

(a) I like my puppy very much, particularly when it goes naughty. मैं अपने कुत्ते के पिल्ले को बहुत पसन्द करता हूँ, विशेषतया तब जब यह शरारतें करता है।

(b) I want to keep a lion cub at my house but it needs a lot of raw flesh daily. मैं एक बब्बर शेर का बच्चा घर पर रखना चाहता हूँ लेकिन इसे प्रतिदिन काफी कच्चे मांस की आवश्यकता होती है।

(c) I hate a rat because it destroys all eatables. मैं चूहे से नफरत करता हूँ क्योंकि वह खाने का सारा सामान खराब कर देता है।

(5) 'It' Word किसी छोटे बच्चे को भी इंगित करता है। इस प्रकार यह Common Gender का काम करता है:

(a) The baby was smiling, I lifted it up. बच्चा मुसकुरा रहा था। मैंने उसे उठा लिया।

(b) Mohan did not look at the child as it was playing. मोहन ने बच्चे की ओर नहीं देखा क्योंकि वह (बच्चा) खेल रहा था।

Note. यदि हम बच्चे का Sex बताना आवश्यक समझते हैं, तो हम 'it' के स्थान पर 3rd person (M or F) का प्रयोग करते हैं।

(a) The baby was smiling; I lifted him up.
इस Sentence में 'it' की जगह 'him' लगने से हमें पता चलता है कि बच्चा Male है।

(b) Mohan did not look at the child as she was playing.
इस Sentence में 'it' की जगह 'she' Use होने से हमें पता चलता है कि बच्चा Female है।

6. (i) 'It' का प्रयोग कई बार Noun या Pronoun से पहले As An Emphasiser किया जाता है। *e.g.,*

(a) It is he who has made a fool of you. यह वह है जिसने आपको मूर्ख बनाया है।

(b) It is I who have made a fun of you. यह मैं हूँ जो आपका मज़ाक उड़ा चुका हूँ।

(c) It was the Finance Minister who gave a true statement. वह ख़ज़ाना मन्त्री था जिसने ठीक बयान दिया।

7. जब हम दिन, समय या मौसम के बारे में बताते हैं तो भी 'it' का प्रयोग हो सकता है। *e.g.,*

(a) It is ten past nine. नौ बजकर 10 मिनट।

(b) It is five to ten. दस बजने में पांच मिनट बाकी हैं।

(c) It is Monday today. आज सोमवार है।

(d) It is a nice weather outside. बाहर मौसम बहुत अच्छा है।

(e) It is spring season now. अब बसन्त का मौसम है।

(ii) निम्नलिखित वाक्यों को ध्यान से पढ़ें जिनमें 'it' का प्रयोग विशेष महत्त्व रखता है:

(a) It must be borne in mind that only honesty pays in the long run.
यह मन में अवश्य बिठाना चाहिए कि अन्त में ईमानदारी से ही लाभ होता है।

(b) It has to be done. यह तो करना ही है।

(c) You have to do it. आपको तो यह करना (ही) है।

Note. ऊपर लिखित वाक्यों (b) और (c) में चाहे ज़ोर 'has' और 'have' पर है, परन्तु 'it' की Subject (*i.e., (a)* में) और Object (*i.e.,* (b) में) के रूप में विशेष भूमिका है।)

(d) It should not be done again. यह दुबारा नहीं किया जाना चाहिए।

(e) It is no use crying over spilt milk. अब पछताये होत क्या जब चिड़िया चुग गईं खेत।

CHAPTER 14

THE ARTICLE

1. Articles वास्तव में Demonstrative Adjective होते हैं। परन्तु ये अंग्रेज़ी में अलग से पढ़ाये जाते हैं। ये सही Sentence बनाने के लिए बेहद महत्त्वपूर्ण होते हैं।

2. 'a' or 'an' and 'the' तीनों ही Articles हैं। इनके महत्त्व को स्पष्ट रूप से समझने के लिए इनको दो भागों में बांटा जाता है:

3. (a) Indefinite Articles
   (b) Definite Articles

(a) Indefinite Article. 'A' व 'An' को Indefinite Article कहा जाता है क्योंकि ये दोनों शब्द किसी एक वस्तु या व्यक्ति के बारे में साधारणत: बताते हैं.। जैसे कि:

A girl.....

एक लड़की (परन्तु कौन सी लड़की ? इस प्रश्न का उत्तर Indefinite Article नहीं देता।)

An Orange. एक संतरा (कौन सा संतरा ? यह बात यहां पर साफ तौर पर नहीं बताई गई)

A task, A chair, A spoon, An apple etc.

(b) Definite Article. 'The' को Definite Article कहा जाता है।

क्योंकि यह किसी विशेष वस्तु या व्यक्ति के बारे में बताता है। *e.g.,*

(i) The man, who met you on the way, was the real culprit.
जो आदमी आपको रास्ते में मिला, वही वास्तव में असली मुजरिम था।

Note. अब इस Sentence से Clear होता है कि वह आदमी, जो रास्ते में मिला, यह एक विशेष व्यक्ति की बात है।

(ii) The baby that always smiles is liked by me.
वह बच्चा, जो सदा मुस्कुराता है, मुझे बहुत अच्छा लगता है।

Note. इस Sentence में भी किसी विशेष बच्चे के विषय में कहा गया है अर्थात् सदा मुस्कराने वाला बच्चा।

4. *Use of Indefinite Article.* (a) Indefinite Article 'a' व 'an' नीचे दिये गये Sentences में Noun से पहले Use किए गये हैं।

(i) It is an orange. यह एक संतरा है।

(ii) I need a pen to write with. मुझे लिखने के लिए एक पैन चाहिए।

(iii) He has an axe to grind. उसे अपना उल्लू सीधा करना है।

(b) जब कभी एक पूरी-की-पूरी Class or Species को Represent करना है। *e.g.,*

(i) A lion walks with majestic gait. बब्बर शेर बड़ी शान से चलता है।

(ii) A tree is useful to man in many ways. पेड़ इन्सान के लिए कई तरह से लाभदायक है।

(iii) A snake can never be a friend. एक सांप कभी दोस्त नहीं बन सकता।

(iv) A happy child is loved by all. एक प्रसन्नचित बच्चे को सब प्यार करते हैं।

(c) किसी Unfamliar Person, Animal या किसी चीज़ के बारे में बताता है। *e.g.,*

(i) Not an owl hoots there. वहां एक उल्लू तक नहीं बोलता है।

(ii) I saw a monkey in the forest. मैंने जंगल में एक बन्दर देखा।

(iii) A Ram wanted to see you. एक राम नामक लड़का (या पुरुष) आपको मिलना चाहता था।

इस वाक्य को ध्यान से पढ़ें कि कैसे जब बोलने वाले को कोई व्यक्ति पूर्णतया अपरिचित हो, तो Proper Noun से पहले भी 'a' लग सकता है।

(iv) Not even a whiff of air can enter there.
वहां हवा का एक झोंका तक दाखिल नहीं हो सकता।

(d) ये Proper Noun को Common Noun में Change कर सकते हैं। *e.g.,*

(i) The world needs a Christ to go smoothly.

(ii) The world needs a Buddha to learn the lesson of peace.

(iii) India needs a Kapil Dev to win the World Cup.

Note. ऊपर वाले तीनों वाक्यों में देखिये कि कैसे Proper Noun से पहले Indefinite article 'a' लग सकता है।

(e) Distinction between 'a' and 'an'

(i) *A is used :* जब कोई शब्द *Consonent Sound* से शुरू होता है। *e.g.,*

— a dog — a cow — a horse — a donkey — a cat — a table — a yard etc.

(ii) *'An' is used :* जब कोई शब्द *Vowel Sound* से शुरू होता है। *e.g.,*

— an inkpot — an umbrella — an honest man — an animal — an owel —an hour — an enemy etc.

Use of the Definite Article

The Definite Article 'the' नीचे दिये गये ढ़ंगों से Use किया जाता है:

(a) जब एक Singular Noun पूरी Class को Represent कर रहा हो। *e.g.,*

(i) The lotus looks beautiful. कमल का फूल सुन्दर दिखाई देता है।

(ii) The mule works too much. खच्चर बहुत काम करता है।

(iii) The rose smells sweet. गुलाब की खुशबु बहुत मधुर होती है।

Note. Plural Noun के साथ 'the' नहीं लगाया जाता है। *e.g.,* Mules work too much.

कई words, जैसे 'man' तथा 'woman' पूरी Class को Represent करते हों, तो 'the' शब्द नहीं लगता:

(i) Man can die but can never be defeated.
(ii) Woman is the second wheel of mankind.

(b) जब हम किसी विशेष वस्तु या व्यक्ति की बात करते हैं:

(i) I liked the book that you gave me. मैंने उस किताब को बहुत पसन्द किया जो तुम ने मुझे दी ।

(ii) Do you like the pen? क्या तुम पैन को पसन्द करते हो?

Note. इस वाक्य से पता चलता है कि किसी pen का पहले वर्णन आ चुका है।

(iii) The man looks quite muscular. वह आदमी बहुत ताकतवर लगता है।

Note. इसका अर्थ है कि कोई पुरुष सामने है।

(iv) The boy, who has thrown the stone, looks naughty.
वह लड़का शरारती दिखाई पड़ता है जिसने पत्थर फेंका है।

(c) जब हम classical books की बात करते हैं:

— The Gita, — The Iliad, — The Mahabharata etc.

लेकिन जब किताब से पहले उसके Author का नाम लगाया जाता है तो 'the' शब्द का प्रयोग नहीं होता। *e.g.,*

(i) Tulsi Das's Ramcharitmanas, (ii) Ved Vyas's Mahabharata

(d) जब हम किसी पहाड़ी, चोटी, river, canal ocean, island etc. का नाम लेते हैं। *e.g.,*

(1) The Ganga (2) The Yamuna (3) The Himalayas (4) The Suez Canal (5) The Bay of Bengal (6) The Indian Ocean (7) The English Channel (8) The Sunderbans Delta (9) The Effiel Tower (10) The English Isles (11) The Arbian Sea (12) The Nile etc.

(e) जब हम Newspapers व Journals के बारे में बताते हैं:

(i) The Times of India (ii) The Sunday Observer (iii) The Tribune (iv) The Illustrated Weekly of India (v) The Indian Express. etc.

(f) जब हम पहले चर्चा में आये किसी व्यक्ति या चीज़ के बारे में हम बात करें। *e.g.,*

(i) The thing you put in your pocket is a piece of chalk.
जो चीज आपने अपनी जेब में डाली है वह एक चाक का टुकड़ा है।

(ii) The man, who made you a fool, was very intelligent.
वह आदमी, जिसने आपको मूर्ख बनाया, बहुत होशियार था।

(g) कुछ Proper Nouns से पहले भी 'the' Use में लाया जाता है।

(i) — The Deccan, The Punjab, The United States of America, The United Kingdom etc.

(अर्थात् जो शब्द किसी Geographical Situation या स्थान को बताते हैं या उसके आधार पर पुकारे जाते हैं।)

(h) 'The' शब्द का Use Races, Communities, Organisations, Political Parties etc. से पहले भी किया जाता है।

— The Indian National Congress — The Bhartiya Janata Party — The Hindus — The Muslims — The Jews — The U.N.O. — The Janata Dal etc.

(i) Imaginary Geographical lines के साथ भी 'the' Article का प्रयोग होता है।

— The Equation — The Latitude — The Longitude — The Tropic of Cancer — The Tropic of Capricorn etc.

(j) 'The' Article का प्रयोग Adjective से पहले, जो किसी Class को Represent करता हो, वहां भी होता है:

— The rich often boast of their riches. — The poor can never get justice from the society.

(k) 'The' Article का प्रयोग Unique Common Noun से पहले भी किया जाता है।

— The Mars — The sun — The earth — The moon — The sky etc.

(l) 'The' Article का प्रयोग Proper Noun, जो कि किसी Adjective अथवा किसी Defining Adjectival Clause द्वारा Qualify किया गया हो, से पहले भी होता है:

— The kind Buddha — The peace-loving Gandhi — The Mr. Jagdish whom you met on the way yesterday is dead now.

Note. अन्तिम वाक्य में 'the' का प्रयोग विशेष ध्यान से देखें क्योंकि यह असाधारण प्रयोग है।

(m) 'The' Article का प्रयोग Superlatives से पहले भी होता है।

(i) Mohan is the best student in our school. मोहन हमारे स्कूल में सबसे अच्छा विद्यार्थी है।

(ii) The leopard is the fastest runner among the animals. चीता जानवरों में सबसे तेज़ दौड़ने वाला जानवर है।

(iii) Ram is the tallest boy in our street. राम हमारी गली में सबसे लम्बा लड़का है।

(n) 'The' Article का प्रयोग Comparatives से पहले भी किया जाता है। *e.g.,*

(i) The higher we go, the cooler it becomes.
हम जितनी ऊंचाई पर जाते हैं, उतनी ही ठण्ड होती जाती है (अर्थात् बढ़ती जाती है)।

(o) जब किसी Noun पर ज़ोर डालना हो तब भी Article 'The' का प्रयोग होता है:

(i) He is the boy who stands first is our class.
यह वो लड़का है जो हमारी कक्षा में प्रथम आता है।

(ii) Bhagat Singh was the patriot who sacrificed his life to serve his country.
भगत सिंह वह देशभक्त था जिसने अपने देश की सेवा के लिए अपनी जा़न कुर्बान कर दी।

Omission of the Article

इन Cases में Article का प्रयोग नहीं होता:

(a) Proper Noun से पहले:

(i) New Delhi is the capital of India. नई दिल्ली भारत की राजधानी है।

(ii) Newton was a well-known scientist. न्यूटन एक मशहूर वैज्ञानिक था।

(**Note.** Proper Noun में ज़्यादातर उस समय Article का प्रयोग होता है जब यह Common Noun के रूप में प्रयोग में लाया जाता है। *e.g.*,

(i) He is the Kapil Dev of our cricket team. वह हमारी क्रिकेट टीम का कपिल देव है।

(ii) A Hitler comes to teach us. एक हिटलर हमें पढ़ाने आता है।

(*i.e.*, A strict teacher comes to teach us.)

(इस वाक्य को ध्यान से पढ़िये। स्पष्ट है कि एक सख़्त अध्यापक को बच्चे Hitler कहते हैं।)

(b) Material Noun से पहले। *e.g.*,

(i) Butter is good for health. मक्खन सेहत के लिए अच्छा होता है।

(ii) Gold is a costly metal. सोना एक मूल्यवान धातु है।

(c) Abstract Noun से पहले। *e.g.*,

(i) Beauty is a nine day's wonder. खूबसूरती थोड़ी देर की मेहमान है।

(ii) Honesty is the best policy. ईमानदारी सबसे अच्छी नीति है।

(iii) Fear never wins. डर कभी नहीं जीतता।

Note. 'The' Article का प्रयोग उस समय Material Noun व Abstract Noun से पहले होता है जब ये Adjective या Adjectival Clause or Phrase द्वारा Qualify किये जायें। *e.g.*,

(i) The milk of this buffalo is very tasty. इस भैंस का दूध बहुत स्वादिष्ट है।

(ii) The blood of a cockroach is white. कॉकरोच का खून सफेद होता है।

(iii) The copper used in this fan is of very superior quality. इस पंखे में लगाया गया ताम्बा बहुत अच्छी किस्म का है।

(d) Common Noun से पहले जब ये साधारण तौर पर Use में लाये जाते हैं। *e.g.*,

(i) Man needs a little to do to prove himself wise. पुरुष (या मनुष्य) को अपने आप को बुद्धिमान सिद्ध करने के लिए थोड़ा सा ही कुछ करना होता है।

(ii) Woman walks parallel to man in every field of life. जीवन के प्रत्येक क्षेत्र में स्त्री पुरुष के साथ समानान्तर चलती है।

(e) उन Phrases में जहां Transitive Verb के बाद उसका Object लगता है:

(i) I gave him a word of promise. मैंने उसे वचन दिया।

(ii) She got her seat booked in the train. उसने गाड़ी में अपनी सीट आरक्षित करा ली।

(f) जब हम किसी एक ही व्यक्ति के एक से ज़्यादा गुणों का वर्णन करते हैं, तो Article 'the' केवल पहले गुण के साथ ही लगाया जाता है। लेकिन अगर हम दो व्यक्तियों के गुणों का वर्णन इकट्ठे करते हैं, तो दोनों के गुणों के साथ 'the' Article लगता है:

(i) The red and white shirt.
(One shirt, which has red and white, *i.e.*, of two colours.)

(ii) The red and the white shirts.
(Two shirts, one red and the other white.)

(iii) The novelist and poet.
(One man having two qualities.)

(iv) The novelist and the poet.
(Two men having different qualities.)

(g) जब कोई title complement of the sentences के तौर पर या Proper Noun का Apposition होता है, तो Article का ही प्रयोग किया जाता है।

(i) Vivakanada, philospher of India, was a great lover of peace. विवेकानन्द, भारत का दार्शनिक, एक महान शांतिप्रिय व्यक्ति था।

(ii) Ashoka, emperor of India, was the strong follower of Buddhism. अशोक, भारत का सम्राट, बुद्ध धर्म का अनुयायी था।

(इन वाक्यों को भी ध्यान से पढ़ें क्योंकि बहुत से लोग इस प्रकार के वाक्यों में Articles का प्रयोग करते हैं, जबकि इनका प्रयोग न करना अधिक उचित है।)

EXERCISE 1

नीचे दिये खाली स्थानों में सही Article भरें:

1. She has......nice pen.
2. The Gangas is......holy river.
3. ......Europeans came to our shop last evening.
4. ......Times of India is a popular newspaper.
5. ......Effiel Tower is......tallest one in the world.
6. Mohan is......tallest boy in our school.
7. Iron is......useful metal.
8. He is......honest person.
9. He has......axe with which, he cuts down......trees.
10. ......Moon sails through......sky with majesty.
11. You are late by half......hour.
12. He is ......honourable man.
13. ......higher we go......cooler it becomes.
14. It is difficult to swim a cross......English Channal.
15. ......United States of America is......most powerful country in...... world.
16. Delhi is......capital of India.

17. Our cricket team needs......Gavaskar to defeat West Indies.
18. ......soldiers of our contry fought very bravely against.....Pakistani forces.

EXERCISE 2

नीचे दिये गये Sentences में से Correct पर (√) Tick Mark लगायें:

1. (a) The Delhi is the capital of India. ☐
   (b) Delhi is a capital of India. ☐
   (c) Delhi is the capital of India. ☐
2. (a) The old man looked at a sky. ☐
   (b) The old man looked at the sky. ☐
   (c) The old man looked at an sky. ☐
3. (a) An Einstein comes to slove the proplem. ☐
   (b) A Einstein comes to solve the problem. ☐
   (c) The Einstein comes to solve the problem. ☐
4. (a) Ram is a honest boy. ☐
   (b) Ram is an honest boy. ☐
   (c) Ram is the honest boy. ☐
5. (a) Gold is an precious metal. ☐
   (b) Gold is the precious metal. ☐
   (c) Gold is a precious metal. ☐
6. (a) Bible is a holy book. ☐
   (b) The Bible is a holy book. ☐
   (c) An Bible is a holy book. ☐
7. (a) Samudra Gupta is Napoleon of India. ☐
   (b) Samudra Gupta is the Nepoleon of India. ☐
   (c) Samudra Gupta is a Nepoleon of India. ☐
8. (a) The Himalayas are the biggest mountains in the world. ☐
   (b) The Himalayas are a biggest mountains in the world. ☐
   (c) The Himalayas are an biggest mountains in the world. ☐
9. (a) The Sham is a good boy. ☐
   (b) A Sham is a good boy. ☐
   (c) Sham is a good boy. ☐
10. (a) Sky knows no limit. ☐
    (b) The sky knows no limit. ☐
    (c) A sky knows no limit. ☐
11. (a) He has a old head over young shoulders. ☐
    (b) He has the old head over young shoulders. ☐
    (c) He has an old head over young shoulders. ☐
12. (a) The beauty needs no ornaments. ☐

(b) Beauty needs no ornaments. ☐
(c) A beauty needs no ornaments. ☐

13. (a) Is not childhood the golden period of our life? ☐
(b) Is not childhood a golden period of our life? ☐
(c) Is not childhood an golden period of our life? ☐

14. (a) Bravery of the Rajputs is proverbial. ☐
(b) An bravery of the Rajputs is proverbial. ☐
(c) The bravery of the Rajputs is proverbial. ☐

15. (a) Whites are not superior to the blacks. ☐
(b) The whites are not superior to the blacks. ☐
(c) The whites are not superior to blacks. ☐

CHAPTER 15

THE ADJECTIVE

Adjective वह शब्द होता है जो किसी कर्ता या कर्म की विशेषता बताता है। *e.g.,*
(a) A nice man (b) A white sheep (c) An honest man.
ऊपर दिये गये Sentences में 'nice' Word 'man' Noun की विशेषता बताता है।

इस तरह, 'white' शब्द 'sheep' की विशेषता बताता है तथा 'honest' शब्द 'Noun' आदमी की विशेषता बताता है इसलिए 'nice,' 'white,' 'honest,' Adjectives हैं।

Kinds of Adjective

(1) Adjectives of Quality
(2) Adjectives of Quantity
(3) Adjectives of Number
(4) Interrogative Adjectives
(5) Possessive Adjectives
(6) Demonstrative Adjectives
(7) Exclamatory Adjectives
(8) Emphatic or Emphasising Adjectives

(1) Adjective of Quality. इस तरह के Adjectives किसी Noun की Qualities जैसे कि, 'good,' 'bad,' 'wise,' 'white,' 'black,' 'red,' 'English,' 'Indians' etc. के बारे में बताते हैं।

Sentences

(i) Sohan is a *good* boy. सोहन एक अच्छा लड़का है।
(ii) Mohan is a *bad* boy. मोहन एक बुरा लड़का है।
(iii) The place under the tree was *damp*. पेड़ के नीच का स्थान गीला था।
(vi) Tony is a *wise* boy. टोनी एक बुद्धिमान लड़का है।
(v) He has a *black* dog. उसके पास एक काला कुत्ता है।

(2) Adjectives of Quantity

They are—'enough,' 'sufficient,' 'insucient,' 'great,' 'any,' etc., *e.g.,*

(i) There is a *little* water in the pot. बर्तन में थोड़ा सा पानी है।
(ii) *I* have *enough* money to buy a car. कार खरीदने के लिये मेरे पास काफी पैसा है।

(iii) She worked hard all her life. जीवन भर उसने कड़ी मेहनत की।

(iv) He has earned a lot of money in his life. वह अपने जीवन में बहुत सा धन कमा चुका है।

(v) He has not sufficient money to live an aristocratic life. शाही जीवन बिताने के लिए उसके पास पर्याप्त धन नहीं है।

(3) Adjectives of Number

These adjectives are of three kinds:

(a) Definitive Adjectives of Number.

(i) वे exact number के बारे में बताते हैं, जैसे कि 'two,' 'three,' 'one,' 'five' etc. (इनको Cardinals) कहते हैं।

(ii) First, second, third... (इनको Ordinals) कहते हैं।

(b) Indefinite Adjectives of Number. ये Exact Numbers नहीं बताते जैसे कि 'many,' 'few,' 'all,' 'several,' 'no' etc.

(c) Distributive Adjectives of Number. ये हैं 'each,' 'neither,' 'every,' 'either' etc. **Examples** of Adjectives of Number:

(i) He has *many* pens to write with. उसके पास बहुत से पैन लिखने के लिए हैं। (Indefinite Adjective)

(ii) There are *two* birds in the tree. पेड़ पर दो पक्षी हैं। (Cardinal)

(iii) There are *fifty* students in our class. हमारी कक्षा में पचास विद्यार्थी हैं। (Cardinal)

(iv) *Every* student of my class is a naughty one. (Distributive Adjective) मेरी कक्षा का हर एक विद्यार्थी शरारती है।

(v) You should not try to do *so many* things at a time (Indefinite Adjective) आपको एक ही समय पर बहुत से काम करने का यत्न नहीं करना चाहिए।

(4) Interrogative Adjectives

जो Adjective Nouns के साथ मिलकर Questions के रूप में प्रकट होते हैं, उन्हें Interrogative Adjective कहते हैं।

Examples

(i) Which pen is yours? तुम्हारा कौन सा पैन है?

(ii) What kind of man are you? तुम किस तरह के व्यक्ति हो?

Note. 'Who' को भी कई विद्यार्थी Interrogative Adjective समझ लेते हैं। यह वास्तव में Interrogative Pronoun हैं। *e.g.*,

(iii) Who is your brother? तुम्हारा भाई कौन है?

(iv) Which things do you like to eat? आप क्या खाना पसन्द करते हैं?

(iv) Whose name did you mention? आपने किसका नाम लिया था?

(5) Possessive Adjectives

They are 'his,' 'her,' 'your,' 'their,' 'my,' 'our' etc.

Examples

(i) Your shirt is beautiful. तुम्हारी कमीज़ सुन्दर है।

(ii) Her sister loves me. उसकी बहन मुझे प्यार करती है।

(iii) His brother is a fool. उसका भाई मूर्ख है।

(iv) I love my parents. मैं अपने माता-पिता से प्यार करता हूँ।

(v) My book is in my bag. मेरी किताब मेरे बस्ते में है।

(vi) The baby cries for her mother. बच्चा अपनी माता के लिए चिल्लाता है।

(vii) We are ready to make any sacrifice for our country. हम अपने देश के लिए कोई भी कुर्बानी करने को तैयार हैं।

(6) Demonstrative Adjectives.

यह Adjectives सीधे तौर पर किसी वस्तु या व्यक्ति की ओर संकेत करते हैं। They are 'that,' 'these,' 'there,' 'this,' 'such,' 'yonder' etc.

e.g., (i) This book is mine. यह किताब मेरी है।

(ii) These children are naughty. यह बच्चे शरारती हैं।

(iii) I have never seen such a fool before. मैंने ऐसा मूर्ख पहले कभी नहीं देखा है।

(iv) That book is yours. वह किताब आपकी है।

(v) Those shirts are mine. वह कमीज़ें मेरी हैं।

(7) Exclamatory Adjectives

Words 'What' और 'How' का प्रयोग Exclamatory Adjectives के तौर पर होता है:

(a) What a wonderful man you are! तुम कितने कमाल के आदमी हो!

(b) What a beautiful flower it is! यह कितना सुन्दर फूल है!

(c) How beautiful the rainbow is! इन्द्रधनुष कितना सुन्दर है!

(d) What a fool you are! तुम कितने मूर्ख हो!

(8) Emphatic Adjectives

'Own' तथा 'very' शब्द Emphatic Adjective के तौर पर प्रयोग में लाये जाते हैं:

(a) Mind your own business. अपने काम की ओर ध्यान दो।

(b) This is the very pen I was looking for. यह वही पैन है जिसे मैं ढूँढ रहा था।

(c) This is my own watch. यह मेरी अपनी घड़ी है।

(b) This is the very point that favours you. यह वही खास बात है जो आपके हक में है।

Formation of Adjectives. Adjectives Nouns, Verbs or दूसरे Adjectives से बनते हैं।

Examples

Adjectives from Nouns

	Noun	***Adjective***
1.	Beauty	Beautiful
2.	Joy	Joyful
3.	Happiness	Happy

Adjectives from Verbs

	Verb	***Adjective***
1.	Love	Lovable
2.	Think	Thoughtful.
3.	Bear	Birth

Adjectives from Adjectives

	Adjective	***Adjective***
1.	Hateable	Hateful
2.	Long	Longish
3.	Less	Lesser

CHAPTER 16

ADJECTIVES USED AS NOUNS

कुछ एक Sentences में Adjective एक Noun के तौर पर भी प्रयोग में लाया जाता है:

1. Adjectives Used as Plural Nouns Without addition of 's' :

(a) The rich should not laugh at the poor. अमीरों को गरीबों पर हंसना नहीं चाहिए।

(b) The powerful should not hate the weak. ताकतवरों को कमज़ोरों से नफरत नहीं करनी चाहिए।

(c) Gandhiji loved the poor. गांधीजी गरीबों से प्यार करते थे।

(d) He hates the untruthful. वह सच न बोलने वालों से नफरत करता है।

2. Adjective जब किसी चीज़ के लिए Use में लाये जाते हैं तो उन के साथ 's' लगता है:

(a) Eatables should be kept in the clean utensils. खाने वाली चीज़ें साफ बर्तनों में रखनी चाहिएं।

(b) Do not take too many sweets. बहुत ज़्यादा मिठाईयां मत खाओ।

3. कई बार Adjective किसी व्यक्ति के लिए Use में लाया जाता है:

(a) Our seniors should be obeyed by us. हमारे से बड़ों (अर्थात् दर्जा में बड़े) का आदेश हमें मानना चाहिए।

(b) We should respect our elders. हमें अपने से बड़ों (अर्थात् आयु में बड़े) की इज़्ज़त करनी चाहिए।

4. Adjective जो Proper Noun से बनता है।

(a) The Americans read social novels. अमरीका के लोग सामाजिक नावल पढ़ते हैं।

(b) The English drink too much. अंग्रेज़ बहुत शराब पीते हैं।

5. Adjectives और भी कई Phrases में Use होते हैं। *e.g.,*

(a) In brief (b) In short (c) At best (b) At the most (e) To say the least (f) To be wise etc.

CHAPTER 17

DETERMINERS

I. Determiners वह शब्द होते हैं जो कि Noun की व्याख्या करते हैं तथा उससे पहले आते हैं।

II. The commonest kinds of Determiners are:

(a) Demonstrative Determiners (this, that, these, those)
(b) Numerical Determiners (one, a fan, many, may, a great many, more, two, another etc.)
(c) Quantitative and Measurable Determiners (a little, much, enough etc.)
(d) Possessive determiners (my, our, his, her, its, your etc.)
(e) Determiners of Articles
  (i) The Definite Article—the
  (ii) The Indefinite Articles—a, an

(a) ***Demonstrative Determiners.*** Demonstrative Determiners वे होते हैं जो Noun से पहले Use किये जाते हैं परन्तु वो Pronouns के तौर पर Use नहीं किये जा सकते:

(i) This pen is mine.
(ii) This is my pen.

Note. Sentence No. (i) में 'this' Noun 'pen' से पहले Use में आता है तथा उसे Modify करता है। इसलिए वह एक Determiner है।

Sentecne No (ii) में 'this' का प्रयोग Pronoun के तौर पर हुआ है और वह Noun 'pen' के एकदम पहले नहीं लगा और इसलिए, वह Determiners नहीं है।

(b) & (c) Numerical and Quantitative Determiners. ये प्राय: Uncoun-table या Mass Nouns से पहले Use में नहीं लाये जाते।

ये काफी हद तक Quantitative Determiners से मिलते-जुलते हैं। Numerical Determiners गिने जा सकते हैं लेकिन Quantitative Determiners नहीं गिने जा सकते। पर Quantitative Determiners Measure किये जा सकते हैं। *e.g.,*

(i) There is *a lot of* milk in the glass. (Quantitative Determiner) गिलास में काफी दूध है।
(ii) I have taken *a* bath. (Numerical Determiner) मैं नहा चुका हूँ।

(iii) Give me *one more* piece of bread (Numerical Determiner) मुझे एक और रोटी दो (या रोटी का एक और टुकड़ा दो)।

Note. यदि Noun 'is' के पहले Adjective लगा हो तो Determiner Adjective से पहले लगेगा।

(iv) In our country, there is *enough* food for all. (Quantitative Determiner) हमारे देश में सब के लिए पर्याप्त भोजन है।

(d) ***Possessive Determiners.*** ये Uncountables से पहले Use में लाये जाते हैं।

(i) This is his botheration. यह उसकी सिरदर्दी है।

(ii) His knowledge is beyond massure. उसका ज्ञान नापा नहीं जा सकता।

CHAPTER 18

ADJECTIVE—DEGREES OF COMPARISON

Adjectives की तीन Degrees होती हैं:

(1) Positive
(2) Comparative
(3) Superlative

(1) *Positive Degree.* यह Degree किसी भी व्यक्ति अथवा चीज़ की Quality के बारे में बताती है। *e.g.,* Ram is a *tall* boy.

यह Degree हमें बताती है कि राम नामक लड़का लम्बा है।

(2) *Comparative Degree.* यह Degree दो चीज़ों या व्यक्तियों के बीच में तुलना करती है। *e.g.,* Ram is *taller* than Sham.

राम श्याम से लम्बा है।

(3) *Superlative Degree.* यह Degree दो से अधिक चीज़ों या व्यक्तियों की तुलना करती है। *e.g.,* Ram is the *tallest* boy in our class.

राम हमारी कक्षा में सबसे लम्बा लड़का है।

कुछ और Adjectives की Degrees नीचे दी गई हैं:

Degrees of Adjectives

	Positive	Comparative	Superlative
1.	Able	Abler	Ablest.
2.	Active	More active	Most active
3.	Adventurous	More adventurous	Most adventurous
4.	Agreeable	More agreeable	Most agreeable
5.	Applicable	More applicable	Most applicable
6.	Backward	More backward	Most backword
7.	Bad, evil	Worse	Worst
8.	Beneath	Nethermore	Nethermost
9.	Beautiful	More beautiful	Most beautiful
10.	Big	Bigger	Biggest

	Positive	Comparative	Superlative
11.	Bitter	Bitterer	Bitterest
12.	Black	Blacker	Blackest
13.	Black	Blacker	Blackest
14.	Bold	Bolder	Boldest
15.	Bountiful	More bountiful	Most bountiful
16.	Brave	Braver	Bravest
17.	Brief	Briefer	Briefest
18.	Bright	Brighter	Brightest
19.	Broad	Broader	Broadest
20.	Busy	Busier	Busiest
21.	Calm	Calmer	Calmest
22.	Canny	Cannier	Canniest
23.	Capable	More capable	Most capable
24.	Carefree	More carefree	Most carefree
25.	Careful	More careful	Most careful
26.	Cheap	Cheaper	Cheapest
27.	Cheerful	More cheerful	Most cheerful
28.	Clean	Cleaner	Cleanest
29.	Clear	Clearer	Clearest
30.	Clever	Cleverer	Cleverest
31.	Close	Closer	Closest
32.	Cold	Colder	Coldest
33.	Colourful	More Colourful	Most Colourful
34.	Courageous	More courageous	Most courageous
35.	Cowardly	More cowardly	Most cowardly
36.	Dangerous	More Dangerous	Most Dangerous
37.	Dear	Dearer	Dearest
38.	Deep	Deeper	Deepest
39.	Deficient	More deficient	Most deficient
40.	Delectable	More delectable	Most delectable
41.	Deleterious	More deleterious	Most deleterious
42.	Dependable	More dependable	Most dependable
43.	Desirble	More deisrable	Most desirable
44.	Destructive	Most destructive	Most destructive
45.	Diabolical	More diabolical	Most diabolical
46.	Difficult	More difficult	Most difficult.
47.	Diligent	More diligent	Most diligent
48.	Dim	Dimmer	Dimmest
49.	Dirty	Dirtier	Dirtiest
50.	Doubtful	More doubtful	Most doubtful
51.	Dry	Drier	Driest
52.	Dutiful	More dutiful	Most dutiful

	Positive	Comparative	Superlative
53.	Eager	More Eager	Most eager
54.	Early	Earlier	Earliest
55.	Easy	Easier	Easiest
56.	Enthusiastic	More enthusastic	Much enthusiastic
57.	Faithful	More faithful	Most faithful
58.	Famous	More famous	Most famous
59.	Far	Farther	Farthest
60.	Fast	Faster	Fastest
61.	Fat	Fatter	Fattest
62.	Fine	Finer	Finest
63.	Fit	Fitter	Fittest
64.	Flexible	More flexible	Most flexible
65.	Foolish	More foolish	Most foolish
66.	Fore	Former	First, Foremost
67.	Fore	Further	Furthest
68.	Free	Freer	Freest
69.	Friendly	More friendly	Most friendly
70.	Gay	Gayer	Gayest
71.	Gloomy	Gloomier	Gloomiest
72.	Good	Better	Best
73.	Grateful	More grateful	Most grateful
74.	Great	Greater	Greatest
75.	Grey	Greyer	Greyest
76.	Happy	Happier	Happiest
77.	Hard	Harder	Hardest
78.	Harmful	More harmful	Most harmful
79.	Harsh	Harsher	Harshest
80.	Hateful	More hateful	Most hateful
81.	Healthy	Healthier	Healthiest
82.	Heavy	Heavier	Heaviest
83.	High	Higher	Highest
84.	Holy	Holier	Holiest
85.	Honest	More honest	Most honest
86.	Hot	Hotter	Hottest
87.	Humble	Humbler	Humblest
88.	Ill	Worse	Worst
89.	Important	More important	Most important
90.	In	Inner	Innermost
91.	Industrious	More industrious	Most industrious
92.	Insecure	More insecure	Most insecure
93.	Intelligent	More intelligent	Most intelligent

	Positive	Comparative	Superlative
94.	Interesting	More intersting	Most intersting
95.	Jocular	More jocular	Most jocular
96.	Jolly	Jollier	Jolliest
97.	Jubilant	More jubilant	Most jubilant
98.	Judicious	More judicious	Most judicious
99.	Keen	Keener	Keenest
100.	Kind	Kinder	Kindest
101.	Knotty	Knottier	Knottiest
102.	Large	Larger	Largest
103.	Late	Latter, Later	Last, Latest
104.	Lazy	Lazier	Laziest
105.	Learned	More learned	Most learned
106.	Light	Lighter	Lightest
107.	Little	Less, lesser	Least
108.	Long	Longer	Longest
109.	Magnificent	More magnificent	Most magnificent
110.	Many	More	Most (Numbers)
111.	Mean	Meaner	Meanest
112.	Merciful	More merciful	Most merciful
113.	Merry	Merrier	Merriest
114.	Minute	Minuter	Minutest
115.	Much	More	Most (Quantity)
116.	Narrow	Narrower	Narrowest
117.	Near	Nearer	Nearest
118.	Neat	Neater	Neatest
119.	Nice	Nicer	Nicest
120.	Nigh	Nigher	Nighest, Next
121.	Noble	Nobler	Noblest
122.	Notable	More notable	Most notable
123.	Obedient	More obedient	Most obedient
124.	Obnoxious	More obnoxious	Most obnoxious
125.	Obscure	Obscurer	Obscurest
126.	Obscure	More obscrure	Most obescure
127.	Old	Older, elder,	Oldest, eldest
128.	Out	Outer, utter	Outermost, Utmost, Uttermost,
129.	Polite	More polite	Most polite
130.	Poor	Poorer	Poorest
131.	Popular	More popular	Most popular
132.	Positive	More positive	Most positive
133.	Powerful	More powerful	Most powerful
134.	Pretty	Prettier	Prettiest
135.	Profound	More profound	Most profound

	Positive	Comparative	Superlative
136.	Proper	More proper	Most proper
137.	Proud	Prouder	Proudest
138.	Pure	Purer	Purest
139.	Red	Redder	Reddest
140.	Reliable	More reliable	Most reliable
141.	Rich	Richer	Richest
142.	Rightful	More rightful	Most rightful
143.	Rigid	More rigid	Most rigid
144.	Rigorous	More rigorous	Most erigorous
145.	Sad	Sadder	Saddest
146.	Safe	Safer	Safest
147.	Sagacious	More sagacious	Most sagacious
148.	Sane	Saner	Sanest
149.	Severe	Severer	Severest
150.	Splendid	More splendid	Most splendid
151.	Short	Shorter	Shortest
152.	Simple	Simpler	Simplest
153.	Small	Smaller	Smallest
154.	Smooth	Smoother	Smoothest
155.	Sociable	More sociable	Most sociable
156.	Soft	Softer	Softest
157.	Sorrowful	More sorrowful	Most sorrowful
158.	Sticky	Stickier	Stickiest
159.	Strong	Stronger	Strongest
160.	Sweet	Sweeter	Sweetest
161.	Tall	Taller	Tallest
162.	Thick	Thicker	Thickest
163.	Thin	Thinner	Thinnest
164.	Tiny	Tinier	Tiniest
165.	Tricky	Trickier	Trickiest
166.	Ugly	Uglier	Ugliest
167.	Up	Upper	Uppermost
168.	Urgent	More urgent	Most urgent
169.	Useful	More useful	Most useful
170.	Wealthy	Wealthier	Wealthiest
171.	Wet	Wetter	Wettest
172.	White	Whiter	Whitest
173.	Wild	Wilder	Wildest
174.	Wise	Wiser	Wisest
175.	Witty	Wittier	Wittest
176.	Young	Younger	Youngest

CHAPTER 19

INTERCHANGE OF DEGREES OF COMPARISON

(1) नीचे दिये गये ढंग से Degrees आपस में बिना Meaning Change किये एक दूसरे में परिवर्तित की जा सकती हैं।

(a) (i) Mohan is as tall as Johny. (Positive Degree) मोहन उतना ही लम्बा है जितना जॉनी।

(ii) Johny is not taller than Mohan. (Comparative Degree) जॉनी, मोहन से लम्बा नहीं है।

(b) (iii) Delhi is bigger than Ludhiana. (Comparative Degree) दिल्ली लुधियाना से बड़ा है।

(iv) Ludhiana is not as big as Delhi. (Positive Degree) लुधियाना दिल्ली जितना बड़ा नहीं है।

(c) (i) Nehru has been greater than any other leader of India. (Comparative Degree) नेहरू जी भारत के किसी भी दूसरे नेता से महान् हुए हैं।

(ii) No other leader of India has been so (or as) great as Nehru. (Positive Degree) भारत का कोई भी और नेता उतना महान नहीं हुआ है जितना कि नेहरूजी थे।

(iii) Nehru has been the greatest leader of India. (Superlative Degree) नेहरू जी भारत के सबसे महान नेता हुए हैं।

(d) (i) Mumbai is one of the largest cities of the world. (Superlative Degree)

(ii) Mumbai is larger than most other cities of the world. (Comparative Degree)

(iii) Very few cities of the world are as large as Mumbai. (Positive Degree)

Hindi Version

(i) मुम्बई संसार के सबसे बड़े नगरों में से एक है। (Superlative Degree)

(ii) मुम्बई संसार के अधिकतर नगरों से बड़ा है। (Comparative Degree)

(iii) संसार के बहुत कम नगर इतने बड़े हैं जितना कि मुम्बई। (Positive Degree)

Note. ऊपर दिये गये वाक्यों से स्पष्ट है कि:

(i) यदि दो वस्तुओं या व्यक्तियों की आपस में तुलना की जाये तो उस दशा में केवल दो वाक्य ही बन सकते हैं, अर्थात् एक Positive Degree वाला और एक Comparative Degree वाला।

(ii) यदि किसी व्यक्ति अथवा वस्तु की तुलना एक से अधिक व्यक्तियों अथवा वस्तुओं से की जाये, तो तीन वाक्य बनेंगे, अर्थात् एक Positive Degree वाला, एक Comparative Degree वाला और एक Superlative Degree वाला।

(2) The use of 'less':

नीचे लिखे वाक्यों को ध्यान से पढ़ें:

(i) Ram is not less wise than you. राम आप से कम बुद्धिमान नहीं है।

(ii) Ram is less wise than you. राम आप से कम बुद्धिमान है।

Sentence No. (i) से यह पता चलता है कि राम आप से कम बुद्धिमान नहीं है, इसलिए वक्ता यह कहना चाहता है कि वह आप के बराबर ही बुद्धिमान है। इसका अर्थ यह है कि यह वाक्य Comparative Degree में है और इसे हम Positive Degree में इस प्रकार बदल सकते हैं:

Ram is as wise as you (Positive Degree)

अर्थात् हम ऊपर के Positive Degree वाले Sentences को दो प्रकार से Positive Degree वाले Sentences में बदल सकते हैं:

(a) Ram is not less wise than you.

(b) You are not wiser than Ram.

(दूसरे ढंग से Comparative Degree में बदलने का अधिक रिवाज़ है।)

Sentence No. (ii) से स्पष्ट है कि राम आप से कम बुद्धिमान है। इसलिए इसको Positive Degree के Sentence में इस प्रकार बदलेंगे:

Ram is not as wise as you. (Positive Degree)

इस प्रकार ऊपरलिखित Sentences को दो प्रकार से Comparative Degree वाले वाक्यों में बदला जा सकता है:

(a) You are wiser than Ram.

(b) Ram is less wise than you.

(प्रथम प्रकार के वाक्य का अधिक प्रयोग होता है।)

(3) The use of "at least":

नीचे लिखे वाक्य को ध्यान से देखें:

Delhi is at least as good as Mumbai.

इस वाक्य में "at least" को देखकर इसके Superlative Degree में होने का भ्रम हो सकता है। परन्तु ऐसी बात नहीं है। इस वाक्य में महत्त्वपूर्ण शब्द 'good' है, जो Positive Degree में

है। इसलिए, यह वाक्य Positive Degree में है क्योंकि Delhi की तुलना केवल एक नगर, Mumbai, से है और इसलिए, तुलना करने के लिए इसका केवल एक और वाक्य अर्थात् Comparative Degree में बनेगा।

Mumbai is not better than Delhi. (Comparative Degree)

Note. हम देखते हैं कि:

(i) Positive Degree को Comparative में (या Superlative में) बदलने के बाद Positive Sentence Negative में बदल जाता है और Negative Sentence, Positive Sentence में बदल जाता है।

(ii) जहां स्पष्ट Superlative Degree (most beautiful etc.) लगी हो, वहां Positive Degree "No other" और Comparative में Comparative Degree लग कर "any other" लगता है।

(iii) जहां "one or the ... " Superlative Adjective लगा हो, वहां Position Degree में "very few" और Comparative Sentence में Comparative Degree लगाकर "most other" का प्रयोग होता है।

(iv) 'not' के बाद 'so' या 'as' दोनों लग सकते हैं परन्तु 'very few" के बाद 'as' ही लगना चहिए।

CHAPTER 20

FORMATION OF ADJECTIVES

Adjectives बनाने के लिए प्राय: 'ar,' 'y,' 'ic,' ble,' 'al,' 'ous,' 'ish,' 'ful,' 'ly,' 'ed,' 'en,' 'ry' आदि का प्रयोग होता है। जैसे कि:

Nouns	Meaning	Adjectives
Angle	कोण	Angular
Air	पवन	Airy
Angel	देवता	Angelic
Art	कला	Artistic
Advice	सलाह, परामर्श	Advisable
Acid	तेज़ाब	Acidic
Activity	कार्य	Active
Acess	पहुंच	Accessible
Accident	घटना	Accidental
Anxiety	चिन्ता	Anxious
Asia	एशिया	Asiatic
Advantage	लाभ	Advantageous
Autumn	पतझड़	Autumnal
Anger	क्रोध	Angry
Ancestor	पूर्वज	Ancestral
Affection	प्यार	Affectionate
Adventure	बहादुरी	Adventurous
Awe	भय	Awful
Body	शरीर	Bodily
Brass	पीतल	Brazen (बेशर्म, पीतल का)
Brother	भाई	Brotherly
Burden	बोझ	Budensome
Blood	रक्त	Bloody
Bush	झाड़ी	Bushy
Boy	लड़का	Boyish

Nouns	Meaning	Adjectives
Beauty	सौंदर्य	Beautiful
Book	पुस्तक	Bookish
Brim	किनारा	Brimful
Brevity	संक्षेपता	Brief
Brute	जंगली, असभ्य	Brutal
Child	बच्चा	Childish
Clay	मिट्टी	Clayish
Custom	रिवाज	Customary
Contempt	घृणा	Contemptible
Courtesy	नम्रता, शिष्टाचार	Courteous
Civility	शिष्टाचार	Civil
Centre	केन्द्र	Central
Class	कक्षा, क्षेणी	Classic
Cheer	ताली, प्रसन्नता	Cheerful
Comfort	आराम	Comfortable
Company	कम्पनी, साथ	Companionable
Cheerfulness	प्रसन्नता	Cheerful
Circle	दायरा, घेरा	Circular
Climate	जलवायु	Climatic
College	कॉलेज	Collegiate
Character	चरित्र	Characteristic
Courage	उत्साह	Courageous
Coward	भीरू	Cowardly
Condition	दशा	Conditional
Care	देखभाल, ध्यान	Careful
Clerk	लिपिक	Clerical
Colony	कालोनी	Colonial
Crime	जुर्म	Criminal
Cold	सरदी	Cool, cold
Commerce	व्यापार	Commercial
Dew	ओस	Dewy
Danger	ख़तरा	Dangerous
Day	दिन	Daily
Death	मृत्यु	Deadly
Democracy	लोकतंत्र	Democratic
Duty	कर्त्तव्य	Dutiful

Nouns	**Meaning**	**Adjectives**
Destroy	बरबाद करना	Destructive
Drama	नाटक	Dramatic
Description	विवरण	Descriptive
Describe	विवरण देना	Descriptive
Discipline	अनुशासन	Disciplinary
Destruction	बरबादी	Destructive
Emperor	सम्राट्	Imperial
Ease	आसानी	Easy
Expression		Expressive
Enemy	दुश्मन	Inimical
East	पूर्व	Eastern
Envy	ईर्ष्या रखना	Envious
Earth	पृथ्वी	Earthly
Excess	अधिकता	Excessive
Economy	अर्थव्यवस्था	Economical
Empire	साम्राज्य	Imperial
Expense	खर्चा	Expensive
Emphasis	ज़ोर	Exphatic
Expectation	कामना	Expectant
Example	उदाहरण	Exemplary
Energy	ऊर्जा	Energetic
Fear	भय	Fearful
Fate	भाग्य	Fateful
Fun	मज़ा	Funny
Fortune	धन-सम्पत्ति	Fortunate
Fool	मूर्ख	Foolish
Fish	मछली	Fishy
Fury	प्रकोप	Furious
Fraud	छल	Fraudulent
Father	पिता	Fatherly
Fever	बुखार	Feverish
Face	चेहरा	Facial
Fog	धुंध	Foggy
Fault	दोष	Faulty
Feather	पंख	Feathery
Faith	मत	Faithful

Nouns	Meaning	Adjectives
Fruit	फल	Fruitful
France	फ्रांस	French
Flesh	मांस	Fleshy
Favour	विशेष लाभ, ध्यान	Favourable
Fire	अग्नि	Fiery
Force	शक्ति	Forceful
Fame	कीर्ति	Famous
Frost	कोहरा	Frosty
Fancy	कल्पना	Fanciful
Flower	फूल	Flowery
Friend	मित्र	Friendly
Grace	शान	Graceful
Gas	गैस	Gaseous
Ghost	भूत	Ghostly
Glass	शीशा	Glassy
Germ	कीटाणु	Germinal
God	परमात्मा	Godly
Gloom	दुःख	Gloomy
Glory	शान	Glorious
Gold	सोना	Golden
Grass	घास	Grassy
Grief	दुःख	Grievous
Greed	लालच	Greedy
Heart	हृदय	Hearty
Hour	घंटा	Hourly
Habit	आदत	Habitual
Heir	उत्तराधिकारी	Hereditary
Heaven	स्वर्ग	Heavenly
Haste	जल्दी	Hasty
Hope	आशा	Hopeful
Hair	बाल	Hairy
Hill	पहाड़ी	Hilly
Honour	इज़्ज़त	Honourable
Health	स्वास्थ्य	Healthy
Home	घर	Homely
Hero	अभिनेता	Heroic

Nouns	Meaning	Adjectives
Hand	हाथ	Handy
Heat	गर्मी	Hot
Horror	भय	Horrible
Harm	हानि	Harmful
Irony	व्यंग	Ironical
Injury	चोट	Injurious
Ice	बर्फ़	Icy
Industry	उद्योग	Industrial, industrious
Intellect	बुद्धि	Intellectual (मानसिक)
Idiom	लोकोक्ति	Idiomatic
Influence	प्रभाव	Influential
Ignorance	अज्ञानता	Ignorant
Judge	न्यायधीष	Judicial
Jew	यहूदी	Jewish
Joy	प्रसन्नता	Joyful
Joke	मज़ाक	Jocular
Justice	न्याय	Just
Knot	गांठ	Knotty
King	राजा	Kingly, royal
Leaf	पत्ता	Leafy
Labour	मेहनत	Laborious
Lustre	चमक	Lustrous
Line	लकीर	Linear, lineal
Love	प्रेम	Lovely, loveble
Length	लम्बाई	Long
Law	कानून	Lawful
Lord	स्वामी, नवाब	Lordly
Limit	सीमा	Limited
Life	जीवन	Lively
Method	ढंग	Methodical
Man	पुरुष	Manly
Mud	कीचड़	Muddy
Money	धन	Monetary
Mirth	प्रसन्नता	Mirthful
Memory	स्मृति	Memorable
Military	सेना	Martial

Nouns	Meaning	Adjectives
Medicine	दवाई	Medicinal
Machine	मशीन	Mechanical
Muscle	मांसपेशी	Muscular
Month	मास	Monthly
Milk	दूध	Milky
Mercy	दया	Merciful
Manner	तरीका	Mannerly
Marriage	विवाह	Marriageable, marital
Mystry	भेद	Mysterious
Moment	क्षण	Momentary
Merit	गुण	Meritorious
Merchant	सौदागर	Mercantile
Mother	माता	Motherly, maternal
Miracle	करामात	Miraculous
Metal	धातु	Metallic
Minister	मंत्री	Ministerial
Might	शक्ति	Mighty
Need	आवश्यकता	Needful
Nation	राष्ट्र	National
Name	नाम	Nominal
Night	रात्रि	Nightly
Nerve	नर्व (धमनी)	Nervous
Nature	प्रकृति	Natural
Neuter	बेजान, बिना सैक्स, बिना पक्षपात	Neutral
Neighbour	पड़ोसी	Neighbourly
Navy	नेवी	Naval
Number	गिनती	Numeral
Notice	ध्यान, नोटिस	Noticeable
Oil	तेल	Oily
Ornament	आभूषण	Ornamental
Ocean	महासागर	Oceanic
Offence	विरोध, जुर्म	Offensive
Orator	वक्ता	Oratorical
Office	दफ़्तर	Official
Origin	आरम्भ	Original
Preparation	तैयारी	Preparatory

Nouns	Meaning	Adjectives
Play	खेल	Playful, playsome
Pathos	दुख	Pathetic
Power	शक्ति	Powerful
Poet	कवि	Poetic
People	लोग	Populous, popular
Pole	खम्भा	Polar
Pity	दया	Pitiful
Profit	लाभ	Profitable
Person	व्यक्ति	Personal
Palace	महल	Palatial
Price	मूल्य	Precious
Peace	शान्ति	Peaceful
Pleasure	प्रसन्नता	Pleasant
Passion	जोश	Passionate
Patriot	देश-भक्त	Patriotic
Population	आबादी	Populous
Precision	ठीक, उचित होना	Precise
Progress	उन्नति	Progressive
Pride	गर्व	Proud
Quarrel	झगड़ा	Quarrelsome
Queen	रानी	Queenly
Right	अधिकार	Righteous
Ruin	तबाही	Ruinous
Rose	गुलाब	Rosy
Reliance	निर्भरता	Reliable
Redness	लाली	Reddish
Storm	तूफ़ान	Stormy
Sense	अक्ल, महसूस करने की शक्ति	Senseless
Space	अंतरिक्ष, स्थान	Spacious
Sport	खेल	Sportive
Skill	गुण, कला	Skilful
Sale	बिक्री	Saleable
Sleep	नींद	Sleepy
Star	तारा	Starry
Satisfaction	संतुष्टि	Satisfactory
Thirst	प्यास	Thirsty
Term	निश्चित समय	Terminal
Talk	बात	Talkative

Nouns	Meaning	Adjectives
Terror	भय	Terrible
Town	नगर	Urban
Tutor	अध्यापक	Tutorial
Trifle	मामूली बात	Trivial
Trouble	कष्ट	Troublesome
Thought	विचार	Thoughtful
Use	प्रयोग	Useful
Virtue	गुण	Virtuous
Valour	बहादुरी	Valiant
Violence	हिंसा	Violent
Verb	क्रिया	Verbal
Voice	आवाज़	Vocal
Vice	दोष, बुराई	Vicious
Value	कीमत	Valuable
Victory	विजय	Victorious
Village	गांव	Rural
Viceroy	वाइसराए	Viceregal
Vigour	शक्ति	Vigorous
Wonder	हैरानी	Wonderful
Will	इच्छा	Wilful
Wood	लकड़ी	Wooden
Wind	हवा	Windy
War	युद्ध	Warlike
Water	पानी	Watery
Wool	ऊन	Woollen
Watch	घड़ी, ध्यान	Watchful
Week	सप्ताह	Weekly
Wretch	एक अभागा, दुःखी व्यक्ति	Wretched
Winter	शरद ऋतु	Wintry
World	संसार	Wordly, mundane, temporal
Woman	स्त्री	Womanly
Worth	योग्यता	Worthy
Year	वर्ष	Yearly
Youth	युवावस्था	Youthful
Zeal	उत्साह	Zealous

CHAPTER 21

THE VERB (क्रिया)

(1) जो शब्द किसी Sentence में Action को Donate करता हो उसे Verb कहा जाता है।

e.g., (i) She *talks.*

इस Sentence में 'talks' Verb है।

(ii) She *sings.*

इस शब्द में 'sings' Verb है।

Verb एक शब्द का भी हो सकता है तथा एक से ज़्यादा का भी। ऊपर दिये गये Sentences में Verb एक-एक शब्द का है। लेकिन नीचे दिये गये Sentence में Verb एक से ज़्यादा शब्दों का है:

He *has been ordered* to do well.

इस Sentence में Verb तीन शब्दों का है, *i.e.,* "has been ordered."

(2) *Kinds of Verb.* Verb मुख्यत: दो प्रकार के होते हैं:

(a) Transitive Verb (सकर्मक)

(b) Intransitive Verb (अकर्मक)

(A) *Transitive Verb.* ये वे Verb होते हैं, जो Action को Subject से Object की ओर डाल देते हैं। *e.g.,*

(i) She reads a book. वह किताब पढ़ती है।

(ii) She sings a song. वह गाना गाती है।

(B) *Intransitive Verb.* ये वे Verb होते हैं जो Action को Subject से Object तक नहीं लेकर जाते। Action केवल एक Static Action होता है। ये State of (i) being तथा (ii) Self-contained Action और Static Action Show करते हैं।

(i) She sings. वह गाती है।

(ii) He laughs. वह हंसता है।

(iii) Birds fly. पक्षी उड़ते हैं।

Note. Intransitive verbs showing the different states.

(i) *Self-contained action.*

He talks too much. वह बहुत बातें करता है।

(ii) *Being*. The colour of this dog is white. इस कुत्ते का रंग सफेद है।

(iii) *Static action.*

He laughs. वह हंसता है।

(3) *Objects.* Objects दो प्रकार के होते हैं:

(a) Direct Object

(b) Indirect Object

(a) *Direct Object.* कुछ Transitive Verbs केवल एक ही Object लेते हैं। उनको Direct Object कहा जाता है। *e.g.,*

(i) She sings a song. वह गाना गाती है।

(ii) He flies a kite. वह पतंग उड़ाता है।

(b) *Indirect Object.* लेकिन कुछ Transitive Verb दो Objects लेते हैं। ऐसी दशा में, वस्तु को Direct Object or व्यक्ति को Indirect Object कहते हैं, यथा:

(i) He told *me* (I.O.) a *cheap joke* (D.O). उसने मुझे एक घटिया चुटकुला सुनाया।

(ii) I asked *him* (I.O.) for *a glass of water* (D.O.). मैंने उसे एक गिलास पानी के लिए पूछा।

Explanation: Sentence No. (i) में 'told' Verb के दो Object हैं—'me' and "a cheap joke" इसमें "a cheap joke" Direct Object तथा 'me' Indirect Object है।

कारण-इसका कारण यह है कि वास्तविक वस्तु, जो हस्तांतरित हुई है, वह "a cheap joke" है। व्यक्ति तो कोई भी हो सकता था।

Sentence No. (ii) में 'him' Indirect Object तथा "a glass of water" Direct Object है।

कारण-कारण यह है कि वास्तविकता सम्बन्धित वस्तु "a glass of water" है जिसका हस्तांतरण से सीधा सम्बन्ध है।

(4) *Same Verbs used as Transitive and Intransitive ones*

(i) The driver stopped the car. (Transitive Use) ड्राईवर ने कार रोक दी।

(ii) The car stopped suddenly. (Intransitive use) अचानक कार रूकी।

(iii) He laughs at the poor. (Transitive use) वह गरीबों पर हंसता है।

(iv) He laughs. (Intransitive use) वह हंसता है।

(5) *Auxilary Verbs.* ये दो प्रकार के होते हैं:

(i) Primary Auxiliaries.

(ii) Modal Auxiliaries.

इनके बारे में इसी किताब में काफी Detail में एक अन्य और Chapter में दिया गया है।

(6) *Number.* Verb का किसी भी ढंग से प्रयोग उसके Number of Subject पर Depend करता है:

(i) Ram *works* hard. (Singular) राम खूब मेहनत से काम करता है।

(ii) Ram and Shyam *work* hard. (Plural) राम व श्याम मेहनत से काम करते हैं।

Note. परन्तु कई बार Same Verb Singular व Plural में Use होता है, अर्थात् 'I,' 'we,' 'you' और 'they' के बाद:

(i) I like him very much. (Singular Subject) मैं उसे बहुत चाहता हूँ।

(ii) We like him very much. (Plural Subject) हम उसे बहुत चाहते हैं।

(iii) You like him very much. (Singular as well as Plural Subject) आप उसे बहुत चाहते हो।

(iv) They like him very much. (Plural Subject) वह उसे बहुत चाहते हैं।

(7) *Copulative (or Linking) Verbs.* एक Compliment प्राय: Sentence के End में प्रकट होता है तथा जो Verb उसको Subject के साथ जोड़ता है, उसे Copulative या Linking Verb कहा जाता है:

(i) She played well. वह अच्छा खेली।

(ii) I am feeling sad. मैं उदास महसूस कर रहा हूँ।

(8) *Reflexive use of verb.* जब किसी Sentence में Subject का Action अपने आप में समाप्त हो जाता है उस Sentence में Verb के साथ Use को Reflexive Use कहा जाता है। *e.g.,*

(i) He laughed too much. वह अत्यधिक हंसा।

(ii) They enjoyed themselves at the picnic. उन्होंने पिकनिक में खूब आनन्द लिया।

Verb का यह Action प्राय: तब होता है जब Verb Intransitive हो, परन्तु कुछ Sentences में, Reflexive Use of the Verb सीधे तौर पर नहीं प्रकट होता बल्कि उसे ध्यान से समझने के बाद उस Sentence का अर्थ Reflexive ही हो जाता है, Verb चाहे Transitive चाहे Intransitive हो। निम्नलिखित वाक्य ध्यान से पढ़ें:

(a) He kept me in a wait. (*or* He kept me waiting) उसने मुझसे इन्तज़ार करवाया।

Note. यह Sentence अदभुत है, क्योंकि इस में वास्तव में कोई Action नहीं है।

(b) He got his coin back from me. उसने अपना सिक्का मुझसे वापिस ले लिया।

(9) *Finite and Infinite verbs.* ये इसी Book में किसी और स्थान पर दिये हुए हैं।

(10) *The Imperative.* Imperative Verb किसी Command को प्रकट करता है:

e.g., Come on! Come here!

(11) *Verbs expressing Quasi-passive action.* जब किसी Active Voice का अर्थ Passive निकलता है, तो उसे Quasi-passive Voice कहते हैं। *e.g.,*

(i) This flower smells sweet.

(ii) The pillow felt soft.

(12) *Verbs expressing perception.* ये वे Verbs हैं जो हमारी ज्ञानेन्द्रियों से सम्बन्धित

हैं, अर्थात् 'hear,' 'taste,' 'feel,' 'smell' और 'see'. हम उन्हें उस समय Use में लाते हैं जब हमें Five Senses के बारे में वर्णन करना हो। 'espy,' 'decry,' 'behold,' 'perceive,' 'feel,' 'note,' 'notice,' 'looks,' 'observe' etc ज्ञानेन्द्रियों से सम्बन्धित कुछ और भी ऐसे शब्द हो सकते हैं। जैसे कि:

(a) The Doctor was feeling my pulse. (डॉक्टर मेरी नब्ज़ देख रहा था।)

(b) I was just seeing a man running behind you. मैं एक व्यक्ति को तुम्हारे पीछे भागते हुए देख रहा था।

(c) Who is hearing the case? कौन केस की सुनवाई कर रहा है?

(d) Did you notice his behaviour? क्या आपने उसके व्यवहार को ध्यान से देखा?

(13) (A) *Subject and Verb.* Verb अवश्य ही Subject के Agreement के अनुरूप लगाया जाना चाहिए। The verb must be in agreement with the subject:

(i) She is waiting for you. वह आपकी प्रतिक्षा कर रही है।

(ii) He is a lover of painting. वह चित्रकारी का प्रेमी है।

(iii) My brother is going to Mumbai. मेरा भाई मुम्बई जा रहा है।

(iv) Sohan and Jasbir are fast friends. सोहन तथा जसबीर पक्के मित्र हैं।

(v) Oranges are sold by the dozen. संतरे दर्जन के हिसाब से बिकते हैं (या बेचे जाते हैं)।

(B) जब किसी Sentence में दो या ज़्यादा Nouns/Pronouns एक Single Subject का काम कर रहे हों, तो:

(i) वहां Singular Verb Use होगा।

(a) Light and Darkess is the topic to be discussed. रोशनी व अंधेरा को dicuss करना है।

(b) Law and order is the main problem. कानून और व्यवस्था मुख्य समस्या है।

(c) Chocolates and toffees is what he eats too much. चॉकलेट तथा टॉफियां ही वह अत्यधिक खाता है।

(ii) यदि Subject Singular हो तो, Verb भी Singular होगा। और यदि Subject Plural होगा, तो Verb भी Plural होगा। *e.g.,*

(a) Lucky or Bunty is able to do this. लक्की या बन्टी इसे करने में सक्षम है।

(b) Boys or girls are making a noise. लड़के या लड़कियां शोर मचा रहे हैं।

(iii) वह Verb Plural Use होगा जहां दो या दो से अधिक Nouns या Pronouns (Singular or Plural) 'and' शब्द से जोड़े जाते हैं। *e.g.,*

(a) Mohan and Satish have not obeyed you. मोहन व सतीश ने आपका कहना नहीं माना है।

(b) Boys and girls are learning their lesson. लड़के व लड़कियां अपना पाठ याद कर रहे हैं।

(14) जब दो Nouns एक ही वस्तु या व्यक्ति को सम्बोधित कर रहे हों तो Verb Singular use होता है अथवा यदि दो Adjectives एक ही Noun के दो गुण बताते हों, तो Verb की Singular Form होगी।

(a) Ram is a gentle and brave man. राम एक भद्र व बहादुर पुरुष है।

(b) A black and white sheep is grazing in the field. खेत में एक काली व सफेद भेड़ चर रही है।

(15) Collective Noun के केस में Verb Singular Use होगा अगर यह पूरे Group को Represent करे लेकिन अगर यह हर Individual को Respesent करता है तो Verb Plural लगेगा।

(a) The committee has taken its decesion. कमेटी ने अपना फैसला ले लिया है। (अर्थात् सब सदस्यों का एक ही निर्णय है)

(b) The committee have taken their decision. कमेटी ने अपना फैसला ले लिया है।
(अर्थात् भिन्न-भिन्न सदस्यों के एक ही topic पर भिन्न-भिन्न निर्णय हैं)

(16) जब एक Singular Subject किसी Plural Number से पहले आता है तो Verb Singular Subject के अनुसार लगेगा:

(a) Each of the students has got good marks. हर एक विद्यार्थी ने अच्छे अंक प्राप्त किए हैं।

(b) Each of them looks a prince. उनमें से हर एक राजकुमार लगता है।

(c) The majority of members is of this opinion. सदस्यों की बहुल संख्या इस विचार की पक्षधर है।

(17) The Parenthetical Phrases. ऐसी दशा में Verb प्रथम Subject के अनुसार लगेगा:

(a) Manju *along with Sonu* has done well. मंजू ने सोनू के साथ मिलकर अच्छा काम किया है।

(b) He *as well as* we has played extremely well. वह तथा हम बहुत अच्छा खेले हैं।

(18) Persons.

(i) She is a nice girl. (Third Person Singular) वह एक अच्छी लड़की है।

(ii) You are a good boy. (Second Person Singular) तुम एक अच्छे लड़के हो।

(iii) We shall go to school together. (First Person Plural) हम स्कूल इकट्ठे जायेंगे।

(iv) I am not in a good mood. (First Person Singular) मैं अच्छे मूड में नहीं हूँ।

(v) He plays quite well. (Third Person Singular) वह बहुत अच्छा खेलता है।

(vi) It is a good news. (Third Person Singular) यह अच्छा समाचार है।

(vii) They have never come here before. (Third Person Plural) वे यहां पहले कभी नहीं आये हैं।

(19) *Inchoative Verbs*. यह Verbs किसी काम के आरम्भ, आगे बढ़ने या अन्त होते समय के बारे में बताते हैं:

(a) He is getting richer day by day. वह दिन-प्रतिदिन धनवान हो रहा है।

(b) The Pakistan army was running short of ammunition. पाकिस्तानी सेना के पास असला कम हो रहा था।

(c) This tree is growing tall. यह पेड़ ऊंचा हो रहा है।

(d) India has proved it to be true. भारत ने इसे ठीक सिद्ध कर दिया है। या भारत ने इसे सत्य सिद्ध कर दिखाया है।

(e) It is becoming (or getting) cold now. अब सर्दी हो रही है।

(f) The rainy season was coming to an end. वर्षा ऋतु समाप्त होने जा रही थी।

(g) We were running fast to catch train. गाड़ी पकड़ने के लिए हम तेज़ भाग रहे थे।

(h) The child is growing fast. बच्चा तेज़ी से बढ़ रहा है।

(i) He has grown old now. अब वह बूढ़ा हो गया है।

(j) They are getting thicker and thicker. उनकी घनिष्टता बढ़ रही है।

(k) He has fallen ill. वह बीमार हो गया है।

(l) It is getting dark now. अब अन्धेरा हो रहा है।

CHAPTER 22

VERB : MOOD

'Mood' का अर्थ है Mode या Manner जिसमें Verb का Action होता है। English में Moods तीन प्रकार के होते हैं।

(a) साधारण ढंग से किसी बात को कहना।

(b) किसी को Request, Advice, Order या Command करना।

(c) कोई Imaginative (काल्पनिक) बात करना।

(या किसी न होने वाले काम के बारे में बात करना)

इन तीनों के क्रमश:

(i) The Indicative Mood.

(ii) The Imperative Mood.

(iii) The Subjective Mood कहे जाते हैं।

(i) The Indicative Mood

(a) He is my friend. वह मेरा मित्र है। (साधारण Statement)

(b) Is he your brother? क्या वह आपका भाई है ? (Question)

(c) If you help me, I shall do this work. (अगर आप मेरी सहायता करते हैं तो मैं यह काम कर दूँगा) (एक होने वाला काम जो कि सम्भव है)

(ii) The Imperative Mood

(a) Move ahead. आगे बढ़ो। (Command)

(b) Keep mum. चुप रहो। (Order)

(c) Work hard. खूब मेहनत करो। (Advice)

(d) Please help me. कृपया मेरी सहायता करो। (Request)

(iii) The Subjective Mood

(a) If I were you I would not tell a lie. यदि मैं तुम्हारी जगह होता, तो झूठ न बोलता। (An Impossible Supposition)

(b) Work hard so that you may earn a lot of money. मेहनत करो ताकि तुम बहुत सा धन कमा सको। (A Purpose. It is not certain that the person addressed will work hard.)

(c) Had he come, we would have enjoyed ourselves a lot. यदि वह आया होता, तो हमने बहुत आनन्द लिया होता।

CHAPTER 23

VERB : CONJUGATION

I. Weak and strony Verbs

(1) जो Verb Present Tense में "ed," 'd,' or 'art' लगाने से Past Tense में Change हो जाएं, उन्हें Weak Verbs कहते हैं। इन Verbs को Regular Verbs भी कहते हैं।

(2) जो Verbs Present Tense में Vowel Change करने (बिना "ed", 'd' or 't' लगाने से Past Tense में Change हो जायें, उनको Strong Verbs कहते हैं। इनको Verbs to *Irregular Verbs* भी कहते हैं।

(Note. आजकल Story अथवा Irregular Verbs की Form Weak अथवा Regular Verbs की तरह बदलने का रिवाज़ दिन-प्रतिदिन बढ़ रहा है)

Examples

Verb 'strive' की तीन Forms प्राय: इस प्रकार लिखी व पढ़ाई जाती थीं:

Strive (यत्न करना)—Strove—Strove, परन्तु आजकल इसकी Forms इस प्रकार लिखने का रिवाज़ हो रहा है।

Strive Strived Strived

ऐसे ही:

Drive गाड़ी चलाना—Drove—Driven, के स्थान पर अब:

Drive Drived Drived

लिखा जाता है, चाहे यह सर्वथा मान्य न हो।

II. Verbs के उचित और सुगम प्रयोग के लिए Verbs की तीन Forms मानी जाती है, जिनको लिखने की प्रणाली को Conjugation कहते हैं। यह तीन Forms इस प्रकार हैं:

1. Present Indefinite 2. Past Indefinite 3. Past Participle

पाठकों के लाभ के लिए अधिकतर प्रयोग में आने वाले Verbs की Conjugations नीचे दी जाती हैं।

Conjugations of Verbs

Present Indefinite		Past Indefinite	Past Participle
Abide	कायम होना	abode	abode
Allow	आज्ञा देना	allowed	allowed
Appear	प्रकट होना	appeared	appeared

Present Indefinite		Past Indefinite	Past Participle
Arise	उदय होना	arose	arisen
Awake	जागना	awoke	awaken
Be	होना	was, were	been
Bear	जन्म देना, सहना	bore	borne, bore
Beat	मारना	beat	beaten
Become	होना	became	become
Beget	पैदा करना	begot	begotten
Begin	शुरू करना	began	begun
Behold	पकड़कर रखना	beheld	beheld
Bend	झुकना	bent	bent
Bid	बोली लगाना	bid, bade	bid, bidden
Bind	बांधना	bound	bound
Bite	काटना	bit	bitten
Bleed	रक्त बहना	bled	bled
Blow	चलना (हवा का)	blew	blown
Boil	उबालना	boiled	boiled
Borrow	उधार लेना	borrowed	borrowed
Break	टूटना	broke	broken
Breed	पालना	bred	bred
Bring	लाना	brought	brought
Build	बनाना	built	built
Burn	जलाना	burnt	burnt
Burst	फटना	burst	burst
Buy	खरीदना	bought	bought
Care	परवाह करना	cared	cared
Carry	ले जाना	carried	carried
Cast	फेंकना	cast	cast
Catch	पकड़ना	caught	caught
Chide	झिड़कना	chid	chidden
Choose	चुनना	chose	chosen
Clean	साफ करना	cleaned	cleaned
Cleave	चीरना	cleft	cleft
Climb	चढ़ना	climbed	climbed
Cling	चिपकना	clung	clung
Close	बन्द करना	close	closed
Come	आना	came	come
Complete	पूरा करना	completed	completed

Present Indefinite		Past Indefinite	Past Participle
Cook	पकाना	cooked	cooked
Copy	नकल करना	copied	copied
Cost	कीमत (मूल्य देना)	cost	cost
Creep	रेंगना	crept	crept
Cross	पार करना	crossed	crossed
Cut	काटना	cut	cut
Deal	सौदा करना	dealt	dealt
Deceive	धोखा देना	deceived	deceived
Decorate	सजाना	decorated	decorated
Die	मरना	died	died
Dig	खोदना	dug	dug
Divide	बांटना	divided	divided
Do	करना	did	done
Draw	खींचना	drew	drawn
Dream	सपना	dreamed	dreamt
Drink	पीना	drank	drunk
Drive	गाड़ी चलाना, हांकना	drove	driven
Dwell	रहना	dwelt	dwelt
Earn	कमाना	earned	earned
Eat	खाना	ate	eaten
Enter	अन्दर आना	entered	entered
Fall	गिरना	fell	fallen
Fear	डरना	feared	feared
Feed	खिलाना	fed	fed
Feel	महसूस करना	felt	felt
Fight	लड़ना	fought	fought
Find	पाना	found	found
Finish	समाप्त	finished	finished
Flee	डर कर भागना	fled	fled
Fling	फेंकना	flung	flung
Fly	उड़ना	flew	flown
Forbear	रूकना, सहनशीलता दिखाना	forebore	forborne
forbid	रोकना	forbade	forbidden
Forget	भूल जाना	forgot	forgotten
Forgive	माफ करना	forgave	forgiven
Forsake	साथ छोड़ना	forsook	forsaken

Present Indefinite		Past Indefinite	Past Participle
Freeze	जम जाना	froze	frozen
Get	पाना	got	got
Give	देना	gave	given
Go	जाना	went	gone
Grind	पीसना	ground	ground
Grow	उगना	grow	grown
Hang	फांसी देना	hanged	hanged
Hang	लटकना	hung	hung
Have	रखना	had	had
Hear	सुनना	heard	heard
Hide	छुपना	hid	hidden
Hire	किराये पर लेना	hired	hired
Hit	मारना, चोट लगाना	hit	hit
Hold	पकड़ना	held	held
Hunt	शिकार करना	hunted	hunted
Hurt	चोट पहुंचाना	hurt	hurt
Invite	निमन्त्रण देना	invited	invited
Iron	इस्त्री करना	ironed	ironed
Jump	उछलना	jumped	jumped
Keep	रखना	kept	kept
Kick	ठोकर लगाना	kicked	kicked
Kneel	झुकना	knelt	knelt
Knit	बुनना	knit	knit
Knock	खटखटाना	knocked	knocked
Know	जानना	knew	known
Lay	लिटाना, अंडा देना	laid	laid
Lead	नेतृत्व करना	led	led
Leap	छलांग लगाना	leapt	leapt
Learn	सीखना	learnt / learned	learnt / learned
Leave	छोड़ना	left	left
lend	उधार देना	lent	lent
Let	आज्ञा देना, किराये पर देना	let	let
Lie	लेटना	lay	lain
Light	रोशनी	lighted / lit	lighted / lit
Lose	खोना	lost	lost
Make	बनाना	made	made

Present Indefinite		Past Indefinite	Past Participle
Marry	विवाह करना	married	married
Mean	अर्थ होना	meant	meant
Meet	मिलना	met	met
Mislead	गलत मार्ग पर ले जाना	misled	misled
Mistake	गलती करना	mistook	mistaken
Misunderstand	गलत समझना	misunderstood	misunderstood
Move	हिलना	moved	moved
Mow	काटना	mowed	mown
Obey	आज्ञा का पालन करना	obeyed	obeyed
Open	खोलना	opened	opened
Order	आज्ञा देना	ordered	ordered
Outgrow	अधिक बढ़ना	outgrew	outgrown
Outrun	अधिक आगे बढ़ना	outran	outrun
Overtake	आगे निकल जाना	overtook	overtaken
Overthrown	गद्दी से उतार देना	overthrew	overthrown
Partake	भाग लेना	partook	partaken
Pay	देना, वेतन	paid	paid
Pick	चुनना	picked	picked
Please	खुश करना	pleased	pleased
Plough	हल चलाना	ploughed	ploughed
Pray	प्रार्थना करना	prayed	prayed
Prepare	तैयार करना	prepared	prepared
Pull	खींचना	pulled	pulled
Punish	दण्ड देना	punished	punished
Push	धक्का देना	pushed	pushed
Put	रखना	put	put
Quarrel	लड़ना	quarrelled	quarrelled
Rain	वर्षा	Rained	rained
Reach	पहुंचना	reached	reached
Read	पढ़ना	read	read
Refuse	इन्कार करना	refused	refused
Rent	किराया	Rent	rent
Rid	छुटकारा पाना	rid	rid
Ride	सवारी करना	rode	ridden
Ring	घंटी बजाना	rang	rung
Rise	उठना	rose	risen
Ruin	नष्ट करना	ruined	ruined

Present Indefinite		Past Indefinite	Past Participle
Run	भागना (दौड़ना)	ran	run
Say	कहना	said	said
See	देखना	saw	seen
Seek	भालना	sought	sought
Sell	बेचना	sold	sold
Set	अस्त होना	set	set
Shake	हिलाना	shook	shaken
Shed	झड़ना	Shed	shed
Shine	चमकना	shone	shone
Shoot	गोली मारना	shot	shot
Show	दिखाना	showed	shown
Shrink	सिकुड़ना	shrank	shrunk
Shut	बन्द करना	shut	shut
Sing	गाना	sang	sung
Sink	डूबना	sank	sunk
Sit	बैठना	sat	sat
Slay	मार देना	slew	slain
Sleep	सोना	slept	slept
Slide	खिसकना	slid	slid
Smell	सूंघना	smelled	smelled
Smite	मारना, चोट लगाना	smote	smitten
Sow	बीजना	sowed	sown
Speak	बोलना	spoke	spoken
Speed	रफ्तार	sped, speeded	sped, speeded
Spell	अर्थ निकालना, अर्थ होना	spelt	spelt
Spend	खर्च करना	spent	spent
Spend	खर्च करना	spent	spent
Spin	बुनना	spun	spun
Spit	थूकना	spat	spit
Spoil	खराब होना	spoiled	spoilt
Spread	फैलना	spread	spread
Spring	उछलना	sprang	sprung
Stand	खड़ा होना	stood	stood
Steal	चुराना	stole	stolen
Stick	चिपकना	stuck	stuck
Swear	शपथ लेना	swore	sworn

Present Indefinite		Past Indefinite	Past Participle
Sweep	झाड़ू देना	swept	swept
Swim	तैरना	swam	swum
Take	लेना	took	taken
Teach	पढ़ाना	taught	taught
Tear	फाड़ना	tore	torn
Tell	कहा	told	told
Test	परीक्षा लेना	tested	tested
Thank	धन्यवाद करना	thanked	thanked
Think	सोचना	thought	thought
Throw	फैंकना	threw	thrown
Thrust	धकेलना, घोंपना	thrust	thrust
Tie	बांधना	tied	tied
Undergo	सहन करना	underwent	undergone
Understand	समझना	understood	understood
Undo	खोलना	undid	undone
Upset	परेशान करना	upset	upset
Wait	प्रतीक्षा करना	waited	waited
Wake	जागना	woke, waked	woke, woken
Waylay	रास्ता रोकना	waylaid	waylaid
Wear	पहनना	work, waked	woke, woken
Weave	बुनना	wove	woven
Wed	विवाह करना	wedded	wedded
Weep	रोना	wept	wept
Weight	वजन करना	weighed	weighed
Win	जीतना	won	won
Wind	चाबी देना	wound	wound
Wish	चाहना	wished	wished
Withdraw	पीछे हटाना या हटना	withdraw	withdrawn
Withhold	रोकना, पकड़ना	withheld	withheld
Work	काम करना	worked	worked
Wring	निचोड़ना	wrung	wrung
Write	लिखना	wrote	written
Yearn	तीव्र इच्छा रखना	yearned	yearned
Yell	चीखना	yelled	yelled
Yield	हार मानना	yielded	yielded
Yoke	जोड़ना	yoked	yoked

CHAPTER 24

FORMATION OF VERBS

Verbs प्राय: कुछ Affixes "em," "en-," "de," "fy," "ise," "ate," "ac," "be" आदि लगाने से बनते हैं। जैसे कि:

Words	Meaning	Verbs
Air	हवा	Aerate (आयात निर्यात करना)
Able	योग्य	Enable
Abundant	पर्याप्त	Abound
Access	पहुंच	Accede
Apology	क्षमा	Apologise
Base	आधार	Debase
Bath	स्नान	Bathe
Beauty	सौंदर्य	Beautify
Bed	बिस्तरा	Embed
Bitter	कड़वा	Embitter
Blood	रक्त	Bleed
Body	शरीर	Embody
Bold	हौंसले वाला	Embolden
Breath	सांस	Breathe
Brief	संक्षेप	Abbreviate
Broad	चौड़ा	Broaden
Brood	(मुर्गी आदि के) बच्चे	Breed
Calm	शांत	Becalm
Camp	कैम्प	Encamp
Centre	केन्द्र	Centralise
Certain	निश्चित	Certify
Cheap	सस्ता	Cheaper
Circle	चक्र	Encircle
Civil	सिविल	Civilise

Words	Meaning	Verbs
Class	कक्षा	Classify
Clean	साफ़	Cleanse
Clear	साफ़	Clarify
Cloth	कपड़ा	Clothe
Colony	कॉलोनी	Colonise
Company	कम्पनी	Accompany
Complete	पूर्ण	Accomplish
Conclusive	अन्तिम, पूर्ण	Conclude
Courage	हौंसला, उत्साह	Encourage
Custom	रिवाज़	Accustom
Danger	खतरा	Endanger
Dark	अंधेरा, काला	Darken
Dear	प्यारा	Endear
Deep	गहरा	Deepen
Dense	घना	Condense
Different	भिन्न	Differ
Drop	कतरा	Drip
Equal	बराबर	Equalise
Example	उदाहरण	Exemplify
False	झूठा	Falsify
Familiar	परिचित	Familiarise
Fat	मोटा	Fatten
Feeble	कमज़ोर	Enfeeble
Fertile	उपजाऊ	Fertilise
Fine	सुन्दर, उत्तम	Refine
Firm	पक्का	Confirm
Flat	चपटा	Flatten
Fond	शौकीन	Fondle
Foul	गंदा	Defile
Fresh	ताज़ा	Refresh
Full	पूर्ण	Fill
General	साधारण	Generalise
Glad	प्रसन्न	Gladden
Glass	शीशा	Glaze
Glorious	शानदार	Glorify
Glory	शान	Glorify

Words	Meaning	Verbs
Gold	सोना	Gild
Grass	घास	Graze
Grave	क़ब्र, गम्भीर	Engrave
Habit	आदत	Habituate
Hale	स्वस्थ	Heal
Half	आधा	Halve
Hand	हाथ	Handle
Hard	सख़्त	Harden
Haste	जल्दी	Hasten
Hateful	घृणित	Hate
Head	सिर	Behead (सिर काटना)
Health	स्वास्थ्य	Heal
Heir	उत्तराधिकारी	Inherit
High	ऊँचा	Heighten
Humble	नम्र	Humiliate (अपमानित करना)
Idol	मूर्ति	Idolise (पूजा करना)
Joy	प्रसन्नता	Enjoy
Just	न्यायकारी	Justify
Justice	न्याय	Justify
Knee	घुटना	Kneel
Large	बड़ा	Enlarge
Life	जीवन	Live
Light	हल्का, रोशनी	Lighten, enlighten
Lion	बब्बर शेर	Lionise
Little	कम	Belittle
Long	लम्बा	Longthen
Low	नीचा	Lower
Mad	पागल	Madden
Mass	इकट्ठा	Amass
Mean	घटिया	Demean
Memory	स्मृति	Memorise
Moist	गीला	Moisten
Nation	राष्ट्र	Nationalise
Necessary	आवश्यक	Necessitate
Nest	घोंसला	Nestle
New	नया	Renew

Words	Meaning	Verbs
Noble	अच्छा	Ennoble
Peace	शान्ति	Pacify
People	लोग	Populate
Peril	खतरा	Imperil
Person	व्यक्ति	Personify
Poor	निर्धन	Impoverish
Popular	सर्वप्रिय	Popularise
Port	बन्दरगाह	Import, export
Power	शक्ति	Impower
Practice	व्यवहार	Practise
Prison	कैद	Imprison
Public	सार्वजनिक	Publish
Pure	पवित्र, निर्मल	Purify
Quick	जल्दी	Quicken
Rare	बहुत कम	Rarefy
Real	वास्तविक	Realise
Red	लाल	Redden
Rich	धंनी	Enrich
Right	ठीक	Rectify
Safe	सुरक्षा	Save
Sale	बिक्री	Sell
Service	सेवा	Serve
Sharp	तेज़	Sharpen
Short	छोटा	Shorten
Sick	बीमार	Sicken
Siege	घेरा बन्दी	Besiege
Simple	सादा	Simplify
Slave	दास	Enslave
Snare	फंदा	Ensnare
Society	समाज	Associate
Special	विशेष	Specialise
Speech	भाषा	Speak
Strange	अद्‌भुत	Estrange
Strong	मज़बूत	Strengthen
Success	सफलता	Succeed
Sure	निश्चित	Ensure

Words	**Meaning**	**Verbs**
Sweet	मधुर	Sweeten
Sympathy	हमदर्दी	Sympathise
Table	मेज़	Tabulate, table
Tall	कहानी	Tell
Thick	घना, गाढ़ा	Thicken
Throne	सिंहासन	Enthrone
Vacancy	खाली स्थान	Vacate
Vapour	भाप	Evaporate
Various	भिन्न	Vary
Veritable	वास्तविक	Verify
Vile	गलत, बुरा	Vilify
Weak	कमज़ोर	Weaken
Web	जाला	Weave
White	सफ़ेद	Whiten
Wide	चौड़ा	Widen
Yearning	तीव्र इच्छा	Yearn

CHAPTER 25

TENSE

यह जान लेना बहुत ज़रूरी है कि Tenses का ज्ञान न होने से कभी भी Correct English नहीं सीखी जा सकती। Tense वास्तव में Latin शब्द 'tempus' से बना है, जिसका मतलब है टाईम अथवा समय। इस तरह, Tense हमें Action का समय बताते हैं। दूसरे शब्दों में, हमें Tense द्वारा ही पता लगता है कि कोई Action हो चुका है, हो रहा है, होने वाला है या हो सकता है आदि।

सो Tense तीन प्रकार के होते हैं:

(1) Present Tense (वर्तमान काल अर्थात् चल रहा समय।)

(2) Past Tense (भूतकाल अर्थात् बीत चुका समय।)

(3) Future Tense (भविष्य काल अर्थात् आने वाला समय।)

उदाहरण के तौर पर, ये नीचे दिये गये वाक्य ध्यान से पढ़ें:

(a) I go to school. (Present Tense) मैं स्कूल जाता हूँ।

(b) I went to school. (Past Tense) मैं स्कूल गया।

(c) I shall go to school. (Future Tense) मैं स्कूल जाऊंगा।

और इन तीनों में प्रत्येक Tense नीचे दिये गये चार प्रकार का होता है:

(1) Indefinite

(2) Continuous

(3) Perfect

(4) Perfect Continuous

सबसे पहले हम Present Tense के बारे में जानकारी प्राप्त करेंगे।

PRESENT INDEFINITE TENSE

जो Sentence अधिकतर "ता है," "ती है," "ते हैं" से खत्म होते हैं, उनको Present Indefinite Tense कहा जाता है। जैसे कि:

(a) राम बाज़ार जाता है।

इसको अंग्रेज़ी में लिखने के लिए हमें निम्नलिखित Formula याद रखना होगा:

Subject + Verb की 1st form (v1) + s or es + Object.

's' or "es," यदि Subject 3rd person Singular हो, तो Use में लाये जाते हैं लेकिन यदि Subject Plural हो तो केवल Verb की 1st form ही लगती है; उसके साथ 's' या "es" नहीं लगता। *e.g.,*

(i) Ram sings a song.
↓ ↓ ↓
Subject Verb की 1st form Object.
राम गाना गाता है।

(ii) वे शोर मचाते हैं।
They make a noise.
↓ ↓ ↓
S Verb की 1st form O

Sentence (ii) में 'They' Plural है और इसीलिए, इसमें Verb की 1st Form के साथ 's' नहीं लगा।

लेकिन Sentence (i) में Ram Singular है और इसलिए, Verb की 1st Form के साथ "es" लगाना है।

(iii) Mohan laughs at the poor. मोहन गरीबों पर हंसता है।

(iv) I always speak the truth. मैं हमेशा सच बोलता हूँ।

'I' First Person है तथा First Person के साथ इस Tense में Verb के साथ 's' या "es" नहीं लगता।

(v) You play hockey. आप हॉकी खेलते हैं।

इस Sentence में Verb की 1st Form के साथ 's' या "es" नहीं लगा क्योंकि 'You' IInd Person है।

(vi) The monkeys pounce at him. बन्दर उस पर झपट्टा मारते हैं।

इस Sentence में 'Monkeys' होने के कारण Verb की 1st Form के साथ 's' या es नहीं लगा क्योंकि 'Monkeys' एक Plural शब्द है।

जो हमने उपरोक्त Sentences में Present Indefinite Tense के बारे में नोट किये, वे निष्कर्ष इस प्रकार हैं:

(1) **Formula.** S + V1 + es + O

(2) S or "es" Verb की 1st Form के साथ नहीं लगेगा अगर Subject Plural है। न ही यह 1st Person और IInd Person के साथ लगता है।

(3) Simple Present or Present Indefinite Tense

यह हमें Present समय में हो रहे Action के बारे में बताता है। लेकिन ये Information Uncertain या Incomplete होती है। इसीलिए, इसे Indefinite (अनिश्चित) Tense भी कहते हैं।

EXERCISE I

Fill in the blanks with words in brackets. कोष्ठकों में दिये शब्दों में से सही शब्द खाली स्थान में भरो:

1. You .... like a prince (look, looks) तुम एक राजकुमार जैसे दिखते हो।

2. He .... a lie. (tell, tells) वो झूठ बोलता है।

3. I .... no mistake (make, makes) मैं कोई गलती नहीं करता।

4. She .... her duty (do, does) वो अपना काम करती है।

5. The lions .... in the jungles (play, play's) बब्बर शेर जंगलों में खेलते हैं।

6. It .... heavily (rain, rains) बारिश जोर से होती है।

The formula for Negative Sentence (a) Affirmative or Positive Sentence को Negative Sentence में Change करने के लिए "do not" or "does not" का प्रयोग होता है:

(b) "Does not" सदा IIIrd Person Singular वाले Positive Sentence को Negative Sentence में Change करने के लिए Use होता है। परन्तु बाकी सब Cases में "do not" Use होता है।

(c) "Do not" को "don't" व "close not" को "doesn't" भी लिखा जा सकता है।

(d) इसमें एक बात का ध्यान रखा जाना चाहिए कि Negative Sentences में Verb की 1st Form ही लगती है; 's' or "es" इसके साथ नहीं लगता।

(e) *Formula.* S + does not or do not + V1 + O.

(f) ***Examples***

(i) He does not (doesn't) go to school.
↓ ↓ ↓
S Verb Ist Form O
वह स्कूल नहीं जाता है।

(ii) I do not (don't) like him.
↓ ↓ ↓
S Verb Ist Form O
मैं उसे पसन्द नहीं करता हूँ।

(iii) You do not play cricket. तुम क्रिकेट नहीं खेलते हो।

(iv) Birds do not swim in water. पक्षी पानी में नहीं तैरते हैं।

(v) We do not take tea. हम चाय नहीं पीते हैं।

EXERCISE II

नीचे दिये गये Sentences में ठीक पर (√) Tick का निशान लगाएं:

1. He does not / do not tell a lie. वह झूठ नहीं बोलता है।
2. Your mother does not / do not prepare breakfast for you. तुम्हारी माता जी तुम्हारे लिए सुबह का खाना (नाश्ता) नहीं तैयार करती हैं।
3. This road does not / do not lead to Delhi. यह सड़क दिल्ली नहीं जाती है।
4. They does not / do not come here daily. वे हर रोज़ यहां नहीं आते हैं।
5. Bears does not / do not like mangoes. भालू आम को पसन्द नहीं करते हैं।

Interrogative Sentences

(a) जब हम Present Indefinite Sentence को Interrogative Sentence के तौर पर Use करते हैं, तो 'Does' या 'Do' Sentence के शुरू में Use होता है।

(b) इसमें भी Verb की 1st Form के साथ 's' or "es" नहीं लगता।

(c) *Formula.* Wh or how + Does or Do + S + VI + O + ?

e.g., (a) Does he make a noise?
↓ ↓ ↓
S Verb 1st Form O.

क्या वह शोर मचाता है?

(b) Do they like to eat eggs? क्या वो अण्डे खाने पसन्द करते हैं?

(c) Does she know how to write? क्या वह लिखना जानती है?

(d) Do these elephants run fast? क्या ये हाथी तेज़ दौड़ते हैं?

(e) How does she make you a fool? वो तुम्हें मूर्ख कैसे बनाती है?

EXERCISE III

खाली स्थान में 'does' या 'do' में से जो ठीक हो, भरें:

1. .... they pluck the flowers? क्या वे फूल तोड़ते हैं?
2. How .... you do? आप कैसे हैं?
3. What .... it matter? इस से क्या होता है?
4. .... he fly a kite? क्या वह पतंग उड़ाता है?
5. .... you know how to swim? क्या तुम तैरना जानते हो?

Interrogative Negative Sentences

Present Indefinite में Interrogative Negative Sentences में सभी उन्हीं बातों का ध्यान रखा जाना चाहिए जिनका Interrogative Positive Sentences में रखा जाता है। इसके Formula में थोड़ा सा अन्तर है:

Formula. Wh or how + does, do, + s + not + v1 + o + ?

Examples

(a) Why does she not talk to you?

↓ ↓ ↓

S Verb 1st Form O

वह तुमसे बात क्यों नहीं करती ?

(b) Why do they not make the things clear? वह बात को साफ तौर पर क्यों नहीं करते हैं ?

(c) Do you not like to play cards? क्या तुम ताश खेलना पसन्द नहीं करते हो ?

(d) Does he not attend the meeting? या वह मीटिंग पर नहीं जाता है ?

(c) Do the crows not keep silent? क्या कौवे चुप नहीं रहते हैं ?

EXERCISE IV

नीचे दिये गये Sentences में 'do' या 'does' भरें:

1. Why .... they not speak the truth? वे सत्य क्यों नहीं बोलते हैं ?

2. .... I not take care of you? (or care for you?) क्या मैं तुम्हारा ध्यान नहीं रखता हूँ ?

3. .... we not go out for walk? क्या हम सैर के लिए नहीं जाते हैं ?

4. .... it not rain outside? क्या बाहर वर्षा नहीं होती है ?

5. .... you not like to swim? क्या आप तैरना पसन्द नहीं करते हो ?

Note. (a) नीचे Affirmative Sentences उदाहरण के तौर पर दिये गये हैं जिनको Negative, Interrogative व Interrogative Negative में Change किया गया है।

Affirmative. He helps me in the hour of need.

Negative. He does not help me in the hour of need.

वह मेरी समय आने पर मदद नहीं करता है।

Interrogative. Does he help you in the hour of need?

Interrogative Negative. Does he not help you in the hour of need?

EXERCISE V

ऊपरलिखित Sentence के आधार पर आप नीचे दिये गये Sentences को पहले बताये गये उपयुक्त तरीकों से Change करें:

1. Do you like milk? क्या तुम दूध पसन्द करते हो ?

2. He kills the cat. वह बिल्ली को मार डालता है।

3. Do the birds not fly in the sky? क्या पक्षी आकाश में नहीं उड़ते हैं ?

4. The gardener does not water the plants. माली पौधों को पानी नहीं देता है।

5. They do hard work. वे कड़ी मेहनत करते हैं।
6. The rabbit jumps into the bush. खरगोश झाड़ी में छलांग लगाता है।
7. Ram does not like too much sugar. राम बहुत ज़्यादा चीनी पसन्द नहीं करता है।
8. We go to school daily. हम हर रोज़ स्कूल जाते हैं।
9. She does not sing a song. वो गाना नहीं गाती है।
10. Do you smoke? क्या तुम सिगरेट पीते हो?

Note. (a) Simple Present Indefinite Tense में 'is', 'am,' 'are' तथा 'has,' 'have' का भी कई बार प्रयोग होता है।

(b) कई बार Interrogative Sentences 'may,' 'can,' 'have,' 'must' आदि से शुरू हो सकते हैं लेकिन कई Sentences में इनसे आगे How or Wh वाले शब्द प्रयोग में लाये जाते हैं। *e.g.,*

(i) May I talk to you? क्या मैं तुमसे बात कर सकता हूँ?
(ii) Who can forget Nehru? नेहरू को कौन भुला सकता है?
(iii) How can you solve this problem? आप इस समस्या को कैसे सुलझा सकते हो?
(iv) Whose book can it be? ये किताब किसकी हो सकती है?
(v) When may I visit him? मैं उसके पास कब जा सकता हूँ?

(b) कई बार Students नीचे दिये गये Simple Present Indefinite को Future या Past Tense समझ लेते हैं:

(i) Sandeep is given to drink in the evening. संदीप को सायं को मदिरापान की आदत है।
(ii) How beautiful the Taj is! ताजमहल कितना सुन्दर है!

(c) Imperative Sentences भी प्राय: Present Indefinite में ही किये जा सकते हैं।

(i) Please let me have your pencil. कृपया आप मुझे अपनी पैंसिल दें।
(ii) Let us have a short meeting. आओ, एक छोटी मीटिंग करें।
(iii) March forward soldiers! आगे बढ़ो सिपाहियो!

PRESENT CONTINUOUS TENSE

इस Tense में Present Movement के बारे में बताया जाता है।

जो Sentences रहा है, रही है, रहे हैं आदि से खत्म होते हैं उनको हम Present Continuous Tense कहते हैं। *e.g.,*

राम स्कूल जा रहा है।

Formula. S + is, am, are, + V1 + ing + O.

'Am' केवल वहां Use होता है जहां Subject 'I' हो तथा 'are' तब Use होता है जब

Subject Plural हो या IInd Person हो:

Examples

(a) She is writing a letter. वह एक पत्र लिख रही है।
↓ ↓ ↓
S is + V1 + ing O

(b) Mohan is taking his bath. मोहन नहा रहा है।

(c) I am going to see the movie.
↓ ↓
S am + V1 + ing
मैं फिल्म देखने जा रहा हूँ।

(d) They are looking for you.
↓ ↓
S are + V1 + ing
वे आप को देख रहे हैं।

(e) We are sending them the message.
↓ ↓ ↓ ↓
S are + V1 + ing I.O. D.O.
हम उन्हें संदेश दे रहे हैं।

EXERCISE I

Fill in the blanks with 'is,' 'am' or 'are':

1. The horse .... jumping over the wall. घोड़ा दीवार के ऊपर से कूद रहा है।
2. They .... making a fun of you. वे तुम्हारा मज़ाक उड़ा रहे हैं।
3. The kits .... flying in the air. पतंगें हवा में उड़ रही हैं।
4. I .... singing a song. मैं गाना गा रहा हूँ।
5. Dinesh .... running a race. दिनेश एक दौड़ दौड़ रहा है।

Negative Sentences. Present Continuous में Negative Sentences का formula इस तरह है:

s + is, am or are + not (isn't, aren't) + V1 + ing + O.

Examples

(1) The peon is not ringing the bell.
↓ ↓ ↓
S V1 + ing O
चपरासी घण्टी नहीं बजा रहा है।

(2) They are not planning to go to the forest.
वो ज़ंगल में जाने की योजना नहीं बना रहे हैं।

(3) I am not telling a lie.
मैं झूठ नहीं बोल रहा हूँ।

(4) We aren't (are not) running after the mad dog.
हम पागल कुत्ते के पीछे नहीं दौड़ रहे हैं।

(5) Ram is not taking his meals.
राम भोजन नहीं कर रहा है।

Interrogative Sentences

Present Continuous Tense में Interrogative Sentences का Formula नीचे दिया गया है:

Wh or how + is, am or are + S + V1 + ing + O + ?

Examples

(a) Is she still sleeping in her bed?
↓ ↓
S V1 + ing
क्या वह अभी तक अपने बिस्तर में सो रही है ?

(b) Am I dancing on the terrace? क्या मैं टैरेस पर नृत्य कर रहा हूँ ?

(c) Are they going upstairs? क्या वे सीढ़ियों से ऊपर जा रहे हैं ?

(d) Are we playing hockey? क्या हम हॉकी खेल रहे हैं ?

(e) Is she going to the hospital to see her son ? क्या वह हस्पताल में अपने बेटे को देखने जा रही है ?

EXERCISE II

Tick (√) the true one in the following:

1. Are / is / am he making a noise? क्या वह शोर मचा रहा है ?

2. Are / is / am the cattle grazing? क्या पशु चर रहे हैं ?

3. Are / is / am Sohan going to Mumbai? क्या सोहन मुम्बई जा रहा है ?

4. Are / is / am the shoes shining? क्या जूते चमक रहे हैं ?

5. Are / is / am the clouds thundering? क्या बादल गरज रहे हैं ?

6. Are / is / am I not doing my work? क्या मैं अपना काम नहीं कर रहा हूँ?

7. Are / is / am you not going there? क्या आप वहां नहीं जा रहे हैं ?

Interrogative Negative Sentences

Present Continuous tense में Interrogative Negative Sentence का Formula नीचे दिया गया है:

Wh or How + is, am, are + S + not + V1 + ing + O + ?

Examples

(a) Why are you not conversing with Rajesh.
↓ ↓ ↓
S Vl O
तुम राजेश से बात क्यों नहीं कर रहे हो ?

(b) Is she not doing well in her examinations? क्या वह अपने इम्तिहान अच्छी तरह से नहीं कर रही है ?

(c) Am I not working properly? क्या मैं अच्छी तरह से काम नहीं कर रहा हूँ ?

(d) Are they not quarelling with each other? क्या वे आपस में नहीं लड़ रहे हैं ?

(e) What hell is not going on here? कौन सा बुरा काम यहां नहीं हो रहा है ?

Note. नीचे एक Sentence को Negative, Interrogative व Interrogative Negative में हल किया गया है। उसे ध्यान से देखें व अगली Exercise उसी बात को ध्यान में रख कर करें:

Rajesh is stealing my pencil.
राजेश मेरी पैंसिल चुरा रहा है।
Negative. Rajesh is not stealing my pencil.
Interrogative. Is Rajesh stealing my pencil?
Interrogative Negative. Is Rajesh not stealing my pencil?

EXERCISE I

नीचे दिये गये Sentences को Negative, Affirmative, Interrogative व Interrogative Negative में Change करें:

1. Ganesh is smashing the ball. गणेश गेंद को पीट रहा है।
2. Am I reading a book? क्या मैं किताब पढ़ रहा हूँ ?
3. He is arriving here today by the evening train. वह आज शाम की गाड़ी से आ रहा है।
4. Why are you telling me a false story? तुम मुझे झूठी कहानी क्यों सुना रहे हो ?
5. Why is the peon not ringing the bell? चपरासी घण्टी क्यों नहीं बजा रहा है ?
6. Am I causing you any trouble? क्या मैं तुम्हें कोई तकलीफ दे रहा हूँ ?
7. Whom are you waiting for? तुम किसका इन्तज़ार कर रहे हो ?
8. Are they not blowing out the candle? क्या वो मोमबत्ती को नहीं बुझा रहे हैं ?
9. He is beating the drum. वह ढोल बजा रहा है।
10. Is he joining the army? क्या वह फौज में भरती हो रहा है ?
11. Why are you not telling me the real thing? तुम मुझे सच्ची बात क्यों नहीं बता रहे हो ?
12. I an not going to strike a deal with him. मैं उससे कोई भी सौदा नहीं कर रहा हूँ।
13. Are /ou polishing your shoes? क्या तुम अपने जूते पॉलिश कर रहे हो ?

PRESENT PERFECT TENSE

जो Sentences चुके हैं, चुका है, चुकी है से ख़त्म होते हैं, उनको Present Perfect Tense कहते हैं। इन Sentences में Action Complete हो चुका होता है। कई वाक्यों में चुका है ..... आदि का प्रयोग न होकर भी यह Sense Convey होती है। *e.g.,*

(i) राम स्कूल जा चुका है, या

(ii) राम स्कूल चला गया है।

(दूसरे वाक्य में "चुका है" understood है।)

Formula. S + has, have + V IIIrd form + O.

'Have' का प्रयोग केवल वहां जहां पर Subject 'I' या 'you' Subject Plural हो, तब होता है।

Examples

(i) He has finished his work.
↓ ↓ ↓
S has + V3 O
वह अपना काम खत्म कर चुका है।

(ii) I have applied brakes to stop the car. कार को रोकने के लिए मैं ब्रेक लगा चुका हूँ।

(iii) My mother has allowed me to go to the bazaar. मेरी माताजी मुझे बाज़ार जाने की आज्ञा दे चुकी है।

(iv) They have climbed up the hill. वे पहाड़ी पर चढ़ चुके हैं।

(iv) We have made them ready for the talk. हम उन्हें बातचीत के लिए तैयार कर चुके हैं।

EXERCISE II

नीचे दिये गये रिक्त स्थानों में has या have भरें:

1. I .... thrown the stone away. मैं पत्थर को दूर फैंक चुका हूँ।

2. He .... spoken the truth. वह सच बोल चुका है (या उसने सच बोला है)।

3. We .... struck a deal with them. हम उनके साथ एक सौदा तय कर चुके हैं।

4. They .... played extremely well. वो बहुत अच्छा खेले हैं।

5. The lion .... killed the deer. बब्बर शेर हिरण को मार चुका है।

Negative Sentences

Present Perfect Tense के Negative Sentence के लिए नीचे लिखा Formula Use में आता है।

S + has, have + not + V3rd form + O "has not" तथा "have not" को "hasn't" व

"haven't" के ढंग से भी लिखा जा सकता है । *e.g.,*

(a) Satish has not (has'nt) made any progress in his life. सतीश ने अपने जीवन में कोई उन्नति नहीं की है।

(b) We have not (haven't) made a fool of anybody. हमने किसी को मूर्ख नहीं बनाया है।

(c) She has not kept her promise. वह अपना वादा पूरा नहीं कर चुकी है। या (उसने अपना वचन पूरा नहीं किया है।)

(d) The boys have not climbed up the tree. बच्चे पेड़ पर नहीं चढ़े हैं।

(e) The cars have not collided with each other. कारें आपस में नहीं टकराई हैं।

Interrogative Sentences

इस Tense में Interrogative का Formula नीचे दिया गया है:

(Wh or How) + has, have + S + V3rd form + O + ?

Examples

(a) Why have you watered the plants ? तुमने पौधों को पानी क्यों दिया है ?

(b) Has he guessed the danger ahead ? क्या वह आगे आने वाले खतरे का अन्दाजा लगा चुका है ?

(c) What have you told him? तुमने उसे क्या बताया है ?

(d) Have they started the dinner? क्या वे रात का खाना शुरू कर चुके हैं ?

(e) Where has he stopped on the way? वह रास्ते में कहां रूका है ?

EXERCISE III

नीचे दिये गये Sentences में से जो ठीक हैं, उनके सामने (√) tick का निशान व गलत के सामने (×) Cross का निशान लगायें:

1. Where he have lost his pen? ☐
2. Why have you made such a big mistake? ☐
3. Has I look at the sky? ☐
4. Has it start raining? ☐
5. Who has stolen my book? ☐
6. Have we covered half the way? ☐
7. Have he objected to my remarks ? ☐

Interrogative Negative Sentences

Present Perfect Tense के Interrogative Negative Sentences का Formula नीचे दिया गया है:

Wh or How + has, have + S + not + V3rd form + O + ?

Examples

(a) Why have you not gone to Mumbai? तुम मुम्बई क्यों नहीं जा चुके हो ?

(b) Why has the teacher punished Mohan? अध्यापक ने मोहन को सजा क्यों दी है ?

(c) Have we not attended the party? क्या हम पार्टी में नहीं जा चुके हैं ?

(d) Has Pappu not listened to his father properly? क्या पप्पू अपने पिताजी को अच्छी तरह से नहीं सुन चुका है ?

(e) Have we not gone for a stroll? क्या हम घूमने के लिए नहीं जा चुके हैं ?

Note. नीचे एक Affirmative Sentence दिया गया है जिसको Present Perfect की Different Condition में दिखाया गया है।

He has broken the chair. वह कुर्सी तोड़ चुका है।

Negative. He has not broken the chair.

Interrogative. Has he broken the chair ?

Interrogative Negative. Has he not broken the chair ?

EXERCISE IV

नीचे दिये गये Sentences को Affirmative, Negative, Interrogative व Interrogative Negative में Change करें:

1. He has moved downstairs to sit at the dining table. खाना खाने वाली मेज़ पर (अर्थात् के साथ) बैठने के लिए वह सीढ़ियों से नीचे की ओर चल पड़ा है।

2. Where have you built your new house? आपने नया मकान कहां बनाया है।

3. What has made you shout at me? आप मुझ पर क्यों चिल्लाये हैं ?

4. I have twisted on my toes to give him a hard blow. उसे सख़्त मुक्का मारने के लिए मैं अपने पांव की अंगुलियों पर घूम गया हूँ।

5. Why have you not informed me of his such mysterious activities. उसकी ऐसी अद्‌भुत (भेदयुक्त) कार्यवाइयों के बारे में आपने मुझे सूचना क्यों नहीं दी है ?

6. Lucky has slipped from the stairs. लक्की सीढ़ियों से फिसल गया है।

7. Mohinder has got his account opened in the bank. महेन्द्र अपना खाता बैंक में खुलवा चुका है।

8. Have you not seen my new pants? क्या तुमने मेरी नई पैंट नहीं देखी है ?

9. Jasbeer has forced him to play. जसबीर ने उसे खेलने पर मजबूर किया है।

10. I have seen a lion in the jungle. मैंने जंगल में एक बब्बर शेर देखा है।

11. Why have you not got so good marks? तुमने इतने अच्छे अंक क्यों नहीं प्राप्त किये हैं ?

12. They have been trapped in a storm while on their way home. घर आते हुए वह रास्ते में एक तूफ़ान में फंस गये हैं।

PRESENT PERFECT CONTINUOUS TENSE

यह Tense किसी ऐसे काम के बारे में बताता है इसका कुछ भाग पूरा हो चुका है तथा बाकी काम जारी है।

e.g., मैं सुबह से आपका इन्तजार कर रहा हूँ।

Formula. s + has, have + been + V1st form + ing + O + for or since + point or period of time.

'for' वहां लगता है जहां 'Period' of Time दिया गया हो। 'since' वहां लगता है जहां 'Point' of Time दिया गया हो।

Examples

(a) Shashi has been writing a letter for two hours. शशि दो घण्टे से पत्र लिख रही है।

(b) It has been raining since morning. सुबह से वर्षा हो रही है।

(c) I have been working hard for the examination for six months. मैं छः महीने से परीक्षा की खूब तैयारी कर रहा हूँ।

(d) We have been waiting for you for two hours. हम आपकी दो घण्टे से प्रतीक्षा कर रहे हैं।

(e) She has been living in this house since 1988. वह इस मकान में 1988 से रह रही है।

EXCERCISE I

नीचे दिये गये Blanks को 'since' या 'for' से Fill Up करें:

1. A cold breeze has been blowing .... yesterday.
कल से ठण्डी हवा चल रही है।

2. Jaggu has been making a noise .... two hours.
जग्गू दो घण्टे से शोर मचा रहा है।

3. He has been working in this offier .... 1985.
वह 1985 से इस दफ़्तर में काम कर रहा है।

4. His father has been serving in the army .... ten years.
उसके पिताजी फौज में दस साल से नौकरी कर रहे हैं।

5. I have been preparing this dish .... one hour.
मैं एक घण्टे से ये पकवान बना रहा हूँ।

Negative Sentences

Present Perfect Continuous के Negative Sentences का Formula नीचे दिया गया है।

S + has, have + not + been + V1st form + ing + O + for since + point or period of time.

Examples

(a) She has not been making a fool of you since morning. वह सुबह से तुम्हें मूर्ख नहीं बना रही है।

(b) The masons have not been building the house for two hours. दो घण्टे से मिस्त्री घर नहीं बना रहे हैं।

(c) Ramesh has not been playing hockey since Monday last. रमेश पिछले सोमवार से हाकी नहीं खेल रहा है।

(d) I have not been reading in this school since 1997. मैं इस स्कूल में 1997 से नहीं पढ़ रहा हूँ।

(e) They have not been taking their meals for three hours. वे तीन घण्टे से खाना नहीं खा रहे हैं।

Interrogative Sentences

Present Perfect Continuous Tense में Interrogative Sentences का Formula नीचे दिया गया है।

(Wh or How) + has, have + S + been + V1st form + ing + O + for, since + point or period of time?

Examples

(a) Have you been speaking the truth for fifteen minutes? क्या तुम पन्द्रह मिनट से सच बोल रहे हो?

(b) Why have you been crying so loudly for two hours? तुम दो घण्टे से इतनी ऊँची आवाज में क्यों चिल्ला रहे हो?

(c) Has she been telling you a story since evening? क्या वह तुमको शाम से कहानी सुना रही है।

(d) Have they been planning a fence around the fields for a year? क्या वे खेतों के चारों तरफ बाड़ लगाने की एक साल से योजना बना रहे हैं?

(e) Where have you been planning to send your son for studies since 1998? आप 1998 से अपने बेटे को पढ़ाई के लिए कहां भेजने की योजना बना रहे हैं?

EXERCISE II

नीचे दिये गये Jumbled Sentences को ठीक कर के लिखें। उदाहरण के तौर पर पहला Sentence हल किया गया है:

Jumbled Sentences

(a) Been you have this work doing since morning?

Correct Sentences

1. Have you been doing this work since morning?
   क्या आप सुबह से ये काम कर रहे हैं?
2. Raining it been has heavily two hours? for.
3. Has been living in this he room since? 1981.
4. You have been this very mistake committing for five hours?
5. Have I taking my bath for two hours been?
6. She preparing for examination the months has for two been?
7. What detaining has him an half hour been for there?

Interrogative Negative Sentences

Present Perfect Continuous के Interrogative Negative Sentences का Formula नीचे दिया गया है:

Wh or how + has, have + S + not + been + V1st Form + ing + O + since or for + point or period of time + ?

Examples

(a) Has he not been calling me since morning? क्या वह मुझे सुबह से बुला नहीं रहा है?

(b) Have you not been learning your lesson for three hours? क्या आप तीन घण्टे से अपना पाठ नहीं याद कर रहो हो?

(c) Why have you not been learning your lesson for a week? तुम एक सप्ताह से अपना पाठ याद क्यों नहीं कर रहे हो?

(d) Have I not been looking handsomel in this dress since morning? क्या मैं सुबह से इन कपड़ों में सुन्दर नहीं लग रहा हूँ?

EXERCISE III

नीचे दिये गये Sentences को हल किये गये Sentence की तरह Present Perfect Continuous के Affirmative, Negative, Interrogative तथा Interrogative Negative में Change करें। *e.g.,*

He has been working in the fields since morning.
वह सुबह से खेतों में काम कर रहा है।

Negative. He has not been working in the fields since morning.
Interrogative. Has he been working in the fields since morning?
Interrogative Negative. Has he not been working in the fields since morning?

1. He has been going through his office files for three hours. वह अपने दफ़्तर की फाईलों का तीन घण्टे से अध्ययन कर रहा है।
2. Have they not been eating fish for one hour? क्या वे एक घण्टे से मछली नहीं खा रहे हैं?

3. I have not been asking for anything since morning. मैं सुबह से कुछ नहीं मांग रहा हूँ।
4. Mohan has been working in this factory since 1979. मोहन इस कारखाने में 1979 से काम कर रहा है।
5. The children have been bathing in the rain since morning. बच्चे सुबह से वर्षा में नहा रहे हैं।
6. Have you not been ringing the bell for two minutes? क्या आप दो मिनट से घंटी नहीं बजा रहे हैं?
7. Have they been taking liquor since morning? क्या वे सुबह से शराब पी रहे हैं?
8. Have you not been understanding the teacher for four hours? क्या तुम अध्यापक को चार घंटे से नहीं समझ पा रहे हो?
9. Has the sky been gathering clouds since evening? क्या शाम से आकाश में बादल इकट्ठे हो रहे हैं?
10. Jagdish has been telling a lie for four hours. जगदीश चार घण्टे से झूठ बोल रहा है।

SIMPLE PAST OR PAST INDEFINITE TENSE

यह Tense Indefinitely (अनिश्चित रूप से) किसी Past Action के बारे में बताता है। हिन्दी में इसकी निशानी है—Verb के साथ आ की मात्रा। *e.g.*,

Ram went to school. राम स्कूल गया।

नोट- "राम स्कूल जाया करता था" के लिए भी यही Tense लगेगा। या हम लिख सकते हैं, Ram used to go to school.

Formual. S + V 2nd form + O.

Examples

(a) He went to school.
↓ ↓
S V2
वह स्कूल गया।

(b) He drank tea.
↓ ↓ ↓
S V2 O
उसने चाय पी।

(c) They fought against their enemy. वे अपने शत्रु के विरुद्ध लड़े?

(d) He did a good job. उसने बहुत अच्छा काम किया।

(e) He tried his best to slap me across my face. उसने मेरे मुंह पर थप्पड़ मारने की भरपूर कोशिश की।

EXERCISE I

नीचे दिये गये Sentences में Verb की सही Form लगायें और Sentence को Complete करें:

1. She .... (cry) very boudly for help.
   वह मदद के लिए ऊँची आवाज़ से चिल्लाई।
2. They .... (pay) no attention to my request.
   उन्होंने मेरी प्रार्थना की ओर कोई ध्यान नहीं दिया।
3. I .... (do) my work very well.
   मैंने अपना काम बड़ी खूबी से किया।
4. She .... (like) to dance alone.
   वह अकेले नाचना पसन्द करती थी।
5. The terrorists .... (make) many attempts on my life.
   उग्रवादियों ने मुझे मारने की कई बार कोशिश की।

Negative Sentences

Past indefinite में Negative Sentences बनाने का Formula नीचे दिया गया है।

S + did + not (didn't) + V1st form + O.

Examples

(a) He didn't do his work.
↓ ↓ ↓
S Vl O
उसने अपना काम नहीं किया।

(b) They didn't make a mistake in shooting the lion down to the ground.
उन्होंने बब्बर शेर को गोली मार कर धरती पर गिराने में कोई गलती नहीं की।

(c) Tony didn't know about the courage I had. टोनी मेरे हौंसले के बारे में नहीं जानता था।

(d) She did not like to talk to you. वह आपसे बात करना पसन्द नहीं करती थी।

(e) We didn't go for a walk. हम सैर के लिए नहीं गये।

EXERCISE II

नीचे दिये गये Sentences को Negative Form में Change करें। ध्यान रहे कि Tense Past Indefinite ही रहे:

1. He made a noise in the class. उसने कक्षा में शोर मचाया।
2. The teacher punished him. अध्यापक ने उसे सज़ा दी।
3. She swam in the pool. वह तालाब में तैरी।

4. I laughed loudly at his folly. मैं उसकी मूर्खता पर बड़ी ज़ोर से हंसा।

5. He hit a mighty sixer. उसने बहुत ज़बरदस्त छक्का लगाया।

Interrogative Sentences

Past Indefinite में Interrogative Sentences नीचे दिये गये Formula से बनते हैं:
How or Wh + Did + S + V1st form + O + ?

Examples

(a) Did they like to smoke?
↓ ↓
S V1
क्या वे सिगरेट पीना पसन्द करते थे ?

(b) Did he tell a lie?
↓ ↓ ↓
S V1 O
क्या उसने झूठ बोला ?

(c) Did I play well? क्या मैं अच्छा खेला ?

(d) What made you shout at me?
↓ ↓ ↓ ↓
S V2 O C
आप मुझ पर क्यों चिल्लाए ?

Note. 'What' के साथ Formula में हुए परिवर्तन का ध्यान से अध्ययन करें। इसमें what - V2 + O + complement etc लगेगा।

(e) Where did he live? वह कहां रहा ?

EXERCISE III

नीचे दिये गये Jumbled Sentences को ठीक करके लिखें:

1. He did his promise keep?

Correct. Did he keep his promise?
क्या उसने अपना वचन पूरा किया ?

2. He did the fish catch? क्या उसने मछली पकड़ी ?

3. Did finish their they work? क्या उन्होंने अपना काम समाप्त किया ?

4. She did you like much? very. क्या उसने आपको बहुत चाहा (या पसन्द किया) ?

5. Did Mohan an apron wear? क्या मोहन ने एप्रन पहना ?

Interrogative Negative

Past Indefinite में Interrogative Negative नीचे दिये गये Formula से बनता है:
(Wh or How) + Did + S + not + V1st from + O ?

Examples

(a) Why did you not complete your home work?

↓ ↓ ↓

S VI O

तुमने अपने घर का काम पूरा क्यों नहीं किया?

(b) Why did you not like to eat? आपने खाना पसन्द क्यों नहीं किया?

(c) What did you not like to eat? तुमने क्या खाना पसंद नहीं किया?

(d) Did she not read in your class? क्या वह तुम्हारी कक्षा में नहीं पढ़ती थी?

(e) Did you not know how to write? क्या तुम लिखना नहीं जानते थे?

(f) How did he not attend to you? उसने कैसे आपकी ओर ध्यान नहीं दिया?

(g) What made you not (to) help him? आपने उसकी सहायता किस कारण नहीं की?

EXERCISE IV

नीचे दिये गये Sentences से Past Indefinite के Affirmative, Negative, Interrogative व Interrogative Negative Sentences बनायें:

1. He went to bazaar. वह बाज़ार गया।
Negative. He did not go to bazaar.
Interrogative. Did he go to bazaar?
Interrogative Negative. Did he not go to bazaar?

2. Did you climb up the hill?

↓ ↓ ↓

S V1 O

क्या आप पहाड़ी के ऊपर गये?

3. I didn't pluck the flower. मैंने फूल नहीं तोड़ा।

4. He didn't shake the branch of the tree. उसने पेड़ की शाखा को नहीं हिलाया।

5. Did he take the charge of his office? क्या वह अपने दफ़्तर का कार्यभार सम्भालेगा?

6. Did your son like to eat sweets? क्या आप के बेटे ने मिठाईयां खानी पसन्द कीं? या क्या आपका पुत्र मिठाईयां खाना पसंद करता था?

7. He tried an old trick with me. उसने मेरे साथ एक पुरानी चालाकी करने की कोशिश की।

8. In the zoo, we saw a number of animals. चिड़ियाघर में हमने बहुत से जानवर देखे।

9. He got his hand cut with the knife.

↓ ↓ ↓ ↓

S V2 O C (here V3)

चाकू से उसका हाथ कट गया।

10. He walked out with the courage to get his friend freed from the trap of terrorists. वह अपने दोस्त को उग्रवादियों से छुड़ाने के लिए बड़े हौंसले से चल पड़ा।

Note: (a) निम्नलिखित शब्दों के बाद प्राय: Verb की 1st From (V1) लगती है।

make, help, let, to. modals—shall, will, can, may, dare, need, must, ought to, used to, should, would, could, might, dared, do, did etc.)

(b) ऊपर दिया गया Sentence No. 9 एक Causative Sentence है जिसमें 'cut' Verb की 3rd Form (V3) है। यह वाक्य Passive Voice में है।

(c) Verb (i) से पहले 'to' लगने पर वह Infinitive कहलाता है, जैसे Sentence No. 10 में "to get."

PAST CONTINUOUS

यह Tense हमें यह बताता है कि Action हो रहा था या नहीं।

जो Sentences "रहा था, रहे थे, रही थी" etc. से खत्म होते हैं, उनको Past Continuous Tense कहा जाता है। *e.g.,*

मोहन गाना गा रहा था।

Formula. S + was, were + V Ist form + ing + O

(**Note.** 'were' तब लगता है यदि Subject Plural हो) *e.g.,*

(a) He was playing cricket.
↓ ↓ ↓
S V I + ing O
वह क्रिकेट खेल रहा था।

(b) They were talking to each other. वे आपस में बात कर रहे थे।

(c) Renu was drawing a picture. रेणु एक तस्वीर बना रही थी।

(d) Genesh was doing nothing. गणेश कुछ नहीं कर रहा था।

(e) I was riding the bicycle. मैं साईकल चला रहा था।

(f) She was riding in a bus. वह बस में जा रही थी।

(g) They were riding on a cart. वे छकड़े पर जा रहे थे।

EXERCISE I

नीचे दिये गये Sentences में 'was' या 'were' में से जो ठीक हो उसे (√) Tick Mark करें:

1. I was / were making a paper boat. मैं कागज़ की नाव बना रहा था।

2. Harish was / were making a noise. हरीश शोर मचा रहा था।

3. Dinesh and John was / were running fast. दिनेश और जॉन तेज़ दौड़ रहे थे।

4. They was / were doing their work. वे अपना काम कर रहे थे।
5. She was / were discussing the matter with her mother. वह अपनी माता जी से मामले के बारे में सलाह मशिवरा कर रही थी।

Negative Sentences

Past Continuous में Negative Sentences का Formula नीचे दिया गया है:
Formula. S + was, were + not (wasn't, weren't) V1st form + ing + O.
Examples

(a) She was not telling the real story.
↓ ↓ ↓
S V1 + ing O
वह वास्तविक बात के बारे में नहीं बता रही थी।

(b) The workers were not getting their wages at time.
मज़दूरों को अपना वेतन समय पर नहीं मिल रहा था।

(c) The policeman was not getting her satisfied with his story.
पुलिस का आदमी उसे अपनी कहानी से संतुष्ट नहीं करवा पा रहा था।

(d) He was not killing the cat.
वह बिल्ली को नहीं मार रहा था।

(e) He was not picking up ripe mangoes.
वह पके हुए आम नहीं चुन रहा था।

Interrogative Sentences

Past Continuous के Interrogative Sentences का Formula नीचे दिया गया है:
Wh or how + was, were + S + V Ist form + ing + O + ?

e.g. (a) Who was knocking at the door?
↓ ↓
S V1 + ing
दरवाजा कौन खटखटा रहा था?

(b) Were they quarrelling with each other? क्या वे आपस में लड़ रहे थे?

(c) What was he asking you?
↓ ↓ ↓
S V1 + ing O
वह आपसे क्या पूछ रहा था?

(d) What was going on there? वहां क्या हो रहा था?

(e) Was she playing with her friends? क्या वह अपनी सहेलियों से खेल रही थी?

EXERCISE II

नीचे दिये गये Past Continuous Tense के Jumbled Interrogative Sentences को ठीक करके लिखें:

1. She crying with was fear?

.Correct. Was she crying with fear?

क्या वह डर से चिल्ला रही थी?

2. Was where he? going.

3. What was for he looking?

4. She was late going to her office?

5. I was fun of you making?

6. They were at me staring?

7. Why were you the jokes cracking?

Interrogative Negative Sentences

Past Continuous के Interrogative Negative Sentences का Formula नीचे दिया गया है–

Wh or how + was, were + S + not + V Ist form + ing + O + ?

Examples

(a) Why were they not fighting courgeously?

↓ ↓

S V1 + ing

वो हौंसले से क्यों नहीं लड़ रहे थे ?

(b) Why were you not solving the question?

↓ ↓ ↓

S V1 + ing O

तुम सवाल को हल क्यों नहीं कर रहे थे?

(c) Why was he not trying to go back to his house? वह अपने घर वापिस जाने की क्यों कोशिश नहीं कर रहा था?

(d) Was he not going mad with anger? क्या वह गुस्से से पागल नहीं हो रहा था?

(e) Who was not obeying his teacher ? अपने अध्यापक की आज्ञा को कौन नहीं मान रहा था?

EXERCISE III

नीचे दिये Sentences को Affirmative Negative, Interrogative व Interrogative Negative of Past Continuous में Change करें:

1. She was watching you carefully. वह आपको ध्यान से देख रही थी।

2. An eeric silence was spreding there. एक अजीब सी चुप्पी वहां छा रही थी।

3. Was the bullet coming out of the gun? क्या गोली बंदूक से निकल रही थी?
4. Were they not concentrating on the matter? क्या वे बात पर ध्यान केन्द्रित नहीं कर रहे थे?
5. The horse was jumping over the wall. घोड़ा दीवार के ऊपर से कूद रहा था।
6. The burglar was breaking into the house. चोर मकान में सेंध लगा रहा था।
7. Why were you fearing the snake? आप सांप से क्यों डर रहे थे?
8. The sheep were climbing up the slopy hill. भेड़ें ढलानदार पहाड़ी पर चढ़ रही थीं।
9. Was he not preparing black coffee? क्या वह काली कॉफी बना रहा था?

PAST PERFECT TENSE

यह Tense Past time में हुए Complete Action के बारे में बताता है। हिन्दी में इसकी निशानी है "चुका था, चुके थे, चुकी थी" या ऐसा ही अभिप्राय। *e.g.*, वर्षा शुरू होने से पहले। राम घर के लिए रवाना हो चुका था।

Ram had started for home (before the rain started)

Formula. S + had + V3rd form + O.

(+ before + a clause in the last Indefinite)

Examples

(a) I had never seen such a nice movie before.
↓ ↓ ↓
S V3 O
मैंने इतनी अच्छी फिल्म पहले कभी नहीं देखी थी।

(b) Pinky had gone for a walk before I reached home. मेरे घर पहुंचने से पहले पिन्की सैर के लिए जा चुकी थी।

(c) He had not drawn the picture well. उसने तस्वीर को अच्छे तरीके से नहीं बनाया था।

(d) The train had arrived before I reached the station. मेरे स्टेशन पहुंचने से पहले गाड़ी आ चुकी थी।

Examples

Seema had talk to me. क्योंकि इसलिए Sentence में Had के बाद Verb की 1st Form का इस्तेमाल किया गया है, इसलिए यह वाक्य शुद्ध है।

EXERCISE I

Tick the right (√) one in the following sentences and put (×) cross against the wrong one:

1. The washerman had washed my clothes. धोबी मेरे कपड़े धो चुका था।
2. Manju had open the door. मंजू दरवाज़ा खोल चुकी थी।

3. Gurmeet had steal my pen. गुरमीत ने मेरा पैन चुरा लिया था।

4. He had played well with his cards. वह होशयारी से खेला था।

5. The rain had stopped before I reach the play ground. मेरे खेल के मैदान में पहुंचने से पहले वर्षा रूक चुकी थी।

6. He had kick him out before I reached his house. मेरे उसके घर पहुंचने से पहले वह उसे धक्के मार कर (घर से) बाहर निकाल चुका था।

7. He had seen many ups and down in his life. वह अपनी जिन्दगी में बहुत उतार-चढ़ाव देख चुका था।

Note. Past Perfect Tense का प्रयोग इस प्रकार के Conditional Sentences में भी होता है:

(1) Had he worked hard (or If he had worked hard), he would have passed. यदि वह मेहनत करता तो वह पास हो जाता ।

(2) Had you taken me into confidence, you wouldn't have had to face such a situation. यदि आपने मुझे विश्वास में लिया होता, तो आपको ऐसी दशा का सामना न करना पड़ता।

Negative Sentences

Past Perfect Tense के Negative Sentences का formula नीचे दिया गया है:

S + had + not (hadn't) + V3rd form + O.

Examples

(a) He had not listened to you.
↓ ↓ ↓
S V3 O
वह आपकी बात को नहीं सुन सका था। (या उसने आपकी बात नहीं सुनी थी)।

(b) They had not beaten the dog. उन्होंने कुत्ते को नहीं पीटा था।

(c) The hunter had not aimed at the dove. शिकारी घुघी (फ़ाख़ता) पर निशाना नहीं लगा चुका था।

(b) She had not shouted at you. वह आप पर नहीं चिल्लाई थी।

(c) He had not pushed the box away. वह डिब्बे को परे नहीं धकेल चुका था। (या उसने डिब्बे को परे नहीं धकेला था)

Interrogative Sentences

Past Perfect के Interrogative Sentences का Formula नीचे दिया गया है:

Wh or how + Had + S + V3rd form + O + ?

Examples

(a) Had the dawn broken out? क्या उषा हो चुकी थी ?

(b) Where had you lived in Delhi? आप दिल्ली में कहां रहे थे ?

(c) When had he fallen down from the horse? वह घोड़े से नीचे कब गिर चुका था?

(d) Had he played a key-role in the drama? क्या वह नाटक में मुख्य भूमिका निभा चुका था?

(e) Had your mother boiled the eggs before you woke up ? क्या आपकी माताजी आपके उठने से पहले अण्डे उबाल चुकी थीं?

EXERCISE

नीचे दिये गये Jumbled Sentences को ठीक करके लिखें। The first one has been done for you.

1. Had made he something new technology with?

Correct. Had he made something with new technology?

क्या वह नई तकनीक से कुछ बना चुका था?

2. Had when the Sun set? सूर्य कब अस्त हुआ था?

3. The patient died had before the docter came? क्या चिकित्सक के आने से पहले रोगी मर चुका था?

4. Where had stayed he at Mumbai? वह मुम्बई कहां ठहरा था?

5. Had washed his face in the morning Lucky? क्या लक्की प्रात: अपना मुंह धो चुका था?

Interrogative Negative

Past Perfect Tense के Interrogative Negative का Formula नीचे दिया गया है–

Wh or how + had + S + not + V3rd form + O + ?

Examples

(a) Why had they not smashed the windows of the bus? वे बस की खिड़कियां क्यों नहीं तोड़ चुके थे?

(b) Why had you not kept your mouth shut when the doctor came? जब डॉक्टर आया आपने अपना मुंह बन्द क्यों नहीं रखा था?

(c) Had they not caught the thief? क्या वे चोर को नहीं पकड़ चुके थे?

(d) Had the farmers not finished their work in the fields? क्या खेतों में किसान अपना काम खत्म नहीं कर चुके थे?

(e) Where had they not liked to spend their holidays? वे कहां अपनी छुट्टियां बिताना पसन्द नहीं कर चुके थे?

EXERCISE

नीचे दिये गये Sentences को Past Perfect Tense के Affirmative, Negative Interrogative व Interrogative Negative में Change करें:

1. Had he sharpened the pencil with a knife?
क्या वह चाकू से पैंसिल तेज़ कर चुका था?

Affirmative. He had sharpened the pencil with a knife.
Negative. He had not sharpened the pencil with a knife.
Interrogative. Had he sharpened the pencil with a knife?
Interrogative Negative. Had he not sharpened the pencil with a knife?

2. Somebody had proved his statement true. कोई उसके कहने को सत्य सिद्ध कर चुका था? (या किसी ने उसकी बात को सत्य सिद्ध कर दिया था)

3. Had he opened the door? क्या वह दरवाजा खोल चुका था?

4. Had he not stabbed the youngman? क्या वह उस युवक को छुरा नहीं घोंप चुका था?

5. You had broken all the glasses. तुम सारे गिलास तोड़ चुके थे।

6. When had Mohan lit the cigarette? मोहन सिगरेट कब जला चुका था?

7. Why had you beater that gentle fellow? तुम उस भद्र पुरुष को क्यों पीट चुके थे।

8. The night had fallen before I went outside. मेरे बाहर जाने से पहले रात पड़ चुकी थी।

9. Jagdeep had plucked the flower. जगदीप फूल तोड़ चुका था।

10. Sunil had washed the floor. सुनील फर्श को धो चुका था।

PAST PERFECT CONTINUOUS

जब किसी भी काम का कुछ भाग खत्म व कुछ काम Past Time में चल रहा दिखाना हो तो Past Perfect Continuous Tense Use होता है। *e.g.,*

Ram had been getting ready (or preparing) for two hours to go to school.
राम दो घंटे से स्कूल जाने की तैयारी कर रहा था।

Formula. S + had + been + V1st form + ing + O + for, since + time.

Examples

(a) She had been waiting for you for three hours. वह तीन घण्टे से आपका इन्तज़ार कर रही थी।

(b) Mukesh had been facing a problem since morning.
↓ ↓ ↓
S V1 + ing O
मुकेश सुबह से एक समस्या का सामना कर रहा था।

(c) The children had been viewing T.V. since morning. बच्चे सुबह से टी० वी० देख रहे थे।

(d) Lovely had been getting advice of his father for one hour. लवली अपने पिताजी से एक घण्टे से सलाह ले रहा था।

(e) She had been working in the kitchen since morning. वह सुबह से रसोई में काम कर रही थी।

EXERCISE

नीचे दिये गये Sentences में खाली स्थान को Verb की सही Form से भरें:

1. She had been .... (play) in the soil for two hours.
2. He had been .... (make) a picture since evening.
3. They had been .... (live) in this house since 1961.
4. Moti had been .... (make) a noise in the class for half an hour.
5. Pradeep had been .... (sing) a song since afternoon.
6. Vinod had been .... (talk) to his friends for five hours.
7. Seema has been .... (dance) on the stage since evening.

Negative Sentence

Past Perfect Continuous में Negative Sentence बनाने का Formula नीचे दिया गया है:
S + had + not + been + V Ist form + ing + O + for, since + time.

Examples

(a) She had not been running a race for two hours.
↓ ↓ ↓ ↓
S V1 + ing O point of time.
वह दो घंटे से नहीं दौड़ रही थी।

(b) Ajit had not been washing his clothes since morning.
↓ ↓ ↓ ↓
S V1 + ing O point of time.
अजीत अपने कपड़े सुबह से नहीं धो रहा था।

(c) Manoj had not been ringing the bell for half an hour. मनोज आधे घण्टे से घण्टी नहीं बजा रहा था।

(d) It had not been raining since last night. कल रात से बारिश नहीं हो रही थी।

(e) The crow had not been cawing for two hours. दो घण्टे से कौवा कांय-कांय नहीं कर रहा था।

Interrogative Sentences

Past Perfect Continuous के Interrogative Sentences का Formula नीचे दिया गया है।
Wh or how + had + S + been + V1st form + ing + O + for, since + time + ?

Examples

(a) Had he been making a fun of you since morning?

↓ ↓ ↓ ↓

S V1 + ing O Pt. of time.

क्या वो सुबह से आपका मज़ाक उड़ा रहा था?

(b) Had it been snowing since evening? क्या शाम से बर्फ पड़ रही थी?

(c) Where had he been firing on the intrudes for two hours? वह घुसपैठियों पर कहां दो घण्टे से गोलीबारी कर रहा था?

(d) Had they been trying to kill him for five hours? क्या वे उसे मारने के लिए पांच घण्टे से कोशिश कर रहे थे?

(e) What steps had the Indian government been taking since 1950 to put this country in a commanding position? इस देश को प्रभावात्मक स्थान पर ले जाने के लिए भारत सरकार 1950 से क्या,कदम उठा रही थी?

EXERCISE

नीचे दिये गये Sentences में जो ठीक हैं उनके सामने (√) Tick व गलत के सामने (×) Cross का निशान लगायें:

1. Had she been making a doll since morning.

ये Sentence wrong है क्योंकि इसके अन्त में (?) का निशान नहीं है।

Correct. Had she been making a doll since morning?

2. Where had been Lucky singing a song for two hours?

यह Sentence भी गलत है क्योंकि 'been' शब्द Subject के बाद आना चाहिए।

Correct. Where had Lucky been singing a song for two hours?

3. Had they been killed lion for five hours?

4. What had you been play on since morning.

5. Had she been trying to absorb the shock since evening?

Interrogative Negative Sentences

Past Perfect Continuous के Interrogative Negative बनाने का Formula नीचे दिया गया है:

Wh or how + had + S + not + been + V1st form + ing + O + since, for + time + ?

Examples

(a) Why had you not been staying in my flat for a month?

↓ ↓ ↓

S V1 + ing Point of time.

आप एक महीने से मेरे फ़्लैट में क्यों नहीं ठहर रहे थे?

(b) Had Mohan not been praying to God since morning?

↓ S ↓ V1 + ing ↓ Point to time

क्या मोहन प्रातः से भगवान से प्रार्थना नहीं कर रहा था?

(c) Why had he not been taking care of his old parents since 1995? वह अपने बूढ़े माता-पिता का ध्यान 1995 से क्यों नहीं रख रहा था?

(d) Had they not been obeying my order for two months? क्या वे दो महीने से मेरी आज्ञा का पालन नहीं कर रहे थे?

(e) Where had she been staying due to fear since the last night? वह डर के कारण कहां पिछली रात से ठहरी हुई थी?

EXERCISE

नीचे दिये गये Sentences के Affirmative, Negative, Interrogative व Interrogative Negative Sentences बनाएं। ध्यान रहे कि Tense Past Perfect Continuous ही होना चाहिए:

1. I had been cheating him since 1990.
   मैं उसे 1990 से ठग रहा था।

Negative. I had not been cheating him since 1990.
Interrogative. Had I been cheating him since 1990?
Interrogative Negative. Had I not been cheating him since 1990?

2. Monty had been playing in the garden since the rain started.
3. Satish had been walking out to buy some fruits from the market before the Sun slipped down in the West.
4. Dalip had been ringing the bell since afternoon.
5. Where had you been running to meet your friends?
6. He had been loading his gun since morning.
7. Sangeeta had been weeping since her brother's death.
8. Why had he been staring at you with anger since the meeting started?
9. She had been carrying a tea-tray for ten minutes.
10. Vicky had been smoking since morning.

FUTURE INDEFINITE OR SIMPLE FUTURE TENSE

हिन्दी में इसकी निशानी है, क्रिया के साथ "गा, गे, गी" आदि। और English में shall, will. *e.g.*, राम स्कूल जायेगा।

Ram will go to school.

Formula. S + shall, will + V1st form + O. 'I' तथा 'we' के साथ 'shall' लगता है।

Examples

(a) Ram will go to shcool.
↓ ↓
S V1
राम स्कूल जायेगा।

(b) She will sing a song.
↓ ↓ ↓
S V1 O
वह गाना गायेगी।

(c) I shall talk to him. मैं उससे बात करूंगा।

(d) We shall play in the free time. हम खाली समय में खेलेंगे।

(e) He will try his best to get good marks. वह अच्छे अंक प्राप्त करने के लिए भरपूर कोशिश करेगा।

EXERCISE

नीचे दिये खाली स्थानों में shall या will, जो उचित हो, भरें:

1. He .... speak the truth.
2. She .... make a noise in the class.
3. I .... play hockey with you.
4. We .... make a paper boat.
5. They .... take care of you.

Negative Sentences

Future indefinite के Negative Sentences का Formula नीचे दिया गया है:

S + will, shall + not + V 1st form + O.

Examples

(a) I shall not love him.
↓ ↓ ↓
S V1 O
मैं उससे प्यार नहीं करूंगा।

(b) He will not buy anything from this shop. वह इस दुकान से कुछ नहीं खरीदेगा।

(c) He will not get angry with you. वह आपसे गुस्सा नहीं होगा।

(d) We shall not go for picnic. हम सैर के लिए नहीं जायेंगे।

(e) You will not tell him anything doubtful. तुम उसे कोई शंकापूर्ण बात नहीं बताओगे।

EXERCISE

नीचे दिये गये Sentences में सही के सामने (√) Tick Mark करें व Wrong के सामने (×) लगा दें:

1. They .... kill the dove.
(a) will not
(b) shall not

2. I .... make him a man of great merit through studies.
(a) will not
(b) shall not

3. We .... discuss such a lowly affair.
(a) will not
(b) shall not

4. You ....talk in a rough manner.
(a) will not
(b) shall not

5. Lucky .... sing a song.
(a) will not
(b) shall not

6. Manoj .... make a mistake.
(a) will not
(b) shall not

Interrogative Sentences

Future Indefinite के Interrogative Sentences का Formula नीचे दिया गया है:

Wh or how + will, shall + S + V 1st form + O + ?

Examples

(a) Will he keep silent in the meeting ?
↓ ↓
S V1
क्या वह सभा में चुप रहेगा ?

(b) Shall I tell you something important?
↓ ↓ ↓ ↓
S VI I.O D.O.
क्या मैं आपको कोई महत्त्वपूर्ण बात बताऊँगा ?

(c) Will he give you his pen? क्या वह आपको अपना पैन देगा ?

(d) Will he favour you in the crucial talk? क्या वह महत्त्वपूर्ण बात में आपकी हिमायत करेगा ?

(e) Will they fight against the enemies? क्या वे दुश्मनों के विरुद्ध लड़ेंगे।

(f) Shall we go home for dinner? क्या हम रात के खाने के लिए घर जायेंगे ?

EXERCISE

Tick (√) the correct and cross (×) the incorrect sentences:

1. Shall I made a noise?
ये Sentence गलत है क्योंकि उसमें Verb की IInd Form Use हुई है।

2. Will he talk to you.

इस Sentence के अन्त में ? का चिन्ह नहीं है और इसीलिए, ये Wrong है।

3. Shall we make a picture.
4. Will Sunil laugh at you?
5. Shall I make my maiden speech?
6. Will the teacher punish you?
7. Will they plays in the play ground?

Interrogative Negative Sentences

Future Indefinite Tense के Interrogative Negative Sentences का Formula नीचे दिया गया है:

Wh or how + will / shall + S + not + V 1st form + O + ?

Examples

(a) Where will you not like to go?

↓ ↓

S Vl

आप कहां जाना पसंद नहीं करेंगे?

(b) Why will you not make him you friend?

↓ ↓ ↓

S Vl O

आप उसे अपना दोस्त क्यों नहीं बनायेंगे?

(c) Shall I not ask you about the matter? क्या मैं आपसे मामले के बारे में नहीं पूछूंगा?

(d) Will you not tell me the real thing? क्या आप मुझे सच्ची बात नहीं बताएंगे?

(f) Why will you not obey him? तुम उसकी आज्ञा का पालन क्यों नहीं करोगे?

(g) Shall we not go for a walk now? क्या अब हम सैर करने नहीं जायेंगे?

EXERCISE

नीचे दिये गये Sentences को Affirmative, Negative, Interrogative and Interrogative Negative में Change करें। ध्यान रहे कि Tense Future Indefinite ही रहे:

1. Will you tell a lie? क्या आप झूठ बोलेंगे?

Interrogative Negative. Will you not tell a lie?

Affirmative. You will tell a lie.

Negative. You will not tell a lie.

2. He will sing a song. वह गाना गायेगा।
3. Will she prepare her speech? क्या वह अपना भाषण तैयार करेगी?

4. Will his mother prepare a cup of tea for me? क्या उसकी माताजी मेरे लिए एक कप चाय तैयार करेंगी?

5. I shall show him my Identity Card. मैं उसे अपना पहचान पत्र दिखाऊंगा।

6. We shall spin the matter in other ways. हम मामले को दूसरे तरीक़ों से घुमायेंगे (अर्थात् उसका अध्ययन करेंगे या उसे प्रस्तुत करेंगे)।

7. Where will you stay at Mysore? आप मैसूर में कहां ठहरेंगे?

8. You will always speak the truth. तुम सदा सच बोलोगे।

9. He will make his accounts clear with you. वह आपके साथ अपना हिसाब साफ़ करेगा।

10. Shall we not call him a fool? क्या हम उसे मूर्ख नहीं कहेंगे?

FUTURE CONTINUOUS

Future Continuous के Affirmative Sentences का Formula नीचे दिया गया है:

S + shall / will + be + V Ist form + ing + O.

Examples

(a) He will be ringing the bell.

↓ ↓ ↓

S V1 O

वह घण्टी बजा रहा होगा।

(b) She will be making a noise. वो शोर मचा रही होगी।

(c) I shall be trimming the grass in my garden. मैं अपने बग़ीचे (बाग़) में घास काट रहा हूँगा।

(d) We shall be sending them a message. हम उन्हें संदेश भेज रहे होंगे।

(e) Seema will be cooking the food. सीमा खाना बना रही होगी।

EXERCISE

नीचे दिये गये Sentences को Complete करें। ध्यान रहे कि Tense Future Continuous होना चाहिए:

1. They .... (sing) a song.

(a) will be (b) shall be

2. I .... (play) with my freinds.

(a) will be (b) shall be

3. Mohan .... (try) his best to be succussful in his mission.

(a) will be (b) shall be

4. Kuldeep .... (joke) with his relatives.

(a) will be (b) shall be

5. We .... (tell) them the main theme of the story.
(a) will be (b) shall be

6. He .... (steal) my pencil.
(a) will be (b) shall be

7. You .... (get) a good remark from your teacher.
(a) will be (b) shall be

Negative Sentences

Future Continuous Tense के Negative Sentence का Formula नीचे दिया गया है:
S + will / shall + not + be + V 1st form + ing + O.

Examples

(a) He will not be planning best for the future. वह आने वाले समय के लिए सब से अच्छी योजना नहीं बना रहे होंगे।

(b) He will not be making a fun of you. वह आपका मज़ाक नहीं उड़ा रहा होगा।

(c) I shall not be supporting him for his foolish work. मैं उसके मूर्खतापूर्ण काम के लिए उसकी सहायता नहीं कर रहा हूँगा।

(d) They will not be getting even the slightest indication of our intentions. हमारे इरादों का उनको तनिक भर भी पता नहीं चल रहा होगा।

(e) I shall not be allowing him to make an attempt on your life. मैं उसे तुम्हें मारने की आज्ञा नहीं दे रहा हूंगा।

Interrogative Sentence

Future Continuous के Interrogative Sentence का Formula नीचे दिया गया है:
Wh or how + will / shall + S + be + V 1st form + ing + O + ?

Examples

(a) Will they be putting their empty glasses on the table.
↓ ↓ ↓
S VI O

क्या वह अपने खाली गिलास मेज़ पर रख रहे होंगे?

(b) Where will he be staying at Simla? वह शिमला में कहां रह रहा होगा?

(c) Why will you be punishing him? तुम उसे क्यों सज़ा दे रहे होंगे?

(d) Shall I be wandering on the road? क्या मैं सड़क पर घूम रहा हूँगा?

(e) Will they be teaching you the ways to live a happy life? क्या वे तुम्हें एक अच्छा जीवन बिताने के तरीके बता रहे होंगे?

EXERCISE

नीचे दिये गये Sentences में जो Sentence Future Continuous का है, उसके आगे F.C. लिखे और जो Future Indefinite का है उसके आगे F.I. लिखें। The first two have been done for you.

1. Will he tell you the real thing? [F.I.]
   क्या वह तुम्हें सब बात कहेगा?
2. Shall I be drawing a picture? [F.C.]
   क्या मैं तस्वीर बना रहा हूँगा?
3. Shall we be loving him? [ ]
   क्या हम उसे प्यार कर रहे होंगे?
4. Will the puppy be playing in the garden? [ ]
   क्या कुत्ते का पिल्ला बगीचे में खेल रहा होगा?
5. Where will he sleep tonight? [ ]
   आज रात वह कहां सोयेगा?
6. Who will be looking after your old parents? [ ]
   तुम्हारे बूढे माता-पिता का कौन ध्यान रख रहा होगा?
7. Where will you be able to find such a variety ? [ ]
   आपको ऐसी भिन्नता कहां मिल सकेगी?

Interrogative Negative

Future Continuous के Interrogative Negative का Formula नीचे दिया गया है:
Wh or how + will / shall + S + not + be + V 1st form + ing + O + ?

Examples

(a) Will he not be expanding his business?
↓ he = S, expanding = V1, business = O
S V1 O
क्या वह अपना कारोबार नहीं बढ़ा रहा होगा?

(b) Will they not be spilling the wine on the floor. क्या वे शराब को फर्श पर नहीं गिरा रहे होंगे?

(c) Shall I not be getting training in horse-riding? क्या मैं घुड़सवारी नहीं सीख रहा हूँगा?

(d) Shall we not be reaching our place at the right time? क्या हम अपनी जगह पर सही समय पर नहीं पहुंच रहे होंगे?

(e) Will they not be trying to trap us with their sweet tongues? क्या वह अपनी मधुर बातों से हमें फसाने का यत्न नहीं कर रहे होंगे?

EXERCISE

नीचे दिये गये Sentences को Affirmative, Negative, Interrogative व Interrogative Negative में Change करें। ध्यान रहे कि Tense Future Continuous ही होना चाहिए:

1. He will not be planning anything nicely.
वह कुछ भी अच्छी तरह से नियोजित नहीं कर रहा होगा।
Affirmative. He will be planning everything nicely.
Interrogative. Will he be planning everything nicely?
Interrogative Negative. Will he not be planning everything nicely?

2. Where will he be going for hunting? वह शिकार करने कहां जा रहा होगा?

3. He will not be compromising with us. वह हमसे समझौता नहीं कर रहा होगा।

4. Shall I not be making fun of you ? क्या मैं आप का मज़ाक नहीं उड़ा रहा हूँगा?

5. Will these shoes be pinching my feet ? क्या यह जूते मेरे पांव को काट रहे होंगे?

6. We will not be strolling in the garden. हम बग़ीचे में नहीं घूम रहे होंगे।

7. She will be ringing the bell. वह घण्टी बजा रही होगी।

8. I shall be telling him everything about you. मैं उसे आपके बारे में सब कुछ बता रहा हूँगा।

9. Will he be dealing in the shares ? क्या वह शेयरों का धंधा कर होगा?

10. He will not be selling the vegetables. वह सब्ज़ियां नहीं बेच रहा होगा।

11. The teacher will be pulling him up (or pulling his ears). अध्यापक उसके कान खींच रहा होगा।

12. Shall we be singing a group song on the stage? क्या हम मंच पर एक समूह गीत गा रहे होंगे?

FUTURE PERFECT

Future Perfect का Formula नीचे दिया गया है:
S + shall / will + have + V 3rd form + O.

Examples

(a) They will have done perfectly well.
↓ ↓
S V3
वे बिलकुल ठीक कर चुके होंगे।

(b) The train will have reached the station by the time.
गाड़ी तब तक (या अब तक) स्टेशन पर पहुंच चुकी होगी।

(c) I shall have solved the problem.

↓ ↓ ↓

S V3 O

मैं समस्या को हल कर चुका हूँगा।

(d) The gardner will have watered the plants. माली पौधों को पानी दे चुका होगा।

(e) Honesty will have paid them by tomorrow. ईमानदारी उन्हें कल तक फल दे चुकी होगी।

EXERCISE

नीचे दिये गये Sentences को Future Perfect में Change करें:

1. He will sing a song. वह गाना गायेगा।
2. He will be playing in the garden. वह बग़ीचे में खेल रहा होगा।
3. I shall tell him the truth. मैं उसे सच बता दूँगा।
4. You will declare him mad. तुम उसे पागल घोषित कर दोगे।
5. We shall be trying our best to play on the computer. कम्प्यूटर पर खेलने के लिए हम पूरा यत्न कर रहे होंगे।
6. They will come late from their offices. वह अपने दफ़्तरों से देर से आयेंगे।
7. She will be pretending to be illiterate. वह अनपढ़ होने का नाटक कर रही होगी।

Negative Sentences

Future Perfect के Negative Sentences का Formula नीचे दिया गया है:

S + will / shall + not + have + V 3rd form + O.

Examples

(a) The magician will not have shown his tricks by that time. तब तक जादूगर अपने करतब नहीं दिखा चुका होगा।

(b) The cobbler will not have repaired my shoes by (or till) that moment. उस समय तक मोची मेरे जूते ठीक नहीं कर चुका होगा।

(c) She will not have changed her hair style. वह अपने बालों का स्टाईल बदल नहीं चुकी होगी।

(d) I shall not have dragged the buffalo out of muddy water till your arrival. तुम्हारे आने तक मैं भैंस को कीचड़ के पानी में से बाहर नहीं निकाल चुका हूँगा।

(e) The frog will not have jumped into the pond before I catch it. मेरे पकड़ने से पहले मेंढ़क ने तालाब में छलांग नहीं लगा दी होगी।

EXERCISE

नीचे दिये गये Sentences को Future Perfect के Negative में Change करें:

1. He will have changed his mind in the meantime. इस समय में वह अपना मन बदल चुका होगा।
2. He will have gone for a walk before you go and catch him. इससे पहले कि तुम उसे जाकर पकड़ लो, वह सैर करने जा चुका होगा।
3. I shall have done my job when you make your mind to stop me. इससे पहले कि आप मुझे रोकने के लिए अपना मन बनायें, मैं अपना काम समाप्त कर चुका हूँगा।
4. The cattle will have grazed in the fields. पशु खेतों में चर चुके होंगे।
5. She will have dressed herself like a doll. वह एक गुड़िया की तरह कपड़े पहन चुकी होगी।

Interrogative Sentences

Future Perfect को Interrogative Sentences का Formula नीचे दिया गया है:

Wh or how + will / shall + S + have + V 3rd form + O + ?

Examples

(a) How will you have made up your mind to go for such a tough job? आपने ऐसा कठिन काम करने के लिए अपना मन कैसे बना लिया होगा?

(b) Will Krishan have kept himself mum in the meeting? क्या कृष्ण बैठक में चुप रहा होगा?

(c) Shall I have put the papers under the paper weight? क्या मैंने काग़ज़ को पेपर-वेट के नीचे रख दिया होगा?

(d) Where shall I have kept my books? मैंने अपनी पुस्तकें कहां रखी होंगी?

(e) When will you have got up in the morning? आप प्रात: कब जागे होंगे?

EXERCISE

नीचे दिये गये Sentences को Interrogative में Change करें। ध्यान रहे कि Tense Future Perfect ही रहे:

1. He will have taken care of his children. उसने अपने बच्चों की देख-भाल की होगी।
2. I shall have seen the movie thrice by that time. मैं उस समय तक चलचित्र तीन बार देख चुका हूँगा।
3. You will have corrected his mistakes. आपने उसकी अशुद्धियां ठीक कर दी होंगी।
4. They will have targeted you to complete their mission. उन्होंने अपना अभियान पूर्ण करने के लिए आप को निशाना बनाया होगा।
5. He will have told you a white lie. उसने आपको एक सफ़ेद झूठ बताया होगा।

6. They will have promoted their scheme in your mind. उन्होंने आपके मन में अपनी योजना बिठा दी होगी।

Interrogative Negative Sentences

Future Perfect के Interrogative Negative Sentences का Formula नीचे दिया गया है:
Wh or how + will / shall + S + not + have + V 3rd form + O + ?
Examples

(a) Will he not have sung a song before the crowd?
↓ ↓ ↓
S V3 O
क्या वह भीड़ के सामने गाना नहीं गा चुका होगा?

(b) Where will you have not taken your breakfast on your way to Delhi? दिल्ली जाते हुए रास्ते में आपने कहां नाश्ता नहीं किया होगा?

(c) In which moment, shall we not have remembered his name? किस क्षण हमने उसका नाम याद नहीं किया होगा?

(d) Will they not have killed the rabbit? क्या उन्होंने खरगोश को नहीं मार दिया होगा?

(e) When shall we not have taken the advantage of his weakness? हमने उसकी कमजोरी का लाभ कब नहीं उठाया होगा?

EXERCISE

नीचे दिये गये Sentences में से प्रत्येक को Future Perfect के Negative, Affirmative, Interrogative और Interrogative Negative में बदलें:

1. He shall not have told you the main idea.
2. Will they not have adjusted themselves accroding to the circumstances?
3. When will they have got up from their bed in the morning?
4. Where will she not have spat in the room?
5. Manjeet will not have taken oath in the name of God.
6. Why will he not have fetched a glass of water for you?
7. Why shall I not have beaten you for your such a blunder?
8. They will not have opened the secret before anybody.

FUTURE PERFECT CONTINUOUS TENSE

Future Perfect Continuous Tense का Formula नीचे दिया गया है:
S + shall / will + have + been + V 1st form + ing + O + for, since + time.

Examples

(a) Gita will have been telling a story for two hours.
↓ ↓ ↓ ↓
S V1 + ing O Point of time
गीता दो घंटे से एक कथा सुना रही होगी।

(b) Sunita will have been washing her clothes since morning.
↓ ↓ ↓ ↓
S V 1+ ing O Point of time
सुनीता प्रातः से अपने कपड़े धो रही होगी।

(c) Pawan will have been suffering from headache since evening. पवन को सायं काल से सिरदर्द हो रहा होगा।

(d) I shall have been painting a picture for five days. मैं पांच दिन से एक चित्र बना रहा हूँगा।

(e) The problem will have been getting on his mind since January last. पिछली जनवरी से समस्या उसके मन को परेशान कर रही होगी।

EXERCISE

नीचे दिये गये रिक्त, स्थानों की पूर्ति करें। ध्यान रहे कि Tense Future Perfect Continuous ही रहे:

1. They .... (will / shall) have been playing in the garden ....
(a) since morning (b) for morning

2. Sheela .... (will / shall) have been drawing a picture ....
(a) since one month (b) for one month

3. I .... (will / shall) have been living is this city ....
(a) since 1980 (b) for 1980

4. He .... (will / shall) have been serving in the army ....
(a) since a year (b) for a year

5. Lucky .... (will / shall) have been progressing in his studies ....
(a) since two months (b) for two months.

Negative Sentences

Future Perfect Continuous को Negative Sentences का Formula नीचे दिया गया है:
S + will / shall + not + have + been + V 1st form + ing + O + since, for + time.

Examples

(a) He will not have been getting success in his business for five years. उसे पांच वर्ष से अपने व्यापार में सफ़लता नहीं मिल रही होगी।

(b) She will not have been doing her work since morning. वह प्रातः से अपना काम नहीं कर रही होगी।

(c) I shall not have been blaming anybody for the poor performance of the company since 1997. मैं कम्पनी के 1997 से ठीक काम न करने के लिए किसी पर दोष नहीं लगा रहा हूँगा।

(d) They will not have been dancing on the English tune for two hours. वह अंग्रेज़ी धुन पर दो घंटे से नहीं नाच रहे होंगे।

(e) Manju will not have been learning her lesson for three hours. मंजू तीन घंटे से अपना पाठ याद नहीं कर रही होगी।

Interrogative Sentences

Future Perfect Continuous के Interrogative Sentences का Formula नीचे दिया गया है:

Wh or how + will / shall + S + have + been + V 1st form + ing + O + for, since + time + ?

Examples

(a) Will he have been smoking for fifteen minutes?

↓ ↓ ↓

S V 1 + ing Point of time

क्या वह पंद्रह मिनट से सिगरेट पी रहा होगा?

(b) When will he have been understanding you perfectly? वह कब आप को पूरी तरह से समझ रहा होगा?

(c) Why will she have been dusting her room? वह अपने कमरे को झाड़ क्यों रही होगी?

(d) Shall I have been picking a quarrel with you? क्या मैं आप से झगड़ा मोल ले रहा हूँगा?

(e) Will they have been staring at you with anger since morning? क्या वह प्रात: से क्रोधित होकर आपको घूर कर देख रहे होंगे?

EXERCISE

नीचे दिये गये Sentences को Future Perfect Continuous के Interrogative Sentences में Change करें:

1. He will make a noise. वह शोर मचायेगा।
2. They will behave properly with you. वे आपके साथ अच्छा व्यवहार करेंगे।
3. Will they have repeated the question many times? क्या वे प्रश्न को कई बार दोहरा चुके होंगे?
4. Will he have got himself employed? क्या वह नौकरी ढूँढ चुका होगा?
5. It will have been drizzling since morning. सुबह से बूंदाबादी हो रही होगी।
6. The rain drops will be trickling down form this slope to the ground. वर्षा की बूदें इस ढलान से नीचे ज़मीन पर गिर रही होंगी।

Interrogative Negative Sentences

Future Perfect Continuous के Interrogative Negative Sentences का Formula नीचे दिया गया है:

Wh or how + will / shall + S + not + have + been + V 1st form + ing + O + for, since + time + ?

Examples

(a) Why will he not have been fighting courageously against his enemy? वह अपने शत्रु के विरुद्ध उत्साह के साथ क्यों नहीं लड़ रहा होगा?

(b) What will he have not been informing me since morning?
↓ S ↓ V 1 + ing ↓ O ↓ Point of time
वह प्रात: से मुझे किस बात की सूचना नहीं दे रहा होगा?

(c) Why will it not have been raining on monday for two hours? सोमवार को दो घंटे से वर्षा क्यों नहीं हो रही होगी?

(d) Why the teacher will not have been punishing the students in that class? अध्यापक विद्यार्थियों को उस कक्षा में दण्ड क्यों नहीं दे रहा होगा?

EXERCISE

नीचे दिये गये Sentemces में से जो Sentence Future Perfect Continuous का Interrogative Negative हैं, उन पर Tick (√) व दूसरों पर cross (×) का निशान लगायें:

1. Will the party not have been going on since morning? ☐
   क्या प्रात: से पार्टी नहीं चल रही होगी?
2. Will they not have taken their breakfast? ☐
   क्या उन्होंने नाश्ता नहीं किया होगा?
3. Why shall we not have played well? ☐
   हम अच्छी प्रकार क्यों नहीं खेले होंगे?
4. Will he not be enjoying his holidays? ☐
   क्या वह अपनी छुट्टियों का आनन्द नहीं ले रहा होगा?
5. Why will she not have been clamouring for her brother's freedom since 1998. ☐
   वह 1998 से अपने भाई की स्वतंत्रता के लिए क्यों नहीं चिल्ला रही होगी?
6. Will he not have been laughing at the poor? ☐
   क्या वह निर्धनों पर नहीं हंस रहा होगा?
7. Where will you not be going to search this kind of book? ☐
   आप इस प्रकार की पुस्तक खोजने के लिए कहां नहीं जा रहे होंगे?

EXERCISE

नीचे दिये गये Sentences का जो सही Tense है उस पर Tick (√) का निशान लगाएं।

The first one has been done for you.

उदाहरण:

1. He went fast out of his house.
(a) Past Continuous ☐ (d) Past Perfect ☐
(b) Past Indefinite √ (e) Present Perfect ☐
(c) Present Indefinite ☐

यह Sentence Past Indefinite का है क्योंकि यह Formula के हिसाब से मेल खाता है।

2. She goes to the temple daily.
(a) Present Indefinite ☐ (d) Past Perfect ☐
(b) Past Indefinite ☐ (e) Past Continuous ☐
(c) Present Continuous ☐

3. They will be waiting for you.
(a) Future Continuous ☐ (d) Future Perfect Continuous ☐
(b) Future Indefinite ☐ (e) Past Indefinite ☐
(c) Future Perfect ☐

4. He had returned home before sunset.
(a) Past Indefinite ☐ (d) Past Perfect Continuous ☐
(b) Past Continuous ☐ (e) Present Continuous ☐
(c) Past Perfect ☐

5. Lucky will have taken the charge of the office by now.
(a) Past Perfect ☐ (d) Future Perfect ☐
(b) Present Perfect ☐ (e) Future Perfect Continuous ☐
(c) Present Perfect Continuous ☐

6. They do it very well.
(a) Past Indefinite ☐ (d) Past Perfect ☐
(b) Present Indefinite ☐ (e) Past Continous ☐
(c) Present Perfect ☐

7. He was driving his car very fast.
(a) Past Perfect Continuous ☐ (d) Present Perfect Continuous ☐
(b) Present Continuous ☐ (e) Future Perfect Continuous ☐
(c) Past Continuous ☐

8. Did she like you ?
(a) Present Indefinite ☐ (d) Past Perfect ☐
(b) Past Indefinite ☐ (e) Future Perfect ☐
(c) Present Perfect ☐

9. Does he write a letter ?
(a) Present Indefinite ☐ (d) Future Perfect ☐

(b) Past Indefinite ☐ (e) Past Perfect ☐
(c) Present Perfect ☐

10. Do you know him ?
(a) Present indefinite ☐ (d) Past Perfect Continuous ☐
(b) Present Perfect ☐ (e) Present Continuous ☐
(c) Past Indefinite ☐

11. Will he have been whitewashing his house for three days ?
(a) Future Continuous ☐ (d) Future Perfect ☐
(b) Future Indefinite ☐ (e) Perfect Perfect ☐
(c) Future Perfect Continuous ☐

12. Jagdish has made his maiden speech brilliantly.
(a) Present Perfect ☐ (d) Present Perfect Continuous ☐
(b) Past Perfect Continuous ☐ (e) Future Indefinite ☐
(c) Past Perfect

13. Sunil joined the navy last year.
(a) Present Indefinite ☐ (d) Present Perfect ☐
(b) Past Indefinite ☐ (e) Past Perfect ☐
(c) Past Continuous ☐

14. Have they not stolen your book ?
(a) Past Indefinite ☐ (d) Present Perfect ☐
(b) Present Indefinite ☐ (e) Past Perfect ☐
(c) Past Continuous ☐

EXERCISE

नीचे दिये गये Sentences को उनके Corresponding Present Tense में Change करें। ध्यान रहे कि यदि Past Continuous Tense है तो उसे Perfect Continuous में और यदि Past Perfect है उसे Present Perfect में Change करें and so on.

1. They played cards. वे ताश खेले।

यह Tense Past Indefinite है क्यों कि यह Formula S + V IInd form + O पर आधारित है। यह Formula Past Indefinite Tense का है। इसे अब हम Present Indefinite में change करेंगे जिसका Formula है:

S + V 1st form + s or es (if Subject is Singular) + O.

इस प्रकार हमारा उत्तर है:

They play cards.

2. He had changed his name. वह अपना नाम बदल चुका था।

3. The air was blowing too hard. हवा बहुत तेज़ चल रही थी।

4. They were joking with each other वे एक दूसरे से मज़ाक कर रहे थे।

5. He had been singing a song for two hours. वह दो घण्टे से गाना गा रहा था।

6. He had rubbed his hands with a towel. वह अपने हाथ तौलिये से रगड़ चुका था।
7. Preeti tried her best to chain the puppy. प्रीती ने कुत्ते के बच्चे के गले में चेन डालने की पूरी कोशिश की।
8. Ramesh was flying kite. रमेश पतंग उड़ा रहा था।
9. Leela applied brakes to her car. लीला ने अपनी कार को ब्रेक लगाई।
10. He had been running on the track since afternoon. वह ट्रक पर दोपहर के बाद से भाग रहा था।
11. He saw a lion in the zoo. उसने चिड़ियाघर में एक बब्बर शेर देखा।
12. They were cracking jokes (or titbits) in the party. वे पार्टी में चुटकुले सुना रहे थे।
13. He was not allowed to leave the place. उसे जगह छोड़ने कि इजाज़त नहीं थी।

EXERCISE

नीचे दिये गये Sentences के Respective Past Tenses बनायें:

1. I do not think so. मैं ऐसा नहीं समझता।

इस Sentence का अगर हम Formula ध्यान से देखें तो यह Tense, Present Indefinite का Negative है:

S + does or do + not + V 1st form + O

तो उसे हम Past Indefinite के Negative में Change करेंगे जिसका Formula हमको मालूम है।

S + did + not + V 1st form + O.

इसलिए हमारा उत्तर यह है:

I did not think so.

2. He has decided to fly to London. उसने वायुयान द्वारा लंदन जाने का निर्णय कर लिया है।
3. He does mistake when he works. जब वह काम करता है, वह गलतियां करता है।
4. The peon has been ringing the bell since morning. चपरासी सुबह से घण्टी बजा रहा है।
5. Did she do well in her test? क्या उसने परीक्षा में अच्छा किया?
6. They are looking for the minister. वे मन्त्री को ढूँढ रहे हैं।
7. Tony has knocked at the door. टोनी दरवाजा खटखटा चुका है।
8. It makes no sense. यह (या इससे) कोई बात नहीं बनती।
9. Surjeet has been batting since the match started. जब से मैच शुरू हुआ है सुरजीत बल्लेबाजी कर रहा है।
10. He has cleared his accounts with me. उसने मेरे साथ हिसाब साफ कर लिया है।
11. Johny is singing in a sweet voice. जॉनी मीठे स्वर में गा रहा है।
12. Lovely often giggles in the classroom. लवली कक्षा में प्राय: दबे स्वर में हंसता है।

13. Ajit starts his work early in the morning. अजीत अपना काम सुबह जल्दी शुरू कर देता है।

14. Seema has been waiting for her brother for four hours. सीमा अपने भाई की चार घंटे से प्रतीक्षा कर रही है।

EXERCISE

नीचे दिये गये Sentences को उनके Respective Future Tense में Change करें:

1. Sarla always speaks the truth.

↓ S   ↓ V1 + S   ↓ O

सरला हमेशा सच बोलती है।

यह Sentence Present Indefinite का Affirmative है क्योंकि यह निम्नलिखित Formula पर आधारित है।

S + V 2nd form + e or es + O

इस Sentence को अब हम Future Indefinite के Affirmative में निम्नलिखित Formula से Change करेंगे:

S + shall / will + V1st form + O.

Sarala will always speak the truth.

↓ S   ↓ Vl   ↓ O

2. She had written down on the paper with red ink. वह कागज़ पर लाल स्याही से लिख चुकी थी।

3. He is gossiping with his friends. वह अपने दोस्तों के साथ गप्पें हांक रहा है।

4. She has made this work easy for herself with her wit. वह इस काम को अपनी अक़्ल द्वारा अपने लिए आसान बना चुकी है।

5. They have finished their work. वे अपना काम ख़त्म कर चुके हैं।

6. He opened all the secrets. उसने सारे भेद खोल डाले।

7. I watch him daily. मैं उसे रोज़ देखता हूँ।

8. The imps were swimming in the flood-water. शरारती बच्चे बाढ़ के पानी में तैर रहे थे।

9. Jaswant has been planning to settle down in the U.S.A. since 1995. जसवंत 1995 से अमरीका में रहने की योजना बना रहा है।

10. She was painting a picture brilliantly. वह एक तस्वीर को बहुत अच्छे ढंग से रंग रही थी।

11. Pappi talks too much. पप्पी बहुत बातें करता है।

12. Panday has not come to school. पांडे स्कूल नहीं आया है।

EXERCISE

नीचे दिये गये Sentences में कोष्ठकों में Verb की दी गई सही Form लगायें:

1. He .... a noise in the class. (make)
   He makes a noise the class (or) He made a noise in the class.
2. The juggler .... (show) a lot a tricks
3. She has been .... (tall) a lie.
4. They .... (do) their work.
5. He has .... (laugh) at the poor.
6. She will .... (talk) to you.
7. She will have .... (talk) to you.
8. They .... (find) a way out for the problem.
9. I will .... (teach) you a lesson.
10. He .... (look) me a stupid one.
11. Ram .... (meet) me on the way.
12. Yesterday I .... (see) a snake crawling through the bush.
13. My pocket .... (pick)
14. I am .... (tell) him the real thing.
15. He has .... (get) no sense to talk.
16. They will .... (give) you a piece of good advice.
17. She .... (buy) vegetable from the market.
18. I have been .... (work) at this problem since morning.
19. I .... (give) her my book.
20. Jassi .... (play) very well in the match.

EXERCISE

नीचे दिये गये Sentences को कोष्ठकों में दिये गये Tense में Change करें:

1. She goes for a picnic. (Past Continuous)
   She was going for a picnic.
2. He was smoking in the party. (Past Indefinite)
3. They played well against our team. (Present Indefinite)
4. Tina is going to bazaar to buy a pen. (Future Continuous)
5. The Prime Minster made an aggessive speech. (Past Perfect)
6. This book is selling like hot cakes. (Future Continuous)
7. They have been waiting for you since the last night (Past Perfect Continuous)
8. I run very fast. (Past Indefinite)
9. Does she like you ? (Past Indefinite)
10. We will repose faith in your words. (Future Perfect)

11. He took his way to the hill. (Past Perfect)
12. The lion pounced upon the rabbit. (Present Indefinite)
13. I showed him a train running at a terrible speed. (Future Indefinite)
14. The teacher cleaned the blackboard with a duster. (Past Continuous)
15. I allowed him to go away. (Present Continuous)
16. She phoned me early in the morning. (Present Perfect)
17. The farmers were working in the fields when I retuned from my morning walk. (Present Indefinite)
18. The dog barks at me. (Past Perfect)
19. Sangeeta will be writing a letter. (Future Perfect Continuous)
20. Will he have taken his meals ? (Past Indefinite)

CHAPTER 26

MODALS

Modals or Auxiliary Verbs वह होते हैं जो दूसरे Verbs के साथ मिलकर Sentences को बनाने में सहायता करते हैं। Modals दो प्रकार के होते हैं:

(a) Primary Auxiliaries
(b) Modal Auxiliaries.

(A) PRIMARY AUXILIARIES

ये तीन प्रकार के होते हैं:

(a) Be = Be, is, am, are, was, were, being, been.
(b) Do = Do, does, doing, done, did.
(c) Have = Have, has, having, had.

परन्तु कई Sentences में 'have,' 'do' तथा 'be' Full Verbs के तौर पर भी Use में लाये जाते हैं। *e.g.,*

(i) I have a pen. मेरे पास एक पैन है।
(ii) They do their job very well. वे अपना काम अच्छी प्रकार करते हैं।
(iii) Narendra is a good boy. नरेन्द्र एक अच्छा लड़का है।

नीचे दिये गये Sentences में 'de,' 'be' तथा 'have' Primary Auxiliaries के तौर पर Use में लाये गये हैं:

Do

(i) We do not make noise. हम शोर नहीं मचाते हैं।
(ii) She does not sing a song. वह गाना नहीं गाती है।
(iii) They do not kill the bird. वे पक्षी को नहीं मारते हैं।
(iv) I do not tell a lie. मैं झूठ नहीं बोलता हूँ।

Emphatic Sentences

किसी काम के बारे मे जोर देकर कहने के लिए 'do' or 'did' का प्रयोग किया जाता है।

(i) I do play in the evening. मैं सायं को अवश्य खेलता हूँ।
(ii) I did sing a song on the stage. मैंने स्टेज पर गाना अवश्य गाया।

Have

यह Perfect Tense के Sentences बनाने के काम में लाया जाता है:

(i) She has done her work in time. वह समय पर अपना काम कर चुकी है।

(ii) We have played brilliantly in the match. हम मैच में बहुत अच्छा खेल चुके हैं।

(iii) I had seen him on many occasions. मैं उसे कई बार देख चुका था।

(iv) We shall have reached Mumbai by tomorrow. कल तक हम मुम्बई पहुंच चुके होंगे।

Interrogative Sentences

(i) Do you laugh at the poor? क्या तुम गरीबों पर हंसते हो?

(ii) Do you look at the sky? क्या तुम आकाश की ओर देखते हो?

Be

इसका प्रयोग प्रत्येक Tense में Active या Passive Voice में होता है:

(i) Continuous Tenses

(a) I *am* looking for the bus. मैं बस को देख रहा हूँ। अर्थात् मैं बस की प्रतीक्षा कर रहा हूँ।

(b) He *was* watching a movie. वह एक चलचित्र देख रहा था।

(c) She *is* washing the clothes. वह कपड़े धो रही है।

(d) The guests will *be* coming shortly. मेहमान जल्दी ही आते होंगे।

(ii) Indefinite Tense: (Passive Voice)

(a) They *were* given instructions before starting the work. काम आरम्भ करने से पहले उन्हें हिदायतें दी गईं।

(b) You will *be* given a prize. आपको एक पारितोषिक दिया जायेगा।

(c) He *was* given a cheque for 10,000/- as a *gift*. उसे तोहफ़े के रूप में 10,000/- का चैक दिया गया।

(d) I *am* forbidden to do this. मुझे यह करने से मना किया गया है।

(iii) Perfect Tenses

(a) I have *been* allowed to go there. मुझे वहां जाने की आज्ञा दे दी गयी है।

(b) He has *been* appointed governor. उसे गवर्नर नियुक्त कर दिया गया है।

(c) Our train had *been* delayed by a minor accident. एक छोटी सी दुर्घटना के कारण हमारी गाड़ी को देरी हो गयी थी।

(d) The fair will have *been* overs by now. अब तक मेला समाप्त हो चुका होगा।

(iv) Perfect Continuous Tenses

(a) It will have *been* raining since morning. प्रात: से वर्षा हो रही होगी।

(b) We have *been* waiting for our guests for half an hour. हम आधे घंटे से अपने अतिथियों की प्रतीक्षा कर रहे हैं।

(c) The labourers had *been* clamouring for an increase in their wages for a fortnight. दो सप्ताह से मज़दूर अपनी मज़दूरी में बढ़ौत्तरी के लिए शोर मचा रहे थे।

Note. निम्नलिखित वाक्यों को भी ध्यान से पढ़ें:

(a) There had *been* no response from them. उनकी ओर से कोई उत्तर नहीं आया था।

(b) Has there *been* any respite in war? क्या युद्ध में कोई विराम आया है?

(c) I shall *be* home till 5 p.m. सायं के पांच बजे तक मैं घर हूँगा।

(d) There will *be* no interval today. आज कोई मध्यान्तर नहीं होगा।

इन वाक्यों में 'be,' 'been' आदि का प्रयोग Primary Modals (or Auxiliaries) के रूप में नहीं, अपितु Full (Finite) Verbs के रूप में हुआ है।

Special Note (In a nutshell) (थोड़े शब्दों में):

नीचे लिखे शब्द Full Nouns के रूप में भी प्रयोग होते हैं और Modals (या Auxiliary Verbs अर्थात् Helping Verbs) के रूप में भी:

(1) Be (is, am, are and in all other form like was, were, being, been.)

(2) Have (and in all other forms like had, having, has)

(3) Do (and in all other forms slike did, done, doing)

Examples

As full verbs.

(1) Ram *is* a good boy. राम एक अच्छा लड़का है।

(2) I *am* happy. मैं प्रसन्न हूँ।

(3) I *have* ten books. मेरे पास दस पुस्तकें हैं।

(4) You *do* your work well. तुम अपना काम भली-भांति करते हो।

(5) She *had* no knowledge of Hindi. उसे हिन्दी का कोई ज्ञान नहीं था।

(6) I shall *be* there. मैं वहां ही हूँगा।

(7) He *did* his duty. उसने अपने कर्त्तव्यों का पालन किया।

As Auxiliary Verbs

Note. Be, do, have को Primary Modals भी कहते हैं।

(1) He *is* learning his lesson. वह अपना पाठ याद कर रहा है।

(इस वाक्य में Learning Full Verb है और 'is' Helping Verb है।)

(2) We *have* done our duty. हमने अपने कर्त्तव्य का पालन किया है।

(3) He *did* not go there. वह वहां नहीं गया।

(4) Why are you calling him? आप उसे क्यों बुला रहे हैं?

(ii) Primary Modals का प्रयोग इस प्रकार होता है:

(a) **Continuous Tense** बनाने के लिए:

(1) I *am* studying a book. मैं एक पुस्तक का अध्ययन कर रहा हूँ।

(2) She will *be* knitting a sweater. वह एक स्वैटर बुन रही होगी।

(b) *Perfect* और *Perfect Continuous Tense* बनाने के लिए:

(1) We *have* done our duty. हमने अपने कर्त्तव्य का पालन किया है।

(2) They *had* left that place. वह उस स्थान से चले गये थे।

(3) She will *have* completed her work. उस (महिला) ने अपना काम समाप्त कर लिया होगा।

(4) *Have* you *been* waiting for your guests? क्या आप अपने अतिथियों की प्रतीक्षा कर रहे हैं?

(5) *Has* he *been* going to college regularly? क्या वह कॉलेज नियमपूर्वक जा रहा है?

(6) It *had been* raining since morning. प्रात: से वर्षा हो रही थी।

(7) They will have been reading in the school for two years. वह स्कूल में दो वर्ष से पढ़ रहे होंगे।

(c) *नकारात्मक वाक्य बनाने के लिए:*

(a) He *does* not care for me. वह मेरी परवाह नहीं करता।

(b) We *did* not go there. हम वहां नहीं गये।

(d) *प्रश्नात्मक वाक्य बनाने के लिए:*

(a) *Do* you know him ? क्या आप उसे जानते हैं?

(b) Where did you find your ring ? आपको अपनी अंगूठी कहां मिली?

(B) MODAL AUXILIARIES

इनको Helping Verbs भी कहा जाता है क्योंकि ये दूसरे Verbs की Sentences बनाने में सहायता करते हैं। महत्त्वपूर्ण Modal नीचे दिये गये हैं:

(i) Will (ii) Shall (iii) Would (iv) Can (v) Could (vi) Might (vii) May (viii) Must (ix) Should (x) Ought to (xi) Dare (xii) Daren't (xiii) Used to (xiv) Need (xv) Needn't.

Will

1. 'Will' Word का प्रयोग Second तथा Third Person के Future Tense में होता है, *e.g.*,

(a) Will you play cricket with us ? तुम हमारे साथ क्रिकेट खेलोगे?

(b) Will you water the plants ? तुम पौधे को पानी दोगे?

(c) They will talk to you. वे तुमसे बात करेंगे।

2. जब कोई Request की जाये । *e.g.*,

(a) Will you lend me your book for a week ? क्या आप मुझे अपनी किताब एक सप्ताह के लिए उधार दोगे?

(b) Will you spare a few spells (moments) to find my gold ring ? क्या मेरी सोने की अंगूठी ढूंढने के लिए आप थोड़ा समय निकालेंगे?

3. जब Universal या General Truth के बारे में बात होती है:

(a) The moon will sail across the sky in the night. चन्द्रमा रात को आकाश में आयेगा।

(b) The earth will move round the Sun even after the extinction of mankind. मनुष्य जाति का अन्त हो जाने के बाद भी धरती सूर्य के चारों ओर घूमेगी।

4. जब कहीं *कोई विशेष* Habit बतानी हो:

(a) My grandfather will never tell a lie. मेरे दादाजी कभी झूठ नहीं बोलेंगे।

(b) My grandmother will tell the beads in the morning. मेरी दादी सुबह माला जपेगी।

5. *दृढ़ निश्चय के* Sentences में विशेषतया First Person में भी 'will' का Use होता है।

(a) In all circumstances, I will keep the things under my control. हर हालात में मैं मामले को अपने नियन्त्रण में रखूंगा।

(b) He will die but will not except this proposal. वह मर जायेगा पर ये सुझाव नहीं मानेगा।

6. जब कोई *आशा* प्रकट की जाये:

(i) It will rain today. आज वर्षा होगी।

(ii) He will get the first prize in the debate. वह वाद-विवाद में प्रथम पारितोषिक प्राप्त करेगा।

7. जब कोई *शंका* प्रकट की जाती है:

(a) Who will bell the cat? बिल्ली के गले में घण्टी कौन बांधेगा?

(b) Who will save this country? इस देश को कौन बचायेगा?

8. जब कोई *आदेश* दिया जाये:

(a) Will you listen to me or shall I have to come to you with a different mood? क्या आप मेरी बात सुनोगे या मुझे तुम्हारे साथ दूसरी तरह निपटना होगा?

(b) Will you go to school or shall I have to drag you there? क्या तुम स्कूल चलोगे या मुझे तुम्हें खींच कर वहां ले जाना होगा?

9. जब किसी को Invitation दी जाये:

(a) Will you join us at the lunch today? क्या आज दोपहर का खाना आप हमारे साथ खाओगे?

(b) Will you have a cold drink with me? क्या आप मेरे साथ ठण्डा पियेंगे?

10. जब किसी से कोई Promise किया जाये, विशेष कर First Person में:

(a) **He** will try his best to get you justice. वह आपको इन्साफ़ दिलाने की पूरी कोशिश करेगा।

(b) I will spare no effort in helping you. मैं आपकी सहायता करने में कोई कसर नहीं छोड़ूंगा।

11. जब किसी को *धमकी* दी जाये:
   (a) I will not spare you. मैं तुम्हें नहीं छोड़ूंगा।
   (b) I will crush you down if you don't move back in a moment. अगर तुम इसी क्षण वापिस नहीं मुड़े तो मैं तुम्हें यहीं पर ढेर कर दूंगा।
12. जब किसी बात से इन्कार किया जाये:
   (a) He will no longer maintain relationships with such a fool.
   वह इस तरह के मूर्ख से और संबंध नहीं रखेगा।
   (b) I will not believe in ghosts.
   मैं भूतों में विश्वास नहीं रखता (यहा पर 'in' लगाने के कारण यह बात स्पष्ट होती है कि भूत नहीं होते।)
   I will not believe ghosts.
   मैं भूतों में विश्वास नहीं करता (इसका अर्थ यह है कि मैं मानता हूं कि भूत होते हैं परन्तु मैं उनकी बातों पर विश्वास नहीं करता।)

Note. इस प्रकार 'believe' और 'believe in' का अन्तर समझने का यत्न करें।
   (c) I will not belive you. मैं तुम पर अब भरोसा नहीं करूंगा।
13. जब किसी पर *विश्वास* किया जाये:
   (a) I know you will act upon your father's advice. मैं जानता हूँ कि तुम अपने पिताजी की नसीहत पर अमल करोगे।
   (b) I know you will not tell a lie. मैं जानता हूँ कि तुम झूठ नहीं बोलोगे।

Shall

Shall अधिकतर First Person के साथ Use में लाया जाता है:

1. Future Tense में इसका प्रयोग इस प्रकार होता है (प्राय: 1st Person के साथ):
   (a) I shall see a movie. मैं एक फिल्म देखूंगा।
   (b) We shall go to bazaar. हम बाज़ार जायेंगे।
2. दूसरे की *सलाह या आज्ञा लेने के लिए*:
   (a) Shall I tell you the truth? क्या मैं तुम्हें सच बताऊंगा?
   (b) Shall I fetch you a glass of water? क्या मैं आपके लिए एक गिलास पानी लाऊं?
3. किसी को *सलाह देनी हो तो या किसी को आज्ञा देनी हो तो*:
   (a) Shall I select you as a hero for this drama? क्या मैं तुम्हें इस नाटक के लिए हीरो चुनूंगा? (अर्थात् चुन लूं?) या क्या मैं तुम्हें इस नाटक के लिए हीरो चुन सकता हूँ?
   (b) Shall we go out in some garden? क्या हम किसी पार्क में चले? (या) क्या हम किसी पार्क में जायेंगे?

Note. वास्तव में Future के प्रत्येक Tense में First Person के साथ होता है:
   (a) I shall be going there. मैं वहां जा रहा हूंगा।

(b) We shall have sung a song. हमने गाना गाया होगा।

(c) We shall have been travelling for two days. हम दो दिन से यात्रा कर रहे होंगे।

Note. 'Shall' Word का प्रयोग Second या Third Person के साथ भी हो सकता है यदि वहां:

(i) एक Promise हो।

(ii) एक Command या Order हो।

(iii) एक Threat या Warning हो।

(iv) एक Determination हो।

(v) एक Prohibition हो।

(vi) एक Legal or Scriptural Injunction हो।

(i) एक (एक वचन) Promise हो।

(a) You shall be rewarded for your kind behaviour. आपको अच्छे व्यवहार के लिए इनाम दिया जायेगा।

(b) He shall be elected President for his good deeds. वह अपने अच्छे कामों के कारण अवश्य प्रेज़िडेन्ट चुना जायेगा।

(ii) A *Command or order* एक आदेश:

(a) You shall not move a muscle until my next order. तुम मेरे अगले आदेश तक बिलकुल भी नहीं हिलोगे।

(b) All shall file their returns by 30th June. सब अपनी रिटर्नें 30 जून तक भरेंगे।

(c) You shall not touch him for the sake of your life. अगर ज़िन्दा रहना चाहते हो तो तुम उसे नहीं छुओगे।

(d) You shall not come here again. तुम यहां दुबारा नहीं आओगे।

(iii) *A threat or warning* (एक धमकी या चेतावनी).

(a) You shall be punished for your misbehaviour. तुम अपने बुरे व्यवहार के लिए दण्डित किये जाओगे।

(b) You shall not be given even a piece of bread today. तुम्हें आज एक डबलरोटी का टुकड़ा तक नहीं दिया जायेगा।

(c) He shall not be spared. उसे क्षमा नहीं किया जायेगा।

(iv) *Command, order or threat* में थोड़ा सा ही अन्तर है। A determination, willingness or declaration.

(a) You shall work hard. तुम सख़्त मेहनत करोगे, अर्थात् तुम्हें सख़्त मेहनत करनी होगी।

(b) They shall take care of their naughty imps (children). उन्हें अपने शरारती बच्चों की खबर लेनी होगी। या वह अपने शरारती बच्चों की खबर लेंगे या रखेंगे।

(v) *Prohibition* (मनाही)

(a) You shall not smoke here. तुम्हें यहां सिगरेट पीने की इजाज़त नहीं है। या तुम यहां सिगरेट नहीं पीयोगे।

(b) You shall not drink here. तुम्हें यहां शराब पीने की आज्ञा नहीं है। या तुम यहां शराब नहीं पीयोगे।

(iv) *A legal or scriptural injunction or obligation.*

(a) You shall not steal. (Thou shalt not steal) तुम चोरी नहीं करोगे।

(b) You shall have to present yourself before the Income Tax Officer on 18th instant. आपको इस मास की 18 तारीख़ को इन्कमटैकस आफिसर के सामने प्रस्तुत होना होगा।

(c) You shall have to present your accounts tc the Sales Tax Officer for inspection. तुम्हें अपने ख़ाते बिक्री कर अधिकारी को जाँच के लिए प्रस्तुत करने होंगे।

Would

'Would' शब्द नीचे दिये गये ढ़गों से Sentences में Use होता है:

1. Past Tense में will / shall को Indirect Speech में बदलने के लिए:

Direct Speech: She said to us, "I will/shall go to London in a couple of days." उसने हमें कहा, ''मैं दो दिन में लंदन चली जाऊंगी।''

(a) She told us that she would go to London in a couple of days. उसने हमें बताया कि वह दो दिनों में लन्दन जायेगी।

(b) Ram told me that he would sing a song in the party. राम ने मुझे बताया कि पार्टी में वह एक गाना गायेगा।

Other ways

(i) for a polite solicitation.
(ii) to express a habitual practice.
(iii) to express a self-respectful preference.
(iv) to esetend a polite invitation.
(v) to express amiability.
(vi) to express a strong wish or longing.
(vii) to express surmise.
(viii) to express an unreal condition.
(ix) to express determination.

(i) *In case of a polite solicitation*

(एक नम्र प्रार्थना करने के लिए)

(a) Would you please allow me to use your now umbrella? क्या आप मुझे अपने नये छाते का प्रयोग करने देंगे?

(b) Would you please listen to me. क्या कृपया आप मेरी बात सुनेंगे ?

(ii) *To express a habitual practice.* (एक आदत व्यक्त करना)

(a) He would certainly have something sweet after his lunch. वह अपने दोपहर के भोजन के बाद कोई न कोई मीठी चीज ज़रूर लेता था।

(b) He would not talk to the poor. वह गरीबों से बात नहीं करता था।

(iii) to express a self-respecting preference. (दो वस्तुओं में से एक को बेहतर मानना)

(a) He would rather die than beg. वह मर जायेगा परन्तु भीख नहीं मांगेगा। या वह मांगने से मरना बेहतर समझता था (या है)।

(b) She would rather starve than steal. वह भूखी रहेगी लेकिन चोरी नहीं करेगी। या वह चोरी करने से भूखे मरना बेहतर समझती थी।

Note. ध्यान दीजिए कि कैसे एक ही वाक्य विभिन्न कालों का अर्थ अंकित करता है।

(iv) *To extend a polite Invitation*
(विनम्र निमन्त्रण देना)

(a) Would you please attend the birthday party of my son tonight? कृपया क्या आप आज रात मेरे पुत्र के जन्मदिन की पार्टी में उपस्थित होंगे ?

(b) Would you like to have a cup of tea with me? क्या आप मेरे साथ चाय पीना पसन्द करेंगे।

(v) *To express amiability*. (सहमति या मित्रता प्रकट करना)

(a) I would do it if you wish so. मैं इसे कर दूंगा अगर आप ये चाहते हैं।

(b) I would acknowledge him has my friend if he goes a gentleman. मैं उसे अपना मित्र मान लूंगा यदि वह एक भद्रपुरुष बन जाता है।

(vi) *To express a strong wish or longing*. (तीव्र इच्छा व्यक्त करना)

(a) Would that I were a king! काश! मैं एक राजा होता।

(b) Would that I could have an apple! काश! मुझे एक सेब मिल सकता!

(vii) *To express surmise*. (अनुमान व्यक्त करना)

(a) The train would have arrived at the station when we reach there. जब हम स्टेशन पर पहुँचेंगे, गाड़ी आ चुकी होगी।

(b) He would have knocked at the door. वह दरवाजा खटखटा चुका होगा।

(viii) *To express an impossibility* (एक असम्भावना व्यक्त करना)

(a) Had you shown strictness to the child, he would have not been spoiled. अगर आपने सख़्ती की होती तो बच्चा कभी खराब न होता।

(b) Had you played well, we would have won the match. यदि आप बढ़िया खेले होते, तो हम मैच जीत जाते।

(ix) *To express determination.* (निश्चय व्यक्त करना)

(a) He would definitely handle the situation. वह अवश्य हालात को सम्भाल लेगा।

(b) He would not be defeated by you. वह तुमसे नहीं हारेगा।

(c) I would not accept any other terms. मैं अन्य कोई शर्तें नहीं मानूंगा।

Can

'Can' का प्रयोग नीचे दिये गये ढंगों से होता है:

(i) to express capacity and ability to do something.
(ii) to solicit a favour.
(iii) to express an impossible situation.
(iv) to express permission.
(v) to express a terrible state of mind.
(vi) to exdpress will and determination.
(vii) In general sense.

(i) *to express capacity and ability to do something* (कुछ करने की क्षमता व योग्यता प्रकट करना)

(a) I can open this lock without applying the key. मैं इस ताले को बिना चाबी के खोल सकता हूँ।

(b) He can swim across this pond in a minute. वह एक मिनट में इस तालाब को तैर कर पार कर सकता है।

(ii) *to solicit a favour*. (प्रार्थना करना)

(a) Can I take this book? क्या मैं ये किताब ले सकता हूँ ?

Note. यहां पर May I take this book ? भी हो सकता है लेकिन सबसे ज़्यादा Polite ढंग could लगाने से बनता है (Could I take this book ?

(b) Can you fetch a glass of water for me? क्या तुम मेरे लिए एक गिलास पानी लेकर आ सकते हो ?

(iii) *To express an impossible situation.* (असम्भावना प्रकट करना)

(a) Can a child do it ? क्या इसे कोई बच्चा कर सकता है ?

(b) Can a star fall down? क्या कोई तारा नीचे गिर सकता है ?

(iv) *To express permission.* (आज्ञा व्यक्त करना)

(a) You can take your lunch only after you have finished your work. तुम अपना दोपहर का भोजन केवल काम खत्म करने के बाद ही कर सकते हो।

(b) You can tell me your pathelic story. तुम मुझे अपनी दुःख भरी कहानी सुना सकते हो।

(v) *To express a terrible state of mind.* (मन की भयानक अवस्था प्रकट करने के लिए)

(a) To solve his problem, he can commit even a murder. वह अपनी मुश्किल हल करने के लिए हत्या भी कर सकता है।

(b) To get rid of poverty, he can even commit suicide. निर्धनता से छुटकारा पाने के लिए वह आत्महत्या तक कर सकता है।

(vi) *To express will and determination.* (इच्छा शक्ति और निश्चय व्यक्त करना)

(a) To remove global poverty, he can even approach the U.N. संसार से निर्धनता दूर करने के लिए वह संयुक्त राष्ट्र तक भी पहुंच सकता है।

(b) To serve his country, he can even die. अपने देश की सेवा करने के लिए वह मर भी सकता है।

(vii) *General use.* (साधारण प्रयोग)

(a) I can write. मैं लिख सकता हूँ।

(b) I can sing. मैं गा सकता हूँ।

Could

'Could' शब्द का प्रयोग नीचे दिये गये ढंगों से होता है:

Past Tense में 'can' के स्थान पर, जब Sentence Indirect Speech में हो।

(a) She said that she could walk properly then. उसने कहा कि तब वह ठीक तरह चल सकती थी।

(b) He told me that he could do anything. उसने मुझे बताया कि वह कुछ भी कर सकता है।

Other Ways

(i) to express past ability.
(ii) to express a characteristic.
(iii) to make a humble solicitation or from seek permission from others.
(iv) general use.

(i) *to express past ability* (बीती योग्यता व्यक्त करना)

(a) I could chew the food well when I had two full rows of the shining teeth. जब मेरी चमकते दांतों की दो पूरी कतारें थीं, तब मैं भोजन अच्छी तरह से चबा सकता था।

(b) He could drink three litres of milk at a stretch when he was young. जब वह जवान था, वह एक ही समय पर तीन लीटर दूध पी जाता था।

(ii) *To express an individual's nature in the past* (भूत काल के किसी व्यक्ति का स्वभाव)

(a) Mother could dare father if she found his views to be wrong. यदि पिताजी के विचार माताजी को गलत लगते थे तो वह उनका विरोध कर सकती थी।

(b) I could make the world dance with me when I was young. जब मैं जवान था, मैं संसार को अपने साथ नचा सकता था।

(iii) *To make humble solicitation or seek permission.* (एक नम्र प्रार्थना करना या आज्ञा लेना)

(a) Could I take your pen for a minute ? क्या मैं तुम्हारा पैन एक मिनट के लिए ले सकता हूँ ?

(b) Could I have this bag ? क्या मैं यह बैग ले सकता हूँ ?

(c) Could you talk to me in the morning ? क्या आप प्रात: आप मेरे साथ बात करनी पसन्द करेंगे ?

(d) Could we talk some other day? क्या हम किसी और दिन बात कर सकते हैं ?

(iv) *General use.*

(a) I could feel the smell of rose. मैं गुलाब की खुशबू सूंघ सकता हूँ (या था)।

(b) I could feel the touch of your hand. मैं आपके हाथ का स्पर्श महसूस कर सकता हूँ (या था)।

Might

'Might' Word 'may' शब्द की Past Tense की स्थिति Express करता है।

(a) He asked me if I might help him. उसने मुझे पूछा कि क्या मैं उसकी सहायता कर सकता था।

(b) He told me that he might give his book to me on certain conditions. उसने मुझे बताया कि वह कुछ शर्तों पर मुझे अपनी किताब दे सकता था।

Other Ways

(i) *To give or seek permission.* (आज्ञा देना या लेना)

(a) You might take part in the drama. तुम नाटक में भाग ले सकते हो।

(b) May I come in, sir? क्या मैं अन्दर आ सकता हूँ, श्रीमान्जी ?

(ii) *To express remote possibility.* (दूर की सम्भावना व्यक्त करना)

(a) It might snow today. आज बर्फ पड़ सकती है।

(b) You might tell a lie again? तुम दुबारा झूठ बोल सकते हो।

May

'May' Word का प्रयोग निम्नलिखित ढंगों से होता है:

(i) to seek or give permission.

(ii) to express a purpose as in an adverbial clause of purpose.

(iii) in general sense.

(iv) to express a boon or curse.

(v) to make an offering.

(vi) to express a wish, boon or prayer.

(vii) to express a strong possibility.

(i) *to seek or give permission.* (आज्ञा मांगना या देना)

(a) May I take this book? क्या मैं ये किताब ले सकता हूँ?

(b) May I go to the toilet? क्या मैं शौचालय जा सकता हूँ।

To Give Permission (आज्ञा देना)

(a) You may to the for toilet. तुम शौचालय जा सकते हो।

(b) You may take this book. तुम यह किताब ले सकते हो।

(ii) *To express a purpose* (अभिप्राय व्यक्त करना) जैसे एक Adverbial Clause of Puropse में *(as in an adverbial clause of purpose).*

(a) Run fast so that you may catch the bus. तेज़ दौड़ो ताकि तुम बस पकड़ सको।

(b) He is taking less salt so that he may keep control over his blood pressure. वह नमक कम ले रहा है ताकि वह अपने रक्तचाप पर नियन्त्रण रख सके।

(iii) *In a general sense.* (साधारण प्रयोग में)

(a) It may rain tomorrow. कल वर्षा हो सकती है।

(b) They may punish him. वे उसे सज़ा दे सकते हैं।

(c) He may not go there. हो सकता है वह वहां न जाये।

(iv) *To express a boon or curse.* (अभिशाप व्यक्त करना)

(a) May you live long! भगवान करे तुम्हारी आयु लम्बी हो!

(b) May you succeed! भगवान करे आप सफल हों!

(c) May you die on the spot! भगवान करे तुम अभी मर जाओ!

(d) May you fail in the examination! भगवान करे कि तुम इम्तिहान में फेल हो जाओ!

(v) *To make an offering*

(a) May I do something for you? क्या मैं आपके लिए कुछ करूं?

(b) May I offer you this pen? क्या मैं आपको यह पैन दूँ?

(c) You spend your holidays with us. आप अपनी छुट्टियां हमारे साथ बिता सकते हैं।

(vi) *To express a strong possibility.* (प्रबल सम्भावना व्यक्त करना)

(a) It may rain tomorrow. कल वर्षा हो सकती है।

(b) He may ask you about your failure. वह तुम्हें तुम्हारे फेल होने के बारे में पूछ सकता है।

Note. 'May' expresses much stronger possibility than 'might,' 'may' से 'might' के मुकाबले में अधिक सम्भावना व्यक्त होती है।

Must

'Must' शब्द नीचे दिये गये ढंगों से प्रयोग में लाया जाता है:

(i) to express duty or social or moral obligation or necessity.
(ii) to tender an advice.
(iii) to advance a conjecture.
(iv) to express determination.
(v) to express compulsion or urgency.

(i) *To express duty, social or moral obligation or a necessity.*

(a) You must look after your old parents. तुम्हें अपने बूढ़े माता-पिता का ध्यान रखना चहिए।

(b) You must love the poor. तुम्हें गरीबों से जरूर प्यार करना चाहिए।

(c) You must take blanced diet to keep yourself fit. तुम्हें अपने आपको ठीक रखने के लिए ज़रूर संतुलित भोजन लेना चाहिए।

(d) You must pray to God in order to get success in life. तुम्हें जीवन में सफलता प्राप्त करने के लिए भगवान से ज़रूर प्रार्थना करनी चाहिए।

(ii) *To tender an advice* (परामर्श देने के लिए)

(a) You must have an extra pen for the examinations. इम्तिहानों के लिए तुम्हारे पास एक अतिरिक्त पैन होना चाहिए।

(b) You must keep your things in order. तुम्हें अपनी चीज़ें ठीक ढंग से रखनी चाहिए।

(iii) *To advance a conjecture* (एक अनुमान व्यक्त करने के लिए)

(a) He must have taken his dinner. वह रात्रि का भोजन खा चुका होगा।

(b) She must have thrown herself into her bed. वह स्वयं को बिस्तर में गिरा चुकी होगी।

(iv) *To express determination* (निश्चय व्यक्त करने के लिए)

(a) We must win the match. हमें मैच अवश्य जीतना चाहिए।

(b) I must pull him up if he finds it difficult to talk his elders with politeness. यदि उसे अपने से बड़ों के साथ नम्रतापूर्वक बात करने में कठिनाई लगती है तो मुझे उसकी खिंचाई अवश्य करनी चाहिए।

(v) *To express compulision or urgency* (मजबूरी अभिव्यक्त करना)

(a) You must be present in the meeting. तुम सभा में ज़रूर उपस्थित रहना।

(b) You must keep mum. तुम्हें बिलकुल चुपचाप रहना चाहिए।

(c) I must not depend upon him. मुझे उस पर निर्भर नहीं होना चाहिए।

(d) You must hurry up otherwise you may be late. तुम्हें जल्दी करनी चाहिए नहीं तो तुम्हें देर हो सकती है।

(e) You must love the younger ones. तुम्हें अपनों से छोटों से प्यार करना चाहिए।

(f) You must love your country. तुम्हें अपने देश से अवश्य प्यार करना चाहिए।

(g) You must obey your teachers. तुम्हें अपने अध्यापकों की आज्ञा का पालन करना चाहिए।

Note. We should remember that hard categorisation is not possible, as many categories overlap one another. हमें याद रखना चाहिए कि पूर्ण catagorisation संभव नहीं है क्योंकि बहुत सी categories एक दूसरी से मिल जाती हैं।

Should

'Should' Past Tense की Indirect Speech में 'shall' की जगह Use होता है।

(a) He told me that I should not make a noise. उसने मुझसे कहा कि मुझे शोर नहीं मचाना चाहिए।

(b) He told me that we should keep a close watch on them. उसने मुझसे कहा कि हमें उन पर कड़ी निगरानी रखनी चाहिए।

Other Ways

(i) to express social or moral obligation.
(ii) to tender advice.
(iii) to express a surmise.
(iv) to express a condition.
(v) to express an idea at random.
(iv) to express a caution or warning.

(i) *To express social or moral obligation.* (नैतिक मजबूरी व्यक्त करना)

(a) We should help the blind. हमें अंधों की सहायता करनी चहिए।

(b) You should respect your teachers. तुम्हें अपने अध्यापकों का आदर करना चाहिए।

(ii) *To tender an advice* (परामर्श अभिव्यक्त करना)

(a) You should be careful in your life. तुम्हें अपने जीवन में सावधानी बरतनी चाहिए।

(b) You should not kill the birds. तुम्हें पक्षियों को नहीं-मारना चाहिए।

(iii) *To express surmise* (अनुमान अभिव्यक्त करना)

(a) It should be raing on the mountains. पहाड़ों पर वर्षा हो रही होगी।

(b) He should be absorbed in his books now. अब वह अपनी किताबों में व्यस्त होगा। (या इस समय वह अपनी पुस्तकों में मग्न होना चाहिए)

(iv) *To express a condition or possibility* (कोई शरारत या सम्भावना व्यक्त करना)

(a) Should you need something to eat, please call him. यदि तुम्हें खाने के लिए कुछ चाहिए हो, तो उसे बुला लेना।

(b) Should he come, shall we welcome him ? यदि वह आ जाये, तो क्या हम उसका स्वागत करेंगे ?

(v) *To express an idea at random* (अचानक कोई विचार प्रकट करना)

(a) We should be there in time. हमें वहां समय पर पहुंचना चाहिए अर्थात् हम वहां समय पर पहुंचेंगे।

(b) You should get your result within this week. इसी सप्ताह तुम्हें अपना नतीजा मिल जाना चाहिए अर्थात् मिलने की सम्भावना है।

(vi) *To express a caution or warning* (सावधानी या चेतावनी व्यक्त करना)

(a) Talk within a limit lest you should be considered a fool. सीमा के अन्दर बात करो, ऐसा न हो कि तुम एक मूर्ख करार दिये जाओ।

(b) Take balanced diet lest you should spoil your health. संतुलित, भोजन खाओ, ऐसा न हो कि तुम्हारा स्वास्थ्य बिगड़ जाये।

Ought to

"Ought to" नीचे दिये गये ढंगों से Use में लाया जाता है:

(i) to express a duty or moral or social obligation.

(ii) to tender advice .

(i) *To express a duty or moral or social obligation.* (कर्त्तव्य व्यक्त करना या नैतिक या सामाजिक आवश्यकताओं को व्यक्त करना)

(a) You ought to love your brothers. तुम्हें अपने भाईयों से प्यार करना चाहिए।

(b) We ought to live together. हमें इकट्ठे रहना चाहिए।

(c) We ought to love our country. हमें अपने देश से प्यार करना चाहिए।

(d) We ought to respect our elders. हमें अपने बड़ों की इज़्ज़त करनी चाहिए।

(e) We ought to help the poor. हमें निर्धनों की सहायता करनी चाहिए।

(f) We ought to contribute liberally to the National Defence Fund. हमें दिल खोलकर राष्ट्रीय रक्षा कोष में चन्दा देना चाहिए।

(ii) *To tender an advice* (परामर्श व्यक्त करना)

(a) You ought to get up early in the morning. तुम्हें सुबह जल्दी उठना चाहिए।

(b) You ought to pray to God everyday. तुम्हें हर रोज़ भगवान की आराधना करनी चाहिए।

Dare

'Dare' Word का प्रयोग Courageous Matters में होता है। *e.g.,*

(a) How dare you call me a fool ? तुमने मुझे मूर्ख कहने की हिम्मत कैसे की ?

(b) How dare you threaten me ? तुमने मुझे धमकाने की हिम्मत कैसे की ?

(c) I tell you, he dare not face him. मैं तुम्हें बताता, कि उसकी हिम्मत नहीं कि तुम्हारा सामना कर सके।

Note. (a) 'Dare' Word का प्रयोग केवल Negative Form या Interrogative Form में ही होता है।

(b) 3rd Person Singular ('he,' 'she,' 'it') के बाद भी 'dare' के साथ 's' नहीं लगता अर्थात् 'dares' नहीं लिखा जा सकता।

Daren't

'Daren't' शब्द कम हिम्मत होने का प्रकट करता है।

(a) He daren't ask me. उसने मुझसे पूछने की हिम्मत नहीं की।

(b) She daren't express her love. उसमें प्यार जताने की हिम्मत नहीं है।

Used to

"Used to" का प्रयोग हम किसी Past Habit या Past में किसी आदत की मौजूदगी के लिए करते हैं:

(a) I used to go to the park in those days.
मैं उन दिनों पार्क में घूमने जाया करता था।

(b) I used to walk alone on the lovely roads in my childhood.
मैं अपने शिशुकाल में अकेला सड़कों पर चला करता था।

(c) At this place, there used to be a round park.
इस जगह पर एक गोल पार्क हुआ करता था।

(d) There used to be my own shop in this market.
इस बाज़ार में मेरी अपनी दुकान हुआ करती थी।

Note. "Used to" को Present Tense में "use to" के रूप में लिखना अशुद्ध है। अर्थात् हम यह नहीं लिख सकते:

I use to go to school. मैं स्कूल जाया करता हूँ।

इसके स्थान पर हमें लिखना चाहिए:

I go to school.

Need

'Need' शब्द का प्रयोग obligation के तौर पर होता है। यह अधिकतर Present Tense के Interrogative Sentences में Use होता है:

(a) Need I tell it again ? क्या मुझे यह दुबारा बताने की ज़रूरत है ?

(b) Need we call him ? क्या उसे बुलाने की आवश्यकता है ?

Note. 'Need' का प्रयोग Full Verb के रूप में 'necessity' (आवश्यकता) के रूप में भी

हो सकता है:

(a) I don't need your help. मुझे आपकी सहायता नहीं चाहिए।

(b) They needed no more money. उन्हें और धन की आवश्यकता नहीं थी।

Need Not or Needn't

'Needn't का प्रयोग Obligation के तौर पर होता है। यह Negative Message Convey करता है। यह अधिकतर Present Tense में Use किया जाता है Past Tense में इसका प्रयोग "need not (or needn't) have" के रूप में किया जा सकता है:

Present Tense में प्रयोग:

(a) You need not or needn't talk to me.
तुम्हें मुझसे बात करने की ज़रूरत नहीं है।

(b) You need not (or needn't) tell a fake story.
तुम्हें झूठी कहानी सुनाने की ज़रूरत नहीं है।

Past Tense में प्रयोग:

(a) You *need not (or needn't)* have killed a bird for us.
तुम्हें हमारे लिए पक्षी मारने की जरूरत नहीं थी।

Note. एक बीती घटना के लिए "need not" का प्रयोग उचित नहीं है।

CHAPTER 27

ACTIVE AND PASSIVE VOICE (I) (GENERAL)

किसी भी वाक्य को उस समय Active Voice कहते हैं जब इसका Subject कोई Action सीधे तौर पर करता है, लेकिन इसको Passive Voice उस समय कहते हैं जब इसके Subject द्वारा कोई काम लिया जाये। *e.g.,*

Renu took tea. (Active Voice)
↓ ↓ ↓
S V2 O

Tea was taken by Renu. (Passive Voice)
↓ ↓ ↓
S V3 O

Active को Passive Voice में Change करते समय हमें यह याद रखना चाहिए कि Verb का Object Subject के स्थान पर आ जाता है और Subject Object में बदल जाता है। जैसेकि नीचे दिये गये Sentence में। *e.g.,*

I know him very well. (Active)
↓ ↓ ↓
S V O

He is known to me very well. (Passive)
↓ ↓ ↓
S V O

साधारणतया Subject Object की जगह पर आता है, तो इससे पहले 'by' शब्द का प्रयोग होता है और Passive Voice में Verb की 3rd Form का प्रयोग अनिवार्य होता है।

He steals my pen. (Active)
↓ ↓ ↓
S V1 O

My pen is stolen by him. (Passive)
↓ ↓ ↓
S V3 O

(A) परन्तु कुछ एक ऐसे Words हैं जिनके Sentences को जब हम Passive Voice में

Change करते हैं तो 'by' की जगह कोई और Word, जैसे कि 'to,' 'at,' 'in,' 'with' etc. लगता है। *e.g.,*

1. He knows me very well. (Active) वह मुझे अच्छी तरह जानता है।
   I am known *to* him very well. (Passive)
2. Your conduct makes me angry. (Active) आपका व्यवहार मुझे गुस्सा दिलाता है।
   I am angry *at* your conduct. (Passive)
3. She annoys me very much. (Active)
   I am annoyed *with* her very much. (Passive)
4. This jug contains a little water. (Active)
   A little water is contained *in* this jug. (Passive)

(B) जो Sentences "it is time" से शुरू होते हैं वे Passive Voice में "it is time for" से शुरू होते हैं। *e.g.,*

1. *It is time* to have notebooks checked. (Active)
   It is time for the notebooks to be checked. (Passive)
2. *It is time* to say the prayers.
   It is time for the prayers to be said.

(C) कुछ एक Sentences में, जहां Verb पहले आने वाले Noun की Quality के अनुसार प्रयोग में आता है, वहां Passive Voice में "when V3" or "when it is V3" का प्रयोग होता है। *e.g.,*

(i) Sugar *tastes* sweet. (Active Voice)
Sugar is sweet *when tasted.* (Passive Voice)
or, Sugar is sweet *when it is tasted.* (Passive Voice)

(ii) Sulphur *smells* pungent.
Sulphur is pungent *when smelt.*
Sulphur is pungent *when it is smelt.*

(D) नीचे दिये गये Sentences में 'by' लगाने की कोई ज़रूरत नहीं जब हम इनको Passive Voice में Change' करते हैं, क्योंकि यह इस प्रकार के वाक्य हैं जिनमें व्यक्ति के स्थान पर सम्बन्धित कार्य के होने को अधिक महत्त्वपूर्ण समझा जाता है।

(i) He has taken the charge. उसने कार्य-भार सम्भाल लिया है।
The charge has been taken. कार्य-भार ले लिया गया है।

Note. जब Charge ले लिया गया है, तो यह Understood है कि यह किसी न किसी व्यक्ति ने ही लिया है।

(ii) He has stolen my book. उसने मेरी पुस्तक चुराई है।
My book has been stolen. मेरी पुस्तक चुराई गई है।

(iii) They say that truth is more precious than gold. वह कहते हैं कि सत्य सोने से अधिक कीमती है।

It is said that truth is more precious than gold. कहा जाता है कि सत्य सोने से अधिक कीमती है।

Note. "They say" Passive Voice में सदा "It is said" में परिवर्तित हो जाता है।

(iv) I have finished my work. मैंने अपना काम समाप्त कर लिया है।

My work has been finished. मेरा काम समाप्त हो चुका है।

(E) कुछ Sentences, जिनमें 'may,' 'might,' 'can,' 'could,' 'should,' 'ought' etc. लगता है, वे जब Passive Voice में Change किये जाते है, तो 'be' शब्द प्रयोग में लाया जाता है। *e.g.,*

(i) We should not laugh at the poor. हमें निर्धनों पर नहीं हंसना चाहिए।

The poor should not be laughed at. निर्धनों पर नहीं हंसा जाना चाहिए।

(ii) We must take part in good activities. हमें अच्छे कामों में भाग लेना चाहिए।

Part must be taken is good activites. अच्छे कामों में भाग लिया जाना चाहिए।

(F) Imperative Sentences नीचे दिये गये ढंग से Passive Voice में Change होते हैं। इन Sentences को Passive Voice में बदलते समय 'advised,' 'ordered,' 'requested,' 'suggested' आदि का प्रयोग होता है:

(i) work hard. मेहनत करो।

You are advised to work hard. आपको परामर्श दिया जाता है कि आप मेहनत करें।

(ii) Move on. चलते जाओ।

You are ordered to move on. आपको आदेश दिया जाता है कि आप चलते जाएं।

(iii) Do not make a noise. शोर मत मचाओ।

You are forbidden to make a noise. आपको शोर मचाने से मना किया जाता है।

(G) जिन Sentences में दो Object होते हैं, वे दो ढंगों से Passive Voice में Change हो सकते हैं:

(i) She gave me this pen. (Active) उसने मुझे यह पैन दिया।

This pen was given to me by her. उसके द्वारा यह पैन मुझे दिया गया।

or, I was given this pen by her. मुझे यह पैन उसके द्वारा दिया गया।

(ii) They sent you this very message. (Active voice)

उन्होंने तुम्हें यही संदेश भेजा।

This very message was sent to you by them. (Passive Voice)

यही संदेश उनके द्वारा आपको भेजा गया।

You were sent this very message by them. (Passive Voice)

आपको यही संदेश उनके द्वारा भेजा गया।

CHAPTER 28

ACTIVE AND PASSIVE VOICE

TENSE-WISE RULES II

Abbrevations: नीचे Change of Voice Tense के अनुसार दिये गये हैं:

(1) Active Voice = A.V

(2) Passive Voice = P. V.

(3) Object Changed Into Subject = S. S. (Changed Subject)

(4) Subject Changed Into Object = C.O. (Changed Object)

I. Present Indefinite

Present Indefinite के Affirmative Sentences को Passive Voice में Change करने का Formula नीचे दिया गया है।

Active voice: S + Verb 1st form + es or s + O

Passive voice. changed subject + is, am, are (be) + v3 + by + changed object.

Note.(a) जैसा कि आप जानते हैं, जहां पर I Subject बन जायेगा, वहां 'am' लगेगा।

(b) अगर Changed Subject Plural बनता है तो 'are' लगेगा।

(c) अगर Changed Subject 3rd Preson Singular बनता है, तो 'is' लगेगा।

Examples

(a) I write a letter.

↓ ↓ ↓

S VI O

मैं एक पत्र लिखता हूँ।

A letter is writen by me.

↓ ↓ ↓

C.S. V3 C.O.

मेरे द्वारा एक पत्र लिखा जाता है।

(b) I love my country. मैं अपने देश से प्यार करता हूँ।

My country is loved by me. मेरे देश को मेरे द्वारा प्यार किया जाता है।

(c) She likes me very much. वह मुझे बहुत पसन्द करती है।

I am liked by her very much.

(d) We play hockey. हम हॉकी खेलते हैं।
Hockey is played by us.

(e) Ram makes a noise. राम शोर मचाता है।
A noise is made by Ram.

EXERCISE

नीचे दिये गये Sentences को Passive Voice में Change करें:

1. Sandeep laughs at the poor. संदीप गरीबों पर हंसता है।
2. Mukesh makes a lot of mistakes. मुकेश बहुत सी गलतियां करता है।
3. We take a daily morning exercise. हम हर रोज़ सुबह कसरत करते हैं।
4. He runs a good race. वह अच्छी दौड़ दौड़ता है।
5. He makes a good score in cricket. वह क्रिकेट में अच्छा स्कोर बनाता है।

Negative

Present Indefinite की Negative Passive Voice का Formula नीचे दिया गया है:
Active Voice. S + does, do + not + V1 + O
Passive Voice. Changed S + is, am, are + not V3 + C.O.
Examples

(a) Seema does not sing a song.
↓ ↓ ↓
S V1 O
सीमा गाना नहीं गाती है।
A song is not sung by Seema.
↓ ↓ ↓
S V3 O
सीमा द्वारा गाना नहीं गाया जाता (है)।

(b) They do not attend the school. वे स्कूल नहीं जाते हैं।
The school is not attended by them. उनके द्वारा स्कूल नहीं जाया जाता (या स्कूल में उपस्थित नहीं हुआ जाता)।

(c) She does not make a doll. वह गुड़िया नहीं बनाती है।
A doll is not made by her.

(d) He does not laugh at you. वह आप पर नहीं हंसता है।
You are not laughed at by him. उसके द्वारा तुम पर नहीं हँसा जाता।

(e) We do not forget your advice. हम आपकी नसीहत को नहीं भूलते हैं।
Your advice is not forgotten by us. आपकी नसीहत हमारे द्वारा नहीं भुलाई जाती (है)।

EXERCISE

नीचे दिये गये Active Voice के Sentences को Passive में Change किया गया है। आपको खाली स्थान भरने हैं:

1. He does not beat me. वह मुझे नहीं मारता है।
I .... (is/am/are) not beaten by ....
(a) him (b) they (c) he (d) you.

2. She does not join the academy.
They academy .... (is, am, are) not joined by........... .
(a) him (b) she (c) her (d) you

3. I do not scold him. मैं उसे नहीं डांटता हूँ।
.... (is/am/are) not scolded by me........... .
(a) Him (b) They (c) You (d) He

4. His father does not rebuke him. उसके पिता उसे झिड़की नहीं देते हैं।
He .... (is, am, are) not rebuked by........... .
(a) he father, (b) she father (c) his father (d) her father.

5. They do not cast their votes in favour of a good party.
वह अपने वोट एक अच्छी पार्टी के पक्ष में नहीं डालते हैं।
Their votes .... (is/am/are) not cast in favour of a good party by ....
(a) they (b) that (c) them (d) him

Interrogative. Present Indefinite के Interrogative के Passive Voice का Formula नीचे दिया गया है:

Active Voice. Wh or how + do, does + S + V1 + O + ?

Passive Voice. Who or how + is/am/are + CS + V3 + by + CO + ?

Examples

(a) Do you want this pencil?
↓ ↓ ↓
S Vl O
क्या आप यह पैंसिल चाहते हैं?
Is this pencil wanted by you?
↓ ↓ ↓
S V3 O
क्या यह पैंसिल आपके द्वारा चाही जाती है?

(b) Do you like tea? क्या आप चाय पसन्द करते हैं?
Is tea liked by you? क्या चाय आप (के) द्वारा पसन्द की जाती है?

(c) Does she kill the rat ? क्या वह चूहे को मारती है?

Is the rat killed by her? क्या उसके द्वारा चूहा मारा जाता है ?

(d) Do they play cards? क्या वे ताश खेलते हैं ?

Are cards played by them? क्या उनके द्वारा ताश खेली जाती है।

EXERCISE

नीचे दिये गये Sentences में खाली स्थान भरें:

1. Does she do her duty? क्या वह अपने कर्त्तव्य का पालन करती है ?

(is/am/are) .... her duty done by ....?

(a) she (b) her (c) him (d) he.

2. Do you speak the truth? क्या आप सच बोलते हैं ?

.... (is/am/are) the truth spoken by ....?

(a) you (b) yours (c) them (d) him.

3. Who does not love you? आपसे कौन प्यार नहीं करता ?

By whom .... (is/am/are) .... not loved?

(a) them (b) you (c) your (d) yours.

4. Which one of the pens do you like the most? आपको पैनों में से कौन सा पैन सबसे अच्छा लगता है ?

Which one of the pens .... (is/am/are) liked .... the most by ....?

(a) you (b) yours (c) you (d) him.

5. Does he water the plants? क्या वह पौधों को पानी देता है ?

.... (is/am/are) the plants watered by ....?

(a) he (b) you (c) her (d) him.

Interrogative Negative. Present Indefinite के Interrogative Negative Sentences की Passive Voice बनाने का Formula नीचे दिया गया है:

Active voice. Wh or how + do, does + S + not + V1 + O + ?

Passive voice. Wh or how + is/am/are + C.S. + not + V3 + by + C.O. + ?

Examples

(a) Does he not tell you about the future programme?

↓ ↓ ↓ ↓

S Vl O D.O.

क्या वह आपको आने वाले प्रोग्राम के बारे में नहीं बताता है ?

Is the future programme not told to you by him?

↓ ↓ ↓ ↓

S V3 I.O. C.O.

क्या भविष्य के प्रोग्राम के बारे में आपको उसके द्वारा नहीं बताया जाता ?

(b) Do you not love your country? क्या आप अपने देश से प्यार नहीं करते हैं ?

Is your country not loved by you? क्या आपके द्वारा आपके देश को प्यार नहीं किया जाता?

(c) Do they not sing a song? क्या वे गाना नहीं गाते हैं?

Is a song not sung by them? क्या उनके द्वारा गाना नहीं गाया जाता?

Imperative Sentences

जिन Sentences में Request, Suggestion, Advice, Order, Prohibition etc. होते हैं, उनका Passive Voice नीचे दिये गये ढंग से बनता है। *e.g.,*

(1) Please lend me your scooter. कृपया आप मुझे अपना स्कूटर उधार दें।

You are requested to lend me your scooter. आपको प्रार्थना की जाती है कि आप मुझे अपना स्कूटर उधार दें।

(2) Do not make a noise. शोर मत मचाओ।

You are forbidden to make a noise. आप को शोर मचाने से मना किया जाता है।

or, Let a noise not be made. शोर न मचाया जाये।

(3) Let us go out to attend the meeting. आओ बाहर सभा के लिए चलें।

It is suggested that we should go out to attend the meeting. यह सुझाव दिया जाता है कि हम बाहर सभा पर चलें।

(4) Work hard. खूब मेहनत करो।

(5) Kindly tell me the real thing. कृपया मुझे वास्तविक बात बताएं।

You are requested to tell me the real thing. आपसे प्रार्थना की जाती है कि आप मुझे वास्तविक बात बताएं।

Optative Sentences

Optative Sentences नीचे दिये गये ढंगों से Passive Voice में Change होते हैं:

(a) May you live long! भगवान करे, आपकी आयु लम्बी हो!

It is prayed that you may live long. यह प्रार्थना की जाती है कि आपकी आयु लम्बी हो।

(b) May God bless you! भगवान तुम्हारा भला करे!

It is prayed that God may bless you. यह प्रार्थना की जाती है कि भगवान तुम्हारा भला करे।

II. PRESENT CONTINUOUS

Present Continuous के Affirmative Sentences का Passive Voice नीचे दिये गये ढंग से बनता है।

Active. S + is/am/are + V1 + ing + O.

Passive. changed subject + is/am/are + being + V3 + by + changed object.

Examples

(a) The Peon is ringing the bell.

↓ ↓ ↓

S V1 + ing O

चपरासी घण्टी बजा रहा है।

The bell is being rung by the peon.

↓ ↓ ↓

C.S V3 C.O.

चपरासी द्वारा घंटी बजाई जा रही है।

(b) He is taking his bath. वह नहा रहा है।

His bath is being taken by him. उसके द्वारा नहाया जा रहा है।

(c) They are making a fun of you. वह आपका मज़ाक उड़ा रहे हैं।

A fun of you is being made by them. उनके द्वारा आपका मज़ाक उड़ाया जा रहा है।

(d) Geeta is writing on the slate. गीता स्लेट पर लिख रही है।

The slate is being written on by Geeta. गीता द्वारा स्लेट पर लिखा जा रहा है।

(e) Rita is washing the clothes. रीटा कपड़े धो रही है।

The clothes are being washed by Rita. रीटा द्वारा कपड़े धोये जा रहे हैं।

EXERCISE

नीचे दिये गये Sentences को Passive Voice में Change करें:

1. She is sewing a frock. वह एक फ्रॉक सी रही है।
2. He is teaching me. वह मुझे पढ़ा रहा है।
3. He is teaching me how to dance. वह मुझे नाचना सिखा रहा है।
4. They are praying to God. वह भगवान से प्रार्थना कर रहे हैं।
5. The farmers are ploughing the fields. किसान खेतों में हल चला रहे हैं।
6. The cobbler is repairing my shoes. मोची मेरे जूते ठीक कर रहा है।
7. My grandfather is telling me a story about ghosts. मेरे दादाजी मुझे भूतों की कहानी सुना रहे हैं।
8. The teacher is giving some advice to me. अध्यापक मुझे नसीहत दे रहा है।
9. Dinesh is telling a lie. दिनेश झूठ बोल रहा है।
10. The cat is pouncing upon the rat. बिल्ली चूहे पर झपट्टा मार रही है।

Negative

Present Continuous के Negatives Sentences का Passive Voice का Formula नीचे दिया गया है:

Active Voice. S + is/am/are + not + V1 + ing + O.

Passive Voice. C.S + is/am/are + not + being + V3 + by + C.O.

Examples

(a) He is not breaking the slate.

↓ ↓ ↓

S V1 + ing O

वह स्लेट नहीं तोड़ रहा है।

The slate is not being broken by him.

↓ ↓ ↓

C.S. V3 C.O.

उसके द्वारा स्लेट नहीं तोड़ी जा रही हैं।

(b) They are not sending the message. वह संदेश नहीं भेज रहे हैं।

The message is not being sent by them. उनके द्वारा संदेश नहीं भेजा जा रहा है।

(c) He is not taking part in the annual function. वह वार्षिक समारोह में भाग नहीं ले रहा है।

Part in the annual function is not being taken by him. उसके द्वारा वार्षिक समारोह में भाग नहीं लिया जा रहा है।

(d) He is not taking a bribe. वह रिश्वत नहीं ले रहा है।

A bribe is not being taken by him. उसके द्वारा रिश्वत (घूस) नहीं ली जा रही है।

(e) He is not jumping over the wall. वह दीवार के ऊपर से नहीं कूद रहा है।

The wall is not being jumped over by him. उसके द्वारा दीवार के ऊपर से नहीं कूदा जा रहा है।

Interrogative Sentences. Present Continuous के Interrogative Sentences के Passive Voice का Formula नीचे दिया गया है:

Active Voice. Wh or how + is/am/are + S + V1 + ing + O + ?

Passive Voice. Wh or how + is/am/are + C.S. + being V3 + C.O. + ?

Examples

(a) Is she running behind the bus? क्या वह बस के पीछे दौड़ रही है?

Is the bus being run behind by her? क्या उसके द्वारा बस के पीछे भागा जा रहा है?

(b) Why are you visiting Simla? तुम शिमला क्यों जा रहे हो?

Why is Shimla being visited by you? तुम्हारे द्वारा शिमला क्यों जाया जा रहा है?

(c) Where is he building his new house? वह अपना नया मकान कहां बना रहा है?

Where is his new house being built by him? उसके द्वारा अपना मकान कहां बनाया जा रहा है?

(d) Why are you cracking a joke? तुम चुटकुला क्यों सुना रहे हो? (या मज़ाक क्यों कर रहे हो?)

Why a joke is being cracked by you? तुम्हारे द्वारा एक चुटकुला क्यों सुनाया जा रहा है ?

(e) Is he sending you any news? क्या वह तुम्हें कोई खबर दे रहा है ?
Is any news being sent to you by him? क्या उसके द्वारा आपको कोई समाचार दिया जा रहा है ?

EXERCISE

नीचे दिये गये Sentences के खाली स्थान भरें:

1. Are you speaking the truth? क्या आप सच बोल रहे हैं ?
.... (is/am/are) truth being spoken by ....?
(a) you (b) him (c) her (d) his.

2. Is she preparing a dish for you? क्या वह तुम्हारे लिए पकवान बना रही है ?
.... (is/am/are) a dish being prepared for you by..........?
(a) she (b) him (c) her (d) he.

3. Where are you looking for you pen? तुम अपने पैन को कहां ढूंढ रहे हो ?
Where .... (is/am/are) your pen being looked for by ....?
(a) him (b) Yours (c) you (d) your.

4. Am I disturbing you? क्या मैं तुम्हें तंग कर रहा हूँ ?
या (क्या मैं आपके काम में ख़ल्ल डाल रहा हूँ ?)
—— (is/am/are) you being distrubed by .... ?
(a) you (b) I (c) me (d) yours.

5. Are they waiting for me ? क्या वे मेरी प्रतीक्षा कर रहे हैं ?
.... (is/am/are) I being waiting for by .... ?
(a) him (b) them (c) they (d) me.

Interrogative Negative

Present Continuous के Interrogative Negative के Passive Voice का Formula नीचे दिया गया है:

Active Voice. Wh or how + is/am/are + S + not / V1 + ing + O + ?
Passive Voice. Wh or how + is/am/are + C.S. + not + being + V3 + C.O + ?

Examples

(a) Is he not dressing you?
↓ ↓ ↓
S V1 + ing O
क्या वह आपकी ड्रैसिंग (पट्टी) नहीं कर रहा है ?
Are you not being dressed by him?
↓ ↓ ↓
C.S. V3 C.O
क्या उसके द्वारा आपकी ड्रैसिंग (पट्टी) नहीं की जा रही है ?

(b) Is she not shaking her head? क्या वह अपना सिर नहीं हिला रही है ?
Is her head not being shaken by her? क्या उसके द्वारा अपना सिर नहीं हिलाया जा रहा है ?

(c) Am I not knocking at the door? क्या मैं दरवाज़ा नहीं खटखटा रहा हूँ ?
Is the door not being knocked at by me? क्या दरवाज़ा मेरे द्वारा नहीं खटखटाया जा रहा है ?

(d) Are they not catching the bird? क्या वे पक्षी को नहीं पकड़ रहे हैं ?
Is the bird not being caught by them? क्या उनके द्वारा पक्षी नहीं पकड़े जा रहे हैं ?

(e) Is he not trying to chain the dog? क्या वह कुत्ते को ज़ंजीर डालने की कोशिश नहीं कर रहा है ?
Is the dog not being tried to be chained by him? क्या उसके द्वारा कुत्ते को ज़ंजीर डालने का यत्न नहीं किया जा रहा है ?

EXERCISE

नीचे दिये गये Sentences में Present Continuous के Interrogative Negative के Passive Voice पर Tick (√) का निशान व दूसरों पर Cross (×) का निशान डालें:

1. Is the peon not ringing the bell? ☐
2. Are they not being sacked from their jobs? ☐
3. Is the fan not being repaired by you? ☐
4. Are you not singing a song? ☐
5. Is the ship not being attacked by the enemy's torpedo? ☐
6. Are good manners not being instilled into their minds? ☐
7. Where are you going? ☐
8. Why are you not taking interest in your studies? ☐
9. Why is the message not being conveyed to them by you? ☐
10. Is he not being scolded by his father? ☐
11. Why is he not telling the truth? ☐
12. Why is he not drinking tea? ☐
13. Are you not being punished by your grand father? ☐
14. Why is she not ringing up the police? ☐
15. Is he not smoking in the party? ☐

III. PRESENT PERFECT

Present Perfect के Affirmative Sentences की Passive Voice का Formula नीचे दिया गया है:

Active Voice. S + has, have + V3 + O.

Passive Voice. C.S. + has, have + been + V3 + by + C.O.

Examples

(a) He has taken his meals.
↓ ↓ ↓
S V3 O
वह अपना भोजन खा चुका है।
His meals have been taken by him.
↓ ↓ ↓
CS V3 C.O.
उसके द्वारा भोजन किया जा चुका है।

(b) They have killed the lion. वे बब्बर शेर को मार चुके हैं।
The lion has been killed by them. उनके द्वारा बब्बर शेर मारा जा चुका है।

(c) The hunter has caught the rabbit. शिकारी ख़रगोश को पकड़ चुका है।
The rabbit has been caught by the hunter. शिकारी द्वारा ख़रगोश को पकड़ा जा चुका है।

(d) She has drunk the milk. वह दूध पी चुकी है।
The milk has been drunk by her. उसके द्वारा दूध पिया जा चुका है।

(e) Satish has punished his brother. सतीश अपने भाई को दण्ड दे चुका है।
His brother has been punished by Satish. सतीश द्वारा अपने भाई को दण्ड दिया जा चुका है।

EXERCISE

नीचे दिये गये Sentences को Passive Voice में Change करें:

1. The thief has broken into the house. चोर घर में सेंध लगा चुका है।
2. The elephant has uprooted all the plants in the garden. हाथी बगीचों के सभी पौधे उखाड़ चुका है।
3. The teacher has solved the question. अध्यापक सवाल हल कर चुका है।
4. Mohan has plucked the flower. मोहन फूल तोड़ चुका है।
5. She has prepared a garland of flowers. वह फूलों का एक हार तैयार कर चुकी है।
6. Ram has made a noise in the classroom. राम कक्षा में शोर मचा चुका है।
7. She has finished his work. वह अपना काम ख़त्म कर चुका है।
8. She has made her speech. वह अपना भाषण दे चुकी है।

Negative

Present Perfect के Negative की Passive Voice का Formula नीचे दिया गया है:
Active Voice. S + has, have + not + V3 + O.
Passive Voice. C.S. + has, have + not + been + V3 + by + C.O.

Examples

(a) He has not flown the kite.
↓ ↓ ↓
S V3 O
वह पतंग नहीं उड़ा चुका है।
The kite has not been flown by him.
↓ ↓ ↓
C.S. V3 C.O.
उसके द्वारा पतंग नहीं उड़ाई गई है।

(b) They have not sung a song. वे गाना नहीं गा चुके हैं।
A song has not been sung by them. उनके द्वारा गाना नहीं गाया गया है।

(c) The farmers have not ploughed the fields. किसान खेतों में हल नहीं चला चुके हैं।
The fields have not been ploughed by the farmers. किसानों द्वारा खेतों में हल नहीं चलाया गया है (या चलाया जा चुका है)।

(d) She has not prepared dinner for us. वह हमारे लिए रात का खाना तैयार नहीं कर चुकी है।
Dinner for us has not been prepared by her. उसके द्वारा हमारे लिए रात का खाना तैयार नहीं किया गया।

(e) He has not composed a sad song. वह एक दु:ख भरा गाना तैयार नहीं कर चुका है।
A sad song has not been composed by him. उसके द्वारा एक दु:ख भरा गाना तैयार नहीं किया गया है।

Interrogative

Present Perfect के Interrogative के Passive Voice का Formula नीचे दिया गया है:
Active Voice. Wh or how + has, have + S + V3 + O + ?
Passive Voice. Wh or how + has, have + C.S. + been + V3 + by + C.O. + ?

Examples

(a) Who has broken your pencil?
↓ ↓ ↓
S V3 O
तुम्हारी पेंसिल किसने तोड़ दी?
By whom has your pencil been broken?
↓ ↓ ↓
C.O. C.S V3
किसके द्वारा तुम्हारी पेंसिल तोड़ी गई है?

Note. 'who' से आरम्भ होने वाले वाक्य में दिये हुए Formula से जो थोड़ी सी भिन्नता है,

उसे ध्यान से देखें।

(b) Have you ever visited a zoo?
↓ ↓ ↓
C.S. V3 C.O.
क्या आप कभी चिड़ियाघर गये हैं ?
Has a zoo ever been visited by you?
↓ ↓ ↓
C.S. V3 O
क्या तुम्हारे द्वारा कभी चिड़ियाघर जाया गया है ?

(c) Why has she asked you about this matter? उसने तुम्हें इस बात के बारे में क्यों पूछा है ?
Why have you been asked about this matter? उसके द्वारा तुम्हें इस मामले के बारे में क्यों पूछा गया है ?

(d) Has he made an attempt on your life? क्या उसने आपकी जान लेने की कोशिश की है ?
Has an attempt been made by him on your life? क्या उसके द्वारा तुम्हारी जान लेने की कोशिश की गई है ?

EXERCISE

नीचे दिये गये Sentences को Passive Voice में Change करें:

1. Why have you sent him to market? उसे आपने बाज़ार क्यों भेजा है ?
2. Have they caught a bird? क्या वे एक पक्षी को पकड़ चुके हैं ?
3. Has she done her examinations well? क्या वह अपनी परीक्षाएं अच्छी तरह से दे चुकी है ?
4. Have they played a friendly match? क्या वे सद्भावनापूर्ण मैच खेल चुके हैं ?
5. Has Sandeep planned something very well? क्या संदीप कुछ बहुत अच्छा नियोजित कर चुका है ?
6. Has Geeta written a letter to her mother? क्या गीता अपनी माताजी को पत्र लिख चुकी है ?
7. Where has she lost her hair band? वह अपने बालों का बैंड कहां गुम कर चुकी है ?
8. Has he scolded you? क्या वह आपको डांट चुका है ? (क्या उसने आपको डांटा है ?)

Interrogative Negative

Present Perfect के Interrogative Negative की Passive Voice का Formula नीचे देया गया है:

Active Voice. Wh or how + has/have + S + not + V3 + O + ?

Passive Voice. Wh or how + has/have + C.S. + not + been + V3 + C.O. + ?

Examples

(a) Have they not opened the door? क्या वे दरवाजा नहीं खोल चुके हैं ? या क्या उन्होंने दरवाज़ा नहीं खोला है ?

Has the door not been opened by them? क्या उनके द्वारा दरवाज़ा नहीं खोला गया है ?

(b) Has Sangeeta not learned her lesson? क्या संगीता अपना पाठ याद नहीं कर चुकी है ?

Has her lesson not been learnt by Sangeeta? क्या संगीता द्वारा अपना पाठ याद नहीं किया गया है ?

(c) Why have you not brought the matter to full light? तुमने बात के बारे में पूरी तरह क्यों नहीं बताया ? अथवा तुमने बात पर पूरी रौशनी क्यों नहीं डाली ?

Why the matter has not been brought to full light by you ? तुम्हारे द्वारा बात पर पूरी रौशनी क्यों नहीं डाली गयी है ?

(d) Has she not seen you? क्या वह आपको नहीं देख चुकी है ?

Have you not been seen by her? क्या तुम उस (महिला) के द्वारा नहीं देखे गये हो ? (या देखे जा चुके हो ?)

IV. PRESENT PERFECT CONTINUOUS

Present Perfect Continuous Tense has no Passive Voice.

V. PAST INDEFINITE

Past Indefinite के Affirmative Sentences की Passive Voice का Formula नीचे दिया गया है:

Active Voice. S + V2 + O.

Passive Voice. C.S. + was, were + V3 + by + C.O.

Examples

(a) Our teacher gave him good advice.

↓ ↓ ↓

S V2 O

हमारे अध्यापक ने उसे अच्छी नसीहत दी।

He was given good advice by our teacher.

↓ ↓ ↓

C.S. V3 C.O.

हमारे अध्यापक द्वारा उसे अच्छी नसीहत दी गई।

(b) Manish broke the leg of the chair. मनीश ने कुर्सी की टांग तोड़ दी।
The leg of the chair was broken by Manish. मनीष द्वारा कुर्सी की टांग तोड़ी गई।

(c) Rakesh bought a new notebook. राकेश ने नई कापी खरीदी।
A new notebook was bought by Rakesh. राकेश द्वारा नई कापी खरीदी गई।

(d) The sweeper cleaned the room. जमादार ने कमरा साफ़ किया।
The room was cleaned by the sweeper. जमादार द्वारा कमरा साफ किया गया।

(e) He operated the computer quite brilliantly. उसने कम्प्यूटर पर बहुत बढ़िया ढंग से काम किया।
The computer was operated upon quite brilliantly by him. उसके द्वारा कम्प्यूटर पर बढ़िया ढंग से काम किया गया।

EXERCISE

नीचे दिये गये Sentences के खाली स्थान भरें:

1. He rubbed his eyes. उसने अपनी आंखें मलीं।
His eyes .... (was/were) rubbed by ....
(a) he (b) him (c) her (d) she.

2. The tailor sewed my pants. दर्जी ने मेरी पैंट सी दी।
My pants .... (was/were) sewed (or sewn) by ....
(a) me (b) him (c) I (d) tailor.

3. He cut the apple into two. उसने सेब को दो भागों में काटा।
The apple .... (was/were) cut into two by ....
(a) he (b) me (c) him (d) her.

4. The wolf pounced upon the rabbit. भेड़िया खरगोश पर झपटा।
The rabbit .... (was/were) pouced upon by ....
(a) the lion (b) the wolf (c) the rabbit (d) the tiger.

5. The teacher wrote an application on the black-board.
अध्यापक ने एक प्रार्थनापत्र ब्लैक-बोर्ड पर लिखा।
An application .... (was/were) written (down) on the black-board by ....
(a) me (b) the teacher (c) you (d) her

Negative

Past Indefinite के Negative Sentences की Passive Voice का Formula नीचे दिया गया है:

Active Voice. S + did + not + V1 + O.

Passive Voice. C.S. + was, were + not + V3 + by + C.O.

Examples

(a) He did not play cards.

↓ ↓ ↓

S V1 O

वह ताश नहीं खेला।

Cards were not played by him.

↓ ↓ ↓

C.S. V3 O

उसके द्वारा ताश नहीं खेला गया।

(b) They did not listen to me. उन्होंने मेरी बात नहीं सुनी।

I was not listened to by them. उनके द्वारा मेरी बात नहीं सुनी गई।

(c) She did not adopt her. उसने उसे गोद नहीं लिया।

She was not adopted by her. उसके द्वारा वह गोद नहीं ली गई।

(d) Vimal did not know you. विमल आपको नहीं जानता था।

You were not known to Vimal. विमल द्वारा आप नहीं जाने जाते थे।

(e) She did not pay any attention to my warning. उसने मेरी चेतावनी की ओर कोई ध्यान नहीं दिया।

No attention was paid to my warning by her. उसके द्वारा मेरी चेतावनी की ओर कोई ध्यान नहीं दिया गया।

Interrogative Sentences

Past Indefinite के Interrogative Sentences की Passive Voice का Formula नीचे दिया गया है:

Wh or how + did + S + V1 + O + ?

Passive Voice. Wh or how + was + were + C.S. + V3 + by + C.O. + ?

Examples

(a) Why did he tell you such a pathetic story?

↓ ↓ ↓ ↓

S V1 D.O. I.O.

उसने आपको इतनी दर्द भरी कहानी क्यों सुनाई?

Why were you told such a pathetic story by him?

↓ ↓ ↓

S C.O. V3

उसके द्वारा इतनी दर्द भरी कहानी क्यों सुनाई गई?

(b) Did he make a programme with you? क्या उसने आपके साथ कोई कार्यक्रम बनाया?

Was a programme made with you by him? क्या उसके द्वारा आपके साथ कोई कार्यक्रम बनाया गया?

(c) Why did you disobey your teacher? तुमने अपने अध्यापक की आज्ञा का उल्लघंन क्यों किया?

Why was your teacher disobeyed by you? तुम्हारे द्वारा अपने अध्यापक की आज्ञा का उल्लंघन वयों किया गया?

(d) Did you salute the minister? क्या आपने मंत्री को सलाम किया?

Was the minister saluted by you? क्या आपके द्वारा मंत्री को सलाम किया गया?

(e) Did she give you an example? क्या उसने आपको उदाहरण दिया?

Was an example given to you by her? क्या उसके द्वारा आपको एक उदाहरण दिया गया?

EXERCISE

नीचे दिये गये Sentences में खाली स्थान भरें:

1. Did they play hockey? क्यों वे हॉकी खेले?

.... (was/were) hockey played by .... ?

(a) they (b) you (c) them (d) us.

2. Where did she hide her gold ring? उसने अपनी सोने की अंगूठी कहां छिपा दी?

Where .... (was/here) her gold ring hidden by .... ?

(a) she (b) him (c) her (d) you.

3. Did they love their country? क्या उन्होंने अपने देश से प्यार किया? या क्या वह अपने देश से प्यार करते थे?

.... (was/were) their country loved by .... ?

(a) their (b) them (c) they (d) he.

4. Why did he beat you? उसने तुम्हें क्यों मारा?

Why .... (was/were) you beaten by .... ?

(a) him (b) he (c) your (d) you.

5. Did she bless you? क्या उसने आपको आर्शीवाद दिया?

.... (was/were) you blessed by .... ?

(a) she (b) he (c) her (d) him.

Interrogative Negative Sentences

Past Indefinite के Interrogative Negative का Formula नीचे दिया गया है।

Active Voice. Wh or how + did + S + not + V1 + O + ?

Passive Voice. Wh or how + was/were + C.S. + not + V3 + by + C.O. + ?

Examples

(1) Did he not tell you the main idea?
↓ ↓ ↓
S V1 O
क्या उसने आपको मुख्य विचार नहीं बताया ?
Were you not told the main idea by him?
↓ ↓ ↓
C.S. V3 C.O.
क्या उसके द्वारा आपको मुख्य विचार नहीं बताया गया ?

(2) Why did you not sing a song in the party? आपने पार्टी में गाना क्यों नही गाया ?
Why was a song not sung by you in the party? पार्टी में आप के द्वारा गाना क्यों नहीं गाया गया ?

(3) What did she not tell him? उसने उसे क्या नहीं बताया ?
What was not told to him by her? उसके द्वारा उसे क्या नहीं बताया गया ?

VI. PAST CONTINUOUS

Past Continuous Tense की Passive Voice का Formula नीचे दिया गया है:

Affirmative Sentences

Active Voice. S + was, were + V1 + ing + O.
Passive Voice. C.S. + was, were + being + V3 + by + C.O.

Examples

(a) The washerman was ironing my shirt.
↓ ↓ ↓
S V1 + ing O
धोबी मेरी कमीज़ पर इस्तरी कर रहा था।
My shirt was being ironed by the washerman.
↓ ↓ ↓
C.S. C.O. V3
मेरी कमीज़ पर धोबी द्वारा इस्तरी की जा रही थी।

(b) Our soldiers were giving a crushing defeat to the enemy. हमारे सैनिक शत्रु को क़रारी हार दे रहे थे।
A crushing defeat was being given to the enemy by our soldiers.

EXERCISE

Change the following sentences into Passive Voice:

1. She was reading a book. वह एक पुस्तक पढ़ रही थी।

2. Everybody was following him. उसके पीछे हर कोई जा रहा था।
3. They were calling us. वह हमें बुला रहे थे।
4. The guard was waving the green flag. गार्ड हरी झंडी दे रहा था।
5. The Prime Minister was unfurling the national flag. प्रधानमंत्री राष्ट्रीय झंडा लहरा रहे थे।

Negative Sentences

Past Continuous Tense में Negative Sentences का Formula नीचे दिया गया है:
Active Voice. C.S + was, were + not + being + V3 + ing + O.
Passive Voice. C.S. + was, were + not + being + V3 + by + C.O.
Examples

(a) They were not attending to their work.
↓ S ↓ V1 + ing ↓ O
वह अपने काम की ओर ध्यान नहीं दे रहे थे।
Their work was not being attended to by them.
↓ C.S. ↓ VIII ↓ C.O.
उसके द्वारा अपने काम की ओर ध्यान नहीं दिया जा रहा था।

(b) I was not calling him names. मैं उसे गालियां नहीं दे रहा था।
He was not being called names by me. उसे मेरे द्वारा गालियां नहीं दी जा रही थीं।

EXERCISE

Change the following sentences into Passive Voice:

1. You were not preparing for the examination. आप परीक्षा की तैयारी नहीं कर रहे थे।
2. She was not observing a fast. वह उपवास नहीं रख रही थी।
3. We were not waiting for anybody. हम किसी की प्रतीक्षा नहीं कर रहे थे।
4. The bookseller were not selling books. पुस्तक विक्रेता पुस्तकें नहीं बेच रहे थे।
5. The children were not hitting the ball. बच्चे गेंद को हिट नहीं कर रहे थे।
6. They were not winning the match. वह मैच नहीं जीत रहे थे।

Interrogative Sentences

Interrogative Sentences (Past Continuous Tense) का Formula नीचे दिया गया है:

Active Voice. Wh or who + was, were + S + V1 + ing + O + ?
Passive Voice. Wh or how + was, were + C.S. + being + V3 + by + C.O. + ?

Examples

(a) Who was accompanying you to the museum?

↓ S ↓ V1 ↓ O

आप के साथ कौन अजायबघर जा रहा था ?

By whom, were you being accompained to the museum?

↓ C.S. ↓ V3 ↓ C.O.

आप के साथ किसे अजायबघर ले जाया जा रहा था ?

(b) Were the people listening to him? क्या लोग उसे सुन रहे थे ?

Was he being listened to by the people? क्या लोगों द्वारा वह सुना जा रहा था ?

EXERCISE

Change the following sentences into Passive Voice:

1. What were you doing in the the garden? आप बाग़ में क्या कर रहे थे ?
2. Where you teaching the students? आप विद्यार्थियों को कहां पढा रहे थे।
3. How was he treating his parents? वह अपने माता-पिता से कैसा व्यवहार कर रहा था ?
4. Who was not acting upon your advice? आपके परामर्श पर कौन अमल नहीं कर रहा था ?
5. Were the children plucking flowers? क्या बच्चे फूल तोड़ रहे थे ?

Interrogative Negative Sentences

Past continuous tense में Interrogative Negative Sentences को Passive Voice में बदलने का Formula नीचे दिया गया है:

Active Voice. Wh or how + was, were + S + not + V1 + being + V3 + by + C.O. + ?

Examples

(a) Why was he not singing a song?

↓ S ↓ V1 ↓ O

वह गाना क्यों नहीं गा रहा था ?

Why was a song not being sung by him?

↓ C.S. ↓ V3 ↓ C.O.

उसके द्वारा गाना क्यों नहीं गाया जा रहा था ?

(b) Were you not occupying a good seat in the train? क्या तुम गाड़ी में एक

अच्छी सीट पर नहीं बैठे थे?

Was a good seat not being occupied by you in the train? क्या तुम्हारे द्वारा गाड़ी में एक अच्छी सीट पर नहीं बैठा जा रहा था?

Note. आम बोलचाल में हम Sentence No. (b) को, विशेषकर उसकी Passive Form को Past Indefinite में बोलना बेहतर समझते हैं।

Did you not occupy a good seat in the train?
Was a good seat not occupied by you in the train?

EXERCISE

Change the following sentences into Passive Voice:

(A) **(1)** Why were you not doing any work? आप कोई काम क्यों नहीं कर रहे थे?

(2) Was she not attending the classes regularly? क्या वह नियमपूर्वक क्लासों में नहीं जा रही थी?

(3) Who was telling you such things? आपको ऐसी बातें कौन बता रहा था?

(4) Why were you not taking all this seriously? आप इस सबको गम्भीरता से क्यों नहीं ले रहे थे?

(5) Were they not really doing hard work? क्या वह सचमुच सख़्त मेहनत नहीं कर रहे थे?

(B) **Note.** Sentences No. (9) and (10) have been done for you.

(1) How did you complete this work? आपने यह काम कैसे पूरा किया?

(2) Which movie were you going to see? आप कौन सा चलचित्र देखने जा रहे थे?

(3) Who annoyed you? आपको किसने नाराज़ किया?

(4) Was your brother not doing his duty? क्या आपका भाई अपने कर्त्तव्य का पालन नहीं कर रहा था?

(5) Did you really like the new job? क्या नया काम आपको सचमुच अच्छा लगा?

(6) What was disturbing your mind? आप का मन किस बात से परेशान था?

(7) Where they not thinking of some remedy? क्या वह किसी इलाज के बारे में नहीं सोच रहे थे?

(8) Were the students reciting poems? क्या विद्यार्थी कविताओं का उच्चारण कर रहे थे?

(9) Did he not attend the meeting? क्या वह बैठक में उपस्थित नहीं हुआ?
Was the meeting not attended by him? क्या उसके द्वारा बैठक में उपस्थित नहीं हुआ गया?

(10) Were our soldiers not defeating the evemy? क्या हमारे सिपाही दुश्मन को नहीं हरा रहे थे?

Was the enemy not being defeated by our soldiers? क्या शत्रु हमारे सिपाहियों द्वारा नहीं हराया जा रहा था?

VIII. PAST PERFECT

Past Perfect की Passive Voice का Formula नीचे दिया गया है:

Affirmative Sentences

Active Voice. S + had + V3 + O.

Passive Voice. C.S. + had + been + V3 + by + C.O.

Examples

(a) The carpenter had made the doors.

↓ ↓ ↓

S V3 O

बढ़ई दरवाज़े बना चुका था।

The doors had been made by the Carpenter.

↓ ↓ ↓

C.S. V3 C.O.

दरवाज़े बढ़ई द्वारा बनाये जा चुके थे।

(b) He had thanked me for my help. वह मेरी सहायता के लिए मेरा धन्यवाद कर चुका था।

I had been thanked by him for my help. मेरी सहायता के लिए उसके द्वारा मेरा धन्यवाद किया जा चुका था।

(c) The plumber had dug holes in the wall. प्लम्बर ने दीवार में सुराख़ किये थे (या कर चुका था)

Holes in the wall had been dug by the plumber. प्लम्बर द्वारा दीवार में सुराख़ किए जा चुके थे।

(d) The juggler had shown many tricks. मदारी बहुत से तमाशे दिखा चुका था।

Many tricks had been shown by the juggler. मदारी द्वारा बहुत से तमाशे दिखाये जा चुके थे।

(e) They had buried the seeds in the soil. वे बीजों को मिट्टी में दबा चुके थे।

The seeds had been buried in the soil by them. उनके द्वारा बीज मिट्टी में दबाये जा चुके थे।

EXERCISE

नीचे दिये Sentences की Passive Voice बनायें:

1. The dog had chased the cat. कुत्ता बिल्ली के पीछे दौड़ चुका था।

2. The train had crossed the flyover. गाड़ी पुल पार कर चुकी थी।

3. Jagdish had stolen my book. जगदीश मेरी किताब चुरा चुका था।
4. Kuldeep had slapped across his face. कुलदीप उसको थप्पड़ मार चुका था।
5. The house had caught fire. घर को आग लग चुकी थी।

Negative Sentence

Past Perfect के Negative Sentences का Formula नीचे दिया गया है:
Active Voice. S + had + not + V3 + O.
Passive Voice. C.S. + had + not + been + V3 + by + C.O.
Examples

(a) Shyam had not sold his cow.
↓ ↓ ↓
S V3 O
श्याम अपनी गायें नहीं बेच चुका था।
His cow had not been sold by Shyam.
↓ ↓ ↓
C.S. V3 C.O
शाम द्वारा उसकी गायें नहीं बेची जा चुकी थीं।

(b) Ranjeet had not acted upon your advice. रणजीत ने आपकी सलाह पर अमल नहीं किया था।
You advice had not been acted upon by Ranjeet. रंजीत द्वारा आपकी सलाह पर अमल नहीं किया गया था।

(c) They had not phoned the police. उन्होंने पुलिस को फोन नहीं किया था।
The police had not been phoned by them. उनके द्वारा पुलिस को फोन नहीं किया गया था।

(d) He had not flown the kite high in the sky. उसने आकाश में पतंग बहुत ऊंची नहीं उड़ाई थी।
The kite had not been blown high in the sky by him. उसके द्वारा आकाश में ऊँची पतंग नहीं उड़ाई गई थी।

Interrogative Sentences

Past Perfect के Interrogative Sentences की Passive Voice का Formula नीचे दिया गया है:

Active Voice. Wh or how + had + S + V3 + O + ?
Passive Voice. Wh or how + had + C.S. + been + V3 + by + C.O. + ?
Examples

(a) Why had he paid no attention to my question ?
↓ ↓ ↓
S V3 O
मेरे प्रश्न की ओर उसने ध्यान क्यों नहीं दिया था?

Why had no attention been paid to my question by him?
↓ ↓ ↓
C.S. V3 C.O.
उसके द्वारा मेरे प्रश्न पर कोई ध्यान क्यों नहीं दिया गया था?

(b) Had she obeyed her father? क्या उसने अपने पिताजी का कहना माना था?
Had her father been obeyed by her? क्या उसके पिताजी का कहना उसके द्वारा माना गया था?

(c) How had they killed the elephant? उन्होंने हाथी को कैसे मारा था?
How had the elephant been killed by them? हाथी उनके द्वारा कैसे मारा गया था?

(d) Had he learnt a good lesson from you? क्या उसने आपसे अच्छा पाठ सीखा था?
Had a good lesson been learnt from you by him? क्या उसके द्वारा आपसे एक अच्छा पाठ सीखा गया था?

(e) Had he sailed the boat? क्या उसने नाव चलाई थी?
Had the boat been sailed by him? क्या उसके द्वारा नाव चलाई गई थी?

EXERCISE

नीचे दिये गये Sentences की Passive Voice लिखें:

1. Where had you abandoned the car? तुमने कार को कहां छोड़ा था?
2. Why had you not expressed your views. तुमने अपने विचार क्यों व्यक्त नहीं किये थे?
3. Had they beaten Suresh ? क्या वे सुरेश को पीट चुके थे?
4. Had the blade hurt his face ? क्या ब्लेड उसके मुँह को घायल कर चुका था?
5. Had she passed her examination in the first class ? क्या वह अपने इम्तिहान प्रथम श्रेणी में पास कर चुकी थी?

Interrogative Negative Sentences

Past Perfect के Interrogative Negative Sentences को Passive Voice में Change करने का Formula नीचे दिया गया है:

Active Voice. Wh or how + had + S + not + V3 + O + ?
Passive Voice. Wh or how + had + C.S. + not + been + V3 + by + C.O.?

Examples

(a) Had he not challenged you?
↓ ↓ ↓
S V3 O
क्या उसने आपको नहीं ललकारा था?

Had you not been challenged by him?
↓ ↓ ↓
C.S. V3 C.O.
क्या उसके द्वारा आपको नहीं ललकारा गया?

(b) Why had he not stopped his brother from telling a lie? उसने अपने भाई को झूठ बोलने से क्यों नहीं रोका था?

Why had his brother not been stopped from telling a lie by him? उसके द्वारा उसका भाई झूठ बोलने से क्यों नहीं रोका गया?

(c) Had they not complained to the authority against (about) that heap of garbage? क्या उन्होंने इस कचरे के ढेर के बारे में अथॉरिटी में शिकायत नहीं की थी? Had the authority not been complained to against (about) that heap of garbage by them? क्या उनके द्वारा उस कचरे के ढेर के बारे में अधिकारी को शिकायत नहीं गई थी?

VIII. PAST PERFECT CONTINUOUS

इस Tense का Passive Voice नहीं होता।

IX. FUTURE INDEFINITE

Future Indefinite Tense के Affirmative Sentences के Passive Voice बनाने का Formula नीचे दिया गया है:

Affirmative Sentences

Active Voice. S + will/shall + V1 + O.
Passive Voice. C.S. + will/shall + be + V3 + by + C.O.

Examples

(a) I shall say good-bye to him.
↓ ↓ ↓
S V1 O
मैं उसे गुडबाई (विदाई की नमस्ते) कहूंगा।

He will be said good-bye by me.
↓ ↓ ↓
C.S. V3 C.O.
मेरे द्वारा उसे विदाई की नमस्ते कही जायेगी।

(b) The teacher will give you a last chance. अध्यापक तुमको एक आखिरी मौका देगा।

A last chance will be given to you by the teacher. अध्यापक द्वारा तुम्हें एक अन्तिम अवसर दिया जायेगा।

(c) He will play against us. वह हमारे विरुद्ध खेलेगा।
We will/shall be played against by him. हम उसके द्वारा उसके विरुद्ध खेले जायेगें अर्थात् उसके द्वारा हमारे विरुद्ध खेला जायेगा।

(d) Sonu will drop the catch. सोनू कैच छोड़ देगा।
The catch will be dropped by Sonu. सोनू द्वारा कैच छोड़ दिया जायेगा।

(e) She will punish me. वह मुझे दण्ड देगी।
I shall be punished by her. उसके द्वारा मुझे दण्ड दिया जायेगा।

EXERCISE

नीचे दिये गये खाली स्थान भरो:

1. She will talk to me. वह मुझ से बात करेगी।
I .... (will/shall) be talked to by ....
(a) him (b) he (c) she (d) her.

2. The dog will bark at you. कुत्ता आप पर भौंकेगा।
You .... (will/shall) be basked at by ....
(a) the dog (b) the lion (c) you (d) he.

3. He will break the door of your room. वह तुम्हारे कमरे का दरवाज़ा तोड़ देगा।
The door of your room .... will/shall be broken by ....
(a) he (b) him (c) she (d) her.

4. He will catch the fish in the net. वह मछली को जाल में पकड़ लेगा।
The fish .... (will/shall) be caught in the net by ....
(a) his (b) him (c) them (d) we.

5. We shall play a key role in the hours of war. हम लड़ाई के समय में एक विशेष भूमिका निभायेंगे।
In the hours of war, a key role .... will/shall be played by ....
(a) you (b) they (c) us (d) we.

Negative Sentences

Future Indefinite के Negative Sentences के Passive Voice का Formula नीचे दिया गया है:

Active Voice. S + will/shall + not + V1 + O.
Passive Voice. C.S. + will/will + not + be + V3 + C.O.

Examples

(2) We shall not visit the zoo this summer.
↓ ↓ ↓
S V1 O
हम इन गर्मियों में चिड़ियाघर नहीं जायेंगे।

The zoo will not be visited this summer by us.
↓ ↓ ↓
C.S. V3 C.O.
इन गर्मियों में हमारे द्वारा चिड़ियाघर नहीं जाया जायेगा।

(b) He will not find a way to run. उसको भागने का रास्ता नहीं मिलेगा।
A way to run will not be found by him. उसके द्वारा भागने का रास्ता नहीं पाया जायेगा।

(c) Ganesh will not beat Tony as hard as you think. गणेश टोनी को इतनी ज़ोर से नहीं मारेगा जितना कि आप समझते हैं।
Tony will not be beaten as hard as you think. टोनी को इतनी ज़ोर से नहीं पीटा जायेगा जितना कि तुम समझते हो।

(d) Vivek will not run after cheap items. विवेक सस्ती चीज़ों के पीछे नहीं दौड़ेगा।
Cheap items will not be run after by Vivek. विवेक द्वारा सस्ती वस्तुओं के पीछे नहीं दौड़ा जायेगा।

(e) He will not sing a song in the middle of the night. (or at mid-night). वह आधी रात को ऊंचे स्वर में नहीं गायेगा।
A song will not be sung by him in the middle of the night. आधी रात को उसके द्वारा गाना नहीं गाया जायेगा।

Interrogative Sentences

Future Indefinite के Interrogative Sentences की Passive Voice का Formula नीचे दिया गया है:

Active voice. Wh or how + will/shall + S + V1 + O + ?
Passive voice. Wh or how + will shall + C.S. + be + V3 + by + C.O. + ?

Examples

(a) Who will bell the cat? बिल्ली के गले में घण्टी कौन बांधेगा?
By whom, will the cat be belled? बिल्ली के गले में किसके द्वारा घंटी बांधी जायेगी?

(b) Why will he take this medicine? वह यह दवाई क्यों खायेगा?
Why will this medicine by be taken by him? यह दवाई उसके द्वारा क्यों ली जायेगी?

(c) Will he take up the job in that factory? क्या वह उस कारख़ाने में काम करेगा?
Will the job be taken up by him in that factory? क्या उसके द्वारा उस कारख़ाने में काम किया जायेगा?

(d) Where will he make his new office? वह अपना नया दफ्तर कहां बनायेगा?
Where will his new office be made by him? उसके द्वारा उसका नया दफ़्तर

कहां बनाया जायेगा ?

(e) Will you have a cup of coffee? क्या आप एक कप कॉफी लेंगे ?

Will a cup of coffiee be had by you? क्या आपके द्वारा काफी का एक कप लिया जायेगा ?

EXERCISE

नीचे दिये Sentences को Passive Voice में Change करें:

1. Shall we talk on this topic for a long time? क्या हम इस विषय पर बहुत देर तक बात करेंगे ?
2. Why will she have so light a make-up? वह इतना हल्का मेक-अप क्यों करेगी ?
3. Where will they go to get a match box? वे माचिस की डिबिया लेने कहां जायेंगे ?
4. Will they like to debate on the matter? क्या वे मामले पर विवाद करना वह पसन्द करेंगे ?
5. Why will she show her new purse to everybody? वह अपना नया पर्स हर एक को क्यों दिखायेगी ?
6. When will he get some advice from you? वह आपसे कोई सलाह कब लेगा ?
7. Will they gamble with life? क्या वे जीवन से खिलवाड़ करेंगे ?
8. Will they make a noise in the meeting? क्या वे बैठक में शोर करेंगे ?
9. Why will she do such a blunder? वह ऐसी गलती क्यों करेगी ?
10. Where will he look for you? वह आपको कहां ढूँढेगा ?

Interrogative Negative

Future Indefinite के Interrogative Negative Sentences की Passive Voice का Formula नीचे दिया गया है:

Active Voice. Wh or how + will/shall + S + not + V1 + O + ?

Passive Voice. Wh or how + will/shall + C.S. + not + be + V3 + C.O. + ?

Examples

(a) Will he not like you? क्या वह आपको पसन्द नहीं करेगा ?

Will you not be liked by him? क्या आप उसके द्वारा पसन्द नहीं किये जाओगे ?

(b) Shall we not push the rock away? क्या हम चट्टान को दूर नहीं धकेलेंगे ?

Will the rock not be pushed away by us? क्या हमारे द्वारा चट्टान परे नहीं धकेल दी जायेगी ?

(c) Will he not give a brave fight? क्या वो बहादुरी से नहीं लड़ेगा ?

Will a brave fight not be given by him? क्या उसके द्वारा बहादुरी से नहीं लड़ा जायेगा ?

EXERCISE

Change into passive voice:

1. Will he not make fun of you? क्या वह आपका मजाक नहीं उड़ायेगा?
2. Will she not eat up all the food stuff lying in the kitchen? क्या वह रसोई में पड़े सारे खाने के समान को नहीं खायेगी?
3. Will the beggars not curse the miser? क्या भिखारी कंजूस को भला बुरा नहीं कहेंगे?

FUTURE CONTINUOUS

इस Tense का Passive Voice नहीं होता।

FUTURE PERFECT TENSE

Affirmative Sentences

Future Perfect के Affirmative Sentences के Passive Voice का Formula नीचे दिया गया है।

Active Voice. S + will/shall + have + V3 + O.
Passive Voice. C.S. + will/shall + have + been + V3 + by + C.O.

Examples

(a) He will have told you about his future plan.
↓ ↓ ↓
S V3 O
वह अपने होने वाले प्रोग्राम के बारे में बता चुका होगा।
You will have been told by him about his future plan.
↓ ↓ ↓
C.S. V3 C.O.
आपको उसके द्वारा उसकी भविष्य की योजना के बारे में बताया जा चुका होगा।

(b) He will have taken up the matter. वह मामले को अपने हाथ में ले चुका होगा। (या वह मामला उठा चुका होगा)।

The matter will have been taken up by him. मामला उसके द्वारा हाथ में लिया गया होगा (या उठाया गया होगा)।

(c) She will have punished her brother. वह अपने भाई को सज़ा दे चुकी होगी।

Her brother will have been punished by her. उसके द्वारा उसके भाई को सज़ा मिल चुकी होगी।

(d) They will have won the match. वे मैच जीत चुके होंगे।

The match will have been won by them. उनके द्वारा मैच जीता जा चुका होगा।

(e) Gurpreet will have told a lie. गुरप्रीत झूठ बोल चुका होगा।

A lie will have been told by Gurpreet. गुरप्रीत द्वारा झूठ बोला जा चुका होगा।

EXERCISE

नीचे दिये गये Sentences के Passive Voice बनायें:

1. Radha will have broken her brother's toy. राधा अपने भाई का खिलौना तोड़ चुकी होगी।

2. Jagroop will have drunk a cup of tea by that time. तब तक जगरूप एक कप चाय पी चुका होगा।

3. They will have caught him red handed. वे उसे रंगे हाथों पकड़ चुके होंगे।

4. He will have taken a decision. वह फैसला ले चुका होगा।

5. They will have changed the matter in the meantime. वे इतनी देर में सारी बात बदल चुके होंगे।

6. I shall have knocked at the door. मैं दरवाजा खटखटा चुका हूँगा।

7. She will have sing a song. वह गाना गा चुकी होगी।

8. The government will have passed the law. सरकार कानून पास कर चुकी होगी।

9. His grand father will have solved the problem. उसके दादाजी मुश्किल हल कर चुके होंगे।

10. She will have changed her mind. वह अपना विचार बदल चुकी होगी।

Negative Sentences

Future Perfect के Negative Sentences की Passive Voice को Formula नीचे दिया गया है:

Active Voice. S + will/shall + have + not + V3 + O.

Passive Voice. C.S + will/shali + have + not + been + V3 + by + C.O.

Note. 'Not' का प्रयोग 'will,' 'shall' और 'have' के बीच भी मान्य है:

Examples

(a) We shall have not (or shall not have) dragged him out of danger.

↓ S ... ↓ V3 ↓ O

हम उसे ख़तरे से बाहर नहीं निकाल चुके होंगे।

He will not have been dragged out of danger by us.

↓ C.S. ... ↓ C.O. ... ↓ V3

वह हमारे द्वारा खतरे से बाहर नहीं निकाला जा चुका होगा।

(b) She will have not kissed her son. वह अपने पुत्र का चुम्बन नहीं ले चुकी होगी।

Her son will not have been kissed by her. उसका पुत्र उसके द्वारा नहीं चूमा गया होगा।

Interrogative Sentences

Future Perfect के Interrogative Sentences की Passive Voice का Formula नीचे दिया गया है:

Active Voice. Wh or how + will/shall + S + have + V3 + O + ?

Passive Voice. Wh or now + will/shall + C.S. + have + been + V3 + O + ?

Examples

(a) Will they have sent the message?
↓ S ↓ V3 ↓ O

क्या वे संदेश भेज चुके होंगे?

Will the message have been sent by them?
↓ C.S. ↓ V3 ↓ C.O.

क्या उनके द्वारा संदेश भेजा जा चुका होगा?

(b) Will Sohan have won the lottery? क्या सोहन लॉटरी जीत चुका होगा?

Will the lottery have been won by Sohan? क्या लॉटरी सोहन द्वारा जीती जा चुकी होगी?

(c) Will the soldiers have killed the enemy? क्या सिपाही दुश्मन को मार चुके होंगे?

Will the enemy have been killed by the soldiers? क्या शत्रु सैनिकों द्वारा मारा जा चुका होगा?

(d) Will he have found out the cause behind the electric break-down? क्या वह बिजली फेल होने के कारण का पता लगा चुका होगा?

Will the cause behind the electric breakdown have been found out hy him? क्या बिजली फेल होने के कारण का उसके द्वारा पता लगाया जा चुका होगा?

(e) Why will she have accepted a gift from him? वह उसका तोहफा क्यों स्वीकार कर चुकी होगी?

Why a gift from him have been accepted by her? उस (महिला) द्वारा उसका तोहफ़ा क्यों स्वीकार किया जा चुका होगा?

EXERCISE

नीचे दिये गये Sentences को Passive Voice में बदलें:

1. Why will they have located the gold ring? वे सोने की अंगूठी को क्यों ढूँढ चुके होंगे?

2. Where will she have buried the secret papers? वह गुप्त दस्तावेज़ों को कहां दबा चुकी होगी?
3. Shall I have opened the secret? क्या मैं भेद खोल चुका हूँगा?
4. Who will have known the secrets of the sea? समुद्र के रहस्यों को कौन जान चुका होगा?
5. Will he have saluted the martyrs? क्या वह शहीदों को सलाम कर चुका होगा? या क्या उसने शहीदों को सलामी दी होगी?

Interrogative Negative Sentences

Future Perfect के Interrogative Negative Sentences के Passive Voice का Formula नीचे दिया गया है:

Active Voice. Wh or how + will/shall + S + have + not + V3 + O + ?
Passive Voice. Wh or how + will/shall + S + have + not + been + V3 + by + O + ?

Examples

(a) Will he have not visited the Taj Mahal? क्या उसने ताज महल नहीं देखा होगा?
Will the Taj Mahal have not been visited by him? क्या उसके द्वारा ताज नहीं देखा गया होगा?

(b) Shall I have not washed my clothes? क्या मैं अपने कपड़े नहीं धो चुका हूँगा?
Will my clothes have not been washed by me? क्या मेरे कपड़े मेरे द्वारा नहीं धोये गये होंगे?

EXERCISE

Change into Passive Voice:

1. Shall I have not warned you ? क्या मैंने आपको चेतावनी नहीं दी होगी?
2. Will he have not detained you for ten minutes? क्या उसने आपको दस मिनटों के लिए नहीं रोका होगा?
3. Who will not have loved his country? किसने अपने देश से प्यार नहीं किया होगा?
4. Will he have not shown good result? क्या उसने अच्छा परिणाम नहीं दिखाया होगा?
5. Will it not have (or have not) hurt him? क्या इससे उसे दुःख नहीं पहुंचा होगा?

PERSENT PERFECT CONTINUOUS TENSE

इस Tense का Passive Voice नहीं होता।

CHAPTER 29

VOICE-III

CHANGE OF VOICE FROM PASSIVE INTO ACTIVE

Passive Voice को Active Voice में बदलने के लिए पिछले Chapter में जो Method प्रयुक्त हुआ है (जिसमें Active Voice को Passive Voice में Convert किया गया है), उसका विपरीत Method प्रयुक्त किया जायेगा।

(A) Examples (Tense-wise)

1. *Passive* : A lie is told by him.
   ↓ ↓ ↓
   S V3 O
   उसके द्वारा झूठ बोला जाता है।

   Active : He tells a lie.
   ↓ ↓ ↓
   S V1 O

2. *Passive* : I'am not listened to by her. मेरी बात उसके द्वारा नहीं सुनी जाती।

   Active : She does not listen to me.

3. *Passive*: Is the office attended by him? क्या उसके द्वारा दफ्तर में हाज़िर हुआ जाता है?

   Active : Does he attend the office?

4. *Passive* : Are trees not being felled by the greedy people? क्या लालची लोगों द्वारा पेड़ नहीं गिराए जा रहे हैं?

   Active : Are the greedy people not felling trees?

5. *Passive* : Has the peon not been ordered to fetch the file? क्या चपड़ासी को फाईल लाने के लिए आदेश नहीं दिया गया (है)?

   Active : Has the officer not ordered the peon to fatch the file?

6. *Passive* : Was milk drunk by you? क्या तुम्हारे द्वारा दूध पिया गया?

Active : Did you drink milk?

7. *Passive* : Were their lessons being revised by the children? क्या बच्चों द्वारा अपने पाठ दोहराए जा रहे थे?

   Active : Were the children revising their lessons?

8. *Passive* : Had a bath not been taken by her? क्या उस (महिला) के द्वारा स्नान नहीं किया गया था?

   Active : Had she not taken a bath?

Note. (i) Queen's English में प्राय: Use होता है:
To have a bath.
(ii) American English में प्राय: Use होता है:
To take a bath.
(iii) Indian प्राय: प्रयोग करते हैं:
To take a bath.

9. *Passive* : Shall the zoo be visited by us? क्या हमारे द्वारा चिड़ियाघर देखा जायेगा?

   Active : Shall we visit the zoo?

Note. Interrogative Sentences में Future Tense में First Person के साथ सदा 'shall' का प्रयोग करना चाहिए, न कि 'will' का, परन्तु Assertive Sentences में अब First Person के साथ 'will' प्रयोग अधिक होने लगा है।

10. *Passive* : Hockey will not have been played by her. उसके द्वारा हॉकी नहीं खेलो गई होगी।

    Active : She will not have played hockey.

(B) Examples (Modals)

1. *Passive* : Could this work have been done by him? क्या यह काम उसके द्वारा किया जा सका होगा?

   Active : Could he have done this work?

2. *Passive* : May the ball be rung by the peon? क्या चपरासी द्वारा घंटी बजाई जा सकती है?

   Active : May the bell be rung by the peon?

3. *Passive* : Should it be taken seriously? क्या इसे गम्भीरता से लिया जाना चाहिए?

   Active : Should we take it seriously?

4. *Passive* : Our parents ought to be respected by us. हमारे द्वारा अपने माता-पिता का सम्मान किया जाना चाहिए।

   Active : We should respect our parents.

5. *Passive* : By whom can it be done? यह किसके द्वारा किया जा सकता है?

Active : Who can do it?

6. *Passive* : Need you be reminded of it? क्या यह आवश्यकता है कि आपको इसकी याद दिलाई जाये ?

Active : Need I remind you of it?

7. *Passive* : Nobody would be listened to by him. उसके द्वारा किसी की बात नहीं सुनी जाती थी।

Active : He wouldn't listen to anybody.

8. *Passive* : Which path must be adopted? कौन सा मार्ग अवश्य ग्रहण किया जाना चाहिए ?

Active : Which path must we adopt?

(c) Examples (Imperative Sentences)
(including "let" sentences)

1. *Passive* : It should be done. इसे किया जाना चाहिए।

Active : Do it.

2. *Passive* : Let him be allowed to work. उसे काम करने की आज्ञा दी जानी चाहिए।

Active : Allow him to work.

3. *Passive* : You are ordered to go there. आपको आदेश दिया जाता है कि आप वहां जायें।

Active : Go there.

4. *Passive* : It is suggested that we should have a walk. यह सुझाव दिया जाता है कि हमें सैर करनी चाहिए।

Action : Let us have a walk.

5. *Passive* : You are advised to work hard. आपको परामर्श दिया जाता है कि आप मेहनत करें।

Active : Work hard.

6. *Passive* : You are requested to help me. आपसे प्रार्थना की जाती है कि आप मेरी सहायता करें।

Active : Please help me.

7. *Passive* : You are forbidden to make a noise. आपको शोर मचाने से मना किया जाता है।

Active : Do not make a noise.

8. *Passive* : Let **him** be punished. उसको दण्ड मिलने दो।

Active : **Punish him**

or

Let them punish him.

(D) Examples (Optative Sentences)

1. *Passive* : May you be helped by God ! (यह प्रार्थना की जाती है कि) परमात्मा द्वारा आपकी सहायता की जाये !
   or, It is prayed that God may help you.
   Active : May God help you!
2. *Passive* : It is wished that he may come soon!
   यह इच्छा की जाती है कि वह जल्दी आ जाये !
   Active : May he come soon!

(E) Examples (miscellaneous)

1. *Passive* : The meeting has been held. बैठक हो चुकी है।
   Active : They have held the meeting.
2. *Passive* : Your remarks have been objected to by him. उसके द्वारा तुम्हारे शब्दों पर एतराज़ किया गया है।
   Active : He has objected to your remarks.
3. *Passive* : This sentence needs being corrected. इस वाक्य को ठीक किये जाने की आवश्यकता है।
   Active : This sentence needs correction.
4. *Passive* : The book is being sold like hot cakes. पुस्तक धड़ल्ले से बिक रही है।
   Active : The book is selling like hot cakes.
5. *Passive* : This book is to be read by him. यह पुस्तक उसके द्वारा पढ़ी जानी है।
   Active : He is to read this book.
6. *Passive* : Where will the fair be held? यह मेला कहाँ पर आयोजित होगा ?
   Active : Where will the hold the fair?

EXERCISE

Change the voice in the following sentences:

1. Let this book be studied.
2. Show me your exercise book.
3. Try your luck.
4. Let God be prayed to.
5. Don't be superstitious.
6. What bothers you?
7. Whom may I contact?
8. Where will he be found?
9. Think it hard.
10. Lower the boats.
11. Don't fear anybody?
12. Trust in God and do the right thing.
13. What do you mean?
14. I'm doing my work.
15. We should treat them well.

16. Never betray your country.
17. You are requested to go away.
18. It is no use to do a job.
19. I'm much obliged to you.
20. The matter has been discussed.
21. You caused him an injury.
22. God loves all men equally well.
23. Love begets love.
24. You will be rewarded by God.
25. It should have been ignored.
26. It is time to do our duty.
27. The Rose smells sweet.
28. Nobody can admonish me.
29. Always speak the truth.
30. Let us always love our country.
31. It can't be helped.
32. He can't be relied upon.
33. Duty must be done.
34. Let the matter be ignored.
35. Spend your time usefully.
36. He will have learnt his lesson by now.
37. Trespassers will be prosecuted.
38. She will have opposed him.
39. It will have to be done by you.
40. You are forbidden to tell lies.
41. This exercise needs correction.
42. He has to do it.
43. I'm ready to pay the rent.
44. No boy is allowed to misbehave with anybody.
45. Every student will be given a prize.
46. Your name should have been included in the list.
47. Are you ready to foot the bill?
48. How are you concerned with this matter?
49. Does he allow you to go there?
50. I'm surprised at his conduct.
51. Much milk is contained in this bucket.
52. Eggs are laid by the hen.
53. Let the poor not be laughed at.
54. Who called you names?
55. Was the doctor called in?
56. What was he punished for?
57. Had he forgotten your name?
58. To which hospital was the patient being taken?
59. I'll receive them at the gate.
60. I won't be cowed down.

CHAPTER 30

TENSE-CUM VOICE CHART

	Present Indefinite	**Present Continuous**
निशानी	ता है, ती है, ते है	रहा है, रही है, रहे हैं
Formula	*Sub + Ist form + Object* *S* or *es* with *He, she +* *IIIrd Person Singular*	*Sub + is, am, are + Ist f. +* *ing+O* *Am* with *I, Is* with *He, she it+ & IIIrd* *P. Singular*
Negative Affirmating	*Do or does + Not + 1st form* in *Negative sentences*	*Not after Subject or after is,* *am, are* or in *Negative sentences*
Interrogative	*Do or does at the start* in *Interrogatives* or *wh words* or *How + do* or *does*	*Is, am, are at the start* in *Interrogatives* *wh* or *how of the what*
Passive	*I, am, are + IIIrd form* **Note:** *'es'* after verbs ending with *'o' e.g.,* goes, does *'ss' e.g.,* discusses, crosses *'ch' e.g.,* matches, watches, reaches *'sh' e.g.,* rushes, brushes, purhes *'x' e.g.,* boxes	*Is, am, are + being + IIrd form* **Exception** 1. बच्चा सोया है। 2. वह बैठा है या खड़ा है।

	Present Perfect	**Present Perfect Continuous**
निशानी	चुका है, चुकी है, चुके हैं	इतने समय से....रहा है, रही है,....
Formula	*Sub + has, have + IIIrd f. + O* *Has with He, whe it or III P.* *Singular*	*Sub + has, have + been + Ist* *form+ ing + Object + for* *ince + time*
Negative Affirmating	*Not after has, have* in *Negative* *Sentences* *Has, have at the start in* *Intero. S.*	*For in case as Period of Time,* e.g., *two hours, half an hour,* *three days etc., a long time etc.*
	wh or have at the start	*Same as in P. Perfect Tence*
	P.V. *Has, Have + been + IIIrd f.* या: खाना खाया है या खा लिया है।	*No Passive Voice* *Since* in case of *Point of time* *Since* morning, evening, noon, midnight, yesterday, 2 o'clock, Monday, January, 1980, since childhood, his marriage, times immemorial etc.

	Past Indefinite	**Past Continuous**
निशानी	आ या ए की मात्रा या बड़ी ई	रहा था..........आदि
Formula	*Sub + IInd f + O.* In *Negative S. use of did not + Ist form* *In Interrogative S. Sentence will start with did & Ist form after Sub.*	*In Neg S. use of Not after was, were* *In Interrogative S. use of was, were at the start*
Passive V.	*was, were + IIIrd form* **Note :** "used to" used only in this tense. with yesterday: this tense.	*P.V. was, were + being + IIIrd form*
	Past Perfect	**Past Continuous**
निशानी	चुका था, चुकी थी.....आदि	इतने समय से ....रहा था.......
Formula	*Sub + had + IIIrd f + Obj.* *Negative S. not after had* *Interrogative S., Sentence will start with had* *P. V. Had + been + IIIrd form*	*Sub + had + been Ist f. + ing + O.+ for + time* *No Passive Voice*
	Future Indefinite	**Future Continuous**
निशानी	गा, गे, गी,	रहा होगा.....आदि
Formula	*Sub + shall, will + Ist f. + Obj.* *shall with Is we, will with others* Reverse in case of Promise, Determination, order, command, Threat. Use of shall or will only in the Principal clause Not in the subordinate clause Negative S. Not after shall, will *P.V. Shall, will + be + IIIrd form*	*Sub + shall, will + be + Ist f. + ing + O.* No Passive Voice Same *Interrrogative Sentence to start with shall, will*
	Future Perfect	**Future Perfect Continuous**
निशानी	चुका होगा......आदि *Sub + Shall, will + have + IIIrd f. + Obj.* P. V. Shall, will + have + been + IIIrd form Negative S. Not after shall, will	इतने समय से रहे होंगे.... *Sub + have + been + Ist f. + ing + O. + for since + time* No Possive Voice Same

CHAPTER 31

CHANGE OF NARRATION

हम अपनी बात दूसरों को दो ढंगों से बता सकते हैं एक तो यह हम किसी दूसरे के कहे गये Words उसी तरह बोल दें तो इसे Direct Speech कहते हैं। परन्तु जब हम दूसरा Method Use करते हैं तो हम बिलकुल वही शब्द नहीं बोलते बल्कि उसे अपनी ओर से बदलकर बोलते हैं तो इसे Indeirect Speech कहते हैं।

अत: Speech दो प्रकार की है:

(a) Direct speech

(b) Indirect speech

Indirect Speech में हमें Tense को भी Change करना पड़ता है।

Direct Speech को Indirect Speech में बदलने के लिए निम्नलिखित Rules हैं:

Rules regarding change of Tense

1. जब Reporting Verb Present या Future Tense में हो

जब Reporting Verb (*i.e.,* वह Verb जो Speech को Report करता है) Present or Future Tense में हो, तो इस Case में Tense में कोई Change नहीं की जाती। *e.g.,*

(i) *Direct* : He says, "You are a good boy." वह कहता है, ''तुम एक अच्छे लड़के हो।''

Indirect : He says that you are a good boy. वह कहता है कि तुम एक अच्छे लड़के हो।

Note. इस वाक्य में 'you' आपके लिए भी हो सकता है और मेरे लिए भी। यदि हम यह मान लें कि 'you' मेरे लिए है, तो इस वाक्य का Indirect इस प्रकार बनेगा:

He says that I am a good boy.
वह कहता है कि मैं एक अच्छा बालक हूँ।

(ii) *Direct* : He says to me "I am going to play cricket."
वह मुझसे कहता है, ''मैं क्रिकेट खेलने जा रहा हूँ।''

Indirect : He tell me that he is going to play cricket.
वह मुझे बताता है कि वह क्रिकेट खेलने जा रहा है।

(iii) *Direct* : He says to me, "I shall do my work." वह मुझसे कहता है, ''मैं अपना काम करूंगा।''

Indirect : He tell me that he will do his work. वह मुझे बताता है कि वह अपना काम करेगा।

(iv) *Direct* : I shall say to him, "You are a fool. मैं उसे कहूँगा, ''तुम मूर्ख हो।''

Indirect: I shall tell him that he is a fool. मैं उसे बताऊंगा कि वह मूर्ख है।

(v) *Direct* : He will say, "I can do it very easily." वह कहेगा, ''मैं इसे बड़ी आसानी से कर सकता हूँ।''

Indirect : He will say that he can do it very easily. वह कहेगा कि वह उसे बड़ी आसानी से कर सकता है।

No. 2. Reporting Verb जब Past Tense में हो

जब Reporting Verb Past Tense में हो तो इसको निम्नलिखित ढंगों से Indirect Form में Change किया जाता है:

PRESENT TENSE

(a) Simple Present Tense. Direct Speech Simple Past Tense में Change हो जायेगी। *e.g.,*

(i) *Direct* : He said, "I like him." उसने कहा, ''मैं उसे पसन्द करता हूँ।''

Indirect : He said that he liked him. उसने कहा कि वह उसे पसन्द करता था।

(b) Present Continuous Tense. Direct speech Past Continuous Tense में Change हो जायेगी। *e.g.,*

Direct : He said to me "I am going to market." उसने मुझसे कहा, ''मैं बाज़ार जा रहा हूँ।''

Indirect : He told me that he was going to market. उसने मुझे बताया कि वह बाज़ार जा रहा था।

(c) Present Perfect. Present Perfect Tense, Past Perfect में Change हो जाता है:

Direct : He said, "I have written a letter to my sister." उसने कहा, ''मैं अपनी बहन को पत्र लिख चुका हूँ।''

Indirect : He said that he had written a letter to his sister. उसने बताया कि वह अपनी बहन को पत्र लिख चुका था।

(d) Present Perfect Continuous. Present Perfect Continuous Past Perfect Continuous में Change हो जाता है:

Direct : He said to me' "I have been knocking at the door for ten minutes." उसने मुझसे कहा, ''मैं दस मिनट से दरवाज़ा खटखटा रहा हूँ।''

Indirect : He told me that he had been knocking at the door for ten minutes. उसने मुझे बताया कि वह दस मिनट से दरवाजा खटखटा रहा था।

PAST TENSE

(a) Simple Past Tense. Past Indefinite or Simple Past Tense, Past Perfect में Change हो जाता है।

Direct : My friend said, "The thief jumped over the wall and ran away." मेरे दोस्त ने बताया, ''चोर दीवार के ऊपर से कूदा और भाग गया।''

Indirect : My friend told that the thief had jumped over the wall and (had) run away. मेरे दोस्त ने बताया कि चोर दीवार के ऊपर से छलांग लगा कर भाग गया था।

(b) Past Continuous. Past Continuous Tense, Past Perfect Continuous में Change हो जाता है।

Direct : She said to me, "Your friend was waiting for you." उसने मुझसे कहा, ''तुम्हारा दोस्त तुम्हारी प्रतीक्षा कर रहा था।''

Indirect : She told me that my friend had been waiting for me. उसने मुझे बताया कि मेरा दोस्त मेरी प्रतीक्षा कर रहा था।

(c) Past Perfect. No change में:

Direct : Sandeep said, "Mohan had played well." संदीप ने कहा, ''मोहन अच्छा खेला था।''

Indirect : Sandeep said that Mohan had played well. संदीप ने कहा कि मोहन अच्छा खेला था।

(d) Past Perfect Continuous. No Change.

Direct : Kuldeep said to me, "Mohan had been playing hockey since morning." कुलदीप ने मुझ से कहा, ''मोहन सुबह से हॉकी खेल रहा था।''

Indirect : Kuldeep told me that Mohan had been playing hockey since morning. कुलदीप ने मुझे बताया कि मोहन सुबह से हॉकी खेल रहा था।

FUTURE TENSE

'Shall' would change into 'should' (or 'would'), 'will' changes into 'would'.

(a) Future Indefinite Tense

Direct: Tony said, "I shall play well."
टोनी ने कहा, ''मैं अच्छा खेलूंगा।''

Indirect: Tony said that he would play well.

Note: 'Should' के स्थान पर 'would' लिखने का अधिक Trend है।

(b) Future Continuous

Direct : She said to me, "I shall be knitting a sweater." उसने मुझसे कहा, ''मैं स्वैटर बुन रही हूँगी।''

Indirect : She told me that she would be knitting a sweater. उसने मुझे बताया कि वह स्वैटर बुन रही होगी।

(c) Future Perfect

Direct : My friend said to me, "They will have done their work." मेरे दोस्त ने मुझसे कहा, ''वह अपना काम कर चुके होंगे।''

Indirect : My friend told me that they would have done their work. मेरे मित्र ने मुझे बताया कि वह काम कर चुके होंगे।

(d) Future Perfect Continuous

Direct : Ganesh said, "They will have been singing a song since morning." गणेश ने कहा, ''वह सुबह से गाना गा रहे होंगे।''

Indirect : Ganesh said that they would have been singing a song since morning. गणेश ने कहा कि वह सुबह से गाना गा रहे होंगे।

Rules Regarding Change of Pronouns and Possessive Adjectives

I. The following are the rules:

(i) यदि First Person Reported Speech में हो तो वह Reporting Verb के Subject के अनुसार Change होगा।

(ii) यदि Second Person Reported speech में हो तो वह Reporting Verb के Object के अनुसार Change होगा।

(iii) यदि Third Person Reported Speech में हो तो वह Indirect Speech में भी 3rd Person ही रहेगा अर्थात् उसमें परिवर्तन नहीं होगा।

II. The Tenses, The Pronouns and Possessive Adjectives में परिवर्तन आने के अतिरिक्त जो शब्द निकटता दिखाते हैं वह समय अथवा दूरी में Change हो जाते हैं:

(a) 'these' changes into 'those.'
(b) 'here' changes into 'there.'
(c) 'this' changes into 'that.'
(d) 'today' changes into "that day.'
(e) "now/just" changes into 'then.'
(f) "last might" changes into "the previous might."
(g) 'yesterday' changes into "the privious day."
(h) 'thus' changes into 'so.'
(i) 'hence' changes into 'thence.'
(j) 'hither' changes into 'thither.'
(k) "the next day/week/year" changes into "the following day," "the following week" or "the following year."
(e) 'ago' changes into 'before.'

III. जब Reported Speech में दो या दो से अधिक Sentences हों, तो शब्द 'added,' "continued saying" अथवा "futher said" हर Sentence के बाद Use होते हैं।

IV. कुछ एक नीचे दिये गये Sentences में Reported Speech में कोई Change नहीं की जाती चाहे Reporting Verb Past Tense में हो:

(a) Historical Truth
(b) Habitual Truth
(c) Universal Truth
(d) Simultaneous occurrences (when two events occur at the same time)

(a) Historical Truth

(i) *Direct*: My teacher said, "The Third Battle of Panipat was fought in 1761," मेरे अध्यापक ने बताया, ''पानीपत की तीसरी लड़ाई 1761 में लड़ी गई थी।''

Indirect: My teacher said that the Third Battle of Panipat was fought in 1761. मेरे अध्यापक ने बताया कि पानीपत की तीसरी लड़ाई 1761 में लड़ी गई थी।

(b) Habitual Truth

Direct : My uncle said to me "I go for a daily walk in the morning." मेरे चाचा ने मुझसे कहा, ''मैं हर रोज़ सुबह सैर के लिए जाता हूँ।''

Indirect : My uncle told me that he go**es** for a walk daily. मेरे चाचा ने मुझे बताया कि वह रोज़ सुबह सैर के लिए जाते हैं।

(c) Universal Truth

Direct : My teacher said to the students, "The earth revolves around the Sun". मेरे अध्यापक ने विद्यार्थियों को कहा ''धरती सूर्य के इर्द-गिर्द घूमती है।''

Indirect : My teacher told the students that the earth revolves around the Sun. मेरे अध्यापक ने विद्यार्थियों को बताया कि धरती सूर्य के इर्द-गिर्द घूमती है।

(d) *Direct* : Sheila said to me, "When my brother was singing, I was dancing."

Indirect : Shela told me that when her brother was singing, she was dancing.

V. जिन Assertive or Declarative Sentences में 'say' or 'tell' (in the Simple Past Tense) Use हुआ हो, हम उनकी Reported Speeches में नीचे दिये गये Words का भी प्रयोग कर सकते हैं, जो कि Sentence की Nature पर Depend करता है। *e.g.*, 'cry,' 'sheear,' 'decerve,' 'observe,' 'regret,' 'replay,' 'advocate,' 'recommend,' 'remark' etc.

VI. Interrogative Sentences. दो प्रकार के Interrogative Sentences है जो Narration को Change करने के लिये प्रयोग में लाये जाते हैं।

(a) वे Sentences, जो Interrogative Pronouns से, जैसे कि 'what,' 'when,' 'who,' 'whose,' 'which,' 'how,' 'why,' 'where' etc. शुरू होते हैं।

(b) वे Sentences जो Helping Verb या Auxiliary Verb like 'be' ('is,' 'am,' 'are,' 'was,' 'were'), 'have' ('has,' 'have,' 'had'), 'do' ('do,' 'did,' 'does'), 'shall,' 'should,' 'well,' 'would,' 'can,' 'could,' 'may,' 'might,' 'must,' 'need,' etc. से आरम्भ होते हैं।

Examples

Interrogative Sentences beginning with Helping Verbs.

Note. इन वाक्यों को बदलते समय 'if' या 'whether' का प्रयोग होता है।

(1) *Direct*: He said to me, "Do you like me?" उसने मुझसे कहा, ''क्या आप मुझे पसन्द करते हैं?''

Indirect: He asked me if I liked him.

Note. Indirect Speech में अन्त में Sign of Interrogation (Question Mark) नहीं लगता।

(ii) *Direct*: My father said to me, "Can you solve this problem?" मेरे पिताजी मुझसे बोले, ''क्या तुम ये सवाल हल कर सकते हो?''

Indirect: My father asked me if I could solve that problem. मेरे पिताजी ने मुझसे पूछा यदि मैं वह प्रश्न हल कर सकता था।

(iii) *Direct*: The teacher said to Bunty "Have you done your work?" अध्यापक ने बंटी से कहा, ''क्या तुम अपना काम कर चुके हो?''

Indirect: The teacher enquired of Bunty if he had done his work. अध्यापक ने बंटी से पूछा यदि वह अपना काम कर चुका था।

Note. Interrogative Sentences में 'asked' के स्थान पर "enquired of" भी लिखा जा सकता हैं।

(iv) *Direct*: The student asked the teacher, "May I come in, Sir?" विद्यार्थी ने अध्यापक से पूछा, ''क्या मैं अन्दर आ सकता हूँ, श्रीमान?''

Indirect: The student asked the teacher respectfully if he might come in.

Note. Indirect Speech में 'sir' or 'madam' के स्थान पर 'respectfully' लिखना चाहिए।

(v) *Direct* : Lucky said to his brother, "My dear ! Did I not tell you a story?" लक्की ने अपने भाई से कहा, ''मेरे प्यारे, क्या मैंने तुम्हें कहानी नहीं सुनाई?''

Indirect : Lucky enquired of his brother affectionately if he had not told him a story. लक्की ने अपने भाई से पूछा यदि उसने उसे वह कहानी नहीं सुनाई थी।

Note: 'Dear,' 'affectionately' में बदल जाता है।

(vi) *Direct* : Mohan said to Sohan, "Will you try to understand me?" मोहन ने सोहन से कहा, "क्या तुम मुझे समझने की कोशिश करोगे?"

Indirect : Mohan asked Sohan if he would try to understand him? मोहन ने सोहन से पूछा यदि वह उसे समझने की कोशिश करेगा।

(vii) *Direct*: My uncle said to me, "Do you know him exactly?" मेरे चाचाजी ने कहा, "क्या आप उसे अच्छी तरह जानतें हैं?"

Indirect : My uncle demanded of me if I knew him exactly. मेरे अंकल ने चाहा कि मैं उन्हें बताऊं यदि मैं उन्हें अच्छी तरह जानता था।

Note. जब ज़ोर देकर कोई प्रश्न पूछा जाये तो 'asked' के स्थान पर "demanded of" का प्रयोग किया जा सकता है।

(viii) *Direct*: She said to me, "Will you have returned by that time?" उसने मुझसे कहा, "क्या तब तक तुम वापस पहुंच चुके होगे?"

Indirect: She enquired of me if I would have returned by that time. उसने मुझसे पूछा यदि मैं उस समय तक वापस पहुंच जाऊँगा।

Interrogative Sentences begining with Interrogative pronouns.

Note. यह "wh" or 'how' वाले वाक्य होते हैं, जिनमें 'if' आदि का प्रयोग नहीं होता है।

(i) *Direct*: He said to me "Where are you going?" उसने मुझसे कहा, "आप कहां जा रहे हैं?"

Indirect: He asked me softly (or politely or courteously) where I was going. उसने मुझे नम्रता से पूछा कि मैं कहां जा रहा था।

Note. किसी वाक्य में जिस प्रकार की भावना झलके, उस प्रकार का शब्द प्रयोग किया जा सकता है।

(ii) *Direct*: The teacher said to the class, "Who can solve this problem?" अध्यापक ने कक्षा से कहा, "यह सवाल कौन हल कर सकता है?"

Indirect: The teacher asked the class who could solve that problem. अध्यापक ने कक्षा से पूछा कौन उस सवाल को हल कर सकता था।

(iii) *Direct*: Tony said to Bobby, "Why are you making fun of me?" टोनी ने बॉबी से कहा, "तुम मेरा मज़ाक क्यों उड़ा रहे हो?"

Indirect: Tony asked Bobby why he was making fun of him. टोनी ने बॉबी से कहा वह उसका मज़ाक क्यों उड़ा रहा है?

(iv) *Direct*: Jagdish said to him, "When shall we reach that spot?" जगदीश ने उससे कहा, "हम उस जगह पर कब पहुंचेंगे?"

Indirect: Jagdish asked him when they would reach that spot. जगदीश ने उससे पूछा वह कब उस जगह पर पहुंचेंगे।

Note. 'This' 'that' में परिवर्तित हो जाता है परन्तु 'that' का 'that' ही रहेगा। वह 'this' में नहीं बदलेगा।

(v) *Direct*: Mr. Gupta said to Mr. Verma, "What are you doing now?" मिस्टर गुप्ता ने मिस्टर वर्मा से कहा, ''अब आप क्या कर रहे हैं?''

Indirect: Mr. Gupta asked Mr. Verma what he was doing then. मिस्टर गुप्ता ने मिस्टर वर्मा से कहा वह तब क्या कर रहे थे।

(vi) *Direct*: I said to a soldier, "What keeps you so high in the realm of courage?" मैंने एक सिपाही से कहा, ''आपको हौंसले को क्या चीज़ इतना बुलन्द रखती है?''

Indirect: I asked a soldier what kept him so high in the realm of courage. मैंने एक सिपाही से पूछा उसे कौन सी चीज़ इतने हौंसले में रखती थी।

VII. Imperative Sentences without a Subject

(a) ये Sentence बिना किसी Subject के शुरू होते हैं तथा 'you' Subject हर Sentence में Supposed (Understood) होता है। इन Sentences में Order, Command, Request, Instruction, Premission तथा Suggestion etc. होती है।

(b) उन Sentences को Indirect Form में Change करने के लिए Imperative Mood को Infinitive Mood में बदलना होता है (कई बार 'should' शब्द का प्रयोग Infinitive Mood के स्थान पर होता है।) तब नीचे दिये शब्दों में से इस शब्द का 'said' की जगह Use होता है।

'command,' 'tequest,' 'forbid,' 'exhort,' 'direct,' 'forgive,' 'beg,' 'warn,' 'suggest,' 'threaten,' 'plead,' 'ordain,' 'enjoin,' 'excuse,' 'pardon,' 'persuade,' 'counsel' etc.

Examples

(i) *Direct* . He said to me, "Post this letter." उसने मुझ से कहा, ''यह पत्र डाक में डाल दो।''

Indirect: He ordered me to post that letter. उसने मुझे वह पत्र डाक में डालने का आदेश दिया।

(ii) *Direct*: I said to my son, "Do not pluck flowers." मैंने अपने पुत्र से कहा, ''फूल मत तोड़ो।''

Indirect: I forbade my son to pluck flowers. मैंने अपने बेटे को फूल तोड़ने से रोका।

Note. 'forbid' के साथ 'not' का प्रयोग नहीं होता।

(iii) *Direct*: The convict said to the judge, "Please pardon me." दोषी ने जज से कहा, ''कृपया मुझे माफ़ कर दें।''

Indirect: The convict begged pardon of the judge. दोषी ने जज से क्षमा याचना की।

(iv) *Direct*: My father said to the children, "Do not make a noise." मेरे पिता ने बच्चों को कहा, ''शोर मत मचाओ।''

Indirect: My father forbade the children to make a noise. मेरे पिता ने बच्चों को शोर मचाने से रोका (मना किया)।

(v) *Direct*: The beggar said to me, "Give me a coin please." भिखारी ने मुझ से कहा, ''मुझे एक सिक्का दें।''

Indirect: The beggar begged a coin of me. भिखारी ने मुझसे सिक्का मांगा।

VIII. Imperative Sentences Starting with 'Let'

ये 'Let' Word से शुरू होते हैं।

ये Sentences किसी Request, Wish, Permission, Order, Challenge, Determination, Proposal etc. का आभास करवाते हैं।

(i) *Direct*: She said to me, "Let us go for a walk." उसने मुझसे कहा, ''आओ, सैर करने चलें।''

Indirect: She proposed to me that we should go for a walk. उसने मुझे सुझाव दिया कि हमें सैर पर जाना चाहिए।

(ii) *Direct*: I said to him, "Let him tell the truth." मैंने उससे कहा, ''उसे सच कहने दो।''

Indirect: I expressed my view to him that he should be allowed to tell the truth. मैंने उसको अपना विचार प्रकट किया कि उसे (किसी और व्यक्ति को) सत्य बोलने की आज्ञा दी जानी चाहिए।

(iii) *Direct*: He said to me, "Let me tell him how dangerous I can be." उसने मुझसे कहा, ''मुझे उसे बताने दो कि मैं कितना खतरनाक हो सकता हूँ।''

Indirect: He wanted premission from me to make him know how dangerous he could be. वह मुझसे आज्ञा लेना चाहता था कि वह उसे किसी (तीसरे व्यक्ति को) जानने दे कि वह कितना खतरनाक हो सकता है (या था)।

(iv) *Direct*: I said, "Let the worst come to worst." मैंने कहा, ''बुरे से बुरा होने दो।''

Indirect: I expressed my determination that I was not afraid even if the worst came to worst. मैंने अपना निश्चय व्यक्त किया कि बुरे से बुरा भी हो जाये, तो भी मुझे कोई भय नहीं था।

IX. Exclamatory Sentences. इस तरह के Sentences में भावनाएं एकदम से उभरती हैं, जैसे खुशी, गम, हैरानगी आदि।

(i) *Direct*: Mohan exclaimed, "Hurrah! we have won the match." मोहन ने कहा, ''हुर्रा! हमने मैच जीत लिया है।''

Indirect: Mohan exclaimed with joy that they had won the match. मोहन ने खुशी से कहा कि उन्होंने मैच जीत लिया था।

(ii) *Direct*: The poor man said, "Oh! that I were rich." गरीब आदमी बोला, ''काश मैं अमीर होता।''

Indirect: The poor man wished that he had been rich. निर्धन पुरुष ने धनी होने की इच्छा व्यक्त की।

(iii) *Direct*: The girl said, "What a beautiful sight!" लड़की ने कहा, ''कितना सुन्दर दृश्य है!''

Indirect: The girl exclaimed with joy that it was a beautiful sight. लड़की ने खुशी से कहा कि दृश्य बहुत सुन्दर था।

(iv) *Direct*: The old man said, "Alas! I'am ruined." बूढ़े पुरुष ने कहा, ''ओह! मैं तबाह हो गया हूँ।''

Indirect: The old man exclaimed with sorrow that he had been ruined. बूढ़े पुरुष ने दुःख की भावना से कहा कि वह तबाह हो गया था।

(v) *Direct*: My father said to me, "What a naughty boy you are!" मेरे पिताजी ने मुझे कहा, ''तुम कितने शरारती लड़के हो!''

Indirect: My father expressed his views that I was a naughty boy. मेरे पिताजी ने अपने विचार व्यक्त किये कि मैं बहुत शरारती लड़का था।

X. Optative Sentences. ये Sentences किसी Curse, Abuse या किसी प्रार्थना या Wish का आभास करवाते हैं।

(i) *Direct*: The old man said to me, "May you live long!" बूढ़े आदमी ने मुझसे कहा, ''भगवान करे तुम्हारी आयु लम्बी हो।''

Indirect: The old man wished that I might live long. बूढ़े आदमी ने इच्छा प्रकट कि (भगवान की दया से) मेरी आयु लम्बी हो।

(ii) *Direct*: My grandfather said to me, "May God bless you!" मेरे दादाजी ने मुझसे कहा, ''भगवान तुम्हें खुशहाल करे!''

Indirect: My grand father prayed that God might bless me. मेरे दादाजी ने प्रार्थना की कि भगवान मुझे खुशहाल करे।

(iii) *Direct*: I said, "Good Night, father"! मैंने कहा, ''शुभरात्रि, पिताजी!''

Indirect: I wished (or bade) my father good night. मैंने अपने पिताजी को शुभ रात्रि कही।

(iv) *Direct*: I said, "Good Morning, Uncle." मैंने कहा, ''शुभ प्रभात, अंकल!''

Indirect: I wished my uncle good morning. मैंने अपने अंकल को शुभ प्रभात कही।

Note. Exclamatory और Optative Sentences को Indirect Speech में Change करने में विशेष अन्तर नहीं है।

EXERCISE I

नीचे दिये गये *Sentences* को *Indirect Speech* में *Change* करें:

1. She says, "Krishan looks handsome."
2. He says, "I live in Delhi."
3. Ram said to her friend, "You sing extremely well."
4. Mohan says, "My school is at a stone's throw from my house."
5. She said to me, "I know them very well."
6. Satish said to Jagdeep, "Your bag is a beautiful one."
7. He says, "I do not make a noise in the classroom."
8. Ravi said to me, "You are my best friend."
9. Laxman said to his friend, "Children are the future of India."
10. Lucky said to Jasbeer, "You are a lazy boy."

EXERCISE II

1. Ganesh said to Ranjeet, "I am going to play in the ground."
2. I said to him, "You are trying to kill two birds with one stone."
3. Sandeep said to Tony. "We are watering the plants."
4. I said to him, "The storm was too fast."
5. She said to me, "I am geting married on the 26th of January."
6. I said to my mother, "I am going to visit the Taj next week."
7. She said Rakesh, "I like you very much."
8. Lovely said to Kuldeep, "I am trying my best to solve this problem."
9. He said to me, "The children were dancing on the terrace."
10. He said to his sister, "Monty was trimming the grass in the graden."

EXERCISE III

1. He said to me, "I have got a coin right from this spot."
2. She says, "He has already agreed to help the poor."
3. Geeta said to Sunita, "You have done your work well."
4. She said to me, "Nepolean would have won Waterloo if he had not reached late at the spot by five minutes."
5. She said to her friends, "I have been working in the office for five years."
6. He said to me, "The matter is in its final stage."
7. He said to me, "He is not a simple man like us."
8. She said to Ram, "You have never done anything memorable."
9. I said to rant, "It is better for you if you speak no word."
10. She said to me, "You are quite a nice boy."

EXERCISE IV

1. He said to his friend, "Move ahead!"
2. The commander said to the soldier, "Attack!"
3. The gardener said to the child, "Do not pluck flowers."
4. The teacher said, "The earth revolves round the Sun."
5. The saint said to his disciples, "Truth is God."
6. The doctor said,"Malaria has broken out in the town. Everybody must take care of himself."
7. The teacher said to the class,"Don't make a noise."
8. The principal said to the peon, "Go and ring the bell."
9. The old man said to me,"May you succeed in life!"
10. My friend said to me, "Happy journey!" (or, "May you have a happy journey!")

Note. कई बार हम पूरा वाक्य नहीं बोलते। इन Sentences को Indirect में इस प्रकार बदला जा सकता है: My friend wished me a happy journing or My friend wished that I might have a happy Journey.

EXERCISE V

1. Tony said to Geeta, "Where are you going?"
2. Sunita said to Pammi, "What have you done for your country?"
3. He said to me, "Go away!"
4. Ravi said to his sister, "When will you get up in the morning?"
5. Shankar said to me, "What makes you laugh now?"
6. Sheela said to her friend, "You bloody fool!"
7. Jagdish said to me, "Take care of yourself!"
8. I said to him, " Make hay while the Sun shines!"
9. The old man said, "Alas! My son is not alive."
10. I said to him, "Please have a cup of tea."

EXERCISE VI

1. My mother said to me, "Never hate anybody."
2. My father said to me, "Be happy."
3. I said to the hotelier, "May I a stay for the night in this room?"
4. Ram said to Sham, "Don't go outside."
5. She said, "Oh! I see."
6. He said to me, "Don't you worry, I well take care of them."
7. The teacher said to Neresh, "You can go now."
8. My father siad to me, "Fetch a glass of water for me."
9. I said to him, "Where do you live?"
10. Pappy said to me, "What is going on?"

CHAPTER 32

CHANGING INDIRECT INTO DIRECT SPEECH

इसमें Direct से Indirect Speech को बदलने की प्रणाली के विपरीत करना होता है।

EXAMPLES

1. Assertive Sentences

(a) *Indirect* : He says to me that I am a good boy.
Direct : He says to me, "You are a good boy."

(b) *Indirect* : He told me that he was working on the new topic.
Direct : He said to me, "I am working on the new topic."

(c) *Indirect* : She told her sister that she had never told a lie in her life.
Direct : She said to her sister, " I have never told a lie in my life."

(d) *Indirect* : She told her brother that the Sun rises in the East.
Direct : She said to her brother, "The Sun rises in the East."

(e) *Indirect* : Kuldeep told Pawan that he had done a good job.
Direct : Kuldeep said to Pawan, "You have done a good job."

(f) *Indirect* : My father told me that he had been the best student in his class.
Direct : The father said to me, "I was the best student in my class."

(g) *Indirect* : The mother told her child that man cannot breathe without air.
Direct : The mother said to her child, "Man cannot breathe without air."

Interrogative Sentences

(a) *Indirect* : The teacher asked the boys why they were making a noise.
Direct : The teacher said the boy, "Why are you making a noise?"

(b) *Indirect* : Deepak asked me if he had sung a good song.
Direct : Deepak said to me, "Have I say a good song?"

(c) *Indirect* : The teacher demanded of the boy why he was not listening to him.
Direct : The teacher said to the boy, "Why are you not listening to me?"

(d) *Indirect* : She asked me if I could accompany her to the function.
Direct : She said to me, "Can you accompany me to the function?"

(e) *Indirect* : Sunita asked Geeta if she liked her.
Direct : Sunita said to Geeta, "Do you like me?"
(f) *Indirect* : Raju asked Johny if he had taken his lunch.
Direct : Raju said to Johny, "Have you taken your lunch?"
(g) *Indirect* : She asked you if the guest would have arrived by the next day.
(h) *Direct* : She said to you, "Will the guests have arrived by tomorrow?"

Imperative Sentences

(a) *Indirect* : My father forbade the boys to scatter the things across the floor.
Direct : My father said the boys, "Do not scatter the things across the floor."
(b) *Indirect* : My friend advised me to have patience.
Direct : My friend said to me, "Have patience."
(c) *Indirect* : My brother suggested that we should do something good for mankind.
Direct : My brother said, "Let us do something good for mankind."
(d) *Indirect* : The principal ordered the peon to go and ring the bell.
Direct : The principal said to peon, "Go and ring the bell."
(e) *Indirect* : My friend suggested to me to have a cup of tea together.
Direct : My friend said to me, "Let us have a cup of tea together."
(f) *Indirect* : He requested us to be silent.
Direct : He said to us, "Please be silent."

Exclamatory and Optative sentences

(a) *Indirect* : The child exclaimed with joy to have seen the peacock dancing. (or, the child exclaimed with joy that the peacock was dancing very beautifully.)
Direct : The child said, "How beautifully is the peacock dancing!"
(b) *Indirect* : My grandfather wished me to have a good day.
Direct : May grandfather said to me, "May you have a good day!"
(c) *Indirect* : The child exclaimed with wonder that it was a very white stone.
Direct : The child said, "What a white stone!"
(d) *Indirect* : The old man wished that he had been a rich man.
Direct : The old man said, "O that I were a rich man!"
(e) *Indirect* : Mohan exclaimed with joy that he stood first in the class.
Direct : Mohan said, "Hurrah! I stand first in the class!"
(f) *Indirect* : The spectator applauded the player saying that they had done well.
Direct : The spectators said, "Bravo! well done."

EXERCISE I

नीचे दिये गये Indirect Speech के Sentences को Direct speech में Change करें:

1. He told me that he would check the paper again.
2. She told Suresh that she had been looking into the matter.
3. He wished (or bade) me good night.
4. The poor man begged for mercy.
5. He ordered me to bring my accounts.
6. He exclaimed with joy that the house was very big.
7. She exclaimed with surprise that I had killed the lion.
8. My father forbade the children to throw stones at the mad dog.
9. He told me that he could not change his behaviour.
10. He exclaimed with joy that his brother had come.
11. He asked me if I would tell him a horror story.
12. She warned her enemies that she would teach them a lesson.
13. The Principal told the students that the Sun is very much bigger than the earth.
14. My father advised me that we should trust in God.
15. My father advised me that we should obey our elders.
16. My father suggested to me that we should go for a walk.
17. He asked me if he could write with my pen.
18. Pinky exclaimed with sorrow that her house had been reduced to ashes.
19. The old man said that God can never die.
20. The child exclaimed with delight that the rainbow was very beautiful.

CHAPTER 33

AGREEMENT OF THE VERB WITH THE SUBJECT

English में Verb का Number और Person के अनुसार सहमत होना आवश्यक है। इस विषय में निम्नलिखित Points को ध्यान में रखें:

1. एक वाक्य में Verb उसी Number और Person का होना चाहिए जिसका Subject है:
   (i) I am happy.
   (ii) You are happy.
   (iii) He is happy.
   (iv) They are happy.

2. (i) यदि किसी वाक्य में दो Subjects 'and' से जुड़े हों, तो वहां Plural Verb लगेगा, provided कि वह दो Subjects भिन्न व्यक्तियों (या वस्तुओं) के बारे में हैं:
   (a) Sunil and Suresh are good boys.
   (b) A book and a toy were lying on the table.

(ii) यदि वे Subjects एक ही व्यक्ति या वस्तु के बारे में हों अथवा दो वस्तुएं या बातें मिलकर एक ही प्रभाव डालते हों, तो Singular Verb लगेगा:
   (a) The poet and dramatist is dead.
   (b) Law and order is a big problem these days.

3. यदि दो Singular Subjects के बीच 'or' आता हो, तो Singular Verb लगेगा परन्तु यदि दो Plural Subject के बीच 'or' आता हो, तो Plural Verb लगेगा:
   (i) Ram or Balram is to blame.
   (ii) Boys or girls are allowed to attend the class.

4. यदि किसी वाक्य में Singular Subject के बाद 'or' हो और उसके बाद Plural Subject हो, तो Verb Plural Form में लगेगा:
   (i) One boy or two girls are allowed to attend the function.
   (ii) One pen or two pencils are enough to please a child.

5. यदि किसी वाक्य में इस प्रकार के शब्द लिखे हों, यथा "as well as," 'with,' "along with," "together with," "as also," "in addition to" etc, तो उस वाक्य में Verb प्रथम Subject के अनुसार लगेगा:

(i) I as well as you are in the wrong.
(ii) The teacher, together with the students, has gone to the picnic.
(iii) The Prime Minister, with all his cabinet ministers, is going to attend the function.

6. यदि किसी Proper noun का रूप plural जैसा हो, तो singular verb ही लगेगा:
(i) *The Arabian Nights* is an interesting book.
(ii) The United States is a mighty country.
(iii) Tips and Toes is a famous company.

7. कई Professions, Subjects और Diseases के साथ 's' लगता है। इनका अकेले वर्णन करते समय Verb Singular Form में ही लगेगा:
(i) Politics is dirty game.
(ii) Economics is a tough subject.
(iii) Measles causes rashes on the body.
(iv) Histrionics is what he longs to be adept at.

8. निम्नलिखत शब्दों के साथ प्राय: Singular Verb लगता है:

'Each,' 'every,' 'everyone,' 'everybody,' 'nobody,' 'none,' "either... or," "neither ...nor," provided

(a) जिस वाक्य में दो Subjects हैं और वे दोनों ही Singular हैं।
(b) यदि बाद वाला Subject Plural है, तो Plural Verb लगेगा:
(i) Each boy is welcome to the function.
(ii) Every countryman has to do his duty.
(iii) Everybody must be prepared for making sacrifices for the country.
(iv) Nobody wants a war.
(v) Either he or his brother is to blame.
(vi) Neither he nor his sister is in the house.

परन्तु: (vii) Either he or his friends *are* responsible for this mischief.
(viii) Neither she nor her relatives *were* present there.

Note. नीचे लिखे वाक्यों में दूसरी प्रकार का वाक्य अधिक Idiomatic माना जायेगा :
(i) She does not have *any friend.*
(ii) She does not have *any friends.*

9. 'News' शब्द देखने में Plural है, परन्तु वास्तव में सदा Singular माना जाता है:

The news is too good to be true.

10. कुछ Words के साथ सदा Singular Verb लगता है, यथा 'scenery,' 'advice,' 'information,' 'furniture,' 'deer,' 'sheep' etc.

कई शब्दों के Plural Form में अर्थ बदल जाते हैं। जैसे कि Advice and Advices.
(i) The Himalayas offer a good scenery.
(ii) I saw many deer in the jungle.
(iii) He gave me much advice.
(or many pieces of advice).

Note. ***Uncountable nouns*** के साथ प्राय: 'much' लगता है और उनको Plural form में ('s' or "es" लगा कर नहीं लिखा जाता)

11. कई शब्दों के बाद Plural Verb लगता है। *e.g.*, 'cattle,' 'gentry,' 'folk,' 'intelligentia,' 'people' 'glitterati' etc.

(i) The gentry of this town are to attend this function.
(ii) The cattle are grazing in the field.

12. एक Collective Noun जब एक Entity के रूप में प्रयोग हो, तो उसके बाद Singular Verb लगेगा, परन्तु यदि उसकी इकाईयां Individual रूप में मानी जायें, तो उसके बाद Plural Verb लगेगा:

(i) The jury is of the unanimous opinion in the matter.
(ii) The jury are divided on this point.
(iii) The police have arrested the thief.
(iv) The committee has given its assent in writing.

13. एक ही वाक्य को दो भिन्न प्रकार से लिखने से Subject के अनुसार Verb का Number बदल जाता है:

(i) The stars were our only guide.
(ii) Our only guide was the stars.

14. (i) किसी वाक्य के 'what' से आरम्भ होने से प्राय: Singular Verb लगता है:

(a) What I dislike is bad manners.
(b) What I expect from you is honest dealings.

(ii) यदि 'what' Subject न हो, तो Verb Subject के अनुसार लगेगा:

(a) What is your aim in life?
(b) What are your broad views about this matter?

15. (i) "A pair of" के साथ Singular Verb लगेगा:

(a) A pair of shoes has been left by somebody.
(b) Just a pair of books is not a big purchase.

(ii) "Pairs of" के साथ Plural Verb लगेगा:

(a) Many pairs of shoes are daily sold by him.
(b) So many pairs of gloves are not required by me.

16. "A number of" के बाद प्राय: Plural Verb लगता है परन्तु "the number of" के बाद Singular Verb लगता है:

(a) A number of students were present at the function.
(b) The number of students who attended the function was not large.

17. 'There' से आरम्भ होने वाले वाक्य में Verb सदा Subject के अनुसार होना चाहिए:

(i) There is little peace in this world.
(ii) There have been no major wars after World War II.

18. यदि एक वाक्य में एक Positive और एक Negative Clause हो, तो Verb Positive Clause के अनुसार प्रयोग होगा:

(i) The cabinet ministers, but not the Prime Minister, deserve appreciation for this achievement.
(ii) Not the cabinet ministers, but the Prime Minister, deserve appreciation for this achievement.

19. Collective Nouns की एकदम इकट्ठी प्रस्तुति पर Singular Verb का प्रयोग होता है:

(i) Our class consists of fifty students.
(ii) A herd of cattle are grazing in the field.
(iii) A gang of workmen is repairing the road.
(iv) A crowd of people has collected there.
(v) A bunch of grapes is there on the plate.

Note. "A majority of" के साथ प्राय: Plural Verb का प्रयोग होता है:

(i) A majority of voters have cast their votes.
(ii) A majority of people are labouring under one or the other misconception.

20. 'It' के बाद 'is' का प्रयोग होता है परन्तु बाद में, यदि Relative Clause आयेगी, तो बाद का Verb Antecedent के अनुसार लगेगा:

(i) It is me. (or, It is I — old usage).
(ii) It is you who are to blame.
(iii) It is people such as those who have done maximum harm to the country.
(iv) It is Manohar who is my best friend.

EXERCISE

Correct the following sentences:

1. I do not know his whereabout.
2. I saw three deers in the park.
3. There are a brace of pigeons in our house.
4. Such news are always welcome.
5. What I love are oranges and apples,
6. Many a boy were present there.
7. Many works remain to be done by me.
8. My real obstacle were the circumstances.
9. Ram as well as you are to blame.
10. Mathematics are a difficult subject.
11. The painter and the sculptor is dead.
12. Not I, but you are to do this work.
13. He is one of those who is not amenable.
14. Bread and butter are an average man's aims in life.
15. The ship with all the sailor were wrecked.

CHAPTER 34

THE ADVERB

Adverb वह शब्द होता है जो Adjective, किसी Verb या किसी और Adverb की Quality बताता है या उसको Define करता है (अर्थात् उसकी व्याख्या करता है):

(a) He is a *very* good boy.
वह एक बहुत अच्छा लड़का है।

इस Sentence में 'very' शब्द 'good' की Quality बताता है, अर्थात् व्याख्या करता है (कितना अच्छा)। (**Note.** 'good' Adjective है।)

(b) It is *very* easy to solve this question. यह सवाल हल करना बहुत ही आसान है।

(c) He speaks English *quite fluently.* वह अंग्रेज़ी बहुत अच्छी बोलता है।

(d) He was *horribly* busy. वह बहुत मग्न था।

Note. (i) उपरोक्त Sentence No. (b) में 'easy' Adjective है और 'very' Adverb है। (ii) Sentence No. (c) में 'speaks' Verb है और 'fluently' और 'quite' Adverbs हैं। इस प्रकार इस वाक्य में दो Adverb हैं। 'Fluently' 'speaks' के बारे में बताता है और 'quite' 'fluently' के बारे में अर्थात् 'fluently' एक Verb (speak) को Define करता है और 'quite' एक और Adverb (fluently) को। (iii) Sentence No. (d) में 'horribly' एक Adverb है, जो एक Adjective (busy) को Define करता है।

EXERCISE

निम्नलिखित वाक्यों में बतायें कि कौन से Adverbs हैं:

1. The house that you gave me runs fast.
(a) house (b) run (c) that
(d) fast (e) none of these.

2. I have already told you that Ram is a cowardly boy.
(a) already (b) cowardly (c) that
(d) told (e) none of these.

3. We have been on friendly terms since our childhood.
(a) friendly (b) since (c) our

(d) terms, (e) none of these

4. The market here was once destroyed by the earthquake and has since been rebuilt.

(a) here (b) once (c) by
(d) since (e) none of these

CHAPTER 35

KINDS OF ADVERBS

Adverb को नीचे दिये गये ढंग से Classify किया जा सकता है:

I. Simple Adverbs
II. Interrogative Adverbs
III. Relative Adverbs

I. Simple Adverb. ये नीचे दिये ढंगों में Divide किया जा सकता है:

(1) Adverbs of Time (showing 'when')
(2) Adverbs of Manner (showing 'how')
(3) Adverbs of Frequency (showing "how often")
(4) Adverbs of Place (showing 'where')
(5) Adverbs of Reason, Cause or Purpose (showing reason)
(6) Adverbs of Assertion (affirming or negating a statement)
(7) Adverbs of Extent, Degree or Quantity (showing what extent, what degree and how)
(8) Adverbs of Duration (showing "how long")

(1) Adverbs of time

(a) He gets up *early* in the morning. वह सुबह जल्दी उठता है।
(b) She came very *late* in the party. वह बहुत देरी से पार्टी में आई।
(c) He has *alerady* finish his work. वह अपना काम पहले से ही कर चुका है।
(d) He will return a month *hence.* वह एक महीने बाद लौटेगा।
(e) *Thereafter,* we went to see the match. उसके बाद हम मैच देखने चले गये।

(2) Adverbs of Manner

(a) Yours *sincerely.* आपका सच्चे दिल से।
(b) He works *diligently.* वह बड़ी मेहनत से काम करता है।
(c) She talk *too much.* वह बहुत बातें करती है।
(d) He *surely* does his work himself. वह अवश्य अपना काम स्वयं ही करता है।
(e) *Thereby*, we lost the match. इस प्रकार हम मैच हार गये।

(3) Adverbs of Frequency

(a) Barking dogs *seldom* bite. जो गरजते हैं वो बरसते नहीं।

(b) He had made that very mistake many times *before.* वह ये गलती पहले भी कई बार कर चुका है।

(c) He has visited the zoo only *once.* वह चिड़ियाघर केवल एक बार गया है।

(d) He *always* speaks the truth. वह सदा सच बोलता है।

(4) Adverbs of Place

(a) You will not find it *anywhere* else. आप इसे दूसरी किसी जगह नहीं पायेंगे।

(b) He will be waiting for me *there.* वह वहां मेरी प्रतीक्षा कर रहा होगा।

(c) Come *in* please. कृपया अन्दर आयें।

(5) Adverbs of Reason, Cause or Purpose

(a) *So,* he was declared a fool. अत: वह मूर्ख करार दिया गया।

(b) *Hence,* he cannot make it again. वो इस तरह वह उसे दुबारा नहीं कर सकता है।

(c) She, *therefore,* was tortured in this connection. इसलिए उसे इस संदर्भ में यातनाएं दी गई।

(6) Adverbs of Assertion

(a) He was *certainly* wrong on the part of you. वह आपके बारे में बिलकुल ग़लत था।

(b) He is *definitely* a big fool. वह पक्के तौर पर एक बड़ा मूर्ख है।

(c) I do not think *anything* wrong about you. मैं आपके बारे में कुछ भी बुरा नहीं सोचता हूँ।

(d) He is *absolutely* sure of himself. उसे अपने बारे में बिल्कुल पक्का विश्वास है।

(7) Adverbs of Extent, Degree or Quantity

(a) I *fully* agree with you. मैं आपसे पूर्णतया सहमत हूँ।

(b) It is an *extremely* sharp knife. यह बहुत तीखा चाकू है।

(c) It is too hot. यह बहुत गर्म है।

(d) He is *so much* upset today. वह आज अत्याधिक परेशान है।

(8) Adverbs of Duration

Note. यह Adverbs अधिकतर Phrases के रूप में प्रयोग होते हैं:

(i) He has been absent.

(ii) He works.
(iii) He worked in this office.
(iv) He has been working in this office since 1992.
   (a) for many months
   (b) for many years
   (c) for many days
   (d) from morning till evening
   (e) from 1987 to 1999
   (f) upto 1988

II. Interrogative Adverbs

यह Adverbs प्रश्न पूछने के लिए प्रयोग होते हैं और प्राय: वाक्य के आरम्भ में आते हैं:

(a) *When* will you do this? तुम इसे कब करोगे?
(b) *How* will you do it? आप इसे कैसे करोगे?
(c) *Why* are you laughing? तुम क्यों हंस रहे हो?
(d) *Where* do you live? आप कहां रहते हैं?
(e) *How* have you found out this place? आपने इस जगह को किस तरह ढूंढ लिया?

Relative Adverbs

Relative Adverbs एक वाक्य में Antecedent की ओर ध्यान ले जाते हैं।

Examples

(a) This is the reason why I was late. यही कारण था कि मुझे देरी हो गई।
(b) I do not remember the day when he came to me. मुझे वह दिन याद नहीं जब वह मेरे पास आया।
(c) Do your remember where you used to study?
क्या तुम्हें याद है तुम कहां पढ़ा करते थे?

CHAPTER 36

FORMATION OF ADVERBS

	Word	Meaning	Adverb
1.	Angry	नाराज़	Angrily
		अवज्ञापूर्वक	Disobediently
		(बातों में)	Glibly
		मिलने वाला	Rarely
2.	Able	योग्य	Ably
3.	Abound	अत्यधिक होना	Aboundantly
4.	Absencee	ग़ैर हाज़री	Absently
5.	Abundant	काफ़ी	Abundantly
6.	Acceptable	स्वीकार करने योग्य	Acceptably
7.	Accrod	सहमति	Accordingly
8.	Accurate	ठीक	Accurately
9.	Accusation	दोष	Accusingly
10.	Active	सक्रिय	Actively
11.	Actual	वास्तविक	Actually
12.	Acute	गम्भीर	Acutely
13.	Add	जमा करना	Additionally
14.	Additional	अतिरिक्त	Additionally
15.	Admire	प्रशंसा करना	Admirably
16.	Admit	मानना	Admittedly
17.	Affection	प्यार	Affectionately
18.	Agree	सहमत होना	Agreeably
19.	Amaze	हैरान करना	Amazingly
20.	Amazing	हैरान करने वाला	Amazingly
21.	Ambitious	इच्छुक	Ambitiously
22.	Apology	माफी	Apologetically
23.	Appeal	अपील करना	Appealingly
24.	Appropriate	उचित	Appropriately

	Word	Meaning	Adverb
25.	Assure	विश्वास दिलाना	Assuredly
26.	Attend	हाज़िर होना	Attentively
27.	Attentive	सावधान	Attentively
28.	Attract	आकर्षित करना	Attractively
29.	Awful	भय-युक्त	Awfully
30.	Back	साथ देना, पीठ, पीछे	Back
31.	Bad	बुरा	Badly
32.	Baffling	परेशान करने वाला	Bafflingly
33.	Barbarous	जंगली	Barbarously
34.	Brilliant	शानदार	Brilliantly
35.	Bashful	शर्मीला	Bashfully
36.	Basic	आरम्भिक	Basically
37.	Beautiful	सुन्दर	Beautifully
38.	Beauty	सौंदर्य	Beautifully
39.	Bed	बिस्तरा	Abed
40.	Believe	विश्वास करना	Beliveably
41.	Benign	दयालु	Benignly
42.	Bewitch	जादू (मोहित) करना	Bewritchingly
43.	Bitter	कड़वा	Bitterly
44.	Bitterness	कड़वापन	Bitterly
45.	Blind	अन्धा	Blindly
46.	Blindness	अन्धापन	Blindly
47.	Blunt	खुंड (या कुंड)	Bluntly
48.	Board	चढ़ना (जहाज़ आदि पर)	Overboard
49.	Boast	शेख़ी मारना	Boastfully
50.	Boastful	शेखी बघारने वाला	Boastfully
51.	Bold	हौंसले वाला	Boldly
52.	Boldness	हौंसला	Boldly
53.	Brave	बहादुर	Bravely
54.	Brief	संक्षिप्त	Briefly
55.	Bright	चमकीला	Brightly
56.	Brightness	चमक	Brightly
57.	Brisk	तेज़	Briskly
58.	Broad	चौड़ा	Broadly
59.	Brutal	पशुओं जैसा	Brutally
60.	Confidence	विश्वास	Confidentially

	Word	Meaning	Adverb
61.	Cease	रूकना, रोकना	Ceaselessly
62.	Centre	केन्द्र	Centrally
63.	Change	बदलना	Changeably
64.	Clean	साफ़	Cleanly
65.	Clever	चालाक	Cleverly
66.	Close	निकट, बन्द करना	Closely
67.	Collect	इकट्ठा करना	Colletively
68.	Comfort	आराम	Comfortably
69.	Common	आम, साधारण	Commonly
70.	Comparative	तुल्नात्मक	Comparatively
71.	Complete	पूरा	Completely
72.	Comprehensive	विस्तार से	Comprehensively
73.	Condition	दशा	Conditionally
74.	Consider	ध्यान देना, सोचना	Considerably
75.	Considerable	पर्याप्त	Considerably
76.	Constant	लगातार	Constantly
77.	Continue	जारी रखना	Continuously
78.	Convenient	सुगम	Conveniently
79.	Convention	रिवाज	Conventionally
80.	Convince	विश्वास दिलाना	Convincingly
81.	Copious	बहुत	Copiously
82.	Cosntitution	संविधान	Constitutionally
83.	Critical	आलोचनात्मक	Critically
84.	Curel	निर्दयी	Cruelly
85.	Danger	ख़तरा	Dangerously
86.	Dangerous	खतरनाक	Dangerously
87.	Day	दिन	Daily
88.	Dear	प्यारा	Dearly
89.	Decent	ठीक, उचित	Decently
90.	Decisive	निर्णयात्मक	Decisively
91.	Deed	काम	Indeed
92.	Deep	गहरा	Deeply
93.	Defiant	विरोधी	Defiantly
94.	Dense	घना	Densely
95.	Desperate	निराश	Desperately
96.	Destroy	नष्ट करना	Destructively

	Word	Meaning	Adverb
97.	Dexterity	चुस्ती	Dexterously
98.	Differ	भिन्न (असहमत) होना	Differently
99.	Different	भिन्न	Differently
100.	Dim	मघन, धुन्दला	Dimly
101.	Direct	सीधा	Directly
102.	Dishonest	बेईमान	Dishonestly
103.	Disobedient	अवज्ञाकारी	Disobiently
104.	Dominant	प्रभावशाली	Dominantly
105.	Double	दुगूना	Doubly
106.	Doubt	शंका	Doubtfully
107.	Doubtful	शंकात्मक	Doubtfully
108.	Drastic	भयानक, सख्त	Drastically
109.	Dread	भय	Dreadfully
110.	Dream	स्वप्न	Dreamily
111.	Dubious	शंकायुक्त	Dubiously
112.	Due	उचित, को या की ओर	Duly
113.	Eager	लालायित	Eagerly
114.	Earnest	तत्पर, सच्चा	Earnestly
115.	Easy	आसान	Easily
116.	Emotional	भावनात्मक	Emotionally
117.	Economic	आर्थिक	Economically
118.	Economy	अर्थव्यवस्था	Economically
119.	Effect	प्रभाव	Effectively
120.	Efficient	कार्यकुशल	Efficiently
121.	Eloquence	वाक्पटुता	Eloquently
122.	Eloquent	वाक्पटु	Eloquently
123.	Endless	अन्तहीन	Endlessly
124.	Enemy	शत्रु	Enimically
125.	Energetic	सक्रिय, ऊर्जावान	Energetically
126.	Energy	ऊर्जा	Energetically
127.	Enthusiastic	उत्साहपूर्ण	Enthusiastically
128.	Entire	सम्पूर्ण	Entirely
129.	Environment	पर्यावरण	Envirnomentally
130.	Equal	समान	Equally
131.	Exact	यथातथ्य	Exactly
132.	Excellent	श्रेष्ठ	Excellently

	Word	Meaning	Adverb
133.	Exceptional	विशेष	Exceptionally
134.	Excitement	रोमांच	Excitedly
135.	Exist	अस्तित्व रखना	Existingly
136.	Excited	उत्तेजित	Excitedly
137.	Expectant	आशा करने वाला	Expectantly
138.	Expectation	अपेक्षा	Expectantly
139.	Expensive	महँगा	Expensively
140.	Explicit	सुस्पष्ट	Explicitly
141.	Extend	विस्तृत करना	Extensively
142.	Extravagence	अपव्यय, फिजूलख़र्ची	Extravgantly
143.	Fabulous	अत्यधिक, काल्पनिक	Fabulously
144.	Factual	वास्तविक	Factually
145.	Faint	मध्यम, फीका	Faintly
146.	Fair	उचित	Farily
147.	Faithful	स्वामिभक्त	Faithfully
148.	Fateful	महत्त्वपूर्ण	Fatefully
149.	Fearless	निडर	Fearlessly
150.	Feeble	कमज़ोर	Feebly
151.	Final	अन्तिम	Finally
152.	Finance	धन	Financially
153.	Firm	मज़बूत	Firmly
154.	First	पहला	Firstly, First
155.	Fixed	निर्धारित	Fixedly
156.	Flippant	चंचल	Flippantly
157.	Flourish	उन्नत्ति करना	Flourishingly
158.	Fluency	सरवता	Fluently
159.	Fluent	सरल	Fluently
160.	Foolish	मूर्ख	Foolishly
161.	Foot	पांव	Afoot
162.	Force	शक्ति	Forcefully
163.	Forceful	शक्तिशाली	Forcefully
164.	Fortnight	दो सप्ताह	Fortnightly
165.	Fashionable	फैशनदार	Fashionably
166.	Free	स्वतंत्र	Freely
167.	Frequent	प्राय:	Frequently
168.	Fresh	ताज़ा	Afresh

	Word	Meaning	Adverb
169.	Fury	क्रोध	Furiously
170.	Gay	प्रसन्न	Gaily
171.	General	साधारण	Generally
172.	Generosity	उदारता	Generously
173.	Generous	उदार	Generously
174.	Genial	रमणीक, अनुकूल	Genially
175.	Geniality	अनुकूलता	Genially
176.	Gentle	अच्छा	Gently
177.	Gentleness	अच्छाई	Gently
178.	Glad	प्रसन्न	Gladly
179.	Gladness	प्रसन्नता	Gladly
180.	Glib	बातूनी, प्रवाहपूर्वक	Glibly
181.	Glibness	प्रवाह, फिसलन	Gibly
182.	Glory	शान	Gloriously
183.	Graceful	शानदार	Gracefully
184.	Gracious	दयालु	Graciously
185.	Gradual	धीरे-धीरे	Gradually
186.	Grateful	धन्यवाद	Gratefully
187.	Grave	गम्भीर	Gravely
188.	Gravity	गम्भीरता	Gravely
189.	Great	महान	Greatly
190.	Greatness	महानता	Greatly
191.	Greed	लालच	Greedily
192.	Greedy	लालची	Greedily
193.	Habitual	आदि	Habitually
194.	Happy	प्रसन्न	Happily
195.	Harm	हानि	Harmfully
196.	Harmony	एकस्वरता	Harmoniously
197.	Haste	जल्दी	Hastily
198.	Hasty	जल्दी में	Hastily
199.	Health	स्वास्थ्य	Healthily
200.	Heart	हृदय	Heartily
201.	Hearty	हार्दिक	Heartily
202.	Heavy	भारी	Heavily
203.	Heroic	बहादुर	Heroically
204.	Hesitate	हिचकिचाना	Hesitatingly

	Word	Meaning	Adverb
205.	Hesitation	हिचकिचाहट	Hestatingly
206.	High	ऊंचा	Highly
207.	Hind	पिछला, पृष्ठभागीय	Behind
208.	History	इतिहास	Historically
209.	Honest	ईमानदार	Honestly
210.	Honour	सम्मान	Honourably
211.	Honourable	सम्मानजनक	Honourably
212.	Hope	आशा	Hopefully
213.	Hopeful	आशावान	Hopefully
214.	Horible	भयानक	Horribly
215.	Horror	भय	Horribly
216.	Hour	घंटा	Hourly
217.	Humble	नम्र	Humbly
218.	Hunger	भूख	Hungrily
219.	Hurried	जल्दी में	Huriedly
220.	Hysterical	उन्मत	Hyrsterically
221.	Identical	उसी प्रकार का, समान	Indentically
222.	Idle	ख़ाली, नाकारा	Idly
223.	Ignorance	अज्ञानता	Ignorantly
224.	Imagination	कल्पना	Imaginatively
225.	Immaculate	शुद्ध, निर्देश	Immaculately
226.	Immediate	तुरन्त	Immediately
227.	Imperfect	अपूर्ण	Imperfectly
228.	Implore	प्रार्थना करना	Imploringly
229.	Incident	घटना	Incidently
230.	Inclusive	सम्मिलित	Inclusively
231.	Independent	स्वतंत्र	Independently
232.	Idiomatic	मुहावरेदार	Idiomatically
233.	Individual	व्यक्तिगत	Individually
234.	Indolent	आलसी	Indolently
235.	Industrial	उद्योग-सम्बंधी	Industrially
236.	Infinite	अनन्त	Infinitely
237.	Instant	क्षण, तुरन्त	Instantly
238.	Insulting	अपमानजनक	Insultingly
239.	Intelligent	बुद्धिमान	Intelligently
240.	Intense	तीव्र	Intensely

	Word	Meaning	Adverb
241.	Intense	सख़्त, गम्भीर	Intensely
242.	Intentional	इच्छापूर्वक	Infentionally
243.	Interest	रूचि	interestingly
244.	Interesting	रूचिकर	Interestingly
245.	International	अन्तराष्ट्रीय	Internationally
246.	Inward	आन्तरिक	Inwardly
247.	Ironic	व्यंगात्मक	Ironically
248.	Irritable	चिड़चिड़ा	Irritably
249.	Judicious	बुद्धिमान	Judiciously
250.	Jealous	ईष्यालु	Jealously
251.	Jovial	प्रसन्न	Jovially
252.	Joyful	प्रसन्न	Joyfully
253.	Judicial	न्याय सम्बन्धी	Judicially
254.	Just	न्यायकारी	Justly
255.	Justifiable	न्याय-योग्य	Justifiably
256.	Keen	तीव्र, उत्सुक, प्रचण्ड	Keenly
257.	Kind	दयालु	Kindly
258.	Knavish	शैतान	Knavishly
259.	Know	जानना	Knowingly
260.	Knowledge	ज्ञान	Knowledgeable
261.	Labour	मेहनत	Labouriously
262.	Laconic	संक्षिप्त	Loconically
263.	Laconism	मिचभाषण	Loconically
264.	Large	बड़ा	Largely
265.	Last	अन्तिम	Lastly
266.	Laudable	प्रशंसनीय	Laudably
267.	Laugh	हँसना	Laughable
268.	Laughing	हँसते हुए	Laughingly
269.	Lavish	उदार	Lavishly
270.	Law	कानून	Lawfully, Legally
271.	Legible	जो पढ़ा जा सके	Legibly
272.	Lenience	नर्माई	Leniently
273.	Lenient	ढ़ीला	Leniently
274.	Liberal	उदार	Liberally
275.	Liberality	आज़ादी	Liberally
276.	Like	पसन्द करना, उसी प्रकार का	Alike

	Word	Meaning	Adverb
277.	Local	स्थानीय	Locally
278.	Locality	स्थान	Locally
279.	Lofly	ऊंचा	Loftily
280.	Loft	ऊँची, अटारी	Aloft
281.	Logical	युक्ति-युक्त	Logically
282.	Lone	अकेला	Alone
283.	Loud	ऊंची आवाज़ से	Aloud
284.	Loving	प्रिय	Lovingly
285.	Low	नीचे	Lowly
286.	Loyal	स्वामिभक्त	Loyally
287.	Lucid	स्पष्ट	Lucidly
288.	Ludicrous	हास्य-प्रद	Ludicrously
289.	Lustful	कामुक, कामातुर	Lustfully
290.	Luxurious	आराम-प्रस्त	Luxuriously
291.	Mad	पागल	Madly
292.	Moderate	थोड़ा सा, मध्यम	Moderately
293.	Madness	पागलपन	Madly
294.	Main	मुख्य	Mainly
295.	Malicious	दुर्भाव रखने वाला	Maliciously
296.	Mature	पकना	Maturely
297.	Mechanical	मशीन-सम्बंधी	Mechanically
398.	Mental	मान्सिक	Mentally
399.	Mercy	दया	Mercifully
300.	Merry	प्रसन्न	Merrily
301.	Method	ढंग	Methodically
302.	Methodical	ढंगात्मक	Methodically
303.	Might	शक्ति	Mightily
304.	Mighty	शक्तिशाली, महान	Mightily
305.	Mild	नर्म	Mildly
306.	Mildness	नर्माई	Mildly
307.	Miracle	करामात	Miraculously
308.	Miserable	दुःखी	Miserably
309.	Modest	संकोची, सुशील	Modestly
310.	Modesty	सुशीलता	Modestly
311.	Month	मास	Monthly
312.	Moral	नैतिक	Morally

	Word	Meaning	Adverb
313.	Morality	नैतिकता	Morally
314.	Mortality	मृत्यु	Mortally
315.	Mouth	मुँह	Orally, mouthfully
316.	Mutual	पारस्परिक	Mutually
317.	Mysterious	भेद-युक्त	Mysteriously
318.	Name	नाम	Namely
319.	Narrow	तंग	Narrowly
320.	Nation	राष्ट्र	Nationally
321.	National	राष्ट्रीय	Nationally
322.	Natural	प्राकृतिक	Naturally
323.	Neat	स्वच्छ	Neatly
324.	Necessary	अवश्य	Necessarily
325.	Necessity	ज़रूरत	Necessarily
326.	Need	आवश्यकता	Needlessly, Needfully
327.	Negative	नकारात्मक	Negatively
328.	Neglect	लापरवाही	Neglectfully
329.	Nervous	डरा हुआ	Nervously
330.	New	नया	Anew
331.	Nice	अच्छा	Nicely
332.	Night	रात	Tonight
333.	Nimble	तेज़, चुस्त	Nimbly
334.	Noble	अच्छा	Nobly
335.	Noise	शोर के साथ	Noisily
336.	Noiseless	बिना शोर	Noiselessly
337.	Noisy	शोर वाला	Noisily
338.	Normal	साधारण	Normally
339.	Notable	ध्यान देने योग्य	Notable
340.	Notorious	बदनाम	Notoriously
341.	Obedient	आज्ञाकारी	Obediently
342.	Objective	बिना पक्षपात	Objectively
343.	Obvious	स्पष्ट	Obviously
344.	Occasion	अवसर	Occasionally
345.	Occasional	कभी-कभी	Occasionally
346.	Offend	नाराज़ करना	Offensively
347.	Offensive	आक्रमणात्मक	Offensively

	Word	Meaning	Adverb
348.	Official	दफ़्तर संबंधी	Officially
349.	Ominous	अनिष्ट सूचक, अशुभ	Ominously
350.	Open	खुला	Openly
351.	Oppressive	दुःखदायक	Oppressively
352.	Ordinary	साधारण	Ordinarily
353.	Origin	आरम्भ	Orginally
354.	Original	मौलिक	Originally
355.	Outward	बाहय	Outwardly
356.	Pain	दर्द	Painfully
357.	Painful	दुःखदायक	Painfully
358.	Partial	कुछ-कुछ	Partially
359.	Passionate	जोशीला	Passionately
360.	Perfect	पूर्ण	Perfectly
361.	Permanent	स्थायी	Permanently
362.	Persence	मौजूदगी	Presently
363.	Person	व्यक्ति	Personally
364.	Personal	व्यक्तिगत	Personally
365.	Perverse	उल्टा	Perversely
366.	Physical	शारीरिक	Physically
367.	Pleasant	खुशग़वार	Pleasantly
368.	Political	राजनैतिक	Politically
369.	Poor	निर्धन	Poorly
370.	Possibility	सम्भावना	Possibly
371.	Powerful	शक्तिशाली	Powerfully
372.	Practical	व्यवहारिक	Practically
373.	Precise	ठीक	Precisely
374.	Preference	प्राथमिकता	Preferably
375.	Present	वर्तमान	Presently
376.	Presume	अनुमान लगाना	Presumably
377.	Pretend	बहाना करना	Pretentiously
378.	Pride	घमण्ड, गर्व	Proudly
379.	Private	प्राईवेट	Privately
380.	Progress	उन्नति करना	Progressively
381.	Proper	ठीक	Properly
382.	Public	जनता	Publically
383.	Punctual	समय का पाबन्द	Punctually

	Word	Meaning	Adverb
384.	Pure	पवित्र	Purely
385.	Quarter	एक चौथाई	Quarterly
386.	Queer	अजीब	Queerly
387.	Question	प्रश्न	Questionably
388.	Questionable	संदिग्ध	Questionably
389.	Quick	जल्दी, तेज़	Quickly
390.	Quite	चुप	Quitely
391.	Rapid	तेज़	Rapidly
392.	Rare	दुर्लभ, बहुत कम	Rarely
393.	Rational	तर्कशील	Rationally
394.	Ready	तैयार	Readily
395.	Real	वास्तविक	Really
396.	Reality	वास्तविकता	Really
397.	Reason	तर्क, कारण	Reasonably
398.	Receive	प्राप्त करना	Receptively
399.	Reciprocal	आपसीय	Reciprocally
400.	Regular	नियमपूर्वक	Regularly
401.	Relevant	उचित	Relevantly
402.	Reliable	विश्वसनीय	Reliably
403.	Religion	धर्म	Religiously
404.	Religious	धार्मिक	Religiously
405.	Rely	निर्भर होना	Reliably
406.	Remark	विचार, टिप्पणी, उक्ति	Remarkably
407.	Remarkable	शानदार	Remarkably
408.	Remorse	पश्चाताप	Remorsefully
409.	Respect	सम्मान	Respectfully
410.	Resplendent	चमकदार	Resplendently
411.	Rest	आराम	Restive
412.	Restless	बेचैन	Restlessly
413.	Rhetoric	अलंकृत भाषा	Rhetorically
414.	Rich	धनी	Richly
415.	Ridiculous	हास्यप्रद	Rediculously
416.	Risk	खतरा	Riskly
417.	Round	गोल	Round
418.	Royal	राजकीय	Royally
419.	Royalty	राजकीयता	Royally

	Word	Meaning	Adverb
420.	Rude	बदतमीज़	Rudely
421.	Rudeness	गुस्ताख़ी	Rudely
422.	Sad	उदास	Sadly
423.	Safe	सुरक्षित	Safely
424.	Satisfactory	संतोषजनक	Satisfactorily
425.	Scarce	बहुत कम मिलने वाला	Scarcely
426.	Secure	सुरक्षित	Securely
427.	Selfish	स्वार्थी	Selfishly
428.	Shocking	चौंकाने वाला	Shockingly
429.	Shy	शर्मीला	Shyly
430.	Silent	चुप	Silently
431.	Simle	मुस्कराना	Similingly
432.	Sincerity	सच्चाई	Sincerely
433.	Smart	चुस्त	Smartly
434.	Sober	संयमी, उद्वेग-रहित	Soberly
435.	Sound	ठीक	Soundly
436.	Special	विशेष	Specially
437.	Sport	खेल	Sportingly
438.	Steady	लगातार	Steadily
439.	Stern	मज़बूत, सख्त	Sternly
440.	Strange	अद्‌भुत	Strangely
441.	Strength	शक्ति	Strongly
442.	Strict	सख़्त	Strictly
443.	Style	ढंग, शैली	Stylishly
444.	Suave	मिष्टभाषी, सभ्य	Suavely
445.	Submission	हार	Submissively
446.	Submissive	दबा हुआ	Submissively
447.	Suitable	उचित	Suitably
448.	Symbolic	निशानी के रूप में	Symbolically
449.	Tactful	ढंग वाला	Tactfully
450.	Tasteful	स्वादिष्ट	Tastefully
451.	Tear	आंसू	Tearfully
452.	Tedious	थकाने वाला	Tedi
453.	Tenacious	चिपचिपा	T
454.	Tense, Tensive	तनाव में	
455.	Teribble	भयानक	

	Word	Meaning	Adverb
456.	Terror	भय	Terribly
457.	Terse	संक्षेप	Tersely
458.	Thank	धन्यवाद	Thankfully
459.	Thorough	पूरी तरह	Thoroughly
460.	Thought	विचार	Thoughtfully
461.	Tidy	साफ़ सुथरा	Tidily
462.	Tight	सख्त	Tightly
463.	Tight	सख्म	Tightly
464.	Timid	भीरू	Timidly
465.	Tolerable	सहन करने योग्य	Tolerably
466.	Total	कुल	Totally
467.	Tragedy	दुःखान्त	Tragically
468.	Treacherous	धोखेबाज	Treacherously
469.	Tremendous	अत्यधिक	Tremendously
470.	True	सच्चा	Truly
471.	Truimphant	विजयी	Triumphantly
472.	Truth	सत्य	Truly
473.	Truthfulness	सच्चाई	Truthfully
474.	Ultimate	अन्तिम	Ultimately
475.	Unconscious	बेहोश	Unconsciously
476.	Undeniable	जिससे इन्कार न हो सके	Undeniably
477.	Undue	नाजाइज़	Unduly
478.	Unfailing	असफल न होने वाला	Unfailingly
479.	Unfortunate	अभागा	Unfortunately
480.	Unique	अकेला	Uniquely
481.	Universal	विश्व-व्यापी	Universally
482.	Universe	विश्व	Universally
483.	Unnecessary	अनावश्यक	Unnecessarily
484.	Uppish	ऊंचा, ऊपरी	Uppishly
485.	Upright	ईमानदार	Uprightly
486.	Urbane	श्रेष्ठ	Urbanely
487.	Urgent	बहुत ज़रूरी, जल्दी वाला	Urgently
488.	Useful	लाभदायक	Usefully
89.	Usual	प्राय:	Usually
).	Utter	बोलना	Utterly
	Utterance	बोल	Utterly

	Word	Meaning	Adverb
492.	Vague	धुंधला	Vaguely
493.	Valiant	बहादुर	Valiantly
494.	Valid	उचित	Validly
495.	Voracious	लालची	Voraciously
496.	Verb	क्रिया	Verbally
497.	Verbal	शब्द-सम्बन्धि	Verbally
498.	Vigilant	सर्तक	Vigilantly
499.	Vigorous	शक्ति-शाली	Vigourously
500.	Violent	हिंसात्मक	Violently
501.	Virtue	सगुण	Virtueously
502.	Vital	महत्त्वपूर्ण	Vitally
503.	Vivid	स्पष्ट	Vividly
504.	Voluble	बातूनी, वाचाल	Volubly
505.	Voluntary	अपनी इच्छा से	Voluntarily
506.	Warm	गर्म	Warmly
507.	Warmth	गर्माइश	Warmly
508.	Wary	सावधान	Warily
509.	Watch	ध्यान रखना	Watchfully
510.	Wayward	मनमौजी, लापरवाह	Waywardly
511.	Week	सप्ताह	Weekly
512.	Whole	सारा	Wholly
513.	Wide	चौड़ा	Widely
514.	Wild	जंगली	Wildly
515.	Willing	इच्छुक	Willingly
516.	Wisdom	बुद्धिमत्ता	Wisely
517.	Wise	बुद्धिमान	Wisely
518.	Wonderful	आश्चर्यजनक	Wonderfully
519.	Worried	चिन्तित	Worriedly
520.	Wrong	ग़ल्त	Wrongly, wrongfully
521.	Year	वार्षिक	Annual, Yearly
522.	Young	नवयुवक	Youthfully
523.	Youthful	नवयुवकों जैसा	Youthfully
524.	Zeal	उत्साह	Zealously
525.	Zestful	जोशीला	Zestfully

CHAPTER 37

THE CONJUNCTION

Conjunction वह शब्द होता है जो दो शब्दों या Clauses या Sentences को जोड़ता है।

(i) Sohan *and* Jagdish are friends.

(ii) Ram is *not only* gentle, *but also* intelligent.

(iii) You should speak the truth *or* you will hurt your reputation.

(iv) Lucky, Mikoo *and* Tony are brothers.

(v) Rani *and* Pinki are sisters.

ऊपर दिये गये Sentences में कुछ ऐसे शब्द हैं जो इनको एक ही प्रकार के धागे में पिरोकर रखते हैं। जैसे कि:

The Common Conjunctions

(i) And (ii) But (iii) Whether (iv) Because (v) Othervise (vi) If (vii) Since (viii) Lest (ix) As (x) Either..... or (xi) Neither ..... nor (xii) That etc.

Kinds of Conjunctions

(a) Coordinating Conjunctions.

(b) Subordinating Conjunctions.

(A) Coordinating Conjunctions

Coordinating Conjunction वे शब्द होते हैं जो किसी Pharse या Clause को आपस में जोड़ते हैं। *e.g.,* 'and,' 'but,' 'also,' "or either or", "nor neither.... nor," "not only... but also," etc.

ये चार प्रकार के होते हैं:

(a) Cumulative Conjunctions

(b) Contradistinctive or Adversative Conjunctions

(c) Illative or Conclusive Conjunctions

(d) Alternative (Disjunctive) Conjunctions

(a) Cumulative Conjunctions. ये वे शब्द होते है जो प्राय: दो Co-ordinative Clauses को जोड़ते हैं। *e.g.,*

'and,' 'also,' "as well as," "both...and," 'too,' 'now,' 'well.'

(i) He is gentle *and* intelligent also.

(ii) He came to me *and* sat for a long time in my room.

(b) Contradistinctive or Adversative Conjunctions ये Conjunctions दो Statements के बीच में Contrast का आभास करवाती हैं।

जैसे कि 'still,' 'yet,' 'but,' 'where,' 'nevertheless,' 'however,' 'only,' 'notwithstanding' etc., *e.g.,*

(a) He is a bad man but not a liar.
(b) He is weak but still he can walk.

(c) Illative or Conclusive Conjunctions. ये वे शब्द हैं जो कि पहले आई हुई व्याख्या के सार को अभिव्यक्त करते हैं। *e.g.,*

'for,' 'so,' 'therefore,' 'so,' 'then,' 'then,' 'hence,' etc. *e.g.,*

(i) No one in there; for that I can sing a song.
(ii) He is brave and therefore, everybody respects him.
(iii) He is in his best mood, for today is his marriage anniversary.

(d) Alternative Conjunctions. ये वे शब्द हैं जो दो Alternative में Choice का मौका देते हैं: *e.g.,*

'else,' 'either,' "either ...or," 'otherwise,' 'or,' "neither.... nor" etc. *e.g.,*

(i) Walk carefully otherwise you may fall. ध्यान से चलो नहीं तो तुम गिर सकते हो।
(ii) He says nothing about the matter nor he is ready to hear anything about it.
(iii) He plays neither cricket nor hockey.
(iv) Either you or your brother can come in.
(v) Get out, else you will be kicked out.

(B) Subordinative Conjunctions. ये एक Clause को दूसरी Clause से जोड़ते हैं। ये नीचे दिये गये ढंग से समझे जा सकते हैं:

(a) *Time*: since, before, after, whole, until, as, so long as, till or sooner, whenever, hardly ... when, scarecly ... before, no sooner....than etc.
(b) *Cause*: because, as, since etc.
(c) *Purpose*: so, that, that lest, in order that.
(d) *Place*: where, whenever etc.
(e) *Result or effect*: so... that, that etc.
(f) *Condition*: If, unless, provided, whether, supposing etc.
(g) *Manner*: as according as, as if, so far as etc.
(h) *Comparison*: than, as much as, no less than, etc.
(i) *Concession or Contrast*: although, though, as, even if, however, which-ever etc.
(j) *Degree or Extent*: so ....that, as...as, etc.

Examples

(a) *Time*

(i) He left for his home *after* the moon had risen. वह अपने घर के लिये रवाना हो गया जब चन्द्रमा निकल चुका था।

(ii) I have not met him *since* he left his home. जब से उसने घर छोड़ा है, मैं उसे कभी नहीं मिला।

(b) *Cause*

(i) You will be punished *because* you have made a noise. तुम्हें दण्डित किया जायेगा क्योंकि तुमने शोर मचाया है।

(ii) You will be taken to the doctor as you have got your leg broken. तुम्हें डॉक्टर के पास लेकर जाना पड़ेगा क्यों कि तुम्हारी टांग टूट गई है।

(c) *Purpose*

(i) Save something for the future *so that* you may face no difficulty. कुछ बचत करो ताकि तुम्हें किसी कठिनाई का सामना न करना पड़े।

(ii) You should talk in a low voice *so that* nobody is disturbed. तुम्हें धीमी आवाज़ में बात करनी चाहिए ताकि कोई भी परेशान न हो।

(iii) You should work hard *in order that* you may pass. आपको मेहनत करनी चाहिए ताकि आप उत्तीर्ण हो सको।

(d) *Place*

(i) She will go *where* you go. जहां तुम जाओगे वह वहां जायेगी।

(ii) Do not trick up a quarrel *where* nobody recognises you. वहां लड़ाई मोल मत लो जहाँ आपको कोई नहीं जानता हो।

(e) *Result or Effect*

(i) He is *so* weak *that* he cannot walk. वह इतना कमज़ोर है कि चल भी नहीं सकता।

(ii) He is *so* intelligent *that* he can solve any question. वह इतना होशियार है कि कोई भी प्रश्न हल कर सकता है।

(e) *Condition*

(i) *If* you like me, you must live with me. अगर तुम मुझे पसन्द करते हो तो तुम्हें मेरे साथ रहना होगा।

(ii) She sings in a voice *as if* were cuckoo. वह ऐसे गाना गाती है जैसे कि वह कोई एक कोयल हो।

(g) *Manner*

(i) He did *as* his father told him. उसने ऐसा ही किया जैसा कि उसके पिता जी ने उसे बताया था।

(ii) *As* the Sun rises, the light spreads across the earth. जैसे ही सूर्य उदय होता

है, रोशनी धरती पर फैल जाती है।

(h) *Comparison*

(i) He is *as* intelligent *as* I (am). वह उतना ही होशियार है जितना कि मैं।

(ii) She is *as* beautiful *as* her mother. वह उतनी ही सुन्दर है जितनी कि उसकी मां।

(i) *Concessive or Contrast*

(i) He is happy, through he is poor. चाहे वह गरीब है, फिर भी खुश है।

(j) *Degree or Extent*

(i) He run *as* fast *as* his legs could carry him. वह इतनी तेज़ दौड़ा जितनी तेज़ उसकी टांगे उसे ले जा सकती थीं।

(ii) He he was *so* happy that he forgot where he was. वह इतना प्रसन्न था कि वह भूल गया कि वह कहां पर था।

Although he looks gentle, *yet* he does not know how to talk. चाहे वह भद्र पुरूष दिखाई देता है लेकिन उसे बोलने की तमीज़ नहीं।

CORRELATIVE CONJUNCTIONS OR CORRELATIVES

जो Conjunctions Pairs में Use किये जाते है उनको Correlatives कहते है। *e.g.*, "neither .... nor," "either.... or," 'not,' "only .... but also," "though....," "although....yet," etc. *e.g.*,

(i) He is neither brave nor gentle. वह न तो बहादुर है न ही भद्र।

(ii) Although I talked to him, yet I got no clue about the murder from him. मैंने इससे बात की फिर भी क़त्ल के बारे में उससे कोई सुराग़ नहीं मिला।

(iii) Not only does she taunt, but also she laughs at us. वह हमें ताने ही नहीं देती बल्कि हम पर हंसती भी है।

COMPOUND CONJUNCTIONS

जो Phrases Conjunctions के तौर पर Use में लाई जाती हैं, उनको Compound Conjunctions कहा जाता है। जैसे कि:

"as well as," "as if," "as though," "in order that," "even if" etc. *e.g.*,

(i) I *as well as* Mohan are going to see the movie. मैं तथा मोहन फिल्म देखने जा रहे हैं।

(ii) He talks as *if he* were a king. वह ऐसे बात करता है जैसे कि कोई राजा हो।

(iii) He made his way home *in order that* he might get something to eat there. वह अपने घर की तरफ चल पड़ा ताकि वहां उसे कुछ खाने को मिल सके।

Note. "as well as" को प्रयोग करते समय इस बात का ध्यान रखें कि Verb प्रथम Subject के अनुसार लगेगा। देखिए Sentence No. (i) above.

CHAPTER 38

THE PREPOSITION

1. Proposition: वह शब्द होता है जो कि एक Noun या Pronoun को दूसरे शब्द से जोड़ता है तथा उनका कोई-न-कोई सम्बन्ध प्रकट करता है। *e.g.,*

He jumped *into* the canal. उसने नहर में छलांग लगा दी।

2. Classification: Prepositions पांच तरह की होती हैं:

(a) Simple Prepositions
(b) Double Prepositions
(c) Participle Prepositions
(d) Compound Prepositions
(e) Phrase Propositions

कुछ Grammarians Prepositions की कई अन्य किस्में भी बताते हैं। जैसे कि *Disguised Prepositions, Weakened Prepositions* etc. जो अधिक महत्त्व नहीं रखतीं।

(a) Simple Prepositions: In, of, off, to, up, with, on, at, for, by, etc.

(b) Double Prepositions: From below, out of, from out, from beneath, from above, outside of etc.

(c) Participle Prepositions: Treating, supposing, admitting, believing, disregarding, regarding, concerning, considering, not withstanding, trading (charges) etc.

(d) Compound Prepositions: Outside, without, within, behind, inside, upon, into, across, between, below etc.

(e) Pharse Prepositions: Because of, on account of, by means of, for the sake of, in the event of, instead of, on behalf of etc.

Note. Such prepositions are also known as prepositional phrases.

3. Position of the Preposition. *(a) Before the object.* Preposition प्राय: Object के एकदम पहले Use में लाई जाती है। *e.g.,*

(i) He has no love *for* his country. उसको अपने देश से कोई प्यार नहीं।
(ii) He laughs *at* the poor. वह गरीबों पर हंसता है।
(iii) He was annoyed *with* me. वह मेरे से नाराज था।
(iv) The boys were looking to the black-board. बालक ब्लैक-बोर्ड को देख रहे थे।

(b) कई बार Preposition Object के बाद आती है।

After the object

(i) Who is the man you have no liking *for*?

(ii) What is the place you want to go to?

(iii) Which was the book you were looking *for*?

(c) Relative Pronoun में Preposition की Position नीचे दिये गये ढंग से बनती है:

(i) He is the boy (that) I was looking for (*i.e.,* for whom I was looking). यह वह लड़का है जिसे मैं ढूंढ रहा था।

(ii) She is the girl (whom) I wanted to make friend with (*i.e.,* with whom I wanted to make friends). यह वह लड़की है जिसे मैं अपनी सहेली बनाना चाहती थी।

(iii) This is the pen that I desire to write with (*i.e.,* with which I want to write).

4. Omission of the Preposition

(i) He walked (for) a long distance. वह बहुत दूर (*i.e.,* दूरी तक) चला।

(ii) He told me all (about) the new happening. उसने मुझे सारी नई घटना बताई (*i.e.,* के बारे में बताया)।

5. Adverbial Participles: कुछ ऐसे शब्द हैं जो Adverb तथा Preposition दोनों (Adverb) का काम करते हैं। ऐसे शब्दों को Adverbial Participles कहते हैं। *e.g.,*

(a) about (b) away (c) by (d) down (e) in (f) off (g) on (h) over (i) round (j) through (k) up etc.

Adverb

(i) I went in. मैं अन्दर गया।

(ii) The cart slipped *down.* छकड़ा नीचे खिसक गया।

Prepositions

(i) I am watching T.V. *in* my room. मैं अपने कमरे में T.V. देख रहा हूँ।

(ii) The court has handed *down* these orders to the government. कचहरी ने सरकार को ये आदेश दिये हैं।

Before using the following Prepositions, bear in mind

(1) *By, with:* 'By' अधिकतर Doer को Denote करता है जबकि 'with' Instrument को Denote करता है। *e.g.,*

He was struck down *by* his brother *with* a rod.

इस Sentence में 'by' शब्द "his brother" से सम्बन्ध रखता है जबकि 'with' शब्द "a rod" से।

(2) *At, in, on: (a) Regarding time :*

(i) Her mother died *at* 5 O'clock.

(ii) She died *on* friday.

(iii) Gandhiji died *in* January, 1948.

Sentecne No. (i) में बताया गया है कि उसकी माता का देहान्त 5 बजे हुआ। यहां पर 'at' Word एक Noun के पहले Use में आया तथा वह Definite Point of Time (Hour) को Denote कर रहा है।

Sentence No. (ii) में *'On'* Word Day या Date से पहले प्रयोग में लाया गया है।

Sentence No. (iii) में *'In'* Word Month या Year से पहले Use में लाया गया है।

(b) *Regarding Place*

(i) I live *in* Mumbai.

(ii) She lives *at* Sohna.

(iii) He lives *in* New York *in* America.

ऊपर दिखाए गये Sentences से पता लगता है कि छोटे Town या शहर के साथ *'at'* तथा बड़े शहर या Country के साथ *'in'* शब्द लगता है।

(c) *At/on the table*

(i) She sat *at* the table.

(ii) She sat *on* the table.

Sentence (i) का अर्थ है कि वह अपनी कुर्सी पर बैठी थी जो कि Table के साथ पड़ी थी। परन्तु Sentence (ii) का अर्थ है कि वह Table के ऊपर बैठी थी।

(3) *Since, foı: 'Since'* Preposition के तौर पर जब किसी Noun या Phrase से पहले Use होता है तो यह *Point of Time* को सम्बोधित करता है जबकि 'for' शब्द *Period of Tense* को सम्बोधित करता है।

(i) She has been living in this house since 1989. वह 1989 से इस घर में रह रही है।

(ii) She has been living in this house *for* two years. वह दो साल से इस घर में रह रही है।

4. *In Into:* 'In' शब्द किसी व्यक्ति या वस्तु की आन्तरिक स्थिरता या Action के बारे में बताता है, लेकिन 'into' किसी वस्तु या व्यक्ति के प्रवेश के बारे में बताता है:

(i) He is strolling *in* his room. वह अपने कमरे में टहल रहा है।

(ii) The frog jumped *into* the pond. मेंढ़क ने तालाब में छलांग लगाई।

5. *Till, By: 'Till'* का मतलब होता है *"not earlier than"* तथा *'by'* का मतलब होता है *"not later than."*

(i) We shall wait for him *till* the night-fall. हम उसकी रात पड़ने तक प्रतीक्षा करेंगे।

(ii) We shall return home *by* 7 O'clock. हम सात बजे तक घर लौट आयेंगे।

6. *During, for: 'During'* का प्रयोग Time को Express करता है जबकि *'for'* Word

समय की लम्बाई को बताता है।

(i) *During* the rush hours, children should not walk out on the roads. भीड़ के समय में बच्चों को सड़क पर आकर नहीं चलना चाहिए।

(ii) I am busy for this whole month. मैं इस एक मास में बहुत व्यस्त हूं।

7. *On, Upon: 'On'* स्थिरता को व्यक्त करता है और *'upon'* Movement को:

(i) She sat on the bench. वह बैंच पर बैठ गई (या बैठी थी)।

(ii) He jumped upon the table. वह मेज़ पर कूदा।

8. *Before, for:* 'Before' शब्द का प्रयोग Point of Future Tense को Denote करता है। लेकिन 'for' Negative Sense में Period of Future Tense को Denote करता है।

(i) You shall finish this work before the next Sunday. तुम ये काम अगले रविवार तक खत्म कर दोगे।

(ii) You will have to wait for a week or more to get full information. पूरी सूचना प्राप्त करने में तुम्हें एक सप्ताह या उससे भी अधिक समय लग जायेगा।

(9) *On, Over: 'On'* शब्द Object से Contact व्यक्त करता है जबकि शब्द ऐसा Show नहीं करता।

(i) He put his book on the table. उसने अपनी किताब मेज़ पर रख दी।

(ii) He jumped over the wall. वह दीवार के ऊपर से कूद गया। (अर्थात बिना दीवार को छुए)

(10) *In, After: 'In'* शब्द Period of Time in Future को Denote करता है लेकिन *'after'* शब्द Period of Time in the Past' को Denote करता है।

(i) I will meet him in a week. मैं उसे एक हफ़्ते के अन्दर मिलूंगा।

(ii) He met me on the way *after* a long time. वह मुझे बहुत देर के बाद रास्ते पर मिला।

(11) *In, Within: 'In'* शब्द का प्रयोग "at the end of" को denote करना है जबकि *'within'* का प्रयोग "before the end of" को Denote करता है।

(i) I will return *in* a week. मैं एक सप्ताह में वापिस आ जाऊँगा (अर्थात् एक सप्ताह के बाद)।

(ii) I will return *within* a week. मैं एक सप्ताह के अन्दर वापिस आ जाऊँगा। (अर्थात् एक सप्ताह समाप्त होने से पहले)

(12) *At, About: 'At'* शब्द का प्रयोग, जहां पर समय का पूरा पता हो, वहां होता है जबकि *'about'* एक अन्दाज़ लगाने के समय प्रयोग में लाया जाता है:

(i) My brother will go *at* 5 O'clock. मेरा भाई पांच बजे जायेगा।

(ii) My brother is *about* to move. मेरा भाई बस जाने ही वाला है।

(13) *Between, among: 'Between'* दो व्यक्तियों के बीच में तथा *'among'* दो से अधिक

व्यक्तियों के बारे में Use होता है:

(i) Divide this mango *between* two brothers. यह आम दो भाईयों में बांट दो।

(ii) Distribute these *mangoes* among three boys. तीन लड़कों में ये आम बांट दो।

(14) *Beside, Besides: 'Beside'* का अर्थ है 'near' । *Besides* का अर्थ है 'के अतिरिक्त'।

(i) My house is situated *beside* the lake. मेरा घर झील के पास है।

(ii) (a) *Besides* that, you have to keep mum. इसके अतिरिक्त तुम्हें चुपचाप रहना होगा।

(b) *Beside* a cow, he has a dog in his house. गाय के अतिरिक्त उसके घर में एक कुत्ता भी है।

CHAPTER 39

USE OF PREPOSITIONS AND PREPOSITIONAL PHRASES

1. This pond *abounds in* filth. (भरा पड़ा)
2. We should *abide by* the laws of our country. (पाबन्द रहना)
3. I *acted upon* his advice. (अमल करना)
4. We should *act upto* our conscience. (के अनुसार)
5. He *acceded to* my request. (मान लेना)
6. I've no *access to* the Principal. (पहुंच होना)
7. Fire *broke out* in the town. (भड़क उठी)
8. The burglar *broke into* house. (सेंध लगाना)
9. He *begged* a Rupee *of* me. (मांगना)
10. He was *convicted of* theft. (दोष लगाना)
11. What was he *accused of ?* (दोष लगाना)
12. He was *charged with* murder. (दोष लगाना)
13. The judge has *acquited* him *of* the charge of murder. (बरी करना)
14. Hard work *told upon* his health. (बिगड़ जाना)
15. He is *given to* lying. (आदत होना)
16. He has *given up* bad habits. (छोड़ देना)
17. This drain *gives out* bad smell. (फैलाना, उत्पादन करना)
18. I *carry out* the orders of my parents. (अमल करना)
19. The publisher has *brought out* a new edition of this book. (प्रकाशित करना)
20. You shouldn't quarrel *over trifles.* (छोटी-छोटी बातों पर)
21. The small bridge gave way *under* the weight of the heavy carriage. (की वजह से)
22. There is sky *above* our heads. (ऊपर)
23. None *except* him went there. (सिवाय)

24. We should be *loyal to* our country. (स्वामीभक्त होना)
25. This road *leads to* Delhi. (की ओर जाना)
26. Oranges are sold *by* the dozen. (के हिसाब से)
27. He hasn't come *due to an* illness. (के कारण)
28. *Because* of an illness, he couldn't come. (के कारण)
29. *In spite of* hard work, he failed. (के होते हुए भी)
30. He's *afflicted with some strange* disease. (पीड़ित होना)
31. Our college is *affiliated to* the Delhi University. (के साथ सम्बन्धित होना)
32. He has been *deprived of* his money. (वंचित करना, होना)
33. He is *devoid of* sense. (कमी होना)
34. He is *wanting in* sense. (कमी होना)
35. She is *well-versed in* painting. (निपुण होना)
36. I'm *at home in* mathematics. (निपुण होना)
37. He's *adept in* the art of flattery. (निपुण होना)
38. I'am *aware of* the matter. (सचेत होना)
39. *Beware of* dogs. (सचेत होना)
40. Don't *beat about* the bush. (इधर उधर की हांकना)
41. There's no love lost *between* the two brothers. (में, के बीच दो)
42. Distribute these mangoes *among* three friends. (में, के बीच—दो से अधिक)
43. We *waited for* him. (प्रतीक्षा करना)
44. He didn't come *till* 5.00 P.M. (तक)
45. Do you *agree with* me? (सहमत होना)
46. I don't *agree to* your proposal (सहमत होना)
47. Are you *angry with* me? (नाराज)
48. He was *angry at* my words. (नाराज़)
49. I'm *surprised at* your behaviour. (हैरान)
50. You've killed two birds *with* one stone. (साथ)
51. The traveller was killed *by* the robbers. (द्वारा)
52. We travelled *by* train/bus. (द्वारा)
53. He's *tired of* life. (तंग आना)
54. She *died of* Cholera. (मरना)
55. I'm *famished with* hunger. (भूख से परेशान)
56. Are you *familiar with* this region? (परिचित)
57. Many people *run after* money. (के पीछे भागना)

58. Is he *deficient in* blood? (कमी होना)
59. You are *proficient in* speaking English. (निपुर्ण)
60. He's forgetful *by nature.* (प्राकृतिक रूप से)
61. I got success *by dint* of hard work. (के द्वारा)
62. He has no *taste for* music. (शौक होना)
63. She is *fond of* badminton. (शौक होना)
64. The cat *jumped upon* the table. (छलांग लगाना)
65. The book *lay on* the table. (पड़ी थी)
66. He *came into* the room. (कमरे में आया)
67. We *sat in* the room. (में बैठे थे)
68. Where did you *come by* this watch? (प्राप्त की)
69. He comes of a noble family. (से संबंधित है)
70. When does your brother's marriage *come off*? (होना)
71. He is working hard *in order to* pass the examination. (के लिए)
72. We are working *according to* our plan. (के अनुसार)
73. Ram will work today *in place of* Sham. (के स्थान पर)
74. What will you give me *in lieu of* this pen? (के स्थान पर)
75. Honesty pays *in the long run.* (अन्त में)
76. Many a blessing has been *bestowed by* God *upon* mankind. (प्रदान करना)
77. The title of 'Sir' was *conferred on* him. (देना)
78. He's *endowed with* many virtues. (होना)
79. *Trust in* God and do the right. (विश्वास होना)
80. I'm *satisfied with* your work. (संतुष्ट)
81. He has *come over* all the obstacles. (काबू पाना)
82. I'm *contented with* my lot. (संतुष्ट)
83. We should *sympathise with* others. (सहानुभूति रखना)
84. He's no *match for* you. (मुकाबले में होना)
85. In the fight, he *sided with* me. (साथ होना)
86. I can't *put up with* this insult. (सहन करना)
87. He has no *aptitude* for engineering. (मन का झुकाव)
88. I've only *contempt* for such people. (घृणा)
89. He's *renowned for* his good deeds. (प्रसिद्ध)
90. Did you *inform* the police *of* this matter? (सूचना देना)
91. We should *abstain from* alcohol. (परहेज़ करना)

92. We should *refrain from* telling lies. (परहेज़ करना)
93. He *repented over* his folly. (पछताना)
94. There's no *escape from* this situation. (बचाव)
95. I was, at last, *relieved of* pain. (बचाना)
96. *Put by* something for the rainy day. (बचाना)
97. *Lay by* something for the rainy day. (बचाना)
98. He *set out on* a long journey. (आरम्भ करना)
99. The rainy season has *set in.* (आरम्भ होना)
100. The fair is in *full swing.* (पूरे यौवन पर)
101. I invited him *to* tea. (निमन्त्रित करना)
102. I *congratulated* him *on* his success. (बधाई देना)
103. What you say is *beyond* my power of understanding. (परे)
104. He met my boss *above* my head. (के ऊपर)
105. He is *known* to all. (जाना जाना)
106. Smoking in *injurious to* health. (हानिकारक)
107. This proposal is not *acceptable to* me. (स्वीकृति)
108. You are *witness to* all this. (गवाह)
109. What is the motive *behind* his deed? (पीछे)
110. I've a high regard *for* you. (सम्मान)
111. There is no *need for* this thing. (आवश्यकता)
112. You aren't *eligible for* this post. (नियुक्त करने योग्य)
113. Will you *vote for* me? (वोट डालना)
114. He *picked* a quarrel *with* me. (झगड़ा मोल लेना)
115. I *picked up* the child. (उठाना)
116. Please *drop me* at Kashmiri Gate. (उतारना)
117. I *alighted from* the train. (उतरना)
118. Have you *applied for* the post? (प्राथना पत्र देना)
119. I have *applied to* the Principal (प्रार्थना पत्र देना)
120. He has *complained to* the principal. (प्रार्थना पत्र देना)
121. He has *complained aganist* you. (शिकायत करना)
122. I'm marvelled at the beauty of the Taj. (हैरान होना)
123. He has a great *zeal for* work. (उत्साह होना)
124. He was *conspicuous by* his absence. (अनुपस्थित होना)
125. He has *entered into* a bargain with me. (सौदा करना)

126. He is very *ambitious of* earning money. (उत्सुक)
127. The hunter *aimed at* the dove. (निशाना बनाना)
128. He is *desirous of* fame. (चाहना)
129. Charity begins *at* home. (आरंभ होना)
130. We had to *wait upon* the minister for two hours. (प्रतीक्षा करना)
131. *In/with reference to* your advertisement, I want to apply for the post. (का वर्णन करते हुए।)
132. We should be ready to die *for the sake of* our country. (के लिए)
133. He couldn't come *on account of* prior engagement/oppointment. (के कारण)
134. *Instead of* helping me, he began to ridicule me. (के स्थान पर)
135. *In view of* much circumstanecs, we couldn't move out. (को सामने रखते हुए)
136. *In case* he doesn't come, what will you do ? (यदि, की दशा में)
137. I confer this title on you *by virtue of* the powers vested in me. (के द्वारा)
138. This pond in *replete with* frogs. (भरा हुआ)
139. He, *alongwith* his children, left this place. (के साथ)
140. The working classes are *clamouring for* their rights. (शोर मचाना, मांगना)
141. What did you *enquire of* him? (पूछना)
142. He *demanded of* me to explain the matter. (पूछना)
143. Why did you *break with* him? (संबंध तोड़ना)
144. He *burst out* laughing. (खिलखिलाकर हंसना)
145. The child *burst into* tears. (आंसू बहाना)

CHAPTER 40

THE INTERJECTION

यह वह शब्द होते हैं जो एक दम से उठी भावनाओं को प्रकट करते हैं। *e.g.,*

(a) *What ! (or, oh)* यह शब्द हैरानगी पैदा करने पर बोला जाता है।

(b) *Oh !* यह शब्द तब बोला जाता है जब कभी दुःख को प्रकट करना हो।

(c) *Hurrah !* यह अत्यधिक प्रसन्नता को प्रकट करता है।

(d) *Bravo !* यह शब्द उत्साह, प्रशंसा या बहादुरी को प्रकट करता है।

(e) *Oh ! I see* यह शब्द शोक या Confusion या निराशा को प्रकट करते हैं।

(f) *Chi-Chi !* यह हिन्दी का शब्द अब English में प्रयोग होने लगा है। यह Contempt (घृणा को प्रकट करता है।)

(g) *Fie ! Fie !* यह शब्द भी घृणा को प्रकट करते हैं।

(h) *Alas ! (or Ah !)* यह शब्द अत्यन्त दुःख दर्शाता है।

(i) *Pshaw ! (or Pooh !)* यह शब्द घृणा और क्रोद्ध को प्रकट करता है।

(j) *Phew !* यह शब्द भी घृणा को प्रकट करता है।

(k) *Good heavens !* यह शब्द घोर संकट, दुःख या हैरानी को प्रकट करते हैं।

(l) *Well !* यह शब्द कुछ आगे जानने की उत्सुकता या जिज्ञासा को प्रकट करते हैं।

(m) *Ha ! Ha !* यह शब्द प्रसन्नता और हंसी दर्शाते हैं।

(n) *Hark ! Hear ! Behold!* किसी की महत्त्वपूर्ण दृश्य या बात की ओर Attention Draw करने के लिए इनका प्रयोग होता है।

(o) *Hush !* किसी को चुप कराने के लिए इस शब्द का प्रयोग होता है।

Note: Strictly Speaking, Interjections Parts of Speech का आवश्यक अंग (Part and Parcel) नहीं है। परन्तु क्योंकि वह किसी वाक्य की भावना को तीखा कर देते हैं, इसलिए उन्हें Part of Speech का अंग मान लिया जाता है।

Examples

1. *Hush!* The meeting is going on. चुप रहो! बैठक चल रही है।
2. *Hurrah!* We have won the match. आहा! हम मैच जीत गए।
3. *Alas!* He is no more. अत्यन्त दुःख की बात है कि वह अब नहीं रहा।

4. *Oh!* How good of you. वाह! आपकी इतनी कृपा।

Note : Oh! यहां पर प्रसन्नता और आभार जताने के लिए प्रयोग हुआ है। नीचे Sentence No. 5 देखिए:

5. *Oh!* You took so much trouble for us.
6. *Fie on You!* A soldier and afraid of death.
   आपको धिक्कार है! एक सैनिक होकर मृत्यु से भय!
7. *What!* He didn't accept your proposal?
   क्या! उसने आपका सुझाव नहीं माना?
8. *Hark!* The cuckoo is singing.
   सुनो! कोयल गा रही है।
9. *Good heavens!* What do I see here?
   हे परमात्मा! मैं यह क्या देख रहा हूँ?
10. *Bravo! well done.* शाबाश! बहुत अच्छा (किया)।
11. *Chi! chi!* What do your talk of him?
    छी! छी! आप उसकी क्या बात करते हैं?
12. *Well!* What next?
    अच्छा! तो आगे क्या हुआ?

CHAPTER 41

THE INFINITIVE

जो शब्द Number और Person की सीमा से बाहर होते हैं, उन्हें Non-finites कहते हैं। Number और Person का इन शब्दों पर कोई प्रभाव नहीं पड़ता। यह तीन प्रकार के होते हैं:

(1) Infinitives
(2) Participles
(3) Gerunds

यह तीनों अर्थात् Infinitives, Participles and Gerunds सभी Verbs के Non-finite Parts होते हैं। इसलिए उन सभी को सामूहिक तौर पर Non-finites कहा जाता है:

I. The Infinitive

An Infinitive may be used as

(i) *The subject of a verb*

(a) To play too much is not good. बहुत ज्यादा खेलना अच्छी बात नहीं है।

(b) To laugh all the day is not appreciable. सारा दिन हंसना सराहनीय नहीं है।

(ii) *The complment of a verb*

(a) His hobby is to sing. गाना उसका शौक है।

(b) Her vocation is to collect stamps. टिकटें इकट्ठा करना उसका शौक है।

(iii) *The object of a verb*

(a) He likes to play cricket. वह क्रिकेट खेलना पसन्द करता है।

(b) It is good to take care of them. यह अच्छा है कि उनका ध्यान रखा जाये।

(iv) *As complement of an object*

(a) I saw them sing. मैंने उन्हें गाते देखा।

(b) I saw them play. मैंने उन्हें खेलते देखा।

Note. Infinitive Verb से पहले प्राय: 'to' लगा होता (except in the case of Bare Infinitives. ऊपर Sentences No. (iv) (a) और (b) में 'sing' और 'play' से पहले 'to' Understood है। Sentence No. (c) देखिये।

(c) I helped the child bathe. मैंने बच्चे की नहाने में सहायता की।

(v) *As the object of a preposition*

(a) He could do nothing *but* weep. वह रोने के अलावा कुछ नहीं कर सका।

(b) The Sun is *about* to rise. सूर्य उदय होने वाला है।

(c) The robbers are out to loot. लूटने के लिए डाकू बाहर निकले हुए हैं।

2. An Infinitive used as an adverb

Infinitive इस समय Adverb के तौर पर प्रयोग में माना जाता है जब यह Adjective या Verb को Define करता है।

Infinitive qualifying an adjective

(a) He is too weak to walk. वह इतना कमज़ोर है कि चल नहीं सकता।

(b) He is too cunning to listen. वह इतना चालाक है कि (बात) सुनता नहीं।

Infinitive qualifying a verb

(a) We eat to live. हम जीने के लिए खाते हैं।

(b) I want to sing. मैं गाना गाना चाहता हूँ।

3. An infinitive used as an Adjective

(a) This is no time to keep mum. यह समय चुप बैठने का नहीं है।

(b) I have no ball to play. मेरे पास खेलने के लिए कोई गेंद नहीं है।

4. Infinitive qualifying a Verb expressing purpose

(a) We read to learn. हम सीखने के लिए पढ़ते हैं।

(b) We wear clothes to cover our bodies. हम कपड़े अपने शरीरों को ढकने के लिए पहनते हैं।

5. Absolute use of the infinitive

(a) He was worried, so to think. ऐसा सोचा जा सकता है कि वह चिन्तित था।

(b) She was happy, so to say. ऐसा कहा जा सकता है कि वह प्रसन्न थी।

(c) To say the least, he is a wise man. थोड़े शब्दों में (कम से कम शब्दों में), वह एक बुद्धिमान व्यक्ति है।

6. Voice of Infinitives

The following are the Active and Passive forms of the Infinitives.

Tense	*Active*	*Passive*
Pressent	(to) Sing	(to) Be sung
Present Continuous	(to) Be singing	No passive
Perfect	(i) (to) Sung	(to) Have been sung
	(ii) (to) Have been singing	(to) Have been sung

7. Omission of 'to'

अधिकतर Infinitives दो शब्द से बनते हैं—'to' Plus The Verb. परन्तु कई बार 'to' का

प्रयोग नहीं किया जाता जैसे कि निम्नलिखित शब्दों के बाद:

(a) Bid, please, see (sometimes) help, make, let, hear, notice, watch etc.
(b) Modals—can, could, need, dare, may, might shall, should, will, would, must etc.
(c) Had, better, would, rather, ...than etc.

Examples

(i) Let him go.
I made him work.
(ii) I heard the balloon burst.
(iii) I saw an apple fall.
(iv) He will come soon.
(v) He can do well in this office.
(vi) She would sing a song daily.
(vii) It might snow tonight.
(viii) He made me do this work.
(ix) They may come at night.
(x) You had better go now.
(xi) He would rather die than beg.
(xii) You should wait rather than go.

8. An Infinitive Phrase as the Object of an Object

यह चाहे Curious (अजीब) प्रतीत होगा परन्तु कई बार Infinitive Phrase Object के बाद इस प्रकार प्रयोग में आती है। Object behaves as Subject and the Infinitive Phrase behaves as its Object:

(a) I ordered him to obey me. मैंने उसे आदेश दिया कि मेरी वह आज्ञा का पालन करे।

Here 'Him' and "to obey me" Infinitive Phrase का Subject है, स्वयं 'him' Sentence "I ordered him" में Object है, जबकि 'I' Subject है और 'ordered' Verb है।

(b) He requested me to help him. उसने मुझसे प्रार्थना की कि मैं उसकी सहायता करूं।

Spilit Infinitive: हमें Split Infinitive का प्रयोग Avoid करना चाहिए। यह कहने के स्थान पर "He advised me to quickly go there," हमें कहना चाहिए, "He advised me to go there quickly."

CHAPTER 42

THE PARTICIPLE

1. The Participle. वह Verb होता है जो Verb तथा Adjective दोनों का काम करता है:

(i) He is *writing* an interesting letter.

(ii) *Hearing* the cries, we come out of our houses.

(iii) *Beaten* up by the boys, the donkey ran at a fast speed.

ऊपर दिये गये Sentences में *'interesting,' 'hearing'* तथा *'beaten'* verbs भी हैं तथा Adjective का काम भी करते हैं। इस तरह के Words को हम Participles or Verbal Adjectives कहते हैं।

2. Kinds of Participles

(a) *In active voice*

(i) Present Participle

(ii) Past Participle

(b) *In Passive voice*

(i) Present Participle

(ii) Past Participle

(iii) Perfect Participle

Examples

	Present	*Past*	*Perfect*
Active	Singing	—	Having sung
Passive	Being sung	sung	Having been sung

3. Present Participle. यह किसी Sentence में (चाहे वह Present में हो या Past में) in Complete Action दिखाता है। *e.g.,*

(i) She sees the Sun rising. वह सूर्य को उदय होते देखती है।

(ii) She saw the Sun rising. उसने सूर्य को उदय होते देखा।

Note. इन दोनों Sentences में सूर्य उदय (Sun rising) का Action पूरा नहीं दिखाया गया क्योंकि वह सूर्य को उदय होते देखती है (या उसने देखा), पूरी तरह उदय नहीं हुआ।

(b) *Past Participle.* (a) यह पूरा Action दिखाता है। *e.g.,*

(i) Wounded in the war, the soldier was carried home. युद्ध में जख़्मी होने पर

सैनिक को घर ले जाया गया।

(ii) Laced (up) with arms, he rushed at the enemy. पूरे हथियारों के साथ वह शत्रु पर टूट पड़ा।

(c) *Perfect Participle.* यह Action के Past Time में पूरा होने के बारे में बताता है। *Past Participle* से इसकी भिन्नता यह है कि इसमें किसी Past Action की Duration या प्रभाव की झलक भी मिलती है:

(a) Having played hockey, we returned home. हॉकी खेल कर हम घर लौट गये।

(b) Having done our papers, we stood in the lane for a chat. पेपर करने के बाद हम गली में गप्पें मारने के लिए खड़े हो गये।

4. Active use of the Partiple

(a) *Present Participle*

(i) In Present Continuous : She is singing.

(ii) In Past Continous : She was singing.

(iii) In Future Continuous : She will be singing.

(b) *Past Participle*

(i) Present Perfect : She has sung.

(ii) Past Perfect : She had sung.

(iii) Future Perfect : She will have sung.

5. Passive use of the Participle

(a) *Present Participle:* Present व Past Continuous Tense को Passive Voice में इस प्रकार Change किया जा सकता है:

(i) *Present Continuous:* A song is being sung by her.
(From the Active: She is singing a song.)

(ii) *Past Continuous:* A song was being sung by her.
(From the Active: She was singing a song.)

(b) *The Past Participle*

(i) *Present Perfect:* A song has been sung by her.
(From the Active: She has sung a song.)

(ii) *A Past Perfect:* A song had been sung by her.
(From the Active: She had sung a song.)

(iii) *Future Perfect:* A song will have been sung by her.
(From the Active: She will have sung a song.)

CHAPTER 43

THE GERUND

Infinitive की तरह Gerund भी Verb की एक Noun-form होती है। इसलिए Gerund को "Verb-noun" भी कहा जाता है। जब कि एक Infinitive में Verb से पहले 'to' लिखा होता है, एक Gerund में Verb के साथ 'ing' जोड़ा जाता है।

Examples

Drinking, smoking, swimming, singing etc.

Functions of the Gerund

एक Gerund के निम्नलिखित functions होते हैं:

1. *As subject of a verb:* निम्नलिखित वाक्यों में Gerunds का प्रयोग Subject के रूप में हुआ है:

(i) *Drinking* is a bad habit. मदिरापान एक बुरी आदत है।

(ii) *Swimming* in a good exercise. तैरना एक अच्छी कसरत है।

2. *As Object to a verb:* निम्नलिखित वाक्यों में Gerunds का प्रयोग Object के रूप में हुआ है:

(i) Her hobby is *painting.* उसकी हॉबी चित्रकारी है।

(ii) His favourite sport is *boxing.* मुक्केबाज़ी उसका मनचाहा खेल है।

3. *As the complement of a verb*

(i) Working is *worshipping.* काम करना ही पूजा है।

(ii) What I love most in *sking.* जो बात मुझे सबसे अधिक प्रिय है, वह है स्कीइंग।

4. *As an object to a Preposition*

(i) He is fond of *reading.* उसे पढ़ने का शौक है।

(ii) He is well-versed in *painting.* वह चित्रकारी में बड़ा निपुर्ण है।

5. *As a part of a compound word*

(i) My grand-father has a beautiful *walking*-stick. मेरे दादाजी के पास एक सुन्दर सैर करने की छड़ी है।

(ii) They are sitting in the *waiting*-hall. वह मुसाफिरख़ाने में बैठे हैं।

6. *As an absolute Construction*

(i) Overspending being his habit, he become the cause of the ruin of his family. अधिक व्यय करने की उसकी आदत होने के कारण, वह अपने परिवार के विनाश का कारण बना।

(ii) Writing being his daily routine, he grew to become a good writer in course of time. लिखना उसके दिन प्रतिदिन जीवन का एक अंग होने के कारण समय बीतने पर वह एक अच्छा लेखक बन गया।

Kinds of Gerunds

Gerund दो प्रकार के होते हैं:

(i) Present Gerunds
(2) Perfect Gerunds

Voice of Gerund. Gerunds की दो Voices होती हैं:

(i) Active Voice
(ii) Passive Voice

Gerund 'Singing' को हम दोनों प्रकार के Voice में नीचे लिखे ढंगों से लिख सकते हैं:

In Active Voice

(a) Present form = singing
(b) Perfect form = having sung

In Passive Voice

(a) Present form = being sung
(b) Prefect form = having been sung

Interchange Gerunds and Infinitives in sentences. हम वाक्यों में Gerunds और Infinitives को बिना वाक्य का Meaning बदले आपस में बदले जा सकते हैं।

Examples

1. (a) *Gerund: Seeing* is *believing.*
   (b) *Infinitive: To see* is *to believe.*
2. (a) *Gerund: Working* is *worshipping.*
   (b) *Infinitive: To work* is to worship.

Note. (i) *Preposition* के बाद प्राय: Gerunds का प्रयोग होता है:

(a) He objected *to* my *going* there. उसने मेरे वहां जाने पर एतराज़ किया।

(b) They are tired *of working* day and night. वह सारा दिन रात काम कर-कर के तंग आ गये हैं।

(ii) *Possessive words* के बाद प्राय: Gerunds का प्रयोग होता है:

(a) I do not like *his coming* here. उसका यहां आना मुझे पसंद नहीं।

(b) I didn't like *Ram's shouting* at his mother. राम का अपनी माताजी पर चिल्लाना मुझे अच्छा नहीं लगा।

CHAPTER 44

TYPES OF SENTENCES (STRUCTURE)

Structure के अनुसार Sentences तीन प्रकार के होते हैं:

(1) Simple Sentences
(2) Compound Sentences
(3) Complex Sentences

(1) Simple Sentences

Simple Sentence केवल एक Clause (Principal Clause) से बनाया जाता है। इस Sentence में एक Subject व एक Predicate होता है। इसमें केवल एक Finite Verb होता है। *e.g.*,

(a) He wants to be a rich man.
↓ ↓
S F.V.
वह एक अमीर आदमी बनना चाहता है।

(b) He is a nice boy.
↓ ↓
S F.V.
वह एक अच्छा लड़का है।

(2) Compound Sentences

Compound Sentence में एक Main Clause or Principal Clause तथा एक या से ज़्यादा Coordinate Clauses होती हैं। यह Clauses Coordinative Conjunctions के द्वारा आपस में जुड़ी होती हैं। हर Clause का अपना Subject तथा Predicate (and Finite Verb) होता है। *e.g.*,

(a) He came out of his house and shouted at a loud pitch.
↓ ↓
S F.V.
वह अपने घर से बाहर आया और ज़ोर से चिल्लाया।

(b) He entered in the room and started looking all around.
↓ ↓
S F.V.
वह कमरे में दाख़िल हुआ और चारों तरफ देखने लगा।

(c) I love honesty and I always speak the truth.
↓ ↓
S F.V.
मैं इमानदारी से प्यार करता हूँ तथा सदा सच बोलता हूँ।

Note. उपर दिये गये Sentences में प्रत्येक में दो Finitive Verbs (F.V.) हैं। Subjects भी दो हैं, क्योंकि दूसरी Clause में पहले वाला Subject Understood है।

Complex Sentence

Complex Sentence में एक Principal Clause होती है तथा एक या एक से अधिक Subordinate Clauses होती हैं। *e.g.,*

(a) Those who live in glass houses (Subordinate Clause): Should not throw stones at 'others'. जो लोग शीशे के घरों में रहते हैं, उन्हें दूसरों पर पत्थर नहीं फैंकने चाहिए।

(b) Those whom God loves (Subordinate Clause) die young. जिनसे भगवान प्यार करता है, वे जल्दी मर जाते हैं।

CHAPTER 45

CLASSIFICATION OF CLAUSES

Clause Sentence का ही एक भाग होती है जिसमें एक Subject व एक Perdicate होता है। *e.g.,*

1. He makes no noise when he attends the class. जब वह कक्षा में होता है, तो बिल्कुल शोर नहीं मचाता।

इस Sentence में दो Clauses हैं।

(a) He makes no noise
(b) When he attends the class

2. He walks slowly as he comes out of his house. जब वह घर से बाहर निकलता है, तो धीरे-धीरे चलता है।

इस Sentence में भी दो Clauses हैं:

(a) He walks slowly
(b) as he comes out of his house

ऊपर लिखित Clauses 1(b) and 2(b) Subordinate Clauses हैं। 1(a) and 2(a) Principal Clauses हैं।

3. I love my brother. मैं अपने भाई से प्यार करता हूँ।

इस Sentence में केवल एक ही Clause है।

4. Ram goes to school and (he) studies there. राम स्कूल जाता है और वहां पढ़ता है।

इस वाक्य में भी दो Clauses हैं जो Conjunction 'end' से जुड़ी हैं:

(a) Ram goes to school
(b) (and he) studies there

4. (b) एक coordinate Clause है। नीचे और Detail पढ़ें।

1. Principal Clause

Principal Clause एक Sentence का एक विशेष भाग होती है। इसमें Subject, Finite Verb तथा Object होते हैं। यह अपने आप में एक पूर्ण Sentence बनाते हैं। इसे दूसरे किसी Clause पर Depend नहीं करना पड़ता। कई बार इस Clause में Object नहीं होता। *e.g.,*

(a) I love my brother.
↓ ↓ ↓
S V O
मैं अपने भाई से प्यार करता हूँ।

(b) He makes a noise in the class.
↓ ↓ ↓
S V O
वह कक्षा में शोर करता है।

ऊपर लिखित Clauses में Object हैं, परन्तु निम्नलिखित Clause को देखें:

(c) She sleeps in the corridor.
↓ ↓
S V
वह बरामदे में सोती है।

2. Coordinate Clause

इस वाक्य में Object नहीं है, क्योंकि 'sleeps' एक Intransitive Verb है। यह Clause Sentence का एक Part हो सकता है। यह Principal Clause जैसी ही होती है। यह Full Sense बताने में समर्थ होती है परन्तु यह Principal Clause से किसी Coordeinating Conjunction के द्वारा जोड़े जाने से उस Sentence का Full Meaning Clear कर देती है।

(a) I went into my room and (I) picked up my bag there.
मैं अपने कमरे में गया और वहां मैंने अपना बैग उठाया।

इस Sentence में:

(i) "I went into my room." Sentence Complete Meaning देता है। इसलिए, यह एक Principal Clause है।

(ii) (I) picked up my bag there.

इस Sentence का भी Meaning Clear निकलता है परन्तु यह 'and' शब्द द्वारा Principal Clause से जुड़ा हुआ है। यह एक Coordinate Clause है।

3. Subordinate Clauses

जो Clauses जो पूर्ण तौर पर Principal Clause पर निर्भर करती हों तथा अकेले होने पर Sentence का पूर्ण अर्थ बनाने में असमर्थ हों, इस तरह की Clauses को Subordinate Clause कहा जाता है। *e.g.*,

1. That he is clever is known to all. वह चालाक है सभी को मालूम है।

इस Sentence में:

(a) "(It) is known to all" यह Principal Clause है तथा

(b) "That he is clever" यह Subordinate Clause है।

The difference between phrase and clause

जैसे कि ऊपर बताया गया है कि एक Clause में एक Subject तथा एक Predicate होता है लेकिन Phrase में न तो Subject और न ही Predicate (With a Finite Verb) होता है।

(a) She has a *beautiful pen.* उसके पास एक सुन्दर पैन है।

(b) She makes no noise *in the class.* वह कक्षा में शोर नहीं मचाती है।

ऊपर के दोनों Sentences में Italicise किये गये Words Phrases हैं क्योंकि उनमें न कोई Subject और न Verb है; न अपने आप में उनका कोई अर्थ निकलता है।

Note. हम Phrases को Clause में भी Change कर सकते हैं:

(a) She has a pen, *which is beautiful.*
उसके पास एक घड़ी है, जो कि सुन्दर है।

(b) Whenever she comes to the class she make no noise.
जब वह कक्षा में आती है, कोई शोर नहीं मचाती है।

ऊपर दिये गये वाक्यों में बदली Phrases को हम इस प्रकार अधिक अच्छी तरह समझ सकते हैं:

Phrase	*Clause*
(a) A beautiful pen	(pen) Which is beautiful
(b) In the class	Whenever she come in the class.

CHAPTER 46

ANALYSIS OF COMPLEX SENTENCES

आजकल प्राय: Complex Sentences का ही Analysis किया जाता है, जो कि नीचे दिया गया है। हमने पढ़ा है कि Sentences तीन प्रकार के होते है:

(1) Simple Sentences
(2) Compound sentences
(3) Complex Sentences

यह तीन प्रकार की Clauses पर निर्भर करते हैं:

(1) Principal Clause
(2) Cordinate Clause
(3) Subordinate Clause

Subordinate Clauses तीन प्रकार की होती हैं:

(1) Noun Clauses
(2) Adjective Clauses (or Adjectival Clauses)
(3) Adverb Clauses (or Adverbial Clauses)

इन तीनों Clauses को भलि-भांति समझने को ही Analysis कहते हैं। इन तीनों प्रकार की Clauses के प्रकार और Functions की व्यवस्था नीचे दी गई है:

Noun Clause

एक Layman (साधारण व्यक्ति) की परिभाषा में यह 'what ?' (क्या ?) का उत्तर देती है। यह निम्नलिखित प्रकार की होती है:

(i) *As a subject to a verb*

(i) *What he says is correct*

इस वाक्य में "what he says" Subject का काम करती है। इसका verb 'is' है। यह हमें इस बात का उत्तर देती है—"What is correct?" इसी प्रकार:

(ii) *Why he did so* is a mystery. ऐसा उसने क्यों किया, यह एक भेद वाली बात है।

2. *As an Object to a verb*

(i) I know *where he lives.* मैं जानता हूँ कि वह कहां रहता है।

इस वाक्य में "where he lives" Verb 'know' का Object है। इसलिए, यह Noun Clause है।

(ii) It is difficult to believe *what he says.*

इस वाक्य में "what be says" एक Noun Clause है जो कि Verb 'believe' का Object है।

3. *As a complement to a verb*

The truth is *that he has never visited this place.*

सत्य तो यह है कि वह यहां कभी नहीं आया।

इस वाक्य में "that he....place" Noun Clause है जो कि Incomplete Verb 'is' का Complement है।

4. *As an Object to a Preposition*

She objected to *what you said.*

आपने जो कुछ कहा उसने उस पर एतराज़ किया।

इस वाक्य में "what you siad" Noun Clause है, जो कि Preposition 'to' का Object है।

5. *As an object to an Infinitive*

I'm still to understand *why he did so.*

मुझे अभी तक यह समझ नहीं आई कि उसने ऐसा क्यों किया।

इस वाक्य में "why he did so" एक Noun Clause है, जो कि Infinitive "to understand" का Object है।

6. *As an Object to a Participle*

The police let him go, thinking *that he was a good man.*

पुलिस ने यह मानते (या समझते) हुए कि वह एक अच्छा व्यक्ति है, उसे जाने दिया।

इस वाक्य में "that he was a good man" एक Noun Clause है, जो कि Participle 'thinking' का Object है।

7. *As an Object to a Gerund*

The baby starts tearing *whatever paper comes it way.*

छोटे बच्चे के हाथ में जो भी काग़ज़ लगता है, वह उसे फाड़ देता है।

इस वाक्य में "whatever....way" एक Noun Clause है, जो कि Gerund 'tearing' का Object है।

8. *In Apposition to a Noun or Tense Impersonal Pronoun 'It.'*

(i) The news *that war has started* is untrue. यह समाचार, कि युद्ध आरम्भ हो गया है, ग़लत है।

इस वाक्य में "that.....started" एक Noun Clause है जो कि Noun 'news' के विषय में बताती है।

(ii) It is true *that he has passed the examination.*

यह सत्य है कि उसने परीक्षा पास कर ली है।

इस वाक्य में "that he.....examination" एक Noun Clause है जो कि Impersonal Pronoun 'it' को explain करता है।

EXERCISE

निम्नलिखित वाक्यों को उचित Noun Clauses से Complete करें:

1. I know..........
2. The fact is ....
3. Do not believe in ....
4. .... is well-known fact.
5. I cannot say ....
6. I went to see him on learning ....
7. He had to swallow ....
8. It seems ....
9. Tell me ....
10. Do you know ....
11. I do not understand ....
12. The news .... is true.

Adjective Clause

एक Adjective Clause एक Adjective का काम करती है और ऐसा करते हुए, Principal Clause में अपने से पहले आने वाले Noun या Pronoun को Qualify करती है।

Examples

1. This the house *where I was born.*
   यह वह मकान है, जहां मेरा जन्म हुआ।

इस वाक्य में "where I was born" एक Adjective Clause है, जो कि Noun 'house' को Qualify करती है।

2. The time, *when he will come,* is not known to me.
   वह किस समय आयेगा, मुझे मालूम नहीं।

इस वाक्य में "when he will come" एक Adjective Clause है, जो कि Noun 'time' को Qualify करता है।

EXERCISE

निम्नलिखित वाक्यों को Adjective clause लिख कर पूरा करें:

1. Which is the book..........?
2. Which is the boy ....?
3. He is the teacher ....?
4. Do you know the place ....?
5. The book ....is an illustrated one.

6. The song ....in sung by all.
7. The school ....is near my house.
8. The train.......starts at 10.00 A.M.
9. This is the same song as ....
10. She is the girl ....
11. Such boys as ....succeed in life.

Note: 'as' should be used, after 'such' and 'same.'

Adverb clause

एक Adverb Clause एक वाक्य में Adverb का काम करती है। इस अभिप्राय के लिए वह किसी Verb, Adjective, किसी और Adverb, Participle आदि को Modify करती है। Adverb Clause प्राय: इस प्रकार के शब्दों से आरम्भ होती है:

when, where, that, so...that, so that, as .....as, till, until, wherever, whenever, because, if, as if, as though, though .....yet, before, while, as long as etc.

Kinds of Adverb Clauses. Adverb Clause की Kinds के बारे में हम पहले भी पढ़ चुके हैं। परन्तु Analysis Purpose के लिये इनके बारे में नीचे और लिखा जाता है:

1. *Adverb clause of time*
   (i) You may come *whenever you like.* आप जब चाहें आ सकते हैं।
   (ii) We started *as soon as it stopped raining.* जैसे ही वर्षा रुकी, हम चल पड़े।
2. *Adverb clause of place*
   (i) You may go *where he asks you to go.* आप वहां जा सकते हैं जहां वह आपको जाने को कहता है।
   (ii) *Whenever you go,* I'll follow you. आप जहां भी जायेंगे, मैं आपका पीछा करूंगा।
3. *Adverb clause of condition.* इस Clause को Conditional Clause भी कहते हैं।
   (i) *If you stand* first in the class, you'll get a prize. यदि तुम कक्षा में प्रथम स्थान प्राप्त करोगे, तो तुम्हें इनाम मिलेगा।
   (ii) You can stand first in the class *provided you work hard.* यदि आप मेहनत करें तो कक्षा में प्रथम स्थान प्राप्त कर सकते हैं।
4. *Adverb clause of Purpose*
   (i) He worked hard *so that he could pass.* उसने मेहनत की ताकि वह पास हो सके।
5. *Adverb clause of Comparison*
   (i) Ram is wiser *than Sham.* राम शाम से अधिक बुद्धिमान है।
   (ii) Sheela is as beautiful *as her sister.* शीला इतनी सुन्दर है जितनी कि उसकी बहिन।
6. *Adverb clause of Cause or Reason*

(i) He could't came *because he was ill.* वह नहीं आ सका क्योंकि वह बीमार था।

(ii) *Since you want it,* I'll do it. क्योंकि आप ऐसा चाहते हैं, इसलिए मैं यह कर दूंगा।

7. *Adverb clause of Concession or Contrast*

(i) Although he is poor, *yet he is honest.* चाहे वह निर्धन है, फिर भी वह ईमानदार है।

(ii) You can't catch the train *however hard you may run.* आप जितना भी तेज़ भागें, आप गाड़ी नहीं पकड़ सकते।

8. *Adverb clause of Degree or Extent*

(i) He ran an fast *as he could.* वह इतना तेज़ भागा जितना कि वह भाग सकता था।

(ii) The world looks as good or bad to you *as you think about it.* संसार आपको उतना ही अच्छा या बुरा प्रतीत होता है, जितना आप उसके विषय में सोचते हैं।

9. *Adverb clause of Manner*

(i) He talks *as if he were mad.* वह इस प्रकार बातें करता है जैसे कि पागल हो।

(ii) *As you sow,* so shall you reap. जैसा बीजोगे वह ही काटोगे।

10. *Adverb clause of Result or Consequence*

(i) The thief ran so fast *that nobody could* catch him. चोर इतना तेज़ भागा कि उसे कोई नहीं पकड़ सका।

(ii) He worked so hard *that his health broke down.* उसने इतनी सख़्त मेहनत की कि उसका स्वास्थ्य बिगड़ गया।

EXERCISE 1

कृपया निम्नलिखित वाक्यों को Adverb Clause द्वारा Complete करें और यह भी लिखें कि आपने किस प्रकार की Adverb Clause लिखी है:

1. Do .....
2. Think .....
3. .....lest you should miss the train.
4. He ran .....
5. Go .....
6. The higher we go, ...
7. Ram is not so tell ....
8. This is .....
9. I cannot attend the meeting .....
10. He walks ......

11. You cannot catch me .....
12. She is so proud .....
13. Although he is rich ......
14. No sooner did the bell ring ....
15. The students worked hard .....

EXERCISE 2

निम्नलिखित वाक्यों में *Principal Clauses* भरें और *Adverb Clause* के बारे में बतायें कि वह किस प्रकार की हैं:

1. ..... unless you work hard.
2. ..... wherever you like.
3. ..... provided you work hard.
4. If she does not come .....
5. ..... in case my father gives me permission.
6. ..... as he is a rogue.
7. ..... than you.
8. ..... as you.
9. ..... as I like him.
10. ..... yet he is ready to listen.
11. As he is a nice man .....
12. .... because I couldn't tolerate it.
13. ..... till the sun sets.
14. ..... until he comes.
15. ..... as though he were lame.

EXERCISE 3

निम्नलिखित वाक्यों में भिन्न प्रकार की *Subordinate Clauses* का पता लगायें और प्रत्येक के *Function* के बारे में भी बतायें:

1. I do not know where he lives.
2. This is the reason that I'm late.
3. It is true that he'll come tomorrow.
4. That Naresh is an honest boy, goes without saying.
5. Can you tell me where he lives?
6. Will you please let me know what time it is?
7. Ram is as good as Sham.
8. This is the road, which leads to Chennai.
9. The book that he gave me is very nice.
10. That is what my brother told me.
11. Do as you please.

12. Tell me what he wants.
13. However hard you may work, you can't beat me in studies.
14. He ran as fast as his legs could carry him.
15. I'll not help him unless he requests me to do so.
16. I don't like him because he isn't honest in his dealings.
17. We eat so that we may live.
18. Walk carefully lest you should fall.
19. This is the square where the accident took place.
20. We should be honest so that others could believe in us.
21. You'll fell qualms of consience if you're dishonest.

CHAPTER 47

TRANSFORMATION

(1) Removing 'too'

(i) He is too poor to help you. वह इतना निर्धन है कि आपकी सहायता नहीं कर सकता।

(b) He is so poor that he *can't* help you.

(ii) (a) He is too proud to listen to you. वह इतना घमण्डी है कि आपकी बात नहीं सुनेगा।

(b) He is so proud that he *won't* listen to you.

Note. (a) यदि क्षमता की बात हो, तो "can't" लगता है।

(b) यदि Intention की बात हो, तो "won't" लगता है।

(2) Inserting 'too'

(i) (a) She is so weak that she can't walk. वह इतनी कमज़ोर है कि चल नहीं सकती।

(b) She is too weak to walk.

(ii) He is so busy that he can't attend to you. वह इतना व्यस्त है कि आपको Attend नहीं कर सकता।

He so too busy to attend to you.

(3) Change the parts of speech of the italised word

(i) (a) He fought *bravely.* (Adverb) वह बहादुरी से लड़ा।

(b) He fought in a *brave* manner. (Adjective)

(c) He fought with *bravery.* (Noun)

(ii) (a) He has *failed* in the examination. (Verb) वह परीक्षा में असफ़ल हो गया है।

(b) He has suffered *failure* in the examination. (Noun).

(4) Change Voice: See the Chapters on "Change of Voice."

(5) Change Narration: See that Chapters on "Change of Narration."

(6) Change of Degrees of Comparison

(i) (a) Ram is as *good* as Sham. (Positive Degree)

(b) Sham is not *better* than Ram. (Comparision Degree)

(ii) (a) Ram is the *best* boy in the class. (Superlative Degree)

(b) Ram is *better* than any other boy in the class. (Comparative)
(c) No other boy in the class is so (or as *good* as) Ram. (Positive)

(iii) (a) Very few cities in India are as *big* as Delhi. (Positive)
(b) Delhi is *bigger* than most other cities in India.
(c) Delhi is one of the *biggest* cities in India.

(7) Change into Negative (without changing meaning)

(i) (a) Saleem is a *brave boy,* (Positive or Affirmative) सलीम एक बहादुर लड़का है।
(b) Saleem is *not a cowardly boy.* (Negative) सलीम एक डरपोक लड़का नहीं है।

(ii) (a) We should *take care of* the children. (Affirmative) (or *look after*)
(b) We should *not neglect* the children. (Negative)

Note. Tense के Chapter में Affirmative को Negative में जो करके दिखाया गया है, वहां Main Purpose Tense के Change होने को समझना है। इसलिए, वहां Meaning उलट जाता है। परन्तु जब हम Transformation में Affirmative और Negative Sentences को आपस में बदलते है, तो Meaning Change नहीं होना चाहिए। यही दशा Interrogative Sentences की है।

(8) Change into Affirmative

(i) (a) He is never idle. (Negative) वह कभी ख़ाली नहीं होता।
(b) He is always busy. (Affernative) वह सदा वयस्त होता है।

(ii) (a) She is not a fool. वह मूर्ख नहीं है।
(b) She is a wise woman. वह एक बुद्धिमान स्त्री है।

(9) Change into an Interrogative

(i) (a) You can't please everybody. (Assertive) आप हर एक को प्रसन्न नहीं कर सकते।
(b) Can you please everyboy? (Interrogative) क्या आप हर एक को प्रसन्न कर सकते हैं?

(ii) (a) Real happiness can be found nowhere. (Assertive) वास्तविक प्रसन्नता कहीं नहीं मिल सकती।
(b) Where can real happiness be found? वास्तविक प्रसन्नता कहां मिल सकती है? (Interrogative)

(10) Change to an Assertive

(i) (a) Who can help me in this matter? इस मामले में मेरी कौन सहायता करेगा?
(b) Nobody can help me in this matter. इस मामले में मेरी कोई सहायता नहीं कर सकता।

(ii) (a) Can you not sing a song? क्या तुम गाना नहीं गा सकते?
(b) You can sing a song? तुम गाना गा सकते हो।

(11) Change into an Exclamatory Sentence

(i) (a) It is a beautiful sight. (Assertive)
(b) What a beautiful sight! (Exclamatory)

(ii) (a) The moon is very beautiful. चन्द्रमा बहुत सुन्दर है।
(b) How beautuful the moon is! चन्द्रमा कितना सुन्दर है!

(12) Change into an Assertive or an Interrrogative

(i) (a) Still afraid of dearkness! (Exclamatory)
(b) Are you still afraid of darkness? (Interrogative)

(ii) (a) What a victory! (Exclamatory)
कितनी शानदार विजय!
(b) It is a grand victory. (Assertive)
यह एक शानदार विजय है।

(13) Completion of Incomplete Sentences

(i) (a) He is so weak .....
(b) He is so weak that he cannot walk.

(ii) (a) Marriages are made in heaven............
(b) Marriages are made in heaven but solemnised on earth.
विवाह स्वर्ग में बनते हैं, परन्तु धरती पर पवित्र (अथवा पूर्ण) होते हैं।

(14) Change into Compound Sentence (coordinate clause)

(i) (a) He is a good and wise man.
(b) He is a good man and a wise one.

(ii) (a) In spite of hard work, he failed.
(b) He worked hard but failed.

(15) Change into a Complex Sentence (subordinate clause)

(i) (a) He is not a good man. वह अच्छा पुरुष नहीं है।
(b) He is not a man who is good. वह ऐसा पुरुष नहीं है जो अच्छा हो।

(ii) (a) Do not make a noise while sitting here. यहां बैठ कर शोर मत मचाओ।
(b) Do not make a noise when you are sitting here. जब तुम यहां बैठे हो, तो शोर मत मचाओ।

(16) Use 'if'

(i) (a) Had you worked hard, you would have passed.
(b) If you had worked hard, you would have passed.

(ii) (a) In case I meet him on the way, I'll convey to him your message.
(b) If I meet him on the way, I'll convey your massage to him.

(17) Change into a Conditional Sentence

(i) (a) You can win the prize by working hard. मेहनत करके तुम इनाम जीत सकते हो।
(b) You can win the prize provided you work hard. तुम यह इनाम जीत

सकते हो यदि तुम मेहनत करो।

(ii) (a) You can never succeed without working hard. तुम बिना मेहनत किए कभी सफल नहीं हो सकते।

(b) You can never succeed unless you work hard. जब तक तुम मेहनत न करो, तुम सफल नहीं हो सकते।

EXERCISE

Do as directed:

1. When can their glory fade? (Assertive)
2. It is never to late to mend. (Remove 'too')
3. Do it. (Assertive)
4. Do not make a noise (Affirmative)
5. Let us help him. (Change Voice)
6. What a fine idea! (Assertive)
7. I do not know his residence (Complex)
8. He said to me, "I like toys." (Indirect)
9. Work must be completed in time (Voice)
10. She prayed for my happiness. (Narration)
11. He is too clever to join our party. (Remove 'too')
12. Do not put off till tomorrow what you can do today. (Simplity sentence)
13. Liars should never be believed (Voice)
14. Let us serre our country. (Voice)
15. He is wiser than you. (Degree)
16. He is the happiest mam in our town. (Degree)
17. Speak loudly. (Assertive)
18. You are requested to sit down. (Imperative)
19. Where there is a will, there is a way, (Use 'if')
20. Those who live is glass-houses, should not throw stones at others. (Simple)
21. If you work hard, you will pass. (Reverse the Principal and Subordinate clauses)
22. I cannot believe in him. (Affirmative)
23. Five Trains have been cancelled. (Voice)
24. Very few are so happy. (Degree)
25. I'm all for good of others. (Negative)
26. He is a poor old man. (Compound sentence)
27. It you want peace ..... (Complate the sentence)
28. There is no rose without a thorn. (Affirmative)

CHAPTER 48

VERBAL PHRASES

Act

1. I *acted upon* my father's advice. मैंने अपने पिता जी की नसीहत पर अमल किया।
2. He *acted upto* his conscience. उसने अपनी आत्मा के अनुकूल काम किया।
3. We should not act beyond our capacity. हमें अपनी क्षमता से बाहर काम नहीं करना चाहिए।
4. The seniormost teacher today *acted for* the principal who was on leave. आज सब से वरिष्ठ अध्यापक ने प्रधानाचार्य का काम किया जो छुट्टी पर थे।

Break

1. He should not *break with* such a kind man. उसे इतने भले आदमी से संबंध नहीं तोड़ना चाहिए।
2. The burglars *broke into* my house last night. कल रात चोरों ने मेरे घर में सेंध लगाई।
3. Who will *break the ice* in the meeting? मीटिंग में चुप्पी को कौन भंग करेगा।
4. The syce is *breaking in* the horse. घोड़े का शिक्षक घोड़े को सिधा रहा है।
5. His health *broke down* last winter. पिछली सर्दियों में उसकी सेहत खराब हो गई थी।

   or, He *broke down* in the middle of his speech. वह अपने भाषण के मध्य में ही रो पड़ा।
6. The cow *broke away* from the shed. गाय शैड से भाग गई।
7. She succeeded in *breaking through* all the obstacles. वह सभी मुसिबतों को दूर करने में सफल हो गई।
8. He *broke open* the door. उसने दरवाजा तोड़ कर खोला।
9. Who *broke the news* about the old man's death? बूढ़े व्यक्ति की मृत्यु का किसने समाचार सुनाया?
10. The calf *broke loose* from the peg. बछड़ा खूंटी से पृथक् हो गया।

Bear

1. One should *bear up* when the bad time comes upon him. बुरा समय व्यक्ति को सहन करना चहिए।
2. *Bear yourself well* at the meeting. बैठक ने ठीक तरह से व्यवहार करना।
3. Hitler *bore down* all opposition. हिटलर ने सारा विद्रोह दबा दिया।
4. Bobby *bore away* the first prize. बॉबी प्रथम पुरस्कार जीत गया।
5. The consumer has to *bear with* the company for an increase in the price of its products. जब किसी कम्पनी की चीज़ों के दाम बढ़ा दिये जायें, तो उपभोक्ता को सहन करना पड़ता है।

Bring

1. I have said nothing that may *bring bad name* to you. मैंने ऐसा कुछ नहीं कहा जिससे आपके सम्मान को धक्का लगे।
2. The publisher *brought out* the third edition of this book. प्रकाशक ने इस पुस्तक का तीसरा अंक निकाला।
3. At last, I *brought him round* to my way of thinking. आखिर मैंने उसे अपने विचार के अनुसार मना लिया या सहमत कर लिया।
4. He was *brought up* by his uncle. उसके अंकल ने उसका पालन किया।
5. The habit of gambling *brought about* his ruin. उसकी जुआ खेलने की आदत ने उसे बरबाद कर दिया।
6. News *brought on* cheerfulness on his face. खबर उसके चेहरे पर खुशी ले आई।
7. You may *bring it to* with a little effort. तुम इसे थोड़ी सी मेहनत से ठीक कर सकते हो।
8. Who *brought* the matter *to light ?* मामले को कौन प्रकाश में लाया?

Beat

1. He always *beats about* the bush. वह हमेशा इधर-उधर की हांकता है।
2. Ram *beat* Sham *black and blue.* राम ने श्याम को बहुत मारा।
3. He was *beaten hollow.* वह बुरी तरह पीटा गया।
4. He tried his best to *beat my wisdom.* उसने मुझसे अधिक अक़्ल का प्रदर्शन करने की पूरी कोशिश की।
5. I forced the shopkeeper *to beat down the price.* मैंने दुकानदार को मूल्य कम करने पर मजबूर कर दिया।
6. It *beat my brain* to see the juggler's feats. मदारी का खेल देखकर मेरा दिमाग चकरा गया।
7. The *robbers beat* the trader to pulp. डाकुओं ने व्यापारी को बुरी तरह से मारा।

Blow

1. Please *blow out* the Candle. कृपया मोमबत्ती बुझा दें।
2. Our soldiers *blew up* the bridge. हमारे सिपाहियों ने पुल को उड़ा दिया।
3. The moment the storm *blew over,* we came out of our house. जिस क्षण तूफान रूका, हम अपने घर से बाहर निकल आये।
4. In quick sucession, he *blew out* a lot of contradictory things. तेज़ी में वह बहुत सी परस्पर विरोधी बातें कह गया।
5. He began to *blow hot and cold* in the in same breath. एक ही सांस में वह परस्पर विरोधी बातें कहने लगा।
6. My hat *blew off* in the wind. तेज़ हवा में मेरा हैट उड़ गया।
7. Do not *blow* the matter *out of proportion.* मामले को अधिक मत बढ़ाओ।
8. The shot *blew out his brain.* गोली से उसका भेजा बाहर आ गया।

Carry

1. We *carried the day* in the match. हमने मैच जीत लिया।
2. He *carried out* my orders. उसने मेरे हुक्म का पालन किया।
3. In the absence of Principal, I have to *carry on* the work. मुख्याध्यापक की अनुपस्थिति में मुझे उनका कार्य-भार सम्भालना पड़ता है।
4. Many children are *carried off* every year due to poor nurishment. बहुत से बच्चे हर साल भोजन अच्छा न मिलने के कारण मर जाते हैं।
5. She was *carried away* by emotion. वह भावनाओं पर काबू न पा सकी।

Cut

1. The company has *cut down* the salaries of its workers. कम्पनी ने अपने मुलाज़िमों के वेतन कम कर दिए हैं।
2. You are *cut out* for this job. तुम इस नौकरी के लिये ठीक हो।
3. Keats was *cut off* in the prime of his life. कीट्स अपनी जवानी में ही मर गया।
4. *Cut your coat according to your cloth.* अपनी आय का ध्यान रखते हुए खर्च करें। (जितनी चादर हो उतने ही पांव पसारो।)
5. I was going to give a suggestion but he *cut* me *short*. मैं कुछ सुझाव देने ही वाला था कि उसने मेरी बात बीच में काट दी।
6. He swung the axe in the air and *cut down* the tree in a single stroke. उसने कुल्हाड़ी को हवा में लहराया तथा एक ही झटके में वृक्ष को काट गिराया।
7. He feels much *cut up* after getting so meagre marks in his examination. जिस दिन से उसके परीक्षा में कम अंक आये हैं, वह बहुत उदास सा महसूस करता है।

8. He *cut* the chalk *into pieces.* उसने चाक को छोटे-छोटे टुकड़ों में काट दिया।
9. He was *cut to the quick* at my remarks. मेरे शब्दों पर उसे क्रोध आ गया।
10. There is no *cut and dried* formula with me for the solution of this problem. इस समस्या के हल के लिए मेरे पास कोई तैयार तरीका नहीं।

Call, Cut

1. I shall *call on* my brother next Monday. अगले सोमवार को मैं अपने भाई के पास जाऊँगा।
2. He *called in* a doctor. उसने डाक्टर को बुला भेजा।
3. I *called at* Sohan's last night. मैं कल रात सोहन के घर गया।
4. He always *called a spade a spade.* वह हमेशा सच बोलता था।
5. The teaches have *called off the strike.* अध्यापकों ने हड़ताल खत्म कर दी है,
6. He *called up* the incident and elaborated it before (to) us. उसने घटना को याद किया व हमारे सामने उसका खुला विवरण दिया।

Come

1. *Come on,* let us go for a walk. चलो, हम सैर के लिये चलें।
2. At last he *came round* to my views. अन्त में वह मेरी बात से सहमत हो गया।
3. In the forest, I found a snake *coming at* me. जंगल में मैंने एक सांप अपनी तरफ लपकते देखा।
4. He *comes of* a noble family. वह एक अच्छे घराने का है।
5. How did you *come by* this book? आपने ये किताब कैसे ली?
6. He will *come back* soon. वह जल्दी लौटेगा।
7. He *come out* of his house. वह अपने घर से बाहर आया।
8. Her marriage *comes off* next month. उसनी शादी अगले महीने है।
9. He *came over* all obstacles. उसने सारी मुसीबतें दूर कर लीं।
10. Sachin hit the ball hard as it was *coming into* the wickets. सचिन ने गेंद को ज़ोर से मारा जब यह विकेटों की तरफ जा रही थी।
11. He *came into* the room. वह कमरे में आया।
12. You need not *come between* us. आपको हमारे बीच आने की कोई आवश्यकता नहीं।
13. The prices have now *come down.* कीमतें अब कम हो गई है।
14. Try to *come out* of your solitude. अपने अकेलेपन से बार निकलने का यत्न करो।

Draw

1. Holidays are *drawing near.* छुट्टियां निकट आ रही हैं।

2. He *drew* me a *chaque* for the whole amount. उसने सारी रक़म के लिए मुझे चैक काट कर दे दिया।
3. He *drew himself back* into his room. वह कमरे में वापिस चला गया।
4. At noon *drew on,* he felt his mouth dry. जैसे ही दोपहर होने को आई, उसे अपना मुंह सूखता महसूस होने लगा।
5. After his drubbing at the hurtings, he drew himself into his own shell. चुनाव में हार के बार वह अपने आप में डूब गया।

Fall

1. She *fell in love* with me. उसे मुझसे प्यार हो गया है।
2. Do not let them alone, otherwise they will *fall out*. उन्हें अकेला मत छोड़ो नहीं तो वे आपस में लड़ेंगे।
3. For want of funds, his scheme *fell through.* पैसे की कमी के कारण उसकी योजना फेल हो गई।
4. The number of the disciples was *falling off* in this church day by day. भगतों की संख्या दिन पर दिन इस चर्च में घटती जा रही थी।
5. I *fell in* with one of my friends on the road. सड़क पर मुझे मेरा एक मित्र मिला।
6. In the meeting, he *fell at* my feet. सभा में वह मेरे पांव पड़ गया।

Go

1. The gun *went off.* बन्दूक से गोली चल गई।
2. Let me *go through* these papers. मुझे ये कागज़ देखने दो।
3. It *goes without saying* that you are a big fool. यह बात साफ है कि तुम एक बड़े मूर्ख हो।
4. This pen is *going for* two rupees only. यह पैन केवल दो रूपये में बिक रहा है।
5. He had to *go without* food for two days. उसे दो दिन बिना भोजन के रहना पड़ा।
6. He was *going to make* a big deal. वह एक बड़ा धन्धा करने जा रहा था।
7. The work was *going on.* काम चल रहा था।
8. The oils have *gone down* but the sugar has *gone up.* तेलों के भाव नीचे आ गये हैं तथा चीनी के भाव ऊपर चले गये हैं।
9. I had to *go in for* a new business. मुझे एक नया व्यापार आरम्भ करना पड़ा।

Get

1. He is *getting on* with his studies very well. वह अपनी पढ़ाई में अच्छी तरह चल रहा है।
2. He *got over* all the obstacles. उसने सभी मुश्किलों पर विजय पाई।

3. The thief *got away* with the money. चोर पैसे ले उड़ा।
4. I've *got it.* मैं आपकी बात समझ गया हूँ।
5. He *got through* the examination. वह परीक्षा में पास हो गया।
6. He tried his best to *get at* my collars. उसने मेरा कॉलर से पकड़ने की बड़ी कोशिश की।
7. The fox tried to *get at* the grapes. लोमड़ी ने अंगूरों पर पहुंचने का यत्न किया।
8. I've *got the wind* of this matter. मुझे इस मामले की पड़ गई है।

Give

1. The President *gave away* the prizes. प्रधान ने ईनाम बांटे।
2. My brother has *given up* all bad habits. मेरे भाई ने सभी बुरी आदतें छोड़ दी हैं।
3. The chiild *gave in* to the taste of the cold drink. बच्चा शीतल पेय के स्वाद की खातिर उसकी मांग करने लगा।
4. The bridge *gave way.* पुल टूट गया।
5. He is *given to lying.* उसे झूठ बोलने की आदत (पड़ गई) है।
6. I was *given out* that the President would join the meeting. यह घोषणा कर दी गई थी कि प्रधान जी मीटिंग में उपस्थित होंगे।
7. He has *given up* the ghost. वह मर चुका है।
8. The terrorists *give in.* आतंकवादी ने आत्मसम्पर्ण कर दिया।
9. The supply of stationery has been *given out.* स्टेश्नरी (काग़ज़, पैन्सिल आदि) दी जा चुकी है।
10. The chair has *given in* under the weight of the fat lady. मोटी स्त्री के भार से कुर्सी टूट गई है।
11. At last, the enemy *gave in.* अंत में शत्रु ने हार मान ली।
12. This drain *gives out* bad smell. इस नाली से बदबू आती है।

Hold

1. *Hold you tongue.* अपनी जुबान को लगाम दो।
2. The doctor did not want to *hold out* false hopes to you. डॉक्टर आपको झूठी आशाओं में नहीं बांधना चाहता था।
3. The case was *held over* till the next *week.* केस अगले सप्ताह तक आगे बढ़ गया।
4. He *held his breath* in his chest. उसने अपनी छाती में सांस रोक ली।
5. *Hold on* please; soon he will be with you on the line. कृपया रिसीवर पकड़े रखें; वह जल्दी आपके साथ फोन पर बात करेगा।
6. I was *held over* in the traffic. मैं ट्रैफ़िक में फँस गया था।

Keep

1. He didn't *keep good* health in his last days. अन्तिम दिनों में उसकी सेहत अच्छी नहीं रहती थी।
2. He *kept his promise.* उसने अपने वचन का पालन किया।
3. She was *kept up* by severe sickness. सख़्त बीमारी के कारण वह बिस्तर में रही।
4. *Keep up* your success. अपनी कामयाबी बनाए रखो।
5. He could not *keep pace with* me in learning Hindi. वह हिन्दी सीखने में मेरे जितनी तेज़ी नहीं दिखा पाया।
6. He was *keet away* from his son. वह अपने पुत्र से अलग कर दिया गया।
7. He *keeps aloof* from all company. वह हर सोहबत (हर प्रकार के साथ) से पृथक् रहता है।

Look

1. He is *looking after* his son. वह अपने बेटे की देखभाल कर रहा है।
2. The old man *looked into* the sky. बूढ़े आदमी ने आकाश में देखा।
3. She *looks on* me as her brother. वह मुझे अपने भाई की नज़र से देखती है।
4. I am *looking for* a bus. मैं बस को देख रहा हूँ।
5. We should not *look down upon* the poor. हमें गरीबों से घृणा नहीं करनी चाहिए।
6. The prices are *looking up* now. अब मंहगाई बढ़ रही है।
7. The old woman is *looked up* by all the villagers. बूढ़ी औरत की सभी ग्रामीण देखभाल करते हैं।
8. I am *looking forward* for something good to happen in a few days. मैं यह उम्मीद रखता हूँ कि आने वाले दिनों में कुछ न कुछ अच्छा होगा।
9. I *looked over* her drawbacks. मैंने उसकी त्रुटियों की ओर ध्यान न दिया।
10. *Look at* the blackboard. ब्लैक-बोर्ड की ओर देखो।
11. He *looked pale* when he saw me. जब उसने मुझे देखा, उसकी रंग पीला पड़ गया।

Make

1. He *made out* his words in a high pitch. उसने अपने शब्द ऊँची आवाज़ में कहे।
2. I have *made up my mind* to go to Simla. मैने शिमला जाने के लिए अपना मन बना लिया है।
3. I have *made over* the charge of this office to him. मैंने इस दफ़्तर का कार्य भार उसे सौंप दिया है।
4. With the salary he is getting for his job, he hardly *makes both ends meet.* इस नौकरी के लिए उसे जो वेतन मिलता है, उससे वह कठिनाई से निर्वाह करता है।
5. He has *made up* his defficiency now. वह अपनी कमी अब दूर कर चुका है।

6. You have to *make good* the loss. तुम्हें नुक्सान भरना पड़ेगा।
7. My servant *made after* the thief last night. मेरा नौकर कल रात चोर के पीछे भागा।
8. I *made for* that side. मैं उस ओर गया।

Pass

1. Yesterday, his mother *passed away* (out). कल उसकी माताजी का निधन हो गया।
2. He *passed* through a horrible dream. उसने एक डरावना सपना देखा।
3. He *passes for* a learned men. वह अपने आपको एक विद्वान बताता है।
4. He *passed over the buck* to me. उसने ज़िम्मेदारी मेरी ऊपर डाल दी।
5. Please *pass on* the dish. कृपया कटोरी आगे करो।

Pull

1. It is hoped the patient will *pull through.* यह आशा की जाती है कि रोगी बच जायेगा।
2. It is impossible for Tony and Johny to *pull together.* यह टोनी व जॉनी के लिए असम्भव है कि वह इकट्ठे रहें।
3. Mahmood Ghaznavi *pulled down* many temples. महमूद गज़नवी ने बहुत से मन्दिर गिरा दिये।
4. I *pulled him out* of the mud. मैंने उसे कीचड़ से निकाला।
5. The teacher *pulled up* the student. अध्यापक ने विद्यार्थी को डांटा।
6. He looks much *pulled down*. वह बहुत उदास दीखता है।
7. He *pulled off* my scarf. उसने मेरा स्कार्फ उतार दिया।

Put

1. He *put by* some money for the bad days. उसने बुरे समय के लिए कुछ पैसा बचाकर रखा।
2. The case has been *put off* till tomorrow. कल तक के लिए केस आगे डाल दिया गया।
3. *Put out* the fire please. कृपया आग बुझा दो।
4. They have decided to *put up* their own candidate. वे अपना उम्मीदवार खड़ा करने का फैसला कर चुके हैं।
5. The king *put down* the rebellion. राजा ने विद्रोह को दबा दिया।
6. Do not *pull off* the matter. मामले को टालो नहीं।
7. He *put on his* clothes. उसने अपने कपड़े पहन लिये।
8. She is *putting up* in her aunts' house. वह अपनी चाची के घर ठहरी है।

9. He *stay put* there. वह वहां पर ही रुक गया।
10. *Who can put up* with this insult? यह अपमान कौन सहन कर सकता है?

Run

1. A train *ran into* another one. एक गाड़ी की दूसरी गाड़ी से टक्कर हो गई।
2. The child was *run over* by a car. लड़का कार द्वारा कुचला गया।
3. My uncle has *run into* debt. मेरे चाचा जी पर कर्ज़ा चढ़ गया है।
4. It is a *run through* train. यह गाड़ी यहां नहीं रूकेगी अर्थात् सीधी जायेगी।
5. His savings *ran out* in a month. उसकी बचत एक ही महीने में ख़त्म हो गई।
6. Why are you *running me down* ? तुम मेरे साथ बुरा क्यों बोलते हो?
7. Hard work made him feel *run down* in the long run. कड़ी मेहनत से उसे महसूस हुआ कि जैसे कि वह बीमार हो।
8. He appears much *run down.* वह बहुत उदास प्रतीत होता है।
9. Kapil was *run out.* कपिल रन-आऊट हो गया।
10. The passengers run riot. यात्रियों ने ऊधम मचा दिया।

See

1. I went to *see off* any friend at bus-stop. मैं बस अड्डे पर आने मित्र को छोड़ने गया।
2. Let us *see what happens.* देखते हैं क्या होता है।
3. I *saw through* his game. मैं उसकी चालाकी को ताड़ गया।
4. I was instructed to *see to* this business. मुझे इस काम का ध्यान रखने को कहा गया था।
5. Let us *see which way the wind blows.* देखें, ऊंट किस करवट बैठता है (तेल देखो, तेल की धार देखो)।

Set

1. He *set out* for the holy place. वह धार्मिक (पवित्र) जगह (तीर्थ) के लिए चल पड़ा।
2. I am *set on* going to London this years. मैंने इस वर्ष लन्दन जाने का फैंसला कर लिया है।
3. The rainy season has set in. वर्षा ऋतु शुरू हो गई है।
4. He *set up* a big business. उसने एक बड़ा धन्धा जमाया।
5. She *set off* for Delhi. वह दिल्ली के लिए रवाना हो गई।
6. My father advised me to *set about* my business without any hesitation. मेरे पिताजी ने मुझे बिना किसी हिचकिचाहट के व्यापार करने की सलाह दी।

7. He has *set to work.* उसने काम शुरू कर दिया है।
8. I have *set apart* a sufficient amount for my family's health. मैंने पर्याप्त धन अपने परिवार के स्वास्थ्य के लिए अलग रख दिया है।
9. All his efforts have been *set at nought.* उसके सब यत्न असफल हो गये हैं।
10. The miscreants *set* the house *on fire.* शरारती तत्त्वों ने घर को आग लगा दी।

Take

1. You shoud *take care of* yourself. तुम्हें अपना ध्यान रखना चाहिए।
2. He was *taken in* by her sweet words. वह उसकी मीठी बातों से धोखा खा गया।
3. My teacher *took me to task* for my mistake. अध्यापक ने मेरी गलती के लिये मुझे डांटा।
4. He *took advantage of* his loose bowling. उसने उसकी कमज़ोर गेंदबाज़ी का लाभ उठाया।
5. He *took offence at* my words. वह मेरी बात का बुरा मान गया।
6. He has *taken to* drinking. वह शराब का आदी हो चुका है।
7. I *took no notic of* his rubbish remarks. मैंने उसकी गंदी बातों की ओर कोई ध्यान नहीं दिया।
8. *Take off* your shoes please. कृपया अपने जूते उतार दें।
9. This accident *took place* yesterday evening. यह दुर्घटना कल शाम को हुई।
10. He *took it into head* to somehow do this work. यह उसने अपने मन में बिठा लिया कि किसी न किसी तरह यह कार्य करना है।
11. The quarrel between two groups has *taken head.* दो गुटों में झगड़ा ज़ोर पकड़ गया है।
12. He *took every precaution* to keep away from turmoil. उसने गड़बड़ से परे रहने के लिए प्रत्येक सावधानी बरतीं।
13. The matter has *taken a new turn.* मामले ने नया रूप धारण कर लिया है।

CHAPTER 49

IDIOMS

1. **All and sumdry (छोटे मोटे सब)**
   All and sumdry went to see the fair.
2. **At length (अन्त में)**
   At length, he agreed.
3. **By hook or crook (किसी न किसी तरह)**
   He got his work done *by hook or (by) crook.*
4. **In the long run (अन्त में)**
   India won the Kargil conflict *in the long run.*
5. **At bay (दूर रखना)**
   We should keep bad company *at bay.*
6. **At an arm's length (दूर रखना)**
   Keep that naughty boy *at an arm's length.*
7. **By mean fair or foul (किसी भी तरह)**
   He believes in getting his goal achieved *by mean fair of foul.*
8. **Once in a blue moon (बहुत कम)**
   He come here only *once in a blue moon.*
9. **At the eleventh hour (ठीक समय पर)**
   I reached the station *at the eleventh hour.*
10. **To face the music (कठोर परिणामों का सामना करना)**
    If you make any mischief, you'll have *to face the music.*
11. **At one's wit's end (परेशान होना)**
    I'm *at my wit's end* what to do.
12. **Between the devil and the deep sea (दो मुसीबतों में)**
    He's *between the devil and the deep sea* and can't decide whether he should go there or not.
13. **An apple of one's eye (आंखों का तारा)**
    His only son is *an apple of his eye.*

14. **An apple of discord** (झगड़े की जड़)
Kashmir is the *apple of discord* between India and Pakistan.
15. **A hard nut to crack** (अति कठिन समस्या)
Kashmir problem is *a hard nut to crack.*
16. **A dark horse** (छुपा रूस्तम)
Mr. Sukhdev came out *a dark horse* at the hustings.
17. **A madien speech** (प्रथम भाषण)
It was my *maiden speech.*
18. **A narrow (or hair-breadth) escape** (मुश्किल से जान बचाना)
He had *a narrow escape* in the accident.
19. **A close shave** (same as above)
20. **Chips of the same block** (एक ही थैली के चट्टे-बट्टे)
They are *chips of the same block.*
21. **A bosom friend** (एक घनिष्ट मित्र)
Mr. Prem is my *bosom friend.*
22. **A broken reed** (एक अविश्वस्नीय व्यक्ति)
Don't depend upon him; he's only *a broken reed.*
23. **A loose canon** (एक व्यक्ति जिस से किसी समय भी हानि हो सकती है) Be away from him; he's *a loose cannon.*
24. **A man of parts** (कई गुणों वाला व्यक्ति)
Gandhiji was a *man of parts.*
25. **A man of letters** (एक विद्वान व्यक्ति)
Gurudev Tagore was *a man of letters.*
26. **A snake in the grass** (छिपकर हानि पहुंचाने वाला व्यक्ति)
Beware of him, he is *a snake in the grass.*
27. **A wet blanket** (हौंसला तोड़ने वाला व्यक्ति)
Don't disclose your plans to him; he's only *a wet blanket.*
28. **Beside the mark** (अयुक्तियुक्त)
Your remarks are *beside the mark.*
29. **All the rage** (रिवाज़ होना)
There's *all the rage* for such types of clothes these days.
30. **To call a spade a spade** (सत्य बोलना)
It requires courage *to call a spade a spade.*
31. **In a fix** (संकट या परेशानी में)
I'm *in a fix* as I don't know what to do.

32. **A shot in the arm** (प्रोत्साहन मिलना)
Clinton's advice to Nawaaz Sharif to pull his forces out of Kargil, was *a shot in India's arm.*
33. **A feather in the cap** (कोई प्रशंसनीय काम)
To have passed the I.A.S. examination is a (*or another in his cap.*
34. **A hue and cry** (बहुत शोर)
On seeing the thief, the children raised *a hue and cry.*
35. **All moonshine** (सब दिखावा)
This world is *all moon-shine.*
36. **Crocodile tears** (मगरमच्छ के आंसू)
Many people shed *crocodile tears* on a neighbour's death.
37. **By leaps and bounds** (दिन दुगुनी रात चौगनी)
India is progressing *by leaps and bounds.*
38. **To catch a Tartar** (बहुत डर जाना)
The Pakistan army *caught a Tartar* due to the Indian forces.
39. **To make neither head nor tail of** (समझ न आना)
I *make neither head nor tail of* what you say.
40. **To make a clean breast of** (सब कुछ बक देना)
The convict at last *made a clean breast of* everything.
41. **To show a clean pair of heels** (सिर पर पांव रख कर भाग जाना)
The mercenaries *showed a clean pair of heels* to the Indian army.
42. **To get the wind of** (पता लगना)
I've *got the wind of* his plans.
43. **To set the ball rolling** (बात आरम्भ करना)
You must *set the ball rolling* at the meeting.
44. **A black sheep** (ग़द्दार)
There are many *black sheep* in every country.
45. **In full swing** (पूरे ज़ोरों पर)
The fair *in the full swing.*
46. **A blessing in disguise** (छिपी नियामत)
His failure in the M.A. examination proved *a blessing in disguise* for him since he made great progress in business.
47. **A laughing stock** (हंसी का हव्वा)
Don't make *a laughing stock* of yourself by talking nonsense.
48. **A white elephant** (सफ़ेद हाथी)
Public sector has proved *a white elephant* to India.
49. **An axe to grind** (अपना उल्लू सीधा करना)
I don't have *an axe to grind* in this matter.

50. **A bone of contention** (झगड़े का कारण)
This piece of property is *a bone of contention* between the two brothers.
51. **A man of straw** (एक अति साधारण व्यक्ति)
None cares for him; he's only *a man of straw*.
52. **A yeoman's service** (महत्त्वपूर्ण सेवा)
The martyrs have done *a yeoman's service* to the country.
53. **A wolf in sheep's clothing** (एक धोखेबाज़ व्यक्ति)
Beware of him; he's *a wolf in sheeps' clothing*.
54. **To be born with a silver spoon in one's mouth** (अमीर घराने में जन्म लेना)
Pt. Nehru was *born with a silver spoon is his mouth*.
55. **A cock and bull story** (एक मनघड़न्त कहानी)
I can't believe this *cock and bull story*.
56. **A dog in the manger** (जो दूसरों का काम न बनने दे)
He's *a dog in the manger* who wouldn't have the benefit of this scheme nor let others have it.
57. **A red-letter day** (एक अत्यंत महत्त्वपूर्ण दिन)
15th August in *a red-letter day* in the history of India.
58. **A turn-coat** (अपनी पार्टी बदलने वाला)
He is *a turn-coat* and shouldn't be depended upon.
59. **An early rising bird** (प्रात: जल्दी जागने वाला व्यक्ति)
My brother is *an early rising bird*.
60. **To harp on one's own tune** (अपनी ही हांकना)
He's always *harping on his own tune*.
61. **To turn over a new leaf** (अपने जीवन को बदल लेना)
He has *turned over a new leaf* in his life.
62. **To take a leaf out of** (किसी के जीवन से कुछ सीखना)
We should try to *take a leaf out of* Gandhiji's life.
63. **To give a wide berth to** (दूर रखना)
We shold *give a wide berth to* antisocial elements.
64. **To have a blue blood** (धनी घराने से सम्बन्ध रखना)
He *has no blue blood* in his veins.
65. **To beat about the bush** (इधर उधर की हांकना)
Please come to the point; don't *beat about the bush*.
66. **At one's beck and call** (सेवा के लिए सदा तैयार रहना)
He's always *at my beck and call*.
67. **To flog a dead horse** (गुज़री बातों को याद करना)
It's of no use *to flog a dead horse*.

68. **Above board** (**शंका रहित**)
Our conduct must be *above board.*
69. **For good** (**सदा के लिए**)
The English left India *for good.*
70. **Through and through** (**पूरी तरह**)
He is *through and through* a patriot.
71. **Every inch** (**पूरी तरह**)
He's *every inch* a patriot.
72. **Off and on** (**कभी-कभी**)
He visits this place *of and on.*
73. **Hard and fast** (**पक्के तौर पर**)
There are no *hard and fast* rules in this connection.
74. **At sixes and sevens** (**बिखरे हुए**)
His books are lying *at sixes and sevens.*
75. **By fits and starts** (**रूक-रूक कर**)
He studies only *by fits and starts.*
76. **To make both ends meet** (**गुज़ारा करना**)
It is very difficult for a poor man *to make both ends meet* these days.
77. **To read between the lines** (**ध्यानपूर्वक पढ़ना**)
I *read his letter between the lines.*
78. **In black and white** (**लिखकर**)
The agreement was signed *in black and white,*
79. **A white lie** (**सफेद झूठ**)
It is *a white lie* to say that India attacked Pakistan.
80. **Ins and outs.** (**सब कुछ**)
I know all *ins and outs* of this matter.
81. **To catch time by the forelock** (**समय का लाभ उठाना**)
We should *catch time by the forelock* to make our country a great one.
82. **To tell upon one's health** (**स्वास्थ्य बिगड़ जाना**)
Hard work *told upon his health.*
83. **A.B.C.** (**प्रारम्भिक सिद्धांत**)
I don't know the *A.B.C.* of painting.
84. **To turn a deaf ear to** (**ध्यान न देना**)
He *turned a deaf ear to* my advice.
85. **To poke one's nose** (**दूसरों के काम में हस्तक्षेप करना**)
Never *poke your nose* into others' affairs.
86. **All in all** (**सब कुछ**)
He's *all in all* in this office.

87. To grease the palm (घूस देना)
You can't done anything unless you *grease the palm* of the concerned official.

88. To get into hot water (कठिनाई में पड़ जाना)
Pakistan *got into hot water* after crossing the LoC in Kashmir.

89. A big gun (एक महत्त्वपूर्ण व्यक्ति)
He's *a big gun* of this town.

90. To leave in the lurch (मुसीबत में छोड़ देना)
We should never *leave anybody in the lurch*.

91. To fall flat on (कोई प्रभाव न होना)
All my advice *fall flat on* him.

92. To carry the day (जीत जाना)
India *carried the day* in the Kargil conflict.

93. To the backbone (पूर्ण-रूपेण)
He's a patriot *to the backbone*.

94. For a song (बहुत कम मूल्य पर)
His works were sold *for a song*.

95. Spick and span (साफ सुथरा)
We must keep our homes *spick and span*.

CHAPTER 50

SAME WORD USED AS DIFFERENT PARTS OF SPEECH

Different Parts

Word	Part of Speech	Meaning		Sentence
1. Act :	N.	काम, कानून	:	The parliment has passed a new Dowry act.
	V.	अमल करना	:	He acted upon my advice.
2. Avail :	N.	लाभ	:	All his efforts were to no avail.
	V.	लाभ उठाना	:	I availed myself of the opportunity.
3. Absent :	Adj.	अनुपस्थित होना	:	He was absent from the class.
	V.	अनुपस्थित	:	Why did you make yourself absent from the class?
4. Address :	N.	पता	:	I don't know his address.
	V.	कहना	:	He addressed me in an ironic way.
5. Assent :	N.	स्वीकृति	:	Has the officer given his assent to the proposal?
	V.	स्वीकृति	:	He has not assented to my proposal.
6. Bail :	N.	ज़मानत	:	He was released on bail.
	V.	ज़मानत देना	:	He has been bailed out.
7. Back :	N.	पीठ	:	My back is aching.
	V.	मदद करना	:	Will you please back me up in this plan?
	Adv.	पीछे	:	Go back please.
	Adj.	पिछला	:	He got entry from the back-door.
8. Book :	N.	पुस्तक	:	Whose book is this?
	V.	बुक कराना	:	I've got my seat booked in the train.
	Adj :	पुस्तक संबंधी	:	Is there any book-shop in this market?
9. Boast :	N.	शेखी	:	It is an empty boast.

Word	Part of Speech	Meaning		Sentence
	V.	शेखी बखारना	:	He boasted to be a scholar.
10. Bell :	N.	घंटी	:	The peon rings the bell.
	V.	घंटी बाँधना	:	Who will bell the cat?
11. Bound :	N.	सीमा	:	His joy knew ho bounds.
	V.	छलांग लगाना	:	He bounded off to the other side.
12. Break :	N.	छोटी छुट्टी	:	Now, it is lunch break.
	V.	तोड़ना	:	Who broke this flower-pot?
13. Call :	N.	आवाज़	:	Netaji gave a call for freedom.
	V.	बुलाना	:	He called me loudly.
14. Care :	N.	ध्यान	:	Take care of your old parents.
	V.	ध्यान रखना	:	He doesn't care for me.
15. Cure :	N.	इलाज	:	There is no cure for AIDS.
	V.	इलाज करना	:	He has been cured of malaria.
16. Cut :	N.	कट	:	He got a cut on his hand.
	V.	कट जाना	:	His finger has been cut.
17. Dawn :	N.	उषा	:	I get up at dawn.
	V.	जागृति आना	:	The idea at last dawned on (upon) him.
18. Deal :	N.	सौदा	:	I've entered into a deal with him.
	V.	करोबार करना	:	I don't deal with him.
19. Dip :	N.	स्नान	:	He got a dip in the pond.
	V.	डुबोना	:	He dipped his pen in ink.
20. Down :	N.	उतार	:	He has seen many ups and downs.
	V.	नीचे करना	:	The shopkeepers have downed their shutters.
	Prep.	नीचे की ओर	:	He ran down the hill.
	Adv.	नीचे	:	The cart went down.
	Adj.	नीचे (सीमा से दूसरी ओर)	:	We travelled by the down train.
21. Dig :	N.	कटाई	:	He had a dig at me.
	V.	खोदना	:	The workers are digging ditches.
22. Air :	N.	पवन	:	We can't breathe without air.
	V.	बताना	:	He's airing his views.
23. Aim :	N.	लक्ष्य	:	What is your aim in life?
	V.	निशाना बनाना	:	The hunter aimed at the dove.
24. Aid :	N.	सहायता	:	The patient needs first aid.
	V.	सहायता करना	:	I aided him in his work.

Word	Part of Speech	Meaning	Sentence
25. **Burn** :	N.	जलना	: He has got burns all over his body.
	V.	जलना	: Do not burn wet leaves.
26. **Dye** :	N.	रंग	: Please give red dye to my turban.
	V.	रंग करना	: He has dyed his hair brown.
27. **Blow** :	N.	मुक्का	: I gave him a hard blow.
	V.	हवा का चलना	: A cool breeze is blowing.
28. **Flow** :	N.	बहाव	: You should have a soft flow of ideas.
	V.	चलना	: The river is flowing smoothly.
29. **Fight** :	N.	लड़ाई	: There was a severe fight for Tiger Hill.
	V.	लड़ाई करना	: Do not fight with anybody.
30. **Give** :	N.	देना	: Life consists in give-and-take.
	V.	देना	: He gave me much advice.
31. **Heap** :	N.	ढेर	: There is a heap of garbage in every street.
	V.	ढेर लगाना	: He heaped lies upon lies.
32. **Heat** :	N.	गर्मी	: There is much heat today.
	V.	गर्म करना	: I heated water on the stove.
33. **Hit** :	N.	ठोकर	: Kapil made a marvellous hit.
	V.	ठोकर लगाना	: He hit the ball.
34. **Help** :	N.	सहायता	: Do you need my help?
	V.	सहायता करना	: He helped me a lot.
35. **Fit** :	N.	दौरा	: He killed the cat in a fit of anger.
	Adj.	उचित	: He is fit for this job.
	V.	ठीक	: Your views fit well in this scheme.
36. **Figure** :	N.	शकल	: He has a fine figure.
	V.	वर्णन होना	: Did this problem figure in the meeting?
37. **Fund** :	N.	फंड	: India must increase her Defence Fund.
	V.	फंड देना	: Who is funding this scheme?
38. **Finish** :	N.	अन्त	: It was a fight to the finish.
	V.	अन्त होना	: (a) I've finished my work. (b) He finished third.
39. **Free** :	N.	स्वतंत्र	: We are free now.
	V.	स्वतंत्र करना	: I freed the parrot.
40. **Beat** :	N.	इलाका	: The postman delivers *dak* in his beat.
	V.	मारना	: Why do you beat him?
41. **Account** :	N.	वर्णन	: Give me an account of your journey.

Word	Part of Speech	Meaning		Sentence
	V.	हिसाब देना	:	You'll have to account for your deeds.
42. Bank :	N.	बैंक	:	I have an account in this bank.
	V.	निर्भर होना	:	You can bank upon me.
43. Carry :	Adj.	ले जाने वाली	:	What is your carry-home salary?
	V.	ले जाना	:	I carried him to the hospital.
44. Egg :	N.	अंडा	:	The hen lays eggs.
	V.	मढ़ना	:	He egged me (on) against you.
45. Favour :	N.	पक्षपात	:	There is no question of favour to anybody.
	V.	उचित होना	:	This weather favours me.
46. Hail :	N.	गंढ़े	:	Hails are falling.
	V.	की ओर से होना	:	He hails from Kashmir.
47. Heed :	N.	ध्यान	:	He paid no heed to my words.
	V.	ध्यान देना	:	He didn't pay heed to my words.
48. Hand :	N.	हाथ	:	I have two hands.
	V.	देना	:	I handed him my resignation.
49. Joke :	N.	मज़ाक	:	It is not a good joke.
	V.	मज़ाक करना	:	Why are you joking?
50. Kill :	N.	शिकार	:	The lion dosen't eat other animal's kill.
	V.	मारना	:	He killed a snake.
	Adj.	खराब करने वाला	:	He is a kill-joy.
51. Let :	N.	रूकावट	:	You can live here with out any let or hindrance.
	V.	आज्ञा देना	:	Let him go.
52. Labour :	N.	मेहनत	:	I live in comfort because of my father's hard labour.
	V.	मेहनत करना	:	He laboured hard to reach the top.
53. Level :	N.	स्तर, बराबर	:	The level of this ground is uneven.
	V.	बराबर करना	:	The farmer leveled the field.
54. Like :	N.	किसी जैसा	:	You can't see the like of him.
	V.	पसन्द करना	:	I don't like dishonest people.
55. Love :	N.	प्यार	:	Love is God on earth.
	V.	प्यार करना	:	I love my parents.
56. Man :	N.	पुरूष	:	He is a man of letters.
	V.	देखभाल करना	:	Who mans this level-crossing?
57. Leave :	N.	छुट्टी	:	I've got leave from office.

Word	Part of Speech	Meaning		Sentence
	V.	जाना, छोड़ना	:	He has left this work.
58. Mean :	N.	साधन	:	He has no means to live.
	Adj.	घटिया	:	He is a mean fellow.
	V.	अर्थ होना	:	What do you mean by this?
59. Near :	Adj.	निकट	:	He was overcome with fear as the examination days came near.
	Prep.	निकट	:	My house lies near the lake.
	V.	पास आना	:	The examination days are nearing.
60. Net :	N.	जाल	:	The fish was caught in the net.
	V.	प्राप्त करना	:	He netted five prizes.
61. Bag :	N.	थैला	:	Whose bag is this?
	V.	प्राप्त करना	:	I bagged three prizes.
62. Out :	Adj.	बाहर	:	She is gone out.
	Prep.	बाहर	:	She let out a loud shriek.
	V.	विस्तार	:	I know all the ins and outs of this matter.
63. Pen :	N.	कलम	:	I've a beautiful pen.
	V.	लिखना	:	I penned a letter to him.
	Adj.	लिखत में (पत्र-व्यवहार में)	:	I've many pen-friends.
64. Paint :	N.	पेंट, रंग	:	This is blue paint.
	V.	रंग करना, बताना	:	We should paint anybody black.
	Adj.	पेंट वाला	:	This is a paint-box.
65. Point :	N.	बिन्दु	:	What is the point at issue?
	V.	इशारा करना	:	He pointed at you.
	Adj.	निकट से	:	He fired at her from a point-blank range.
66. Press :	N.	छापाखाना	:	I've a printing press.
	V.	दबाना, ज़ोर देना	:	He pressed me to go there.
	Adj.	प्रेस सम्बन्धित	:	The leader had a press conference.
67. Print :	N.	छपाई	:	I can't see fine print.
	V.	छापना	:	He printed a picture in the magazine.
68. Poll :	N.	चुनाव	:	When will the polls be held?
	V.	वोट प्राप्त करना	:	How many vote did this party poll?
69. Quit :	Adj.	छोड़ना	:	When did the Quit India Movement start?
	V.	छोड़ना	:	The English had to quit India at last.
70. Question :	N.	प्रश्न	:	He put me a hard question.
	V.	प्रश्न पूछना	:	Did he question you about this matter?

Word	Part of Speech	Meaning	Sentence
	Adj.	प्रश्न सम्बंधित	: Have you read the question paper?
Rest :	N.	आराम	: We should take rest after work.
	Adj.	आराम-संबंधित	: Where is the rest house situated?
	V.	आराम करना	: Let us rest for a while.
71. Long :	N.	विस्तार	: The long and short of this is that he is incredible.
	Adj.	लम्बा	: It is a long path.
	V.	इच्छा रखना	: He longed to be a minister.
	Adv.	बहुत देर तक	: Don't stay there long.
72. Load :	N.	बोझ	: A mule can carry heavy loads.
	V.	बोझ लादना	: He loaded the donkey with a heavy load.
73. Answer :	N.	उत्तर	: He gave no answer to my question.
	V.	उत्तर देना	: Did he answer your question?
	Adj.	उत्तर सम्बन्धित	: Where's your answer-book?
74. Reply :	N.	उत्तर	: Have you got a reply to your letter?
	V.	उत्तर देना	: Has he replied to your letter.
75. Reach :	N.	पहुंच	: A car is not within my reach.
	V.	पहुंचना	: We reached the station in time.
76. Match :	N.	मैच	: We won the match.
	V.	मिलना	: Your shirt doesn't match your trousers.
77. Right :	N.	अधिकार	: This is my fundamental right.
	V.	ठीक करना	: We must try to right every wrong.
	Adj.	दायां	: We shouldn't go on our right side.
78. Row :	N.	झगड़ा	: Was there a row over tax matter?
	V.	नाव चलाना	: We rowed (our boat) in the canal for two hours.
79. Seat :	N.	बैठने का स्थान	: Occupy your seats please.
	V.	बैठना	: Be seated please.
80. Slow :	Adj.	धीमा कमज़ोर	: He is slow at work.
	V.	धीमा	: Then we slowed down.
81. Sweet :	N.	मिठाई	: Do you like sweets?
	Adj.	मीठा	: He has a sweet tongue.
82. Stout :	N.	एक प्रकार की मदिरा	: He drinks stout.
	Adj.	मज़बूत	: I've a stout mind.
83. Set :	N.	सेट	: We have a set of crockery in our house.

Word	Part of Speech	Meaning		Sentence
	V.	आरम्भ होना		(a) They set out on a long journey.
		अस्त होना	:	(b) The Sun has set.
84. Top :	N.	चोटी	:	It's not easy to reach the top.
	Adj.	चोटी सम्बन्धि	:	He got top position in the examination.
	V.	प्रथम आता	:	Who has topped the list of successful candidates ?
85. Touch :	N.	छूना	:	There's a touch of beauty in this idea.
	V.	छूना	:	Please don't touch anything here.
86. Train :	N.	गाड़ी	:	By which train did you go?
	V.	शिक्षा देना	:	Who trained you in this art?
87. Travel :	N.	यात्रा	:	Travel is a means of joy and instruction.
	V.	यात्रा करना	:	By which train did you travel?
88. Rule :	N.	राज्य	:	When did Akbar's rule begin?
	V.	राज्य करना	:	Who ruled after Ashoka?
89. Stone :	N.	पत्थर	:	Stone is very hard.
	V.	पत्थर मारना	:	He was stoned to death.
	Adj.	पत्थर जैसा	:	He's stone-hearted.
90. Round :	N.	गोल चक्र	:	I had four rounds on the circular path.
	Adj.	गोल	:	The earth is round.
	V.	गोल करना घेरना	:	The police have rounded up many hooligans.

CHAPTER 51

WORDS COMMONLY CONFUSED

1. **Advise** : (सलाह देना) He *advised* me to work hard.
   Advice : (सलाह, परामर्श) I acted upon his *advice*.
2. **Adapt** : (ढालना) I *adopated* myself to the circumtances.
   Adept : (निपुर्ण) He's *adept* in the art of painting.
3. **Amiable** : (प्रिय) He is an *amiable* person.
   Amicable : (मित्रता वाला) He has *amicable* manners.
4. **Access** : (पहुंच) I've no *access* to the President.
   Excess : (बहुतायत) *Excess* to everything is bad.
5. **Assent** : (स्वीकृति) I hasn't got my *assent*.
   Ascent : (चढ़ाई) *Ascent* to the peak is very hard.
6. **Agree** : (सहमत होना) Do you *agree* with me?
   Angry : (क्रोधित) Why are you *angry* with him?
7. **Accept** : (स्वीकार करना) Do you *accept* my proposal?
   Except : (सिवाय) All *except* Ram were present there.
8. **Able** : (योग्य) He's an *able* doctor.
   Capable : (लायक) I'am not *capable* of lifting this stone.
9. **Bridal** : (दुल्हन सम्बन्धी) She is wearing her *bridal* dress.
   Bridle : (लगाम देना) Please *bridle* up your tongue.
10. **Bail** : (ज़मानत) He has been released on *bail*.
    Bale : (गांठ) How much does this *bale* of cotton weigh?
11. **Bath** : (स्नान) I have had a *bath*.
    Bathe : (स्नान करना) I *bathe* daily in the morning.
12. **Birth** : (जन्म) What is your date of *birth*?
    Berth : (गाड़ी आदि में सोने का स्थान) I've got a *berth* booked in the traim.
13. **Beside** : (साथ) He is house is *beside* the lake.
    Besides : (के अतिरिक्त) I gave him food *besides* money.
14. **Bring** : (लेते आना) *Bring* your grammar books tomorrow.
    Fetch : (जाकर ले आना) Go and *fetch* me a glass of milk.

15. **Canon** : (सिद्धांत) We must observe *canons* of morality
Cannon : (तोप) He is a loose *cannon.*
16. **Career** : (पेशा) Join some *carrer*-making course.
Carrier : (उठाने या ले जाने वाला) This bike has no *carrier* on it.
17. **Cut** : (काटना) He has got his finger *cut* with a blade.
Cute : (सुन्दर, बढ़िया) I've a *cute* doll.
18. **Calendar** : (कैलेंडर) There is a *calendar* on the wall.
Calender : (प्रैस) The washerman irons clothes with a *calender.*
19. **Confidant** : (विश्वास-पात्र) He's my *confidant.*
Confident : (विश्वास रखना) I'm *confident* of success.
20. **Dairy** : (डेरी) We get milk from this *dairy.*
Diary : (डायरी) Where is your *diary*?
21. **Dual** : (दुगना, दोहरा) There is *dual* benefit from this scheme.
Duel : (लड़ाई, झगड़ा) The two adversaries fought a *duel.*
22. **Dew** : (ओस) I saw *dew* on blades of grass.
Due : (लेना, देना, समय होना) When is the next train *due*?
23. **Eligible** : (चुने जाने योग्य) You aren't *eligible* for this post.
Illegible : (जो पढ़ा न जा सके) Your hand-writing is *illegible.*
24. **Eminent** : (प्रसिद्ध) He's an *eminent* scientist.
Imminent : (जो पहले जल्दी होने की सम्भावना हो) The storm is *imminent.*
25. **Faint** : (धुंधला) I've a *faint* remembrance of that place.
Feint : (बहाना) It is only his way of making *feints.*
26. **Final** : (अन्तिम) India won the *final* match.
Finale : (अन्तिम भाग) Dussehra may be called the grand *finale* of (to) the *Ram Lila.*
27. **Fair** : (मेला) Did you go to the *fair*?
Fare : (किराया) The Railway *fare* have increased.
28. **Flair** : (प्राकृतिक गुण) He has a *flair* for writing.
Flare : (भड़क पड़ना) He *flared* up on hearing these words.
29. **Good** : (अच्छा) Dildar is a *good* boy.
Goods : (सामान) From where have you purchased these *goods*?
30. **Heal** : (ठीक होना) My wound has since *healed* (up).
Heel : (एड़ी) She is wearing shoes with high *heels.*
31. **Human** : (मानवीय) We should have the spirit of *human* kindness in us.
Humane : (दयालु, सहानुभूति रखने वाला) We must have a *humane* attitude towards the under-privileged.
32. **Industrial** : (उद्योगी) Faridabad is an *industrial* town.

Industrious : (मेहनती) Rajinder is am *industrious* boy.

33. **Ingenious** : (चालाक) He's an *ingenious* fellow.
    Ingenuous : (मासूम) I love his *ingenuous* ways.
34. **Lessen** : (कम करना) This medicine *lessens* pain.
    Lesson : (पाठ) I've learnt my *lesson.*
35. **Loose** : (ढीला) His shirt is *loose*.
    Lose : (खो देना) Never *lose* a good opportunity.
36. **Merry** : (विवाह करना) Whom has she *married*?
    Marry : (प्रसन्न) Let's be *merry*.
37. **Moral** : (नैतिक) We must have a high *moral* character.
    Morale : (उत्साह) We must keep our *morale* high.
38. **Pair** : (जोड़ा) I've bought a new *pair* of shoes.
    Pare : (काटना) Please *pare* your nails.
39. **Peer** : (नाशपाती) I like *pears.*
    Pear : (बराबर) He has no *peer* in this field.
40. **Principal** : (प्रिंसिपल) Who's the *principal* of your college?
    Principle : (सिद्धांत) We must fellow *principle* of good conduct.
41. **Quiet** : (चुप) Keep *quiet* please.
    Quite : (बिल्कुल) I'm *quite* happy.
42. **Rain** : (वर्षा) When did the *rain* start?
    Rein : (लगाम) Please hold two *reins* of the horse tightly.
    Reign : (राज्य) Did this happen during the *reign* of Queen Victoria?
43. **Sever** : (काटना) The bandits *severed* the traveller's head.
    Severe : (गम्भीर) There was *severe* drought last year.
44. **Tail** : (दुम) The cow has a long *tail*.
    Tale : (कहानी) Have you heard this *tale* before?
45. **Urban** : (नगर-संबंधी) I live in an *urban* area.
    Urbane : (अच्छी आदतें) He has *urbane* manners.
46. **Vain** : (घमंडी, व्यर्थ) He is a *vain* fellow.
    Vein : (रक्त की नाड़ी) *Veins* carry blood to the heart.
47. **Vie** : (मुकाबला करना) Modern skyscrapers *vie* with lofty mountains.
    Why : (क्यों) *Why* have you teased him?
48. **Vex** : (तंग करना) Please don't *vex* him.
    Wax : (बढ़ना, वैक्स लगाना, ताव देना) He has *waxed* his moustaches.
49. **Waive** : (क्षमा कर देना) The government have *waived* tax on several items.
50. **Zest**: (उत्साह) We should have a *zest* for life.
    Jest: (मज़ाक) No sane person likes unhealthy *jests*.

CHAPTER 52

ANTONYMS OR WORDS OF OPPOSITE MEANING

1. Ability	योग्यता	Inability	अयोग्यता
2. Able	योग्य	Unable	अयोग्य
3. Above	ऊपर	Below	नीचे
4. Absent	गैरहाज़िर	Present	हाज़िर
5. Abundancc	अधिकता	Scarcity	कमी
6. Accept	स्वीकार (मंजूर करना)	Refuse	मना करना
7. Acknowledge	स्वीकार करना	Deny	अस्वीकार करना
8. Acquire	पाना	Lose	पाना
9. Acquit	बरी करना	Convict	दोष लगाना
10. Active	क्रियाशील	Passive	अक्रियाशील
11. Acute	तीक्ष्ण	Obtuse, Dull	कुण्ठित
12. Admire	प्रशंसा करना	Despise	निंदा करना
13. Advantage	लाभ	Disadvantage	हानि
14. Adversity	विपत्ति	Prosperity	समृद्धि
15. Affirm	हां करना	Deny	अस्वीकार करना
16. Agree	सहमत होना	Differ	असहमत होना
17. Agreeable	स्वीकृत, उचित	Disagreeable	अनुचित
18. Alive	जीवित	Dead	मृत
19. Allow	आज्ञा देना	Disallow	मना करना
20. Always	हमेशा	Never	कभी नहीं
21. Analysis	विश्लेषण	Synthesis	संश्लेषण
22. Ancient	प्राचीन	Modern	नवीन
23. Angel	देवता	Devil	शैतान
24. Appear	प्रकट होना	Disappear	ओझल होना
25. Arrival	पहुंचना	Departure	विदा होना
26. Ascend	चढ़ना	Descent	उतरना
27. Attach	जोड़ना	Detach	पृथक करना

28.	Attack	हमला, आक्रमण	Defence	सुरक्षा, बचाव
29.	Attract	आकर्षित करना	Repel	परे धकेलना
30.	Backward	पिछड़ा हुआ	Forward	आगे
31.	Bad, evil	गंदा, बुरा	Good	अच्छा
32.	Barborous	असभ्य	Civilized	सभ्य
33.	Barren	बंजर	Fertile	उपजाऊ
34.	Base	घाटिया	Noble	बढ़िया
34.	Beautiful	सुन्दर	Ugly	बदसूरत
35.	Beginning	शुरूआत	End	खत्म
36.	Belief	विश्वास	Doubt	शक, अविश्वास
37.	Big	बड़ा	Small	छोटा
38.	Bitter	खट्ठा	Sweet	मीठा
39.	Blessing	आशीष	Curse	अभिशाप
40.	Blunt	खुरदरा	Sharp	तीखा
41.	Bold	सहासी	Timid	कायर
42.	Bottom	तल	Top	चोटी
43.	Brave	वीर	Cowardly	बुज़दिल
44.	Bright	चमकदार	Dull, Dim	धुंधला
45.	Broad	चौड़ा	Narrow	तंग
46.	Buy	खरीदना	Sell	बेचना
47.	Care	ध्यान रखना	Neglect	लापरवाही करना
48.	Certain	निश्चित	Doubtful	संदेहरहित
49.	Cheap	सस्ता	Dear	महंगा
50.	Cheerful	प्रसन्न चित्त	Cheerless	उदास चित्त
51.	Civilised	सभ्य	Barbaric	असभ्य
52.	Clean	साफ	Dirty	गंदा
53.	Clear	साफ	Unclear, Cloudy	गंदा
54.	Clever	चलाक	Stupid	मूर्ख
55.	Coarse	घटिया	Fine	बढ़िया, अच्छा
56.	Cold	ठंडा	Hot	गर्म
57.	Comedy	हंसी, मजाक	Tragedy	दु:खान्त
58.	Common	सधारण	Rare	अनोखा
59.	Complete	पूरा	Incomplete	अधूरा
60.	Complex	जटिल	Simple	साधारण
61.	Condemn	निंदा करना	Approve	समर्थन करना
62.	Confess	स्वीकार करना	Deny	अस्वीकार करना
63.	Cool	ठंडा	Warm	गर्म
64.	Country	गांव	Town	शहर

65. Credit	उधार	Cash	नकद
66. Creditor	उधार देने वाला	Debtor	उधार लेने वाला
67. Crude	मल युक्त	Refind	निर्मल
68. Cruel	क्रूर	Kind, Merciful	दयालु
69. Danger	खतरा	Safety	सुरक्षा
70. Dark	अंधेरा	Bright	उजाला
71. Day	दिन	Night	रात
72. Death	मृत्यु	Life	जीवन
73. Debit	उधार खाता	Credit	जमा खाता
74. Decent	बढ़िया	Indecent	घटिया
75. Deep	गहरा	Shallow	कम गहरा
76. Defeat	हार	Victory	जीत
77. Defensive	बचाव-संबंधी	Offensive	आक्रमणकारी
78. Deficient	कमी	Surplus	अधिकता
79. Definite	निश्चित	Indefinite	अनिश्चित
80. Delay	देरी	Haste	जल्दी
81. Deligent	परिश्रमी	Idle	सुस्त
82. Departure	विदा लेना	Arrival	पहुंचना
83. Dependent	किसी पर निर्भर करना	Independent	आज़ादी
84. Deposit	जमा करना	Withdraw	निकालना
85. Despair	निराशा	Hope	आशा
86. Destuctive	विनाशकारी	Constructive	सकारात्मक
87. Difficult	मुश्किल	Easy	आसान
88. Diminish	कम होना	Increase	बढ़ना
89. Disease	बीमारी	Health	सेहत
90. Divide	बांटना	Unite	जोड़ना
91. Domestic	घरेलू, पालतू	Wild	जंगली
92. Dry	सूखा	Wet	गीला
93. Dwarf	बौना	Giant	बड़े कद का, दानव
94. Early	जल्दी	Late	देर
95. Earn	कमाना	Spend	खर्च करना
96. Ebb	पतन, रूकावट	Flow	बहाव
97. Economical	कम ख़र्चीला	Extravagant	अधिक ख़र्चीला
98. Efficient	कुशल	Inefficient	अकुशल
99. Empty	खाली	Full	भरा हुआ
100. Encourage	उत्साहित करना	Discourage	उत्साहहीन करना
101. Enemy	शत्रु	Friend	मित्र
102. Enjoy	मौज मनाना	Suffer	तकलीफ सहना

Word	Meaning	Opposite	Meaning
103. Enmity	शत्रुता	Friendship	मित्रता
104. Enrich	अमीर होना	Impoverish	गरीब होना
105. Enthrone	राज सिंहासन पर बिठाना	Dethrone	राज सिंहासन से हटाना
106. Enthusiasm	उत्साह	Indifference	उदासीन
107. Entrance	अन्दर आने का रास्ता	Exit	बाहर ज़ाने का रास्ता
108. Equal	बराबर	Unequal	जो बराबर न हो
109. Even	बराबर	Uneven	असमान
110. Evil	बुरा	Good	अच्छा
111. Exclude	निकालना	Include	शामिल करना
112. Exterior	बाहरी भाग	Interior	अन्दर का भाग
113. Extraodinary	असाधारण	Ordinary	साधारण
114. Extravagant	फजूल खर्च	Frugal	कम खर्च
115. Fact	वास्तविकता	Fiction	कल्पना
116. Failure	असफलता	Success	सफलता
117. Fair	सुन्दर	Foul	गन्दा
118. Faithful	स्वामिभक्त	Faithless	अविश्वासी
119. False	झूठ	True	सत्य
120. Familar	परिचित	Unfamiliar	अपरिचित
121. Familiar	परिचित	Strange	अजनबी
122. Famous	प्रसिद्ध	Notorious	बदनाम
123. Far	दूर	Near	पास
124. Fast	तेज़	Slow	धीरे
125. Fat	मोटा	Thin	पतला
126. Fear	भय	Courage	साहस
127. Fertile	उपजाऊ	Barren	बंजर
128. Fickle	चंचल चित वाला	Constant	स्थिर चित्त
129. Fierce	निर्दय	Gentle	निर्मल
130. Fine	उम्दा	Coarse	घटिया
131. Firm	पक्का	Weak	कमज़ोर
132. First	पहले स्थान पर	Last	पीछे
133. Fit	योग्य	Unfit	अयोग्य
134. Foolish	मूर्ख	Wise	बुद्धिमान
135. Foreigner	विदेशी	Native	देशी
136. Fortunate	सौभाग्य	Unfortunate	दुर्भाग्य
137. Fortune	भाग्य	Misfortune	दुर्भाग्य
138. Freedom	आजादी	Slavery	गुलामी

139. Fresh	ताज़ा	Stale	बासी
140. Friend	मित्र	Foe	शत्रु
141. Friendship	मित्रता	Enmity	शत्रुता
142. Full	भरा हुआ	Empty	खाली
143. Gain	लाभ	Loss	हानि
144. Gather	इकट्ठा करना	Scatter	बिखेरना
145. Gay	प्रसन्न	Sad	उदास
146. General	साधारण	Particular	विशेष
147. Give	देना	Take	लेना
148. Glory	गौरव	Shame	शर्म
149. Good	अच्छा	Bad	बुरा
150. Great	बड़ा	Small	छोटा
151. Greatness	महानता	Smallness	छोटापन
152. Guide	पथ-प्रदर्शन करना	Misguide	भटकाना
153. Guilty	दोषी	Innocent	निर्दोष
154. Handsome	सुन्दर	Ugly	भद्दा
155. Happiness	खुशी	Misery	दुःख
156. Hard	सख़्त	Soft	नरम
157. Haste	जल्दी	Delay	देरी
158. Hate	नफरत	Love	प्यार
159. Head	सिर	Tail	पूंछ
160. Heaven	स्वर्ग	Hell	नरक
161. Heavy	भारी	Light	हल्का
162. Hide	छुपाना	Seek	ढूंढना
163. High	ऊँचा	Low	नीचा
164. Honest	ईमानदार	Dishonest	बेईमान
165. Honour	सम्मान	Dishnour	अपमान
166. Hope	उम्मीद, आशा	Despair	निराशा
167. Humble	विनम्र	Proud	घमण्डी
168. Hurt	चोट पहुंचाना	Heal	स्वस्थय बनाना
169. Ignorance	अज्ञानता	Knowledge	ज्ञान
170. Ill	बीमार	Well	स्वस्थ्य
171. Illiterate	अनपढ़	Literate	पढ़ा लिखा
172. Import	आयात	Export	निर्यात
173. Important	महत्त्वपूर्ण	Unimportant	महत्वहीन
174. Include	शामिल करना	Exclude	निकालना
175. Increase	बढ़ाना	Decrease	घटाना

176.	Inhale	सांस अन्दर ले जाना	Exhale	सांस बाहर निकालना
177.	Innocent	निर्दोष	Guilty	दोषी
178.	Interested	दिलचस्प	Uninterested	बोर
179.	Interesting	रूचिकर	Dull	नीरस
180.	Interior	भीतरी	Exterior	बाहरी
181.	Jonior	अवर, छोटा	Senior	प्रवर, बड़ा
182.	Joy	खुशी	Sorrow	दुःख
183.	Juniority	छोटे पद का, छोटापन	Seniority	वरिष्ठता
184.	Just	न्यायकारी	Unjust	अन्यायकारी
185.	Justice	न्याय	Injustice	अन्याय
186.	Kind	दयालु	Unkind, curel	क्रूर
187.	Knowledge	ज्ञान	Ignorance	अज्ञान
188.	Laugh	हंसना	Weep	रोना
189.	Lead	नेतृत्त्व करना	Follow	अनुसरण करना
190.	Lean	कमज़ोर, पतला, हल्का	Fat	मोटा
191.	Legal	कानूनी	Illegal	ग़ैर-कानूनी
192.	Lend	उधार देना	Borrow	उधार लेना
193.	Lengthen	लम्बा करना	Shorten	छोटा करना
194.	Lenient	नरम दिल	Strict	सख्त दिल
195.	Lessen	कम करना	Augment	अधिक करना
196.	Lie, Falshood	झूठ	Truth	सत्य
197.	Light	रोशनी	Darkness shade	अंधेरा
198.	Little	छोटा	Much	बड़ा
199.	Living	जीवित	Dead	मृत
200.	Long	लम्बा	Short	छोटा
201.	Loss	हानि	Profit	लाभ
202.	Love	प्यार	Hatred	नफरत
203.	Lower	नीचे करना	Raise	ऊपर करना
204.	Loyalty	वफादारी	Disloyalty	बेवफ़ाई
205.	Mad	पागल	Sane	बुद्धिमान
206.	Major	बड़ा, व्यस्क	Minor	छोटा, अव्यस्क
207.	Make	निर्माण करना	Break	तोड़ना
208.	Masculine	पुलिंग (नर)	Feminine	स्त्रीलिंग (मादा)
209.	Master	मालिक	Servant	नौकर
210.	Maximum	अधिकतम	Minimum	कम से कम
211.	Merit	गुण	Demerit	अवगुण
212.	Miser	कंजूस	Spendthrift	फिजूल खर्च

213. Modest	सभ्य, सुशील	Immodest	अश्लील, असभ्य
214. Mortal	नश्वर	Immortal	अनश्वर
215. Movable	उठाने योग्य	Immovable	उठाने अयोग्य
216. Natural	प्राकृतिक	Unnatural	अप्राकृतिक
217. Near	निकट	Far	दूर
218. Neat	साफ	Untidy	गंदा
219. Negative	नकारात्मक	Positive	सकारात्मक
220. New	नया	Old	पुराना
221. Noble	अच्छा	Ignoble	बुरा
222. Noise	शोर	Silence	शांत
223. Normal	साधारण	Abnormal	असाधारण
224. Notorious	बदनाम	Famous	प्रसिद्ध
225. Obedent	आज्ञाकारी	Disobedient	अवज्ञाकारी
226. Obey	आज्ञा मानना	Disobey	आज्ञा न मानना
227. Old	बूढ़ा	Young	नौजवान
228. Open	खुला	Shut	बन्द
229. Oppose	विरोध करना	Support	समर्थन करना
230. Optimist	आशावादी	Pessimist	निराशावादी
231. Optional	वैकल्पिक	Compulsory	ज़रूरी
232. Oral	मौखिक	Written	लिखित
233. Order	आज्ञा	Disorder	गड़बड़, अशान्ति
234. Own	अपनाना	Disown	छोड़ना
235. Pardonable	क्षम्य	Unpardonable	अक्षम्य
236. Particular	विशेष	General	सामान्य
237. Peace	शांति	War	युद्ध
238. Permanent	स्थायी	Temporary	अस्थायी
239. Persuade	मनाना	Dissuade	मना करना
240. Pleasant	सुहावना	Unpleasant	बेसुहावना
241. Please	खुश करना	Displease	अप्रसन्न करना
242. Pleasure	खु:शी	Pain	दु:ख
243. Plenty	काफी	Scarcity	कमी
244. Polite	नम्र	Impolite	कठोर
245. Poor	गरीब	Rich	अमीर
246. Praise	प्रशंसा करना	Defame	बदनाम करना
247. Presence	उपस्थिति	Absence	अनुपस्थिति
248. Pride	घमण्ड, गर्व	Humility	विनम्रता
249. Profit	लाभ	Loss	हानि

250.	Proper	ठीक से	Improper	जो ठीक न हो
251.	Prose	गद्य	Poetry	पद्य
252.	Proud	गर्व	Humble	नम्र
253.	Public	लोग	Private	स्वयं का
254.	Punctual	समय का पाबन्द	Unpunctual	समय का नापाबन्द
255.	Punish	सज़ा देना	Reward	इनाम देना
256.	Pure	साफ, शुद्ध	Impure	गन्दा, अशुद्ध
257.	Qualify	योग्य होना	Disqualify	अयोग्य होना
258.	Quick	जल्दी	Slow	धीरे
259.	Real	असली	Unreal	नकली
260.	Reap	काटना	Sow	बोना
261.	Rear	पीछे	Front	आगे
262.	Recede	पीछे हटना	Proceed	आगे बढ़ना
263.	Receive	प्राप्त करना	Give	देना
264.	Recover	दुबारा प्राप्त करना	Lose	खोना
265.	Reduce	घटाना	Increase	बढ़ाना
266.	Refuse	मना करना	Allow	इजाज़त देना
267.	Regular	रोज़ाना	Irregular	कभी-कभी
268.	Reject	अस्वीकार करना	Accept	स्वीकार करना
269.	Reliable	विश्वसनीय	Unreliable	अविश्वसनीय
270.	Religious	धार्मिक	Irreligious	अधार्मिक
271.	Remember	याद करना	Forget	भूल जाना
272.	Resist	विरोध करना	Submit	समर्पण करना
273.	Respect	इज़्ज़त करना	Disrespect	बेइज्जती करना
274.	Responsible	जिम्मेदार	Irresponsible	गैर-ज़िम्मेदार
275.	Retreat	पीछे हटना	Advance	आगे बढ़ना
276.	Rich	अमीर	Poor	गरीब
277.	Ripe	पक्का	Raw	कच्चा
278.	Rise	उठाना	Fall	गिरना
279.	Rough	खुरदरा	Smooth	चिकना
280.	Satisfy	संतुष्ट करना	Dissatisfy	असंतुष्ट करना
281.	Savage	जंगली	Civilised	सभ्य
282.	Sea	सागर	Land	जमीन
283.	Sensible	समझदार	Senseless	बेसमझ
284.	Sharp	तीखा, तेज	Blunt	खुरदरा, कुण्ठित
285.	Sickness	बीमारी	Health	सेहत
286.	Sincere	वफादार	Insincere	बेवफा

287.	Slow	धीरे	Fast	तेज
288.	Smile	मुस्कुराहट	Fown	दुःख
289.	Smooth	समतल, चिकना	Rough	खुरदरा
290.	Soft	नरम	Hard	सख्त
291.	Sorrow	दुःख	Joy	खुशी
292.	Sound	मजबूत	Unsound	मज़बूत न होना
293.	Strange	अजनबी	Familiar	परिचित
294.	Strong	ताकतवर	Weak	कमज़ोर
295.	Successful	सफल	Unsuccessful	असफल
296.	Sufficient	काफी	Insufficient	कम, अपर्याप्त
297.	Suitable	उपयुक्त	Unsuitable	अनुपयुक्त
298.	Superior	बढ़िया	Inferior	घटिया
299.	Sweet	मीठा	Sour	खट्टा
300.	Take	लेना	Give	देना
301.	Tame	पालतू	Wild	जंगली
302.	Teach	सिखाना	Learn	सीखना
303.	Temporary	अस्थायी	Permanent	स्थायी
304.	Thick	गहरा,	Thin	पतला
305.	Timid	डरपोक	Bold	निडर
306.	Top	चोटी	Bottom	धरातल
307.	Tragedy	दुःखान्त	Comedy	सुखान्त
308.	Triumph	जीत	Failure	हार
309.	True	सच	False	झूठ
310.	Trustworthy	विश्वसनीय	Untrustworthy	अविश्वसनीय
311.	Unite	इकट्ठे होना	Disunite	जुदा होना
312.	Universal	सार्वभौमिक	Local	स्थानीय
313.	Urban	शहरी	Rural	ग्रामीण
314.	Use	उपयोग	Abuse	दुरुपयोग
315.	Vague	अस्पष्ट	Definite	निश्चित, पक्का
316.	Verbal	मौखिक	Written	लिखित
317.	Victory	जीत	Defeat	हार
318.	Virtue	अच्छाई	Vice	बुराई
319.	Virtuous	सद्गुणी	Wicked	अवगुणी
320.	Voluntary	स्वैच्छिक	Compulsory	अनिवार्य
321.	Wane	कम होना	Wax	बढ़ना
322.	War	युद्ध	Peace	शान्ति
323.	Warm	गर्म	Cool	ठंडा

324.	Weak	कमजोर	Strong	मजबूत
325.	Wet	गीला	Dry	सूखा
326.	Wicked	अवगुणी	Virtuous	सद्गुणी
327.	Wide	चौड़ा	Narrow	तंग
328.	Wild	जंगली	Tame	पालतू
329.	Win	जीतना	Lose	हारना
330.	Wisdom	बुद्धिमत्ता	Fooly	मूर्खता
331.	Wise	बुद्धिमान	Unwise	बुद्धिहीन
332.	Within	अन्दर से	Without	बाहर से
333.	Yield	आत्मसमर्पण करना	Resist	विरोध करना
334.	Young	नौजवान	Old	बूढ़ा
335.	Youth	युवक	Aged	अधेड़

CHAPTER 53

SYNOMYMS

नीचे दिये गये शब्दों के अर्थ लगभग आपस में मिलते हैं:

Word	Meaning	Synonyms
1. Chop	काटना	cut, separate, fragment
2. Abdicate	छोड़ना	abandon, give up
3. Ablution	(शरीर की) सफाई	washing, cleansing
4. Accede	अस्वीकार करना	assent, accept, agree
5. Accept	स्वीकार करना	agree, accede to
6. Accident	दुर्घटना	misfortune, adversity
7. Accomplish	पूरा करना	achieve
8. Acolyte	सहायक (धर्म संबंधी)	helper, assistant
9. Acrimony	शत्रुता	animosity, enmity
10. Active	क्रियाशील	smart, alert, busy
11. Adage	मुहावरा	saying, proverb
12. Adipose	मोटा	obese, fatty
13. Adjunct	साथ जुड़ा हुआ	annexment
14. Adjure	पूछना, मांगना	ask, demand
15. Admonish	झिड़कना	upbraid, scold, reprimand take
16. Adopt	ग्रहण करना	mould, adjust, absorb
17. Adroit	निपुण	well-versed, skilled, adept
18. Adroit	चुस्त, होशियार	dexterous, clever, consummate
19. Advantage	लाभ	profit, gain
20. Adversary	विरोधी	rival, opponent
21. Affable	प्रिय	lovable
22. Affluent	धनी	opulent, rich, wealthy
23. Aid	सहायता	help, assistance
24. Alacrity	तेज़ी	swiftness, speed, rapidity
25. Allay	शांत या कम करना	ameliorate, lessen, reduce

	Word	Meaning	Synonyms
26.	Altercation	झगड़ा	fight, quarrel, wrangle
27.	Amicable	मित्रता वाला	friendly
28.	Amnesty	क्षमा (सामान्य)	pardon, forgiveness
29.	Ample	पर्याप्त	enough, plaentiful, sufficient, Abundant
30.	Amulet	ताबीज़, जादू	magic, charm
31.	Anger	क्रोद्ध	rage, fury
32.	Annals	पृष्ट (इतिहास के)	pages, records
33.	Annoy	नाराज़ करना	displease, disappoint
34.	Answer	उत्तर देना	reply, response
35.	Appetite	भूख	hunger
36.	Apprehend	पकड़ना	catch
37.	Apprehend	डरना	terrify, horrify, fear, to be afraid
38.	Apparel	पहनावा	uniform, dress, garment
39.	Arbiter	निर्णायक	judge, justice
40.	Archetype,	प्रकार, उदाहरण	example
41.	Archives	ऐतिहासिक रिकार्ड	record
42.	Ardent	जोशीला	enthusiastic, zealous, exciting, fervent
43.	Argue	बहस करना	discuss, debate
44.	Arms	हथियार	weapons
45.	Assay	यत्न	effort, attempt, endeavour
46.	Assemble	जमा होना	cull, garner, collect, gather
47.	Attached	जोड़ा हुआ	connected, tied
48.	Attempt	यत्न करना	make effort, try, strive
49.	Attribute	गुण	quality, trait
50.	Average	साधारण	general, mediocre, ordinary
51.	Baneful	हानिकारक, बुरा	harmful, evil, deleterious
52.	Barter	बदले में लेना देना	exchange, swap
53.	Bashful	शर्मीला	shy, coy
54.	Basic	मौलिक	primary, fundamental,
55.	Battle	युद्ध, लड़ाई	skirmish, fight, duel
56.	Bear	सहन करना	tolerate, endure
57.	Beautiful	सुन्दर	pretty, charming, fascinating, captivating, gorgeous

	Word	Meaning	Synonyms
58.	Beggar	भिखारी	mendicant
59.	Bellicose	युद्ध-संबंधी	belligerent, warlike, hostile
60.	Bigot	कट्टर	fundamentalist, fanatic, zealot
61.	Blank	खाली	empty, vacuous
62.	Blatant	स्पष्ट, घोर, खुला	noisy, rude, harsh
63.	Blithe	प्रसन्न	delectable, Joyful, joyous
64.	Blunder	बड़ी गलती	mistake, error
65.	Bogus	झूठा	fake, sham, counterfeit
66.	Buffoon	जोकर	jester, zany, clown, fool
67.	Burgeon	बढ़ना	grow, sprout, expand
68.	Cachexia	रोग के कारण निर्बलता	feblness, westing,weakness
69.	Cacophony	शोरशराबा	pandemonium, discord
70.	Cadence	लय (ध्वनि की)	rhythm
71.	Caeaselss	लगातार	continuous, non-stop, incessant
72.	Calamity	आपत्ति	catastrophe, disaster, adversity
73.	Call	बुलावा, बुलाना	summons (N), summon (V)
74.	Careful	ध्यान पूर्वक	alert, cautious
75.	Catch	पकड़ना	capture, grip, seize
76.	Caveat	कानूनी चेतावनी	legal warning
77.	Chaos	खलबली	confusion
78.	Childish	मूर्ख	foolish, crazy, whimsical,
79.	Churlish	बदतमीज़	impudent, rude, rough, insolent
80.	Clear	साफ	vivid, distinct, transparent
81.	Command	आदेश देना	order, ordain
82.	Comprehend	समझना	understand, realise
83.	Computation	गिनती	calculation, analysis
84.	Conceal	छुपाना	hide
85.	Congenial	उचित	salubrious, pleasant,
86.	Consign	बदलना, देना, हवाले करना	transfer, give
87.	Contented	संतुष्ट	satisfied
88.	Contrary	विरुद्ध, उलट	opposed, opposite
89.	Control	नियंत्रण करना	check, manage, regulate,

	Word	Meaning	Synonyms
			arrange
90.	Control	नियंत्रण (करना)	check, manage, arrange
91.	Convivial	प्रसन्नचित	jolly, gay, jovial
92.	Copious	बहुत	abundant, plentiful, enough
93.	Corporal	शारीरिक	bodily, physical
94.	Cowardice	कायरता	timidity
95.	Cry	चिल्लाना	grumble, bemoan
96.	Culpable	दोषी, दण्ड-योग्य	guilty, blameworthy
97.	Cupidity	धन का लालच	greed, avarice
98.	Dale	घाटी	vale, valley
99.	Damp	गीला	moist
100.	Dangerous	खतरनाक	hazardous, perilous
101.	Dank	गीला	moist, damp
102.	Debilitate	कमज़ोर करना	enfeeble, weaken
103.	Deceive	धोखा देना	cheat
104.	Decimate	नष्ट करना	Destroy
105.	Decorous	उचित ,	appropriate, proper, apt
106.	Deem	समझना, सोचना	reflect, think, consider, regard
107.	Deep	गहरा	profound, pregnant
108.	Defamation	बदनाम	notoriety, slander, infamy
109.	Defend	सुरक्षा करना	guard
110.	Defy	विरोद्ध करना, उलंघन करना	violate, flout
111.	Delegale	देना (अधिकार, शक्ति)	assign
112.	Delicate	कोमल	soft
113.	Demeanour	व्यवहार	conduct, behaviour
114.	Demur	झिझकना, हिचकिचाना	hesitate
115.	Deprecate	घटिया बताना	despise, belittle underscore, censure
116.	Deride	घृणा करना	abominate, hate, eschew
117.	Despise	घृणा करना	abominate, hate, abhor, schew
118.	Destiny	भाग्य	fate, luck, providence
119.	Detrimental	हानिकारक	harmful, deletrious, baneful pernicious
120.	Diabolic	भयानक	awful, devilish, macabre
121.	Dichotomy	पाड़, विभाजन	fissure, division, gap
122.	Dictate	आदेश देना	ordain, order, command

	Word	Meaning	Synonyms
123.	Difficult	कठिन	hard, intricate, knotty, tough
124.	Diligent	मेहनती	industrious, laborious,
125.	Dim	धुंधला	cloudy, vague
126.	Diparage	घटिया या बुरा कहना	critiese, satirise, depricate
127.	Disappoint	निराश करना	frustrate, annoy
128.	Discern	देखना	descry, note, notice, espy, see
129.	Display	दिखाना करना	exhibit, show, give airs
130.	Doctrine	सिद्धांत	canon, principle
131.	Doleful	उदासी भरा	pensive, sorrowful, sad
132.	Doubtful	शंका युक्त	sceptical
133.	Dreary	नीरस	monotonous, dull
134.	Dual	दोहरा	double, two-fold
135.	Durable	स्थायी	lasting, stable
136.	Effect	प्रभाव	result, consquence
137.	Effigy	मूर्ति, बुत	idol, image
138.	Egress	बाहर जाना	exit
139.	Eliminate	समाप्त करना	abolish, exterminate, eradicate
140.	Emotional	भावुक	impulsive
141.	Encomiun	प्रशंसा	applause, praise, acclamation
142.	Endure	सहना	tolerate, suffer, forbear
143.	Enormous	बहुत बड़ा	stupendous, huge, colossal
144.	Enough	पर्याप्त, काफी	plentiful, sufficient, enough
145.	Enslave	दास बनाना	enthral
146.	Epitome	संक्षिप्त वर्णन	gist, summary
147.	Esoteric	भेद-युक्त	mysterious, secret
148.	Eternal	सदीव	perennial, everlasting
149.	Eulogy	प्रशंसा	appreciation, praise, acclamation
150.	Evade	बचाना	parry, avoid
151.	Evasion	बचाना (टैक्स आदि)	avoidance
152.	Expand	फैलाना, फैलना	spread
153.	Expensive	मंहगा	dear, costly, precious
154.	Extrude	बाहर निकालना	wring, squeeze, thrust out
155.	Factual	वास्तविक	actual, real
156.	False	झूठा	mendacious, untrue, fake,
157.	Fault	दोष	crime, mistake, error

	Word	Meaning	Synonyms
158.	Fear	भय	fright
159.	Fetid	दुर्गन्ध देने वाला	odorous, stinking, rancid
160.	Finally	अन्त में	eventually, at length
161.	Flagitious	शैतान	villainous, wicked, criminal
162.	Flexible	लचीला	pliable
163.	Florid	दिखावे वाला	showy, flowery, ornamental
164.	Flourish	उन्नति करना	thrive, progress
165.	Flourish	पनपना	thrive, prosper
166.	Foible	कमजोरी	drawback, weakness, short-coming
167.	Foolish	मूर्ख	stupid, silly
168.	Forbearance	सहनशीलता	toleration, tolerance, endurance
169.	Formal	तकल्लुफ़ी , औपचारिक	conventional, ceremonious
170.	Fraud	धोखा	deceit, deception
171.	Free	स्वतंत्र	Independent, liberal, participative
172.	Futile	व्यर्थ	useless, redundant, hackneyed
173.	Garrulous	बातूनी	loquacious, talkative
174.	Glory	गौरव	excellence, honour, magnificence
175.	Goad	मजबूर या प्रेरित करना	urge, inspire, persuade, incite
176.	Gratuitous	मुफ़्त	gratis, free
177.	Grave	गम्भीर	serious, reserved
178.	Greedy	लालची	avaricious
179.	Grotesque	अजीब	weird, eaerie, strange
180.	Guess	अनुमान	surmise, ass umption
181.	Guile	धोखा	deception, deceit
182.	Habitual	आदती	customary, routine
183.	Halcyon	शांत	calm, tranquil, peaceful
184.	Happy	खु:शी	merry, joyful, delightful
185.	Hard	सख्त	harsh, tough
186.	Hardly	कठिनाई से	scarcely
187.	Harmful	हानिकारक	deleterious, injurious pernicious, baneful
188.	Hauteur	घमंड	haughtiness, pride

Word	Meaning	Synonyms
189. Heavy	भारी	preponderant, weighty,
190. Helpless	निराश, अभागा	unaided, unlucky, hapless
191. High	ऊँचा	lofty, tall
192. Histrionic	रंग-मंच-संबंधी	theatrical
193. Homily	मंत्र, उपदेश	gospel, sermon, hymn
194. Honest	ईमानदार	sincere, upright
195. Hostile	लड़ने वाला	bellicose, belligerent
196. Humility	नम्रता	politeness, meekness, modesty
197. Humour	मूड, मज़ाक, हंसी	wit
198. Hurt	चोट लगना	strike, injure, gash
199. Hyhopthesis	पूर्वअनुमान	supposition
200. Idle	आलसी	indolent, lazy, vacant, slothful
201. Ignoble	घटिया	mean, base, wicked
202. Immoral	अनैतिक	corrupt, improper
203. Impeach	दोष लगाना	accuse
204. Impede	रोकना	Hinder
205. Incredible	अविश्वसनीय	unbelievable
206. Incubus	बोझ	load, burden
207. Indefatigable	जो कभी न थके	untirable, en ergetic
208. Indigenous	देशी	native, local
209. Indigent	निर्धन	poor, deprived, penurious
210. Indite	लिखना	write, pen (v)
211. Indolent	आलसी	lackadasical, lazy, lethargic
212. Indurate	सख़्त, पक्का	hardened, bedrock
213. Inebriate	शराब के नशे में चूर	drunk
214. Inequitable	अन्यायी	unjust
215. Ingenuous	मासूम	innocent
216. Innocent	मासूम	spotless, gentle, acquited
217. Innumerable	अनेक	myriad, countless, numerous
218. Insolent	गुस्ताख़, अविनीत	rude, impudent, indecent
219. Iterate	दुबारा कहना, दोहराना	repeat
220. Jealous	जलन होना	envious
221. Jocose	मज़ाकिया	jocular, humorous
222. Judicious	बुद्धिमान	prudent, shrewd, wise

	Word	Meaning	Synonyms
223.	Kill	मारना	behead, murder, assasinate
224.	Kind	दयावान	benign, gracious
225.	Kith and kins	मित्र व संबंधी	friends and relations
226.	Labourious	मेहनती	toilsome
227.	Laconic	संक्षिप्त	concise, brief
228.	Lampoon	कटाक्ष, मज़ाक	criticism, satire
229.	Lascivious	घटिया	sensual, lewd, gaudy
230.	Libel	अपमान	infamy, defamation
231.	Likeness	मिलता जुलता	resemblance, similarity, sameness
232.	Litany	प्रार्थना (चर्च में)	(church) prayer
233.	Load	भार	burden, weight
234.	Lucid	स्पष्ट	transparent, plain, clear
235.	Lucre	धन	wealth, riches, opulence
236.	Lugubrious	उदास	morose, gloomy, sad, despondent
237.	Macabre	भयानक	terrible, horrible
238.	Mad	पाग़ल	deranged, lunatic, crazy
239.	Magician	जादूगर	exorcist, wizard, sorcerer, charmer
240.	Magnificent	शानदार	grand, excellent, splendid
241.	Maladroit	भद्दा	gauche, clumsy, tactless
242.	Malaise	परेशानी, असुविधा	discomfort, inconvenience
243.	Malice	घृणा	contempt, ill-will
244.	Marvellous	शानदार	grand, splendid, excellent
245.	Medley	मिश्रण	mixture
246.	Mendacious	झूठा	false, lying
247.	Merciless	ज़ालिम	ruthless, cruel
248.	Mien	शकल	appearance, bearing, demeanour
249.	Minimum	कम से कम	least, meagre
250.	Monotonous	नीरस, थकाने वाला	dull, tiring
251.	Mordant	कटाक्षात्मक	sarcastic, biting, pinching
252.	Moribund	मृत्यु के निकट	dying
253.	Myriad	गिनती में अत्यधिक	many, numerous, innumerable

	Word	Meaning	Synonyms
254.	Narrate	सुनाना	relate, describe
255.	Nebulous	मध्यम, धीमा	indistinct, hazy, vague
256.	Neglect	लापरवाही करना	disregard, ignore
257	Niggardly	कंजूस	miserly, stingy
258.	Noxious	हानिकारक	obnoxious, harmful, noxious
259.	Numskull	मूर्ख व्यक्ति	stupid person
260.	Obdurate	ढीठ	obstinate, stubborn
261.	Obesity	मोटापा	fatness
262.	Obesity	मोटापा	fatness
263.	Obligation	आवश्यक	compulsion
264.	Oblivion	भूल	forgetfullness
265.	Obloquy	अपमान	disgrace, reproach
266.	Obscure	न जाना, जाने वाला	unknown, incognito, hazy
267.	Obstinate	ज़िद्दी	stubborn
268.	Onerous	बहुत कठिन	Tough, Difficult, heavy, hard
269.	Oppose	विरोध करना	object
270.	Opposed	विरुद्ध, विरोधी	opponent, hostile, bellicose
271.	Orifice	रास्ता	operture, hole, opening
272.	Paralyse	लकवा, फ़ालिज	disable, cripple
273.	Pardigm	नमूना	paragon, model, specimen
274.	Parity	समानता	equality, similarity
275.	Peer	बराबर	equal, colleague
276.	Predilection	प्राथमिकता	liking, preference
277.	Perverse	उल्टा	reverse, opposite, contrary
278.	Pilfer	चुराना	filch, steal
279.	Piquant	तीखा	biting, pungent
280	Pithy	संक्षेप में	laconic, brief, concise apporistic
281.	Portend	भविष्य के बारे में चेतावनी देना	warn
282.	Poverty	निर्धनता	penury
283.	Pragmatic	व्यवहारिक	real, practical
284.	Precipitous	सीधी (ऊंचाई)	steep
285.	Precursor	पहले आने वाला	harbinger, predecessor
286.	Predatory	लूट संबंधी	looting, plundering
287.	Prediction	भविष्यवाणि	forecast
288.	Prerogative	विशेष-अधिकार	privilege

	Word	Meaning	Synonyms
289.	Prevent	रोकना	prevent, bar, detain, debar
290.	Pride	घमंड	haughtiness, vanity
291.	Priority	प्रथमता	preference
292.	Pristine	प्राचीन	unhanged, primitive, original
293.	Proclaim	घोषणा करना	declare, announce
294.	Prodigious	बहुत बड़ा	stupendous, large, huge, colossal
295.	Prompt	जल्दी	rapid, quick
296.	Proper	उपयुक्त	apt, suitable, appropriate
297.	Prosaic	साधारण, नीरस	Insipid, simple, barral, tastless
298.	Putrefy	गलना, सड़ना	decay
299.	Quandry	शंका, घबराहट	disorder, doubt, perplexion, chaos, confusion
300.	Queer	अजीब	grotesque, strange, weird, eerie
301.	Query	प्रश्न	question
302.	Rabid (of dog)	पागल	mad, violent, furious (dog)
303.	Rancour	कड़वापन	spitefulness, bitterness
304.	Realise	महसूस करना	feal
305.	Recompense	औज़ाना, बदला	reward, compensation
306.	Refuge	आश्रय-स्थान	sanctuary, shelter
307.	Regale	आमोदित करना	recreate, entertain, treat
308.	Reliable	विश्वसनीय	credible, dependable
309.	Remember	याद रखना	Memorise, recall
310.	Remission	क्षमा	forgiveness, pardon
311.	Remote	दूर	far, distant
312.	Replete	भरपूर	obounding, full, saturated
313.	Reverie	दिन का स्वप्न	day-dreaming, dream
314.	Ridiculous	हास्यप्रद	tunny
315.	Rival	प्रतिद्वंदी	adversary, competitor
316.	Sacred	पवित्र	holy
317.	Sagacious	बुद्धिमान	wise, sane, prudent
318.	Saline	नमकीन	salty, saltish
319.	Satiate	संतुष्ट	contented, satisfy
320.	Satisfy	संतुष्ट करना	please, satiate

	Word	Meaning	Synonyms
321.	Schism	विभाजन	dicotomy, cleavage, breach
322.	See	देखना	descry, espy, sight, look
323.	Segregate	जुदा करना	disintegrate, separate
324.	Seldom	बहुत कम	rarely, once in a blue moon
325.	Sentiment	भावना	feeling, impulse
326.	Shatter	तोड़ना, टुकड़े करना	smithereens, break, fragment,
327.	Significant	महत्वपूर्ण	important
328.	Silence	शान्ति	tranquilty, stillness, reticence
329.	Sophism	झूठा विवाद या तर्क	fallacy, false arguments
330.	Spirit	आत्मा, भूत	goblin, ghost
331.	Sterile	सूना, बांझ	barren
332.	Stigma	दोष, बदनामी	blemish, spot, infamy
333.	Strong	मज़बूत	hard, sturdy
334.	Suave	नम्र	meek, humble, polite
335.	Sublimate	पवित्र करना, शान बढ़ाना	glorify
336.	Succinct	संक्षिप्त	laconic, brief, concise
337.	Succour	सहायता	assistance, help, aid
338.	Sufficient	पर्याप्त	enough
339.	Superfluous	फ़ालतू	surplus, redundant
340.	Suppress	दबाना	repress
341.	Surrogate	दूसरे के स्थान पर	deputy
342.	Swathe	बांधना	tie, bind
343.	Taciturn	चुप	mum, silent, quite
344.	Teer	मज़ाक करना	make fun of, sneer
345.	Tendency	झुकाव	propensity, inclination,attitude
346.	Tenure	निर्धारित समय	period
347.	Terraim	इलाका, भूमि	land, region
348.	Thrall	दास	slave
349.	Thwart	हरा देना, व्यर्थ करना	defeat, foil
350.	Timid	भीख, कायर	cowardly, sheepish, meek
351.	Torpor	सुस्ती	lethargy, dullness, slowness
352.	Tranquil	शांत	calm, suave, polite, composed
353.	Transmute	बदलना	transform, change, alter
354.	Travail	कष्ट	knouble, labour
355.	Tremendous	बहुत	much, stupendous
356.	Tremulous	कांपने वाला	shaking, trembling

	Word	Meaning	Synonyms
357.	Tribulation	कष्ट	travail, trouble
358.	Turgid	फूला हुआ	bombastic, swollen, boedematous
359.	Tyranny	तानाशाही, जुल्म	curelty, despotism
360.	Unique	अनोखा	alone, rare, sole
361.	Unmistakable	निश्चित	sure, positive, certain
362.	Urbane	सभ्य	civilised, refined, sophisticated
363.	Vacuum	खालीपन	emptiness, stupdity, void
364.	Vagary	विचार, वहम	fancy, whim, notion
365.	Valiant	वीर	brave, redoubtable
366.	Van	सब के आगे	front, pioneering, leading
367.	Vapid	नीरस	uninteresting, dull, tasteless
368.	Vaunt	शेखी	boast, vain, selt-praise
369.	Venal	बेईमान	dishonest, insincere
370.	Verdant	हरा भरा, अपरिपक्व	green, immature
371.	Vertigo	चक्र	dizziness
372.	Vigour	शक्ति	power, strength, energy, force
373.	Vindicate	न्याय करना, लेना	exculpate, acquit, defend
374.	Vociferous	ज़ोर से बोलने वाला	shouting
375.	Volition	इच्छा	wish, will, desire
376.	Voluntary	ऐच्छिक	willing
377.	Voracious	लालची, शौकीन	greedy, avid
378.	Votary	वोट देने वाला, भक्त	devotee
379.	Wane	कम होना	decrease, diminish, lessen, mitigate
380.	Wean	जुदा करना, हटाना	detach, severe
381.	Welter	लेटना	wallow, roll
382.	Woof	रेशा, धागा	fabric, thread
383.	Worldly	सांसारिक	temporal, earthly, mundane, worldly
384.	Wrath	क्रोद्ध	rage, anger, fury
385.	Wreck	नष्ट	devastate, destroy, annihilate
386.	Yield	समर्पण करना	submit, surrender
387.	Zany	जोकर	jester, clown, fool
388.	Zeal	उत्साह	fervence, enthusiasm, excitement
389.	Zenith	चोटी	peak, summit, top

CHAPTER 54

PUNCTUATION

Definition

The Latin the root-word of *Punctuation, i.e.,* "Punctum" denotes "a point," "a dot," or "a minute aperture" has become a part of the English vocabulary.

The Chambers Twentieth Century English Dictionary defines punctuation as "the act or art of dividing sentences by points or marks."

Kinds of Punctuation Marks

The following kinds of important punctuation marks are commonly used in English:

S.N.	*Name of the punctuation mark*	*Sign*
1.	Full stop (also called) 'Period'	(.)
2.	Comma	(,)
3.	Note (or sign) of Interrogation (also called "the question mark")	(?)
4.	Note (or sign) of exclamation	(!)
5.	Apostrophe	(')
6.	Quotation marks (or inverted commas)	
	(i) Double	("....")
	(ii) Single	('.....')
7.	Capital Letters	A, B, C etc.
8.	Colon	(:)
9.	Sami colon	(;)
10.	Dash	(—)
11.	Hyphen	(-)
12.	Parentheses (or Brakets)	( )
13.	Oblique	(/)

Study of Punctuation Marks

अब हम प्रत्येक प्रकार के Punctuation Mark का Detail में अध्ययन करेंगे।

(1) **Full stop:** Full stop एक लम्बा विराम (long stop है, जिसका प्रयोग निम्नलिखित प्रकार से होता है :

(i) **Assertive और Imperative sentences के अन्त में:**
Examples

(a) Ram is a good boy. (Assertive—Positive)
राम एक अच्छा बालक है।
(b) She does not like mangoes. (Assertive—Negative)
उसे आम पसन्द नहीं।
(c) Go there at once. (Imperative)
वहां तुरन्त जाओ।

(ii) **Abreviation** के प्रत्येक अक्षर या भाग को पृथक करने के लिए:

(a) *Single letter:* M.A., B.A., L.L.B. etc.
(b) *Double letter:* Ph.D., B.Ed., Dr., Er., etc.
(c) *A number of letters:* Dist., Abbr., Adv., etc.

(iii) प्रत्येक closed couplet के अन्त में:

"For forms of government, let fools contest, Whate'er is best administered is best."
—Alexander Pope

(iv) कविता की उन पंक्तियों के अन्त में जहां चल रहा विचार समाप्त होता है:

"Our sincerest laughter, with some pain is fraught;
Our sweetest songs are those that tell of saddest thought."
—P.B. Shelley

(v) पत्र में भेजने वाले के Address के अन्त में :

Krishna Kutir
35, Esplanade Road
Calcutta.

(v) पत्र में Date के अन्त में:

21st May, 1999.
or May 21, 1999.

Note. आजकल पत्र-व्यवहार में Full Stop or दूसरे Punctation Marks को बहुत बार लिखा जाता है।

(2) **Comma.** यह पूर्ण-विराम (full-stop) से कम संचय के लिए रूकने के लिए प्रयोग किया जाता है। Comma का प्रयोग निम्नलिखित प्रकार से होता है:

(i) दो शब्दों को पृथक करने के लिए। *e.g.,*

(a) Ram, Sham and Harnam are good boys.
(b) Pakistan, China, Bangla Desh and Afghanistan have their borders with India.

(ii) Reporting °peech आरम्भ होने से पहले। *e.g.*,

(a) He said to me, "Work hard."

(b) She said to her mother, "I'm not feeling well."

(iii) एक Non-defining Clause को प्रकट करने के लिए। *e.g.*,

(a) Mehtab, who is my friend, is a player of hockey.

(b) Temple, which is situated on the other side of the road, was built by my father.

(iv) दो Pairs of Words को जुदा करने के लिए *e.g.*,

(a) High and low, rich and poor, all love him.

(b) God doesn't discriminate between men as white and black, rich and poor or wise and foolish.

(v) जब कोई Clause 'if,' 'as,' 'because,' 'when,' 'where' या 'since' etc. से आरम्भ होती है:

(a) If you work hard, you will pass.

(b) Because he is a good boy, he should be rewarded.

(c) As you are a nice person, I'll allow you to sit on my sofa and watch T.V.

(d) Since he has made a mischief, he deserves to be punished.

(c) When he comes, he'll find me ready to go.

(d) Where there is a will, there is a way.

(e) Wherever you go, I'll accompany you.

(vi) प्रत्येक Abbreviation के अन्त में यदि उसके बाद दूसरी Abbreviaion आये तो:

(a) B.A. (Hons.), M.A., Ph.D.

(b) M.B.B.S., M.D.

(vii) प्राय: Coordinate Clause Comma से आरम्भ नहीं होती, परन्तु यदि कोई Cooardinate Clause Principal Clause का ही Consequence प्रकट करती है, तो वह (,) से आरम्भ होनी चाहिए:

(a) He didn't work diligently and hence, he was sacked.

(b) He burnt the midnight oil and secured top position in the examination.

(viii) To address a person:

(a) Ram, please come here.

(b) Sunil, where is your brother?

(ix) जब किसी noun का Attribute (गुण) बताना हो किसी Phrase द्वारा:

(a) Neelam, a good girl, has secured top position.

(b) Deodar, a lofty tree, grows on the Himalayas.

(x) जब कोई Parenthetical Clause प्रकट करनी हो:

(a) Prem, I think, is the manager of this hotel.

(b) The word, I can say with emphasis, is marching towards self-destruction.

(xi) कुछ ऐसे शब्द हैं जिनके आरम्भ में और बाद में दोनों ओर Comma लिखा जाता है:

(a) Of course,
(b) Therefore,
(c) No doubt,
(d) Nevertheless,
(e) Last but not the least,
(f) To say the least.

Use in Sentences

(a) Suman, of course, was a good lady.
(b) It is now 11.00 P.M. and therefore, we must now retire to bed.
(c) Information technology, no doubt, has a very bright future in the modern world.
(d) He is unwell, nevertheless, he is working hard.
(e) Last but not the least, corruption must be roofed out from modern society.
(f) Manmohan, to say the least, is marching towards a grand victory in the race.

Note: "Last but not the least" प्राय: Sentences के आरम्भ में आता है। परन्तु हम लिख सकते हैं: And, last but not least..............

(xii) जब किसी Sentence में Noun Clause पहले आये और Principal Clause बाद में:

(a) That he is honest, is known to all.
(b) That we must be ready to make any sacrifice for our country, goes without saying.

(xiii) यदि कोई Sentence बहुत Lengthy हो, तो 'and' से पहले भी Comma लग जाता है जो कि Otherwise प्राय: नहीं आता:

(a) It is always human nature to find fault with others, and it is man's follying to be always in doubt.
(b) It's man's nature to put all the responsibility for failures on God or circumstances and thus he finds errors even in God's work.

(xiv) यदि कोई शब्द छोड़ दिया गया हो:

(a) To err is human, to forgive divine.
(b) Men live on bread, cattle on grass.

(3) Note (or Mark or Sign) of Interrogation. इसका प्रयोग निम्नलिखित प्रकार से होता है:

(i) प्रश्न वाचक वाक्यों के बाद:

(a) How are you?
(b) Where does Rajendra live?

(ii) जब कोई शंका प्रकट करनी हो:

(a) नाम के बारे में शंका:

— Ram (?) rose up to say something but he was hooted down.

(b) लेखक, दार्शनिक, वैज्ञानिक आदि के बारे में शंका:

— Shakespeare (?) said, "Honesty is the best policy."

— Aristotle (?) said, "Man is a political animal."

(c) स्थान के बारे में शंका:

— Tagore was born in Calcutta (?)

Gandhi started the Quit India Movement from Bombay (?)

(d) किसी विचार के बारे में शंका:

— Man is destined to live on earth forever?

— The Sun is the hottest star in the sky?

(iii) आदि आदि Question Tag के बाद, *e.g.*,

(a) You're happy, aren't you?

(b) He's there, ain't he?

Note: (i) एक Indirect Question के बाद या Direct Reported Speech के Indirect Speech के बदल जाने के बाद Note of Interrogation या Question Mark नहीं लगता:

(a) You need not ask how old I am.

(b) He asked me where I lived.

(ii) जब हम Editor (of a Newspaper) को प्रश्न के साथ पत्र लिखते हैं; तो Sign of Interrogation की आवश्यकता नहीं होती:

Will you please publish the following lines in a suitable column of your esteemed daily.

(4) Note of Exclamation (!). इसका प्रयोग निम्नलिखित प्रकार से होगा:

(i) प्रत्येक Exclamatory अथवा Optative Sentence के अन्त में:

(a) How beautiful the Taj is!

(b) May you live long!

(ii) एक Interjection के बाद:

(a) Bravo! Well done.

(b) Hurrah! We have won the match.

(c) Alas! He's ruined.

(iii) "Ah me!, "Good Heavens" आदि के बाद:

(a) Ah me! What have I done!

(b) Good heavens! What do I see before me.

(iv) O के बाद आने वाले Noun, Pronoun या Adjective के बाद:

(a) O my friend! Where are you?

(b) O dear! (or oh dear!)

What can I do for you?

Note : Oh, dear!" के स्थान पर सम्भवत: "Oh! dear," अधिक उचित होगा।

(c) O you! (or oh you!) was it that I expected of you?

Note: (a) "Oh you!" के स्थान पर "Oh! you!" or "Oh, you!" लिखना सम्भवत: अधिक उचित होगा।

(ii) "O" के बाद (!) अथवा (,) अथवा (,) यह उचित प्रतीत नहीं होता है।

(v) कई बार किसी Poetic या Prose Composition जो भावात्मक या प्रभावशाली ढंग से पर्याप्त विस्तार में लिखी गई हो, के अन्त में Visual Effect या Inspirational Ingraining के लिए Note of Exclamation लिख दिया जाता है:

(a) .... Let's be true to self!
(b) And then, will the truth rule the earth!
(c) .... Then, dies the man in you!

(5) **Apostrophe : (').** इसका प्रयोग निम्नलिखित प्रकार से होता है:

(i) किसी Noun (व्यक्ति) का Possession प्रकट करने के लिए:

(a) This Ram's book.
(b) That is Mohan's car.

Note: किसी वस्तु के बारे में (') के स्थान पर 'of' का प्रयोग होता है:

(a) One leg *of this* chair is broken.
(b) The minarets *of the* Taj are beautiful.

(ii) किसी मकान, होटल आदि के बारे में बताते हुए हम मकान, होटल आदि को Omit कर देते हैं, परन्तु 's' का प्रयोग करते हैं:

(a) Last night we stayed at Lord's.
(b) I called at Rajneesh's last week.

(iii) Abbreviations का Plural बनाने के लिए:

(a) M.L.A.'s B.A.'s etc.
(b) Dr.'s and Er.'s.

(iv) जब किसी Singular को Possessive Case में Show करना हो, तो Singular Noun के बाद 's' लगेगा, परन्तु यदि Plural को Possessive Case में Show करना हो, तो Plural (अर्थात् Word+s) के बाद (') का प्रयोग होगा:

(a) Is there a boys' hostel in your college?
(b) How many girls' colleges are there in your city?

(v) यदि Plural के End में 's' न लगा हो, तो Possessive Case में 's' लगेगा:

(a) There is a children's park in our town.
(b) I live in women's hostel.

Note: यदि किसी Word का अन्तिम अक्षर 's' हो तो अकेला (') या ('s) लिखा जा सकता है।

(a) James' horse or James's horse.

(b) Keats' poems or Keat's poems. दोनों ही ठीक हैं।

6. **Quotation Marks** (or Inverted Commas): इसका निम्नलिखित प्रकार से प्रयोग होता है:

Double Quotation Marks

(i) *Direct Reported Speech देने के लिए:*

(a) He said to you, "I am glad to see you."

(b) She says to her mother, "Where is Shyam?

(ii) किसी लेखक आदि को Quote करने के लिए :

(a) According to Shakespeare, "Sweet are the uses of adversity."

(b) According to Milton, "Better to reign in hell than to serve in heaven."

(iii) **Word, Pharse** या **Sentence** को Ironical ढंग से प्रकट करने के लिए:

(a) India is most 'reputed' for corruption in the world.

(b) "To create an honest world" was the subject discussed by the scam-rocked society.

(c) "The poor should be starved to end poverty."

(iv) किसी शब्द आदि पर ज़ोर देने के लिए:

(a) Take care of your 'spellings.'

(b) We should lay stress on "national integration."

Single Quotation Marks. यह भी Double Quotation Marks की तरह प्रयोग में लाये जा सकते हैं, परन्तु विशेषतया, जब कोई शब्द शब्दों के बीच Quote किये जायें :

(a) Ram said to me, "Mohan said, 'I want mangoes.' "

(b) She said, "I didn't agree when mother said, 'Give up her company."

7. Capital Letters. इनका निम्नलिखित प्रकार से प्रयोग होता है:

(i) कोई भी वाक्य लिखने के लिए उसके प्रथम शब्द का प्रथम अक्षर Capital होगा।

(a) She is happy.

(b) Where were you yesterday?

(ii) 'I' और 'O' जब अकेले आते हैं, तो सदा Capital में लिखे जाते हैं:

(a) I am happy.

(b) O for a glass of water!

(iii) Traditional Poetry में प्रत्येक Line के शब्द का प्रथम अक्षर Capital होता है:

(a) Teach me half the gladness
That your brain must know;
Such harmonious madness
From my lips would flow,
The world should listen as I'm listening now.
—P.B, Shelley.

(b) What is there to say
But, come what may,
The dedication to a higher life
Will always have it sway.
—Anonymous

(iv) अधिकतर Abbreviations Capital Letters में लिखी जाती हैं:

(a) UNESCO, UNICEF etc.
(b) SAARC, ASEAN etc.

(v) ईश्वर तथा उसके साथ संबंधित शब्द Capital Letters में लिखे जाते हैं:

(a) God, let Thine grace descend on us.
(b) The Holy Ghost.
(c) The Almighty.

(vi) हर प्रकार के Proper Nouns Capital Letters में लिखे जाते हैं:

(a) Seema, Karim आदि।
(b) Delhi, America etc.

(vii) Reported Speech में प्रथम शब्द का प्रथम अक्षर :

(a) She said to me, "Where is my brother?"
(b) I said to him, "My sister is with your mother."

(viii) जब कोई Abstract Noun Personify किया जाये तो:

(a) Who can thwart the Victory of Truth?
(b) We are all a part of Nature.

(ix) जब कोई Proper Noun Common Noun के रूप में प्रयोग होता है, तो भी वह Capital Letters में ही लिखा जाता है:

(a) Kalidasa is the Shakespeare of India.
(b) Mumbai is the Manchester of India.

(x) कोई भी Title, चाहे व्यक्ति का, पुस्तक, कविता अथवा निबन्ध आदि का हो, तो इनमें महत्वपूर्ण शब्द Capital Letters में होते हैं:

(a) Ashoka, the Great.
(b) The Discovery of India.
(c) The Merchant of Venice.
(d) The Tintern Abbey.
(e) The Rules of the Road etc.

(ix) निम्नलिखित सब Capital Letters में लिखे जाते हैं:

(a) Names of newspapers: The Hindustan Times etc.
(b) Names of holy books: the Gita etc.
(c) Names of rivers: The Ganges etc.
(d) Names of canals: The Suez Canal etc.
(e) Names of peaks: The Nanda Devi etc.

(f) Names of classics: The Shakuntalam etc.
(g) Names of mountains: The Alps etc.
(h) Names of Hills: The Shivalik Hills etc.
(i) Names of Battle: The Third Battle of Panipat etc.
(j) Names of oceans, seas, bays, gulfs. planets, sea currents, ships, hotels, institutes, historical places, companies, wars, historical events, banks. *e.g.*,
The Arabian Sea, The Titanic, The Taj, The First World War, The French Revolution, The Persian Gulf, The Earth, The Park Royal etc.

(xi) Exclamations

Ah! Oh! Pshaw! Chi-Chi! Fie! Fie! etc.

(xii) First letter of the first word and first letter of the most important word in the salutation in a letter:

(a) Dear friend,
(b) My dear Brother/Father/Mother/Uncle/Brother,
(c) Dear sir/s.

(xiii) Letter के अंत में Subscription का First Letter:

(a) Yours sincerely,
(b) Sincerely yours,
(c) Yours faithfully etc.

(xiv) Names of days, months, years etc.

(a) Sunday, Monday ....
(b) January, February..... etc.
(c) One thousand Nine Hundred and Ninety Nine.
(d) Two Thousand.

(xv) Names of festivals and national days:

(a) Holi, Deepawali. etc.
(b) The Independence Day.
(c) The Republic Day.

(xvi) किसी पद्य या (अधिकतर) गद्य में किसी विशेष शब्द पर ज़ोर देने के लिए:

(a) It is honesty we want as the cornerstone of our social life.
(b) It is corruption we want to Eradicate.
(c) Let us all try to Bandish Literacy.

(xvii) Names of political parties

(a) Bhartiya Janata Party
(b) Indian National Congress.

8. Colon (:). Colon Full Stop से कम परन्तु Comma से अधिक Pause दर्शाता है। इसका प्रयोग निम्नलिखित प्रकार से होता है:

(i) कोई Quotation देने के लिए:

(a) Pope says: "To err is human, to forgive is divine."

(b) Tagore says: "I do not choose the best, the best chooses me."

(ii) कोई विचार Sum Up करने के लिए या Expand करने के लिए:

(a) It is good to be honest and truthful : that is character.

(b) A nation can progress :
— if its people are honest;
— if they are hard working;
— if they are truly patriotic;

(iii) कई बार (Letter में) salutation में Comma के स्थान पर:

(a) My dear Tarsem:

(b) Dear Rashmi:

(iv) एक Letter में Subject या Reference प्रकट करते समय:

(a) Subject: Purchase of new books.

(b) Reg: Abolition of octroi.

(c) Reference: "Your letter no ....dated ....

Note: कई बार Colon के बाद लम्बी dash (—) भी लिखी जाती है:

(a) Please note down the following points:—

(b) In short, the leader said:—

9. Semi-colon (;). यह वास्तव में Full Stop और Comma का मध्य स्थान पर है। इसका प्रयोग इस प्रकार होता है:

(i) लम्बी Clauses या वाक्यों के बीच में:

(a) Man has never lived in peace in the world; his greed has ever tormented him.

(b) What you say must be true; well, let me ponder over it.

(ii) Sometimes, in the lines of poetry:

(a) "Heart,
Why not thy heart?
a fittest flower to God;
Does flower please God;......"
-Anonymous.

(b) Ups and down of life,
Are in the edge of knife;
....
Caught in the curl of storm,
Curse comes inside the norm;

10. **Dash** (—). लम्बी Dash का प्रयोग निम्नलिखित ढंग से होता है:

(i) Colon के साथ जहां इसे "Colon Dash" कहते हैं:

Please try to learn the following points:—

(ii) कई बार अकेली ही Dash "Colon Desh" काम करती है:

Please pay full attention to the point mentioned below:—

(iii) यह कई बार किसी बात की व्याख्या करने के लिए प्रयोग में लाई जाती है:

It is not so difficult to develop self-confidence as you think—just try to do your work yourself without depending upon others or expecting help from others.

(iv) अचानक किसी विचार के व्यक्त करने के लिए भी यह प्रयोग में लाई जाती है:

Now, nobody will have to go to the town for small items of daily use—and that's the novelty behind this idea of starting a muti-trading complex in the rural areas.

(v) अचानक चल रहे विचार के विपरीत कोई विचार प्रकट करने के लिए:

The magician showed quite simple tricks, which probably even a school boy could do—but hold your breath, some of the tricks were quite devastating!

(vi) कविता में विभिन्न प्रकार के प्रभाव प्रकट करने के लिए:

(a) "Wordsworth has gone from us—and ye, Ah, may ye feel his voice as we!"
—Matthew Arnold (in Memorial Verses, April, 1850)

(b) "Down the wide stairs, a darkling way they found—In all the house was heard no human sound." John Keats (in The Eve of St. Agnes).

11. **Hypen** (-). Hayphen (-) देखने में Dash (—) से छोटी होती है। इसका प्रयोग निम्नलिखित प्रकार से होता है:

(i) यदि किसी Line के अन्तिम शब्द के लिए पर्याप्त स्थान न हो, तो हम hyphen का सहारा लेते हैं: ....above all, we should be care-ful about our p's and q's.

(ii) कई बार हम पत्र में या और स्थान पर Date लिखने के लिए भी Hyphen का प्रयोग करते हैं:

5-12-97 (*i.e.,* 5th December, 1997)

(iii) इसका प्रयोग कई बार व्यापारी लोग अथवा कर्मचारी रुपये तथा पैसे लिखने के लिए भी करते हैं:

Rs. Paise
150-55 (*i.e.,* Rs. 150/55p or Rs. 150-55p.)

(iv) Compound Words बनाने के लिए भी Hyphen का प्रयोग होता है:

(a) Commander-in-chief
(b) Man-of-war
(c) man-sized

(v) इसका प्रयोग Pin Code लिखने के लिए भी होता है:

(a) Delhi-110001
(b) Ludhiana-141425

(vi) इसका प्रयोग Telecom के Codes लिखने के लिए भी होता है:

(a) 91-011-2249543

(b) 92-161-454112

(vii) E-mail शब्द के दो भागों में सदा hyphen प्रयुक्त होती है।

(viii) कई बार पाठकों का ध्यान आकर्षित करने के लिए भी इसका प्रयोग होता है:

(a) Though us you can visit-

(b) USA-UK-Germany-France

12. **Parenthesis** (or Brackets) (:): इनका प्रयोग निम्नलिखित प्रकार से होता है:

जब हम चल रहे विचार से भिन्न कोई छोटी-सी प्राय: Personal बात कहना चाहते हैं। इस रूप में Dash के स्थान पर Parentheses का प्रयोग किया जा सकता है:

(a) You should respect your parents (it is rather your duty to do so) and you must obey them.

(b) He is a good man (at best, I think so) even if many may not agree with this view.

(ii) जब कोई Term या Expression देकर उसकी Abbreviation देनी हो:

(a) He is the Managing Director (M.D.) of this firm.

(b) He is Bachelor of Arts (B.A.).

(iii) जब किसी Abbreviation के पूरे शब्द देने हों:

(a) This matter pertains to W.H.O. (World Health Organisation)

(b) India has manufactured the M.B.T. (Main Battle Tank).

13. Oblique (/). इसका प्रयोग निम्नलिखित प्रकार से होता है:

(i) दो में से एक संभावना व्यक्त करने के लिए:

(a) Please express your view/s on this matter.

(b) You can get a prize/prizes if you work hard.

(ii) To express certain terms in abbreviated forms:

(a) c/f (carried forward)

(b) b/d (brought down)

(c) r/o (resident of)

(d) s/o (son of)

(e) d/o (daughter of)

CHAPTER 55

LETTER-WRITING

Importance of Letter-Writing

हमें प्रतिदिन के जीवन में अनेक लोगों को पत्र लिखने पड़ते हैं, जैसे कि हमारे संबंधियों, मित्रों, व्यापारी वर्गों और Jobs देने वाली Firms आदि को। कई बार कोई Official पत्र भी लिखना होता है। कई बार हम समस्या पर अपने विचार प्रकट करने के लिए कई समाचार-पत्र के Editor को भी पत्र लिखते हैं। जो लोग Business करते हैं, उनको Business Letter लिखने होते हैं। कई बार विद्यार्थी को मुख्याध्यापक आदि को प्रार्थना पत्र भी देना होता है।

भिन्न-भिन्न प्रकार के Letters के Formats भिन्न-भिन्न होते हैं और उनमें Contents भी भिन्न भाषाओं में और भिन्न-भिन्न ढंगों से लिखने होते हैं, ताकि हमारा पत्र उचित प्रभाव डाल सके।

Broadly speaking, Letters के निम्नलिखित प्रकार हो सकते हैं:

(1) Presonal Letters
(2) Official Letters (including applications by employees to their officers)
(3) Business Letters
(4) Letters to the Editor
(5) Applications

इस प्रकार Letter-writing का महत्त्व दिन-प्रतिदिन बढ़ रहा है।

इससे पहले कि हम नमूने के तौर पर कुछ पत्रों का अध्ययन करें हमें एक साधारण Letter के विभिन्न भागों का ज्ञान ग्रहण कर लेना चाहिए।

Parts of a Letter: एक साधारण पत्र के भाग इस प्रकार होते हैं:

1. The Heading

इसके आगे दो भाग होते हैं:

(i) Sender's Address
(ii) Date

पत्र के यह भाग पत्र के ऊपरी दाईं ओर से लिखा जाता है, जैसे कि नीचे दिखाया गया है:

31, Kavita Nagar,
Gouri Street No. 3,
Bareilly.
15th September (year)

नोट: (i) आधुनिक Box System of Letter-writing के अनुसार "The Heading" अब पत्र के बाईं ओर भी लिखा जाने लगा है, परन्तु यह प्रणाली Personal Letter के स्थान पर Business Letter में अधिक प्रचलित है।

(ii) Date लिखने के निम्नलिखित ढंग में अधिक प्रचलित है।

(a) 15 September .....
(b) September 15, ...
(c) 15.9. ....or 15/9/ ...or 15-9 ...

अन्तिम (अर्थात् ऊपर (c)) इतना उचित प्रचलन नहीं माना जाता।

2. Salutation: यह एक प्रकार से सम्मान के शब्द होते हैं, जिनसे हम Addressee को Address करते हैं, यथा-

Sir, Madam, Dear Sir/s, My dear father, Dear friend etc. यह भाग पत्र की बाईं ओर Margin के साथ लिखा जाता है। इसके प्रथम शब्द का Letter और अन्तिम शब्द का प्रथम Letter Capitalize किया जाता है, यथा

(a) Dear Sir,
(b) My dear Father,
(c) My dear Friend,

Note : (i) Salutation के अन्तिम शब्द के बाद Comma (,) डाला जाता है।

(ii) Official और Business Letters में Firm या Officer Concerned का Designation और Address Saluatation से पहले लिखा जाता है।

(iii) To के बाद कभी Comma नहीं लिखा जाता।

3. Body of the letter: पत्र की Body में हम अपना संदेश देते हैं जो कि अत्यंत सरल और स्पष्ट रूप में कहना चाहिए, जिसे पाठक भली-भांति समझ सके। इसमें कोई घुमावदार बात या दार्शनिकता की बातें नहीं होनी चाहिएं। इसमें शंका नहीं कि पत्र की भाषा इस बात पर निर्भर करती है कि हम किसे पत्र लिख रहे हैं और वह किस प्रकार का पत्र है। फिर भी भाषा का सरल, Idiomatic तथा रुचिकर होना अनिवार्य है। बहुत लम्बे-लम्बे वाक्य एक पत्र में उचित नहीं माने जाते। पत्र में Conclusion का विशेष ध्यान रखें।

इसके अतिरिक्त, संक्षिप्तया एक अच्छे पत्र की कसौटी है। थोड़े शब्दों कि कही हुई बात बुद्धिमत्ता की निशानी होती है, जैसे कि Shakespeare ने कहा है:

"Brevity is the soul of wit."

परन्तु इसका अर्थ यह नहीं कि हम अपनी पूरी बात न कहें। बात को अधूरा कहने में भी कोई बुद्धिमता नहीं होती।

Note: (i) प्राय: Personal Letters Informal ढंग से आरम्भ होते हैं, और Official तथा Business Letter Formal ढंग से।

(ii) लम्बे पत्र प्राय: Paragraphs में विभाजित किये जाते हैं।

(iii) 'Body' अन्त में इस प्रकार के शब्द आते हैं जो पत्र की प्रकार निर्भर करते हैं:

(a) Please convey my compliment/respects to...
(b) Love to ......
(c) Convey my love to ....
(d) Thanking you,
(e) Thank you.
(f) With best wishes.
(g) With kind regards, etc.

(iv) 'Body' में प्रत्येक Paragraph बाईं ओर लाइन का लगभग तीसरा भाग छोड़कर आरम्भ होता है। परन्तु आजकल (विशेषतया Business और Official Letters में) प्रत्येक Paragraph के अन्त में एक लाइन छोड़ दी जाती है और उसके बाद बाईं ओर Margin से अगला Paragraph आरम्भ होता है।

4. Subscription or Complimentary Close: यह 'body' के समाप्त होने के बाद एक-दो Lines छोड़कर दाईं ओर लिखा जाता है। यह Capital Letter से आरम्भ होता है। इसके दूसरे शब्द का अन्तिम अक्षर Capital नहीं होता। इसके अन्त में Comma आता है, यथा

(a) Yours sincerely,
(b) Sincerely yours,
(c) Your loving son,
(d) Yours faithfully, etc.

5. Signatures: Subscription के नीचे पत्र भेजने वाले के Signatures और Bracket में Name आयेंगे।

6. Addressee's full name and address: यह (विशेषकर Personal Letter में जहां ऊपर यह नहीं दिया गया) पत्र के अन्त में Signature के नीचे बाईं ओर Margin के साथ आयेगा।

Formats for Salutations and Subscriptions

1. Personal Letters

Letter sent to	Salutation	Subscription	Remarks, if any
(a) Relatives older than yourself, *e.g.,* Father, Mother, Uncle, Aunt, Brother, Sister etc.	My dear ..... , or Dear.... ,	Yours affectionately, or Your loving ....(son) etc.,	(i) 'Y' = capital (ii) 'a' of affectionately & 'l' of loving and 's' of son=small (iii) Comma at the end.
(b) Relatives younger than yourself *e.g.,* Brother, Sister, Son,	My dear ..., or Dear...	Yours affectionately or Your loving....	-do-

Daughter etc.	(Name)	(brother etc.) (**Note:** The former is preferable	
(c) Friend	My dear ..., or Dear..., (Friend or Name)	Yours Sincerely (**Note:** some people write yours ever, to very close friends)	(i) :y' = capital (ii) 's' or 'e' (of sincerely or ever) = small (iii) Comma at the end. (iv) The use of Yours ever, is not quite appreciable
(d) An acquaintance	Dear Mr...., Dear Mrs..., Dear Miss..., or Dear Ms ..., (Name)	Yours sincerely, or Sincerely yours,	'y' = capital 's' = small or 's' = capital 'y' = small comma at the end
(e) A stranger	Dear Sir, or Dear Madam,	Yours truly, (**Note:** In 'truely' 't' = small is wrong)	'y' = capital

(Note: अधिकतर लोग Yours Sincerely का ही प्रयोग करते हैं)

2. Official Letters

(To officials of Government or semi-govermment department).

To The S.H.O., police station or ...... etc	Sir, or Madam,	Yours faithfully, (**Note :** आजकल कहीं-कहीं Yours Sincerely का भी प्रयोग किया जा रहा है।)	'y' = capital 'f' = small comma at the end

3. Business Letters

To The Manager, or General Manager or Managing Director, or m/s ...., or Messrs......,	Dear sir or Dear sir, (in case of M/s or messrs)	Yours faithfully or Yours truly, (the former is more commonly used	-do- y = capital

4. Letter to the Editor

To The Editor, ...	Sir, (or Madam,	Yours truly, or Yours faithfully,	Yours truly is preferable

5. Applications

(a) **From students to Principal, Head master, teacher etc.**
(b) From ex-students etc. to Principal, Headmastar, teacher etc.
(c) For some post
(d) From employees to their bosses etc.

(a) To	Sir,	Yours obediently,	'y' = capital
The Principal,	or	(**Note:** अब कहीं-कहीं	'o' = small etc.
...school/college,	Madam,	Yours faith fully,	**Note** : In such
(for leave free		भी प्रयोग में आता हैं)	applications, date is
conscession etc.)			written on left side
(b) To		Yours faithfully,	Opposite to sigature
The Principal, etc.	-do-		and Roll No., class etc.
(for a testimonial etc.			are written below the
			signature.

Note: Such applications can written like an official letter.

(c) Application for same post may be written like either of the Application mentioned above, However, at the close of the 'body' we should write "Thanking you," or "Thank you."

Note: "Thanking you," ends with comma (,) and "Thank you" with period *i.e.,* full stop (.)

(d) Such aplications should be written like an official letter.

कुछ Model Letter नीचे दिये जा रहे हैं:

1. Letter to father, requesting him to allow you to participate in an educational tour.

Boys' Hostel-D
Room No. 34,
..........college/school.
October 30, ...

My dear Father,

An educational tour of our school/college is being aganised next month to visit places of historical interest in North India. It will comprise thirty students. Twenty students have already given their names and paid the necessary fees.

I also want to join the said tour. I can give my name and deposit the necessary fee within a fortnight from the date. The fee is only Rs. 500/- including one-way Railway fare and boarding and lodging for the ten-day tour.

Indian Railways would allow one-way free travel to students for such tours.

Dear father, it is a golden opportunity. Amritsar I'll learn a lot. The tour will cover visit Kurukshetra, Delhi, Agra, Mathura etc. Our history teacher, who is a great scholar, will accompany us. Kindly allow me to join the tour and send me

Rs. 500/- as early as is possible.
Kindly convey my respects to dear mamma.

Yours affectionately,
(Harpreet)

2. Letter to younger brother, advising him to take part in games.

69, Bhagirath Street,
Saurabh Kalia Road,
Allahabad,
December 18, ...

Dear Dalip,

I am glad to read your Annual Report, which was received by me yesterday. You stand first in your class in the aggregate. Congratulations! However, one remark by your classteacher has greatly upset me. The crucial red-ink words in the Remarks cloumns read as follows:

"Marks in Physical Education = NIL
Takes no part in games."

As if to add insult to injury, one of your classmates has told me that you are a mere book-worm and have reduced yourself to a skeleton.

Dear Dalip, in your school, you used to take part in Kabaddi and Foot-ball. Now, what has happened to you? Remember, "all work and no play makes Jack a dull bcy" is an old saying but it is true. A sound mind lives only in a sound body. A sportsman has an edge over a book-worm in the the long run. Health is wealth. If you do not develop a strong body now, you'll have to repent afterwards. So, right from today, start taking part in at least one game of your own choice.

Love from papa and mamma.

Yours affectionately,
(Gurdeep)

3. Letter to a friend, inviting him to a hill station.

21, The Mall,
Shimla.
May 29, ...

Dear Baldev,

I'm confident that this letter of mine will generate a spark of envy and jealousy in you when you are finished with it.

Dear friend, at present, I'm treading through the paradise on earth. Simla is known as the "Queen of the Hills." But I characterise it as a paradise. Don't you feel envious? No? All right, read futher.

I reached this wonderful hill spot last week. My uncle in an army officer who took part in the Kargil conflict. He lost one leg but is undainted. "What then?" You would probably ask. Well, he wants to see young boys like us to grow strong and intelligent. "Staying at a hill-station like Shimla as well as taking regular exercise and a balanced diet, is the best way for an adolescent to grow sturdy in body and mind," he says. Ever since I told him that you as my best friend, he has been urging me to call you instantly to stay here for a month or so.

So, dear Baldev, rush in here immediately and enjoy with us the mast salubrious climate here—an over blowing cool breeze, floating and hanging clouds, sparling springs and riverlets and lush green forests and several places of interst—Kufri, Jakhu and others.

Convey my respects to your revered father and mother.

Your sincerely,
(Gurdev)

4. Letter to the Health officer of your town, requesting him to construct a municipal park for children in your locality.

32, Greater Dikki,
Partap Road,
Kotkapura.
16th March, ...

To
The Health officer,
Kotkapura.

Sir,

I'm a resident of Sanman Colony, Kotkapura. About ten thousand people live in this locality. The colony has good houses and roads but it is a pity that there is no place here for little children to play. They are forced to play in the busy streets and on cheotic roads. The result is that so many times, they are hit by speeding automobiles.

I, therefore, want to suggest that a municipal park (especially for children) should be planned on the barren municipal land lying unutilised near our colony.

Thanking you,

Yours faithfully
(Prem Prakash)

5. Letter to a crockery manufacturer, placing an order for goods.

Smith Crockery House,
15, Tilak Street, Srihat.

M/s Tandon Crockery Manufacturing Co.,
43, Subramaniam Industrial Square,
Calcutta,

Dear Sir,

Reg : Supply of goods.

We shall be grateful if you supply the follwing goods by rail so as to reach us not later than a month:

S. No.	Name of goods	Qty./No.	Brand	Specificrtion No.	Remarks
1.	China dishes (large)	100	Tul (unbreakable)	375/12 =	Plain
2.	„ „ (memedium)	200	„ „	375/15 =	„
3.	„ „ (small)	500	„ „	375/20 =	„
4.	Steel jugs (medium)	100	Trishul	221/10 =	„
5.	Steel Tubs (large)	20	Sukriya „	112/33 =	„
6.	Glass tumblers (medium)	5 gross	Maya	35/13 =	Embossed
7.	Silver vases („)	50	Krishna „	72/22 =	„

We are sending a Demand Draft for Rs. 2000/- as part payment, with this letter. Kindly negtotiate the RR through M/s Dena Bank, Tilak street, Srihat. Goods must be of superior quality and well-packed. No payment will be made for goods found broken, damaged or lost in transit.

Thanking you,

Yours faithfully,
Sd./-
Partner
For Smith Crockery House

6. An Application for remission of fine.

To

The Principal,
Sahu Parkash School,
Harmilap Nagar,
Hardwar.

Sir,

Yesterday my class-teacher, Mr. Inder Nath, imposed a fine on me for Rs. 20/- for being inattentive in the class. It so happened that he asked me a question, which I could't hear properly as two students behind me were quarrelling and talking loudly.

Sir, I assure you that, it is none of my fault, I've always been an attentive and obedient student. I do my home work regulary and have always shown good results in the house tests. I assure you that I shall be fully attentive in future.

Therefore, I humbly request you to order the remission of the said fine.

Yours obediently,
Sd./-

November 12, ...

(Sunil Kumar)
Roll No. 35,
Class X Green.

7. Application for a post.

To

The Managing Director,
Kurien & Co.,
31, Gurudev Road,
Culcutta.

Sir,

Reg: Application for the post of a Marketing Representative.

This is in reference to your advertisement in *The Amrit Bazar Patrika* dated 10th instant. I may be considered for the post mentioned above. My brief Curriculum Vitae' has been given below:

1. Name: Surinder Nath Ahuja

2. Father's Name: Lata Shri Paruinder Kumar Ahuja

3. Date of Birth: 30th july, ...

4. Educational Qualifications: (i) B.A. with Economics in first division from Calcutta University in the year....

(ii) M.A. (Economics) in the second division from Calcutta University in the year........

5. Other Qualifications: (i) M.B.A. from the Culcutta University in the Year...

(ii) Diploma in Marketing from Jadavpur Marketing Institute in the year.....

6. Experience: (i) One year's experience as Sales Assistance in A.B.C. Co.

(ii) Now, working as Sales Manager in X.Y.Z. Co. for the last three months.

7. **Reason for leaving old firm:** (i) Very small firm with no scope for growth.

(ii) Salary and Perks not commensurate with my qualifications.

8. Minimum Salary expected: Rs. 2000/- p.m. with perks.

9. Minimum period required for joining: Three months.

10. Documents enclosed. Photostat copies of:

(i) Matriculation Certificate
(ii) B.A. Degree
(iii) M.A. Degree
(iv) M.B.A. Degree
(v) Diploma in Marketing
(vi) Character certificates:
(a) from the Principal of my college.
(b) from the Principal of the institute last attended (Jadavpur Technical Institute)
(vii) Work and conduct certificate from A.B.C. Co.
(viii) Work and conduct-cum-No Objection Certificate from the present employer.

Sir, I shall feel obliged if you call me for an interview to enable me to convince about my abilities and potential. If appointed, I assure you that I'll do my best to serve your firm with diligence and devotion.

Thank you.

Yours faithfully
February 28, ... Sd.-
(Surinder Nath Ahuja)
36, Deshbandhu Road
Jamshedpur.

CHAPTER 56

PARAGRAPH WRITING

A person's calibre can easily be judged by the manner in which, he/she writes a paragraph. A paragraph is a precise composition, which excluds all redundant text. The following points should be borne in mind while writing a paragraph:

(1) Have a close look at the topic and think deeply before starting to write.

(2) Write the first sentence (called the 'topic' or 'topical' sentences) in the most impressive way.

Remember: Much depends upon the manner in which, you start your paragraph.

(3) Write in a brief, straight forward manner, avoiding all digressions which might be acceptable in an essay.

Remember: Paragraph writing is different from essay writing.

(4) Your paragraph must be developed against a single idea, which may have a number of supportive sub-ideas

(5) Your ideas must flow continuously from one to the next till the **end,** which should be the logical conclusion.

(6) There should be unity and coherence, besides brevity, in your paragraph.

(7) Use live but simple language comprising mostly short or medium sentences instead of a few long and complex ones for creating an interest in the mind of the reader.

(8) Don't exceed the prescribed limit.

For the benefit of readers, a few model paragraphs have been given below.

A STRANGE EXPERIENCE

My friend and I had to travel by a jam-packed train. A gentleman was occupying three seats—one for himself and the other two for his bag. He wouldn't let anybody sit on the occupied seats. All my entreaties to him were as if those were to a statue. The resason? He was eating colourfullly packed biscuits of different brands well spread on the bag and was giving an air of snoblish aristocracy. My friend, who was exceptionally resourceful and had not so far made any pleadings with him approached him, and coaxed him into a conversation. "What a marvel of science modern manufacturing process is!" he whispered to him. "These luxury snacks, which you are taking, smell so sweet and taste nicely, I hope." "Eh!" replied the gentleman, "I've worked in a big baking firm. These biscuits are made of such a lousy stuff that even dogs refuse to eat." But candy, color and essence make all the difference," said my friend. The gentleman raised his eyebrows. "But these make a man an aristocrat." Observed my friend. " Only two people are the models of impudence in this word—the mule, and, a ton more, the aristocrat !" I poked my nose all the same expecting a furious spontaneous backlash. But, quite contrarily. the gentleman at once removed his bag and offered us biscuits and seats, which we both accepted gratefully.

THE IDEA OF HAPPINESS

Through the ages, man has always been aspring for happiness. Man has always been trying to appease God, Nature and deites to achieve this end. Midas tried to gather as much gold as was possible to arrive at the same goal, Our Sages like Bhrigu and others gave an expository idea of the *Vaastu Kala* to create a congenial environment at home and at the place of work to enhance happiness. The idea is getting big upward pushes these days. Ali acts of charity are based, not just on the premises of sympathy and mercy, but more prominently on the conscious or unconscious persuit of miner happiness and satisfaction and even on the idea of insurance for happiness during the next life. The Chinese idea of *Feng Shvi* (pronounced "Fung Schway") also rudimentarily undertakes to shoot towards the same goal. The idea is based on the flow of energy called *Chi* which is the study the electromagnetive energy that flows in the everything around. The literal meaning of the term is "wind and water" and it is the Chinese belief that *Chi* follows the flowing pattern of these elements. This ancient art of placement to "direct energy flow" has been with the Chinese for more than four millenniams but is now becoming popular all over the world. I, however, believ that happiness is only a state of mind, which can be achieved by anybody.

LIFE IN A BIG CITY

Life in a big city is often very tiring. The three diabolical words, "Hurry, Worry and Curry," (often pointed out by medical practioners as the basic causes of hypertension, are the hall-mark of life in a big city. 'Curry' here means 'food' or 'diet'. In a big city, people are always in a hurry. There is so much stress and strain in their lives. They are comparatively more worried, as the cost of living in a big city is high. People in a big city often do not get farm-fresh vegetables and other eatables. Their places of work are far away from their homes and they have to eat at restaurants where cleanliness and hygiene are big casualties. The life of the poor is invaribly miserable in a big city but the rich enjoy all the luxuries and comforts. But all said, a big city has certain advanatages. It has numerous libraries and institutes and thus provides more facilities for education. It offers several avenues for employment. It has big hospitals, clinics and nursing homes where medical help is available. It has several means of entertaiment like cinema houses, theatres, zoological parks, circuses, museums, parks and places worth seeing. Now-a-days, pollution is playing havoc with the lives of city-dwellers. Accidents and law and order problems are also other negative points. More attention should be given to the quality of life in a big city.

CHAPTER 57

READING COMPREHENSION

1. The purpose of comprehension is to ensure that the student understands throughly the general ideas contained in a given passage.

2. Read the given passage twice or thrice to understand its meaning thoroughly.

3. Then, read carefully all the questions that follow before undertaking to answer them individually.

4. If some of the questions seem to be similar, try to realise the essential difference between them.

5. Try to locate roughly the answers to the questions in the passage on a question-to-question basis.

6. If answers of two or more questions seem to be the same, try to distinguish between them.

7. The questions are generally given in a chronological (or descending) order in the passage. Hence, you can answer them accordingly. In one or more question, such an order may not be there. In such cases, you have to be careful.

8. Answer the questions (preferably in the proper order), using your own words. However, there is no harm in taking words from the passage if they seem to be most suitable.

9. If you are aksed to assign a title, do so carefully. Some passages have been given—some solved and other unsolved for practice.

SOLVED EXERCISES

I

The underlying secret of a lamp's lustre and splondour is that it spares not its wick and oil. The wick and oil or the little self is being constantly consumed and glory is the natural consequence. "There it is," the lamp says. Spare yourself and you will be immediately extinguished. If you seek case and comfort for your bodies and waste your time in sensual pleasures and luxury, there is no hope for you. Incativity, in other words, would bring death to you and activity alone is life. Look at the stagnant pond and the running stream. The crystal clear water of the river is ever fresh, clear, drinkable and attractive. But, on the other hand, see how disgusting, odorous, filthy, dirty, stinking and stenching is the water of the stagnant pond. If you wish to succeed. follow the life of action, the constant motion of a river. There is no hope for a man who would waste his wick and oil by preseving it from consumption. Follow the policy of a river, ever-progressing, ever-assimilating, ever-adapting itself to the environments and ever-performing work. Work, ever-performing work, is the first principle of success.—*Swami Ram Tirath*

Read the above passage and answer the following questions:

Q. 1. What is the underlying secret of a lamp's lustre?

Ans. The underlying secret of a lamp's lustre is that it doesn't spare its wick and oil, which are being constantly consumed.

Q. 2. With what does the author compare the wick and oil?

Ans. The author compares the wick and oil to "the little self."

Q. 3. What, according to the author, is life and what brings death?

Ans. According to the author, activity alone is life and inactivity brings death.

Q. 4. What contrast is there between the water of a running stream and that of a stagnant pond?

Ans. The water of a running stream is fresh, clear, drinkable and attractive and that of a stagnant pond is disgusting, odorous, filthy and stenching.

Q. 5. What should one do to be successful in life?

Ans. To be successful in life, one should lead a life of action, following the example of a constantly flowing river.

Q. 6. What, according to the author, is the first principal of success?

Ans. According to the author, the first principle of success is "work, ever-performing work."

II

"Now, Just look over there!" said Peterkin in an interesested tone, "if that isn't the worst piece of motherly conduct I ever saw ! That wicked old lady penguin has just thrown her young one into sea and there's another about to follow her example."

This indeed, seemed to be the case, on the top of a steep rock, close to the edge of the sea where we observed on old penguin trying to get her young one into the water but the young one seemed very unvwilling to go and moved very slowly towards her. At last, she went gently behind the young bird and pushed it a little towards the water but with great tenderness, as if, saying, "Don't be afraid, dear, I won't hurt you, my little one! But no sooner did she get it to the edge of the rock, where it stood looking throughtfully down at the sea, than she gave it a sudden hard push, sending its head first down the slope into the water, where its mother left it to swim to the shore as it best could. We observed many of them doing this and we thus learnt that this is the way in which, old penguins teach their children to swim.

Read the above passage and answer the following questions:

Q. 1. What, according to Peterkin, was the worst motherly conduct?

Ans. Peterksin saw an old lady penguin throw her young one into the sea and there was another about to follow her example. According to him that was the worst piece of motherly conduct.

Q. 2. How did the young penguin go into water?

Ans. The young penguin was unwilling to go into water and moved very slowly towards its mother to get pushed into it.

Q. 3. How did the mother penguin send her young one into water?

Ans. She gave it a sudden, hard push, sending its head down the slope into the water.

Q. 4. Why did the mother penguins push their young ones into water?

Ans. That was the way of mother penguins of teaching their young ones to swim.

Q. 5. Assign a suitable heading to the passage.

Ans. How the Young Penguins Learn Swimming.

UNSOLVED EXERCISES

I

As an alternative source of energy, however, the Sun is the most promising of all. Estimates based on various scientific calcutations show that if we took all the world's reserves of coal, oil and natural gas and burnt up at the this rate, these would all be consumed in lhundred years. Tropical countries get ten throusand times more energy from the Sun than they produce by all other means. Even Britain, which is not blessed with much sunshine, but consumes energy at a very high rate, receives 90 times more energy from the Sun than it requires altogether.

But, why has it not been used in the past as an additional source of energy? There are technical and economic reasons. Despite its enormous power, its rays arrive down here as low-grade energy because they have to travel over such a great distance and because they are diffused. Thus, the power-density of any solar heating installation is small in comparison with that of other devices, compared for instance, with the power of a turbo-generator driven by steam, coal, oil, nuclear fission energy or even gas fuel in the home. Consequently, the cost of building a device for the efficient use of solar energy is relatively high. However, the advocates of solar energy are confident to claim that it is more satisfactory than nuclear energy. It is cleaner and kinder to the environment and eventually, it might be cheaper as well.

Word-meanings. 1. diffuse--spreading in every direction.

2. fission energy—energy arising from the nucleiis of certain radioactive atoms.

Questions

1. What is the advantage of solar energy over other sources of energy?
2. Why hasn't the solar energy been used in the past?
3. Why the Sun rays generate low-grade energy?
4. Why is the cost of building a solar energy installation high?
5. In what respect, are the advocates of solar energy optimistic about its future?

(from C.B.S.E. Workbook)

II

Most of the people, who appear in history books, are great conquerors and generals. Strangely enough, the people, who really helped civilisation forward, are often not mentioned at all. *We do not* know who first made the boat or calculated the length of the year but we know about the killers and destroyers. We raise statues for them simply because they fought bravely. But even animals fight. So do savages. To fight is not to be civilised. Moreover, there are other ways of settling quarrels among men and nations. So, really civilised people have been those who have brought peace and happiness to mankind. They have been prophets, saints, doctors, inventors and discoverers. They have been truly great since instead of infliciting pain and hardships upon humanity, they have healed their wounds. Instead of killing, they have saved human lives. They are really civilised and deserve our a admiration and respect.

—C.E.M. Joad.

Read the above passage and answer the following questions?

Q. 1. What kind of people most often appear in history books?

Q. 2. How does mankind treat the people who really helped civilisation?

Q. 3. What kind of people, according to the author, have been really civilised ones?

Q. 4. Why does the author call such people "truly great?"

Q. 5. Give two example of "truly great" people who are unknown?

III

The United Nations has agreed to grant an assistance of Rs 85 crore for a period of five years to a special government programme, designed to develop community schools and providing child-friendly education to the underprivileged, especially to girls.

This will be achieved by focussing on three key players in elementary education—children, teachers and communities. An agreement on the programme was recently signed in New Delhi, reflecting the spirit of coordination among the UN orgnisations under the current UN reforms programme.

The programme, which is unprecedented in having evolved through planning at the block and village levels, will be implemented in 100 blocks, small towns and urban slums in eight states—Andhra Pradesh, Bihar, Karnataka, Madya Pradesh, Maharashtra, Orissa, Rajasthan and Uttar Predesh.

The blocks have been selected because of a high concentration of tribal population, low female literacy and educational backwardness.

The programme will target girls and marginalised children to improve their attendance and performance in primary school. It will also work to enhance the capacity for community participation in effective school management.

The goal is to inculcate motivation and self-esteem in students and improve the performance of teachers through interactive, child-centred and gender-sensitive methods of teaching in multi-grade classrooms.

Read the above passage and answer the following questions.

Q. 1. What is the special government programme?

Q. 2. What are the there key players in elementary education?

Q. 3. Why does the author call the programme 'imprecedented?'

Q. 4. Why have the blocks been selected?

Q. 5. What are the various targets of the programme?

Q. 6. Assign a suitable heading to the passage.

IV

First and foremost among the blessings of civilisation are order and safety. If today, I have a quarrel with another man, I do not get beaten up merely because I am physically weaker and he can knock me down. I go to the law and the law will decide as fairly as it can between the two of us. Thus in disputes between man and man, right has taken the place of might. Morever, the law protects me from robbery and violence; nobody Can come and break into my house, steal my goods or run away with my children. Of course, there are burglars but they are very rare and the law punishes them whenever it catches them.

It is difficult for us to realise how much this safety means. Without safety, those higher activities of mankind, which make up a civilisation, could not go on. The inventor could not invent, the scientist could not discover and the artist could not make beautiful things. Hence, order and safety though are not themselves civilisation, are things without which, civilisation would be impossible. They are as neccessary as the air we breathe and we have grown so used to them that we do not notice them any more than we notice the air.

—C.E.M. Joad.

Read the above passage and answer the question that follow:

Q. 1. Why today, if a man has a quarrel with another man, doesn't get beaten?

Q. 2. From what outrages does law protect the modern man?

Q. 3. How does law treat the burglars?

Q. 4. What, according to the author, are the higher activities of mankind which make up civilisation?

Q. 5. How are order and safety neccessary for man?

Q. 6. Assign a suitable title to the passage.

V

Now, on unexpected misfortune befell Michael. Years before, he had stood surety for his brother's son, who had borrwed some money. It happened that this nephew of his suffered a misfortune and Michael had to pay the money. This was a bolt from the blue. Where could he find the money? There seemed to be no way of finding it except by selling his property, which he loved so dearly. The thought of having to do so nearly broke his heart.

"We have toiled all our lives," said Michael to his wife, "I in these fields and you in this collage, in order to keep the land free. It now seems as if they must pass into the hands of a stranger. And if they should, I am sure, I won't lie in peace in my grave."

"What shall we do?" asked Isabel.

"I am afraid Luke must leave us." said Michael after thinking for a while, "He must go to our relative in the city. He can find him work. Luke is a good boy. He is healthy and strong. He can work hard and earn the money to pay off the debt. The cottage and the land will then, be saved for him."

Read the above passage carefully and answer the follwing questions:

Q. 1. Who had borrowed the money?

Q. 2. Whom did Michael stand surety for?

Q. 3. What suggestion did Micheal give to his wife?

Q. 4. What was the fear in the mind of Michael?

Q. 5. How was Michael able to keep the land free from debt?

Q. 6. Complete the sentence with the correct statement:

Michael was to pay the money on behalf of his nephew because :

(a) his nephew had died in an accident

(b) he was bound by a promise

(c) he had affection for his nephew

Q. 7. Fill in the blank in the follwing sentence with the correct alternative:

Michael said that he would not lie in peace in his grave if—

(a) his house was looted

(b) he failed to meet his son

(c) his property fell into the hands of a stranger

Q. 8. What was the effect of the thought of selling the property on the mind of Michael?

Q. 9. The word surety in the sentence, "He had stood surety for his brother's son" means:

(a) bad luck (b) guarantee (c) secrecy.

CHAPTER 58

PRECIS-WRITING

What is a Precis?

1. The dictionary meaning of the word "Precis" is "restatement in shortened form of the chief ideas, points etc., of a sheech or piece of writing."
2. By common practice, a precis is deemed to be about one-third (in the number to words) of a given passage.
3. It must contain all the important ideas etc.
4. It must look an original piece of writing.
5. It must be free from all mistakes.
6. It must be assigned a title.
7. It is better to give the number of words in the given passage and those in the precis at the end.

How to make a Precis?

1. Read the given passage two or three times.
2. Note down all the important points.
3. Make a rough draft, using as far as possible using your own words.
4. Don't change, add or delete important ideas.
5. Bring the number of words to abour one-third those in the given passage.
6. Make a fair draft.
7. Read the fair draft again to ensure that it is free from errors.
8. Assign a suitable heading (after writing the rough copy of fair draft.)

Examples

Some solved and unsolved exercises have been given.

SOLVED EXERCISES

I

A proper consideration of the value of time will inspire the habit of punctuality. Punctuality is the politeness of kings, the duty of gentlemen and necessity of men of business. Nothing begets confidence in a man sooner than the practice of this virtue and nothing shakes confidence sooner than the want of it. He, who holds to his appointment and does not keep you waiting for him, shows that he has regard for your time as well as for his own. Thus punctuality is one of the ways in which, we show our personal respect for those whom we are called upon to meet in the business of life. It is also conscienousness in a manner, for an appointment is a contract and he who does not keep it, is guilty of breaking faith as well as of dishonestly wasting other peoples' time. We naturally come to the conclusion that the person, who is careless about time, will be careless about business and he is not to be trusted with the transaction of matters of importance. When Washington's secretary excused himself for his late arrival and laid the blame on his watch, his master quietly said, "Then you must have another watch or I another secretary."

Points.

1. The habit of punctuality can be developed by realising the value of time.
2. Punctuality is essential for kings, gentlemen and businessmen alike.
3. Punctuality generates self-confidence in man.
4. Punctuality is a way of showing respect to the appointees.
5. An appointment is a contract the breach of which, means a breach of trust and a dishonest wastage of others' time.
6. One can conclude that a man, careless about time, must also be careless about business.
7. Such a man must be untrustworthy.
8. An unpunctual employee deserves only dismissal.

ROUGH PRECIS

The habit of punctuality can be developed by realising the value of time. All men, whatever their professions, need to be punctual. That is the way to generate self-confidence in oneself. Keeping an appointment is the way of showing respect to an appointee. The opposite of it is virtualty a breach of trust and wastes others' time. A man, careless about time, can be inferred to be careless about business and hence, must be an unreliable one. If such a one is an employee, he deserves only dismissial.

Fair Precis Punctuality

Punctuality is the other name for realising the value of time. It generates self-confidence and it the way of showing respect to an appointee. Disregard of an appoitment is a breach of contract and wastage of appointee's time. An unpunctual man is untrustworthy, may he be a bunsinessman or an employee. Such business must be careless about his business and a feigning employee deserves nothing but dismissal.

No. of words in the given passage = 202

No. of words in the precis = 68

(*Title:* Punctuality)

Note: Title (or heading) should be written either at the top or at the bottom, *i.e.,* at one place only and not at both the places.

II

In some of the most civilised nations of Europe, people have voluntarily given up a large part of their liberties in the hope of finding security—personal or national. These people had been driven by fear and confusion, beyond human capacity to endure. Finally, they came to belive that the strength and stability of their nation could be established only by the sacrifice of personal freedom. They believed that liberty and democracy stood in the way of their chances to find food for their children. The price of freedom was too high and rightly or wrongly, they chose a strict national discipline, which seemed to them to offer the only chance of survival in a hostile world. If we, in America have keep a fair amount of personal freedom, we must so organise our affairs that patriotism and liberty will not seem to be opposed to each other. We must also provide enough personal security for all the people to prevent their being driven to desperate measures. The necessary condition of democratic liberty is that we make democracy and security work together.

Points

1. Most of the civilised European nations have volantarily given up much of their liberties for the sake of personal or national security.
2. Fear and confusion have been the causes behind this phenomenon.
3. Economic factors undermined the spirit of liberty and democracy.
4. People believed in strict national discipline, which was essential for survival of the nation.
5. To preserve a fair amount of personal freedom, patriotism and liberty must not be antagonistic to each other.
6. Sufficient personal security is essential to save people from desperation.
7. Democracy and security must work together to ensure democratic liberty.

Rough Draft. Fear regarding personal or national security has driven many european nations to shed much of their liberty. Economie factors have also undermined liberty and democracy. It is strict national discipline, for which they have opted. However, sufficient personal security is essential to save people from desperation. In fact, democracy and security must work together to ensure democratic liberty.

Fair Precis
Same as Rough Draft

No. of words in the given passage = 181

No. of words in Precis = 57

Title : Democracy and security

Unsolved Exercise

Make-precis of each of the following passages.

I

The future beckons to us. Whither do we go and what shall be our endeavour? To bring freedom and opportunity to the common man, the peasants and workers of India, to fight and end poverty and ignorance and disease, to build up prosperous, democatic and prograssive nation and to create social, econimic and political institutions, which will ensure justice and fullness and life to every man and woman.

We have hard work ahead. There is no resting for any one of us till we redeem our pledges in full, till we make all the people of India what destiny intended them to be. We are the citizens of a great country, on the verge of bold advance and we have to live *up to that* high standard. All of us, to whatever religion we may belong, are equally the children of India with equal right, privileges and obligations. We cannot encourage communalism or narrow-mindedness, for no nation can be great whose people are narrow in thought or in actions.

—J.L. Nehru

II

And very unique and poetical symbols there moustaches as well! For instance, there is the famous 'lion' moustache, the fearsome upstanding symbol of that great order of resplendant Rajas, Maharajas, Nawabs and English army generals who are so well-known for their devotion to duty. Then, there is the 'tiger' moustache—the uncanny pointed moustache worn by the unbending, unchanging survivals from the ranks of the feudal gentry, who have nothing left but the pride in their greatness and a few mementos of past glory, sacrolls of honour granted by the former Emperors, a few gold trinkets, heirlooms and bits of land. Next, there is the 'goat' moustache—a rather unsure brand worn by the noveau rich the new commercial bourgoisie and the shopkeeper class who somehow don't belong to them. An indifferent, thin little line of a moustache, worn so that its tips can be turned up or down as the occasion demands—a show of power of some humility to a prosperous client. There is also the "Charlie Chaplin" moustache worn by the lower middle class, by clerks and professional men, a kind of half-and-half affair, deliberately designed as a compromise between the traditional full moustache and the clean- shaven Curzon-cut of the Sahibs and the barristers. There is the 'sheep' moustache of the coolies and the lower orders, the 'mouse' moustache of the peasants and so on.

—Mulk Raj Anand

III

Dussehra is the festival of fire-crackers, which the children, dressed in smart, gaudy clothes, light or fire for many days. Otherwise famished with hunger, malnutrition and negligence, these little angles enjoy the taste a of sweets and fruits and are all along in a jovial holiday mood in this season. The grown-ups do not lag behind them in merry-making.

Dussehra is celabrated throughout the length and breadth of India in memory of the victory of Rama over Ravana, thousands of year ago. Thus it has been a great source of India's cultural unity through the ages. It is celebrated not only by the Hindus and the orders akin to Hinduism, the Jains, the Sikhs and the Bhuddhists, but also by the Indian Muslims and the Christian. Almost all Indians of all shades, religions, creeds and ideologies take part, more of less, in the festivities.

The burning of the huge effigies of Ravana, Kumbh Karna and Meghnath is always carried out at the most spacious ground in each town of the country, where thousands of spectators of all hues enjoy the fun with fervent faith, reverence and solemnity. Boys dressed as Lord Rama and Lakshman and riding tastefully decorated agile horses, shoot arrows at the excplosive effigies and it is with Ram's last arrow aimed at Ravana's navel that effigies are ignited. The much awaited climax always comes at the time of twilight, signifying Ravana's inevitable fate as a direct neme, for his misdeeds),which he can escape neither during the day nor at night. The conflagrating flames of the effigies that burn with a bang, offer a splendid spectacle for men, women and children. A piece of bamboo drawn from the burning effigy of Ravana is considered to be a sacred relic for every one who can lay his hands on it.

Whereas on the one hand, the Dussehra inclulcates the lesson of a life on a high moral plane, as led by Maryada Purshottam Rama, its importance in modern India is derived from tis effectiveness along with other such national festivals, as one of the strongest vehicles of national and emotional integration.

Dussehra, like the Deepawali (which is factually an off-shoot of the Dussehra) is a national festival, notwithstanding regional variations. India and Indian culture survive today mainly because of such all-embracing festivals, derived from the heart of our sacred scriptures, which are held in high esteem by one and all, in spite of the modern skeptical and surrealistic spirit.

IV

To be a first-rate human being, a man must be both a first-rate animal and a first-rate thinker. (And, incidentally, he cannot be a first-rate thinker, at any rate about human affairs unless he is also a first-rate animal.) From the time of Plato onwards, there has been a tendency to exalt the thinking, "spiritual man at the expense of the animal." Chistianity confirmed Platonism and now, in its turn, what I may call Tordism, or the philosophy of industrialism, confirms, though with important modifications, the spiritualising doctrines of Christianity. Tordism demands that we should sacrifice the animal man (and along with the large animal portions of the thinking, spiritual man) not indeed to God, but to the machine. There is no place in the factory or in the large factory, which is the modern industrilised would, for animals on the one hand or for artists, mystics or even the individuals. Tordism is that, which demands the crudest mutilations of the human phyche and offers the smallest spiritual returns. Rigorously practised for a few generations, this dreadful religion of the machine will end by destroying the human race.

—Aldous Huxley

V

The test of a great book is whether we want to read it only once or more than once. We want to read a great book the second time even more than we wanted to read it the first time and every additional time that we read it, we find new meanings and new beauties in that book. A person of education and good taste does not care to read a book more than once as he feels that it is very probably not worth much. But we cannot consider the judgement of a single individual infallible. The opinion that makes a book great must be the opinion of many. For even the greatest critics are apt to have certain dullnesses, certain inappreciations. Carlyle, for example, could not endure Browning; Byron could not endure some of the greatest of English poets. A man must be many—sided to utter a trust—worthy estimate of many books. We may doubt the judgement of the single critic at times. But there is no doubt possible in regard to the judgement of generations. Even if we cannot at once perceive anything good in a book which has been admired and praised for hundreds of years, we may be sure that by trying, by studying it carefully, we shall at last be able to feel the reason of this admiration and praise. The best of all libraries for poor man would be a library entirely composed of such great works only as have passed the test of time.

VI

There breathe millions in the booming city of Winsomyarn, a city with a big radius, with broad muscular roads running over its whole body. On the shoulders of these roads. wheels move day and night and hundreds of thousands of rims of different sizes role on relentlessly. Their hustle and bustle proves its mettle when the deafening sounds of horns of cars, buses and trucks ram into each other. Just a lookout of the window of the running car makes the human eye stay a little bit on the wonderful structure of the sky-kissing bulidings and the ups and downs of overbridges, There is no human eye that can remain shut when it gets the glimpse of decent green gardens and shooting fountains errupting from their bellies on either sides of each road.

Winsomyarn is the heart of the country, with hundreds of strutting shopping complexes and a flourishing stockmarket where country's economy has its pulse. If there are certain routes through which, pour in eatables and choicest delicacies, there are numerous others, which let out huge quantities of finished products from a pin to an aeroplane that come out of the smoky chimneys of factories encircling the big city.

Here, most of the breathers fling themselves into bed when the moon stands high in the sky. But there are quite a few who jump out of their beds and show their chronic friendship with the roads and gardens with the first kiss of the Sun when the papers roll and drop in big houses. The restaurants remain buzzing from breakfast hours to late dinners. The hotels remain jammed with tourists and businessmen who drop there from all over the world.

Here, in this city, there are hardly any who has never visited any hospital or private clinic. Most of the folks start their days with a handful of colourful pills and capsules thrown into their tummies at the end of the breakfast. Then, there are not a few who keep the doctors and nurses their toes in general wards and ICU's under the Sun and the moon.

VII

"Spare the rod and spoil the child" is the age-old adage that continues to hold good even now. Complaints from agitated parents after their wards have been subjected to beating by teachers in schools keep on pouring in newspaper offices. Some of these complaints are of a serious nature while others frivolous.

In an age of information explosion and freedom, disciplining school- going students has become a tricky matter. Neither the convential method of corporal punishment nor the morden approach of absolute freedom to students has achieved the desired results.

There is a reason for the growing suicide tendencies among students. We start sending our children to pre-nursery classes when they are only two. As a result, by the time they are in their teens, their mental faculties develop more than their physical development. At this stage, they do not reconcile to failure. Besides, imbalances in society and our failure to reform our educational system also makes them suffer from depression.

About 10 to 15 years ago, a study by American educationists said that there has been a 200 percent rise in suicidal tendencies among school- going children. This is true of our present generation.

A student should not fear a teacher because of his or her *danda* but out of respect for him or her. Teachers must have a good rapport with their students so that they do not fear them but respect them. No one can approve of inhuman torture of a child. Each child has the right to self-respect. No one should take that away from him.

The suicidal tendencies among school-going students is an accumlative effect and not because of immediate provocation. There is no proper counselling in any school. There has to be periodic counselling so as to establish rapport between a student and the school. A teacher can draw a line as and when he or she finds a behaviourial change in a student. Such a change should lead him to a counsellor in the school. The child must be drawn out of that behaviour.

ANSWERS

Chapter 2
THE SPEECH AND THE SENTENCE (KINDS OF SENTENCES—CONTENTS)
Exercise-I

1. Affirmative sentence
2. Exclamatory sentence
3. Interrogative sentence
4. Interrogative sentence
5. Exclamatory sentence
6. Negative sentence
7. Imperative sentence
8. Optative sentence
9. Interrogative sentence
10. Exclamatory sentence
11. Imperative sentence
12. Imperative sentence
13. Negative sentence
14. Interrogative sentence

Exercise-II

1. *(a)*	**2.** *(d)*	**3.** *(b)*	**4.** *(c)*	**5.** *(b)*
6. *(d)*	**7.** *(a)*	**8.** *(b)*	**9.** *(a)*	**10.** *(b)*

Chapter 3
PARTS OF A SENTENCE
Exercise

The word/words circled is/are the subject and the remaining part of the sentence is the Predicate :

1. (He) is telling a lie.

2. How nice (she) looks!

3. No Subject (In Imperative sentences 'you' is understood).

4. No Subject ('you' is understood).

5. (The sun) sets.

6. Are (you) blind?

7. What is (the problem) with you?

(**Note :** "What" is the pronoun represents the noun : the "problem")

8. How beautifully (he) is dancing!

9. No Subject ('you' is understood)

10. (I) love him very much.

11. (He) is my best friend.

12. (We) should respect our elders.

13. Why are (you) weeping?
14. (He) makes no mistakes.
15. (He) lives in a big house.

Exercise

(S) = Subject, (O) = Object, (V) = Verb, (C) = Complement

1. *He* (S) *went* (V) to the school.
2. *He* (S) *looks* (V) *happy* (C).
3. *Mohan* (S) *is* (V) *a good boy* (C).
4. *He* (S) *is* (V) *an intelligent student* (C).
5. *The peacock* (S) *was dancing* (V) in the garden.
6. *My father* (S) *walks* (V) slowly.
7. *She* (S) *has* (V) *two sons* (C).
8. *This* (S) *is* (V) *my pen* (C).
9. *I* (S) *ran* (V) *a ten mile race* (O).
10. *We* (S) *should not break* (V) *the kitchen articles* (O).
11. *Barking dogs* (S) seldom *bite* (V).
12. *He* (S) *eats* (V) too much.
13. *Mohan* (S) *killed* (V) *a snake* (O).
14. *The doctor* (S) *advised* (V) *him* (O) *to take rest for a few days* (C).

Chapter 4
THE CLAUSE AND THE PHRASE
Exercise

Note : प्राय: clause का अभिप्राय subordinate clause से होता है, परन्तु जिन वाक्यों में subordinate clause न हो, वहां main clause को ही clause के रूप में देखा जा सकता है। निम्नलिखित वाक्यों में जो भाग नहीं लिखा गया, वह main clause है। यदि केवल clause ही लिखना हो, तो phrase भी उसका ही अंश बन जाती है।

1. in the class. — Phrase
2. sorry for your fault. — Phrase
3. love your country. — (Main *or* Principle Clause)
4. a good time in London. — Phrase
5. for the moon. — Phrase
6. in his chest. — Phrase
7. in his chest. — Phrase
8. (a) on the roof. — Phrases
   (b) (to see) the shining moon.
9. (a) in glass houses. — Phrases
   (b) at others.

10. He gave me. Clause
11. neat and clean. Phrase
12. (a) On his way (to Delhi). Phrases
    (b) for his friend.
13. the real story. Phrase.

(Note : यहां 'the real story' direct object भी है)

Chapter 5
PARTS OF SPEECH
Exercise-1

1. *(b)*	**2.** *(d)*	**3.** *(a)*	**4.** *(a)*	**5.** *(a)*
6. *(a)*	**7.** *(c)*	**8.** *(a)*	**9.** *(b)*	**10.** *(c)*

Exercise-2

(N) = Noun, (P) = Pronoun, (I) = Interjection, (Adj) = Adjective, (Adv) = Adverb. (C) = Conjunction, (Prep) = Preposition, (V) = Verb.

1. *His* (P) *house* (N) *is situated* (V) *opposite* (Adj) *to* (Prep) *mine* (P).
2. *Wow!* (I) *You* (P) *have stood* (V) *first* (Adj) *in* (Prep) *the examination* (N)
3. *Ganesh* (N) *tells* (V) *me* (P) *a false* (Adj) *story* (N).
4. *Ram* (N) *is* (V) *a nice* (Adj) *boy* (N) *but* (C) *he* (P) *belongs* (V) *to* (Prep *a poor* (Adj) *family* (N).
5. *Everything* (P) *is* (V) *all* (Adv) *right* (Adj) *here* (Adv).
6. *Bravo!* (I) *Well* (Adv) *done* (Adj-Participle).
7. *This* (Adj) *road* (N) *leads* (V) *to* (Prep) *Mumbai* (N).
8. *It* (P) *has started* (V) raining *outside* (Adv) *but* (C) *my* (Adj) *brother* (N *has* (V) *not* (Adv) *come* (V) *yet* (Adv) *from* (Prep) the *bazaar* (N).
9. *Nobody* (P) *likes* (V) *him* (P).
10. *King* (N) *Ashoka* (N) *was* (V) a *very* (Adv) *kind* (Adj) *man* (N).
11. *I* (P) *am* (V) *happy* (Adj) *that* (C) *you* (P) *have invited* (V) *me* (P) to visi *Delhi* (N) *on* (Prep) *your* (P) *birthday* (N).
12. The *teacher* (N) *shouted* (V) *at* (Prep) *me* (P).
13. *He* (P) *will be compelled* (V) to resign.
14. *You* (P) *must take care* (V) *of* (Prep) *your* (P) *health* (N).
15. *You* (P) *cannot finish* (V) *it* (P) *so* (Adv) *soon* (Adv).

Chapter 6
KINDS OF NOUNS
Exercise-I

1. *(c)*	**2.** *(a)*	**3.** *(b)*	**4.** *(d)*	**5.** *(a)*

6. *(a)* **7.** *(a)* यहाँ पर **8.** *(a)* **9.** *(a)* **10.** *(d)*

Exercise-II

(C) = Common Noun, (P) = Proper Noun, (Col) = Collective Noun, (A) = Abstract Noun, (M) = Material Noun.

1. A *committee* (Col) of *five* (C) was appointed.
2. This *ring* (C) is made up of *gold* (M).
3. Always speak the *truth* (A).
4. A *chair* (C) is made of *wood* (M).
5. *Divya* (P) is a very brilliant *girl* (C).
6. Our *teacher* (C) gave us *orders* (A) not to talk in the *class* (C).
7. An angry *mob* (Col) threw stones at the *bus* (C).
8. *Ashoka* (P) was a brave *king* (C).
9. He lives in a big *town* (C).
10. *Air* (M) is essential for *life* (A).
11. The use of *alcohol* (M) is injurious to *health* (A).
12. The *bag* (C) is full of *wheat* (M).
13. *Jagdish* (P) is a very foolish *boy* (C).
14. The *mercury* (M) has fallen due to heavy *snowfall* (A) on the *mountains* (C).

Chapter 9
FORMATION OF ABSTRACT NOUNS

Exercise-I

Nouns	*Abstract Nouns*	*Nouns*	*Abstract Nouns*
boys	boyhood	captain	captaincy
man	manhood	rogue	roguery
beggar	begging *or* beggary	regent	regency
priest	priesthood	infant	infancy
friend	friendship	bankrupt	bankruptcy
owner	ownership	king	kingship *or* kinghood
mother	motherhood	coward	cowardice

Exercise-II

Verbs	*Abstract Nouns*	*Verbs*	*Abstract Nouns*
succeed	success	obey	obedience
starve	starvation	protect	protection
attend	attention or attendance	conceal	concealment
avoid	avoidance	expect	expectation
seize	seizure	meet	meeting

Verbs	*Abstract Nouns*	*Verbs*	*Abstract Nouns*
believe	belief	pray	prayer
go	gait (common noun)	excel	excellence
try	trial	occupy	occupancy, occupation
die	death	devise	device, devise, deviser (common noun)
laugh	laughter		
serve	service	deny	denial
pursue	pursuit	deliver	delivery, deliverance

Exercise-III

Adjectives	*Abstracts Noun*	*Adjectives*	*Abstracts Noun*
decent	decency	clever	cleverness
clever	cleverness	short	shortness, shortage
human	humanity *or* humanism	poor	poverty
busy	business	long	longing, length
bright	brightness	free	freedom
broad	broadness	good	goodness
vain	vanity	deep	depth
false	falsehood	sweet	sweetness
happy	happiness	cruel	cruelty

Chapter 10
THE PRONOUN
Exercise-1

1. He for Mohan.
2. He for Sandeep.
3. He for student.
4. (a) His, he for Sunil.
   (b) It for coin.
5. He for Gurpreet.
6. (a) He for Manoj.
   (b) His for Ram.
7. They for students.
8. It for horse.
9. His, he for Jagdish.

Exercise-2

1. *(a)* **2.** *(b)* **3.** *(a)* **4.** *(b)* **5.** *(c)*
6. *(c)* **7.** *(c)* **8.** *(b)* **9.** *(a)* **10.** *(b)* **11.** *(c)*

Exercise-3

1. Satish plays hockey brilliantly. *He* is my next-door neighbour.
2. The cobbler repairs my shoes and (*he*) polishes them.
3. I saw cattle grazing in the fields. *They* are very useful to mankind in different ways.
4. Mohan beats his brother because *he* does not obey *him*.

Chapter 14
THE ARTICLE
Exercise-1

1. a	**2.** a	**3.** The	**4.** The
5. The, the	**6.** the	**7.** a	**8.** an
9. an, the	**10.** The, the	**11.** an	**12.** an
13. The, the	**14.** the	**15.** The, the, the	**16.** the
17. a	**18.** The, the		

Exercise-2

1. *(b)*	**2.** *(b)*	**3.** *(a)*	**4.** *(b)*	**5.** *(c)*
6. *(b)*	**7.** *(b)*	**8.** *(a)*	**9.** *(c)*	**10.** *(b)*
11. *(c)*	**12.** *(b)*	**13.** *(a)*	**14.** *(c)*	**15.** *(b)*.

Chapter 25
TENSE
Exercise-I

1. look	**2.** tells	**3.** make	**4.** does
5. play	**6.** rains		

Exercise-II

1. does not	**2.** does not	**3.** does not	**4.** do not
5. do not			

Exercise-III

1. Do	**2.** do	**3.** does	**4.** Does
5. Do			

Exercise-IV

1. do	**2.** Do	**3.** Do	**4.** Does
5. Do			

Exercise-V

1. Do you like milk?
   Affirmative : You like milk.

Negative : You do not like milk.
Interrogative : Do you not like milk?
Don't you like milk?

2. He kills the cat.
Negative : He does not kill the cat.
Interrogative : Does he kill the cat?
Interrogative Negative : Does he not kill the cat?
or Doesn't he kill the cat?

3. Do the birds not fly in the sky?
Affirmative : The birds fly in the sky.
Interrogative : Do the birds fly in the sky?
Negative : The birds do not fly in the sky.

4. The gardener does not water the plants.
Affirmative : The gardener waters the plants.
Interrogative : Does the gardener water the plants.
Interrogative Negative : Does the gardener not water the plants?

5. They do hard work.
Negative : They do not do hard work.
Interrogative : Do they do hard work?
Interrogative Negative : Do they not do hard work?

6. The rabbit jumps into the bush.
Negative : The rabbit does not jump into the bush.
Interrogative : Does the rabbit jump into the bush?
Interrogative Negative : Does the rabbit not jump into the bush?

7. Ram does not like too much sugar.
Affirmative : Ram likes too much sugar.
Interrogative : Does Ram like too much sugar?
Interrogative Negative : Does Ram not like too much sugar?

8. We go to school daily.
Negative : We do not go to school daily.
Interrogative : Do we go to school daily?
Interrogative Negative : Do we not go to school daily?

9. She does not sing a song.
Affirmative : You smoke.
Negative : You do not smoke.
Interrogative Negative : Do you not smoke?

Exercise-I

1. is **2.** are **3.** are **4.** am **5.** is

Exercise-II

1. Is **2.** Are **3.** Is **4.** Are **5.** Are
6. Am **7.** Are

Exercise-I

1. Ganesh is smashing the ball.
Negative : Ganesh is not smashing the ball.
Interrogative : Is Ganesh smashing the balls?
Interrogative Negative : Is Ganesh not smashing the balls?

2. Am I reading a book?
Affirmative : I am reading a book.
Negative : I am not reading a book.
Interrogative Negative : Am I not read a book?

3. He is arriving here today by the evening train.
Negative : He is not arriving here today by the evening train.
Interrogative : Is he arriving here today by evening train?
Interrogative Negative : Is he not arriving here today by the evening train?

4. Why are you telling me a false story?
Affirmative : You are telling me a false story.
Negative : You are not telling me a false story.
Interrogative Negative : Why are you not telling me a false story?

5. Why is the peon not ringing the bell?
Affirmative : The peon is ringing the bell.
Negative : The peon is not ringing the bell.
Interrogative : Why is the peon ringing the bell?

6. Am I causing you any trouble?
Affirmative : I am causing you some trouble.
Negative : I am causing you no trouble.
or I am not causing you any trouble.
Interrogative Negative : Am I not causing you any trouble?
or Am I causing you no trouble?

7. Whom are you waiting for?
Affirmative : You are waiting for somebody.
Negative : You are not waiting for anybody.
Interrogative Negative : Are you not waiting for anybody?

8. Are they not blowing out the candle?
Affirmative : They are blowing out the candle.
Negative : They are not blowing out the candle.

Interrogative : Are they blowing out the candle?

9. He is beating the drum.
Negative : He is not beating the drum.
Interrogative : Is he beating the drum?
Interrogative Negative : Is he not beating the drum?

10. Is he joining the army?
Affirmative : He is joining the army.
Negative : He is not joining the army.
Interrogative Negative : Is he not joining the army?

11. Why are you not telling the real thing?
Affirmative : You are telling the real thing.
Negative : You are not telling the real thing.
Interrogative : Why are you telling the real thing?

12. I am not going to strike a deal with him.
Affirmative : I am going to strike a deal with him.
Interrogative : Am I going to strike a deal with him?
Interrogative Negative : Am I not going to strike a deal with him?

13. Are you polishing your shoes?
Affirmative : You are polishing your shoes.
Negative : You are not polishing your shoes.
Interrogative Negative : Are you not polishing your shoes?

Exercise-II

1. have **2.** has **3.** have **4.** have **5.** has

Exercise-III

1. × **2.** ✓ **3.** × **4.** × **5.** ✓
6. ✓ **7.** ×

Exercise-IV

1. He has moved downstairs to sit at the dining table.
Negative : He has not moved downstairs to sit at the dining table.
Interrogative : Has he moved downstairs to sit at the dining table?
Interrogative Negative : Has he not moved downstairs to sit at the dining table?

2. Where have you built your new house?
Interrogative Negative : (Where) Have you not built your new house?
Affirmative : You have built your new house (somewhere).

Negative : You have not built your new house (anywhere).

3. What has made you shout at me?
   Interrogative Negative : What has not made you shout at me?
   Affirmative : Something has made you shout at me.
   Negative : Something has not made your shout at me. *or* Nothing has made you shout at me.
4. I have twisted on my toes to give him a hard blow.
   Negative : I have not twisted on my toes to give him a hard blow.
   Interrogative : Have I twisted on my toes to give him a hard blow?
   Interrogative Negative : Have I not twisted on my toes to give him a hard blow?
5. Why have you not informed me of his such mysterious activities?
   Interrogative : Why have you informed me of his such mysterious activities?
   Affirmative : You have informed me of his such mysterious activities.
   Negative : You have not informed me of his such mysterious activities.
6. Lucky has slipped from the stairs.
   Negative : Lucky has not slipped from the stairs.
   Interrogative : Has Lucky slipped from the stairs?
   Interrogative Negative : Has Lucky not slipped from the stairs?
7. Mohinder has got his account opened in the bank.
   Negative : Mohinder has not got his account opened in the bank.
   Interrogative : Has Mohinder got his account opened in the bank?
   Interrogative Negative : Has Mohinder not got his account opened in the bank?
8. Have you not seen my new pants?
   Interrogative : Have you seen my new pants?
   Affirmative : You have seen my new pants.
   Negative : You have not seen my new pants.
9. Jasbeer has forced him to play.
   Negative : Jasbeer has not forced him to play.
   Interrogative : Has Jasbeer forced him to play?
   Interrogative : Has Jasbeer not forced him to play?

10. I have seen a lion in the jungle.
Negative : I have not seen a lion in the jungle.
Interrogative : Have I seen a lion in the jungle?
Interrogative Negative : Have I not seen a lion in the jungle?

11. Why have you not got so good marks?
Interrogative : Why have you got so good marks?
Affirmative : You have got so good marks.
Negative : You have not got so good marks.

12. They have been trapped in a storm on their way home.
Negative : They have not been trapped in a storm on their way home.
Interrogative : Have they been trapped in a storm on their way home?
Interrogative Negative : Have they not been trapped in a storm on their way home?

Exercise-I

1. since **2.** for **3.** since **4.** for **5.** for

Exercise-II

2. Has it been raining heavily for two hours?
3. Has he been living in this room since 1981?
4. Have you been committing this very mistake for five hours?
5. Have I been taking my bath for two hours?
6. Has she been preparing for the examination for two months?
7. What has been detaining him there for half an hour?

Exercise-III

1. He has been going through his office files for three hours.
Negative : He has not been going through his office files for three hours.
Interrogative : Has he been going through his office files for three hours?
Interrogative Negative : Has he not been going through his office files for three hours?

2. Have they not been eating fish for one hours?
Interrogative : Have they been eating fish for one hour?
Affirmative : They have been eating fish for one hour.
Negative : They have not been eating fish for one hour.

3. I have not been asking for anything since morning.

Affirmative : I have been asking for anything (*or* something) since morning.

Interrogative : Have I been asking for anything since morning?

Interrogative Negative : Have I not been asking for anything since morning?

4. Mohan has been working in this factory since 1974.

Negative : Mohan has not been working in this factory since 1979.

Interrogative : Has Mohan been working in this factory since 1979?

Interrogative : Has Mohan not been working in this factory since 1979?

5. The children have been bathing in the rain since morning.

Negative : The children have not been bathing in the rain since morning.

Interrogative : Have the children been bathing in the rain since morning?

Interrogative Negative : Have the children not been bathing in the rain since morning?

6. Have you not been ringing the bell for two minutes?

Interrogative : Have you been ringing the bell for two minutes?

Affirmative : You have been ringing the bell for two minutes.

Negative : You have not been ringing the bell for two minutes.

7. Have they been taking liquor since morning?

Interrogative Negative : Have they not been taking liquor since morning?

Affirmative : They have been taking liquor since morning.

Negative : They have not been taking liquor since morning.

8. Have you not been understanding the teacher for four hours?

Interrogative : Have you been understanding the teacher for four hours?

Affirmative : You have been understanding the teacher for four hours.

Negative : You have not been understanding the teacher for four hours.

9. Have the clouds been gathering in the sky since evening?
Interrogative Negative : Have the clouds not been gathering in the sky since evening?
Affirmative : The clouds have been gathering in the sky since evening.
Negative : The clouds have not been gathering in the sky since evening.

10. Jagdish has been telling a lie for four hours.
Negative : Jagdish has not been telling a lie for four hours.
Interrogative : Has Jagdish been telling a lie for four hours?
Interrogative Negative : Has Jagdish not been telling a lie for four hours?

Exercise-I

1. cried **2.** paid **3.** did **4.** liked **5.** made

Exercise-II

1. He did not make a noise in the class.
2. The teacher did not punish him.
3. She did not swim in the pool.
4. I did not laugh loudly at his folly.
5. He did not hit a mighty sixer.

Exercise-III

2. Did he catch the fish?
3. Did they finish their work?
4. Did she like you very much?
5. Did Mohan wear an apron?

Exercise-IV

2. Did you climb up the hill?
Interrogative Negative : Did you not climb up the hill?
Affirmative : You climbed up the hill.
Negative : You did not climb up the hill.

3. I did not pluck the flower.
Affirmative : I plucked the flower.
Interrogative : Did I pluck the flower?
Interrogative Negative : Did I not pluck the flower?

4. He did not shake the branch of the tree.
Affirmative : He shook the branch of the tree.

Interrogative : Did he shake the branch of the tree?
Interrogative Negative : Did he not shake the branch of the tree?

5. Did he take the charge of his office?
Interrogative Negative : Did he not take the charge of his office?
Affirmative : He took the charge of his office.
Negative : He did not take the charge of his office.

6. Did your son like to eat sweets?
Interrogative Negative : Did your son not like to eat sweets?
Affirmative : Your son liked to eat sweets.
Negative : Your son did not like to eat sweets.

7. He tried an old trick with me.
Negative : He did not try an old trick with me.
Interrogative : Did he try an old trick with me?
Interrogative Negative : Did he not try an old trick with me?

8. In the zoo, we saw a number of animals.
Negative : In the zoo we did not see a number of animals.
Interrogative : Did we see a number of animals in the zoo?
Interrogative Negative : Did we not see a number of animals in the zoo?

9. He got his hand cut with the knife.
Negative : He did not his hand cut with the knife.
Interrogative : Did he get his hand cut with the knife?
Interrogative Negative : Did he not get his hand cut with the knife.

10. He walked out with the courage to get his friend freed from the trap of terrorists.
Negative : He did not walk out with the courage to get his friend freed from the trap of terrorists.
Interrogative : Did he walk out with the courage to get his friend freed from the trap of terrorist?
Interrogative Negative : Did he not walk out with the courage to get his friend freed from the trap out of terrorists?

Exercise-I

1. was **2.** was **3.** were **4.** were **5.** was

Exercise-II

2. Where was he going?
3. What was he looking for?
or For what was he looking?
4. Was she going late to her office?
5. Was I making fun of you?

6. Were they staring at me?
7. Why were you cracking jokes?

Exercise-III

1. She was watching you carefully.

Negative : She was not watching you carefully.
Interrogative : Was she watching you carefully?
Interrogative Negative : Was she not watching you carefully?

2. An eerie silence was spreading there.

Negative : An eerie silence was not spreading there.
Interrogative : Was an eerie silence spreading there?
Interrogative Negative : Was an eerie silence not spreading there?

3. Was the bullet coming out of the gun?

Interrogative Negative : Was the bullet not coming out of the gun?
Affirmative : The bullet was coming out of the gun.
Negative : The bullet was not coming out of the gun.

4. Were they not concentrating on the matter?

Interrogative : Were they concentrating on the matter?
Affirmative : They were concentrating on the matter.
Negative : They were not concentrating on the matter.

5. The horse was jumping over the wall.

Negative : The horse was not jumping over the wall.
Interrogative : Was the horse jumping over the wall?
Interrogative Negative : Was the horse not jumping over the wall?

6. The burglar was breaking into the house.

Negative : The burglar was not breaking into the house.
Interrogative : Was the burglar breaking into the house?
Interrogative Negative : Was the burglar not breaking into the house?

7. Why were you fearing the snake?

Interrogative Negative : Why were you not fearing the snake?
Affirmative : You were fearing the snake.
Negative : You were not fearing the snake.

8. The sheep were not climbing up the slopy hill.

Negative : The sheep were not climbing up the slopy hill.
Interrogative : Were the sheep climbing up the slopy hill?
Interrogative Negative : Were the sheep not climbing up the slopy hill?

9. Was he not preparing black coffee?

Interrogative : Was he preparing black coffee?
Affirmative : He was preparing black coffee.
Negative : He was not preparing black coffee.

Exercise-1

1. ✓ 2. × 3. × 4. ✓ 5. ×
6. × 7. ✓

Exercise

2. When had the sun set?
3. Had the patient died before the doctor came?
4. Where had he stayed at Mumbai?
5. Had Lucky washed his face in the morning?

Exercise

2. Somebody had proved his statement true.
   Negative : Nobody had proved his statement untrue.
   Interrogative : Had somebody proved his statement true?
   Interrogative Negative : Had somebody not proved his statement true?
3. Had he opened the door?
   Interrogative Negative : Had he not opened the door?
   Affirmative : He had opened the door.
   Negative : He had not opened the door.
4. Had he not stabbed the youngman?
   Interrogative : Had he stabbed the youngman?
   Affirmative : He had stabbed the youngman.
   Interrogative Negative : He had not stabbed the youngman.
5. You had broken all the glasses.
   Negative : You had not broken all the glasses.
   Interrogative : Had you broken all the glasses?
   Interrogative Negative : Had you not broken all the glasses?
6. When had Mohan lit the cigarette?
   Interrogative Negative : When had Mohan not lit the cigarette.
   Affirmative : Mohan had lit the cigarette.
   Negative : Mohan had not lit the cigarette.
7. Why had you beaten that gentle fellow?
   Interrogative Negative : Why had you not beaten that gentle fellow?
   Affirmative : You had beaten that gentle fellow.
   Negative : You had not beaten that gentle fellow.
8. The night had fallen I went outside.
   Negative : The night had not fallen before I went outside.
   Interrogative : Had the night fallen before I went outside?
   Interrogative Negative : Had the night not fallen before I went outside?

9. Jagdeep had plucked the flower.

Negative : Jagdeep had not plucked the flower.
Interrogative : Had Jagdeep plucked the flower?
Interrogative Negative : Had Jagdeep not plucked the flower?

10. Sunil had washed the floor.

Negative : Sunil had not washed the floor.
Interrogative : Had Sunil not washed the floor?
Interrogative Negative : Had Sunil not washed the floor?

Exercise

1. She had been playing in the soil for two hours.
2. He had been making a picture since evening.
3. They had been living in this house since 1961.
4. Moti had been making a noise in the class for half an hour.
5. Pardeep had been singing since afternoon.
6. Vinod had been talking to his friends for five hours.
7. Seema has been dancing on the stage since evening.

Exercise

3. × **4.** × **5.** ✓

Exercise

2. Monty had been playing in the garden since the rain started.

Negative : Monty had not been playing in the garden since the rain started.
Interrogative : Had Monty been playing in the garden since the rain started.
Interrogative Negative : Had Monty not been playing in the garden since the rain started?

3. Satish had been walking out to buy some fruits from the market before the sun slipped down in the west.

Negative : Satish had not been walking out to buy some fruits from the market before the sun slipped down in the west.
Interrogative : Had Satish been walking out to buy some fruits from the market before the sun slipped down in the west?
Interrogative Negative : Had Satish not been walking out to buy some fruits from the market before the sun slipped down in the west?

4. Dalip had been ringing the bell since afternoon.

Negative : Dalip had not been ringing the bell since afternoon.

Interrogative : Had Dalip been ringing the bell since afternoon?

Interrogative Negative : Had Dalip not been ringing the bell since afternoon?

5. Where had you been running to meet your friends?

Interrogative Negative : Where had you not been running to meet your friends?

Affirmative : You had been running to meet your friends.

Negative : You had not been running to meet your friends.

6. He had been loading his gun since morning.

Negative : He had not been loading his gun since morning.

Interrogative : Had he been loading his gun since morning?

Interrogative Negative : Had he not been loading his gun since morning?

7. Sangeeta had been weeping since her brother's death.

Negative : Sangeeta had not been weeping since her brother's death.

Interrogative : Had Sangeeta been weeping since her brother's death?

Interrogative Negative : Had Sangeeta not been weeping since her brother's death?

8. Why had he been staring at you with anger since the meeting started?

Interrogative Negative : Why had he not been staring at you with anger since the meeting started?

Affirmative : He had been staring at you with anger since the meeting started?

Negative : He had not been staring at you with anger since the meeting started.

9. She had been carrying a tea-tray for ten minutes.

Negative : She had not been carrying a tea tray for ten minutes.

Interrogative : Had she been carrying a tea-tray for ten minutes?

Interrogative Negative : Had she not been carrying a tea-tray for ten minutes?

10. Vicky ad been smoking since morning.

Negative	:	Vicky had not been smoking since morning.
Interrogative	:	Had Vicky been smoking since morning?
Interrogative Negative	:	Had Vicky not been smoking since morning?

Exercise

1. will **2.** will **3.** shall **4.** shall **5.** will

Exercise

1. (a) **2.** (b) **3.** (b) **4.** (a) **5.** (a) **6.** (a)

Exercise

2. ✓ **(Note :** इस वाक्य के अन्त में प्रश्नचिन्ह (?) नहीं है, इसलिए यह वाक्य wrong है l)

3. × **4.** ✓ **5.** ✓ **6.** ×

Exercise

2. He will sing a song.

Negative	:	He will not sing a song.
Interrogative	:	Will he sing a song?
Interrogative Negative	:	Will he not sing a song?

3. Will she prepare her speech?

Interrogative Negative	:	Will she not prepare her speech?
Affirmative	:	She will prepare her speech.
Negative	:	She will not prepare her speech.

4. Will his mother prepare a cup of tea for me?.

Interrogative Negative	:	Will his mother not prepare a cup of tea for me?
Affirmative	:	His mother will prepare a cup of tea for me.
Negative	:	His mother will not prepare a cup of tea for me.

5. I shall show him my Identity Card.

Negative	:	I shall not show him my Identity Card.
Interrogative	:	Shall I show him my Identity Card?
Interrogative Negative	:	Shall I not show him my Identity Card?

6. We shall spin the matter in other ways.

Negative	:	We shall not spin the matter in other ways.
Interrogative	:	Shall we spin the matter in other ways?
Interrogative Negative	:	Shall we not spin the matter in other ways?

7. Where will you stay at Mysore?

Interrogative Negative	:	Where will you not stay at Mysore?

Affirmative : You will stay there at Mysore.
Negative : You will not stay there at Mysore.

8. You will always speak the truth.
Negative : You will not always speak the truth.
Interrogative : Will you always speak the truth?
Interrogative Negative : Will you not always speak the truth?

9. He will make his accounts clear with you.
Negative : He will not make his accounts clear with you.
Interrogative : Will he make his accounts clear with you?
Interrogative Negative : Will he not make his accounts clear with you?

10. Shall we not call him a fool?
Interrogative : Shall we call him a fool?
Affirmative : We shall call him a fool.
Negative : We shall not call him a fool.

Exercise

1. (a) will be singing
2. (b) shall be playing
3. (a) will be trying
4. (a) will be joking
5. (b) shall be telling
6. (a) will be stealing
7. (a) will be getting

Exercise

3. FC **4.** FC **5.** FI **6.** FC **7.** FI

Exercise

2. Where will be going for hunting?
Interrogative Negative : Where will be not be going for hunting?
Affirmative : He will be going for hunting.
Negative : He will not be going for hunting.

3. He will not be compromising with us.
Affirmative : He will be compromising with us.
Interrogative : Will he be compromising with us?
Interrogative Negative : Will he not be compromising with us?

4. Shall I not be making fun of you?
Interrogative : Shall I be making fun of you?
Affirmative : I shall be making fun of you.
Negative : I shall not be making fun of you.

5. Will these shoes be pinching my feet?
Interrogative Negative : Will these shoes not be pinching my feet?
Affirmative : These shoes will be pinching my feet.

Negative : These shoes will not be pinching my feet.

6. We shall not be strolling in the garden.

Affirmative : We shall be strolling in the garden.
Interrogative : Shall we be strolling in the garden?
Interrogative Negative : Shall we not be strolling in the garden?

7. She will be ringing the bell.

Negative : She will not be ringing the bell.
Interrogative : Will she be ringing the bell?
Interrogative Negative : Will she not be ringing the bell?

8. I shall be telling him everything about you.

Negative : I shall not be telling him everything about you.
Interrogative : Shall I be telling him everything about you?
Interrogative Negative : Shall I not be telling him everything about you?

9. Will he be dealing in the shares?

Interrogative Negative : Will he not be dealing in the shares?
Affirmative : He will be dealing in the shares.
Negative : He will not be dealing in the shares.

10. He will not be selling vegetables.

Affirmative : He will be selling vegetables.
Interrogative : Will he be selling vegetables?
Interrogative Negative : Will he not be selling vegetables?

11. The teacher will be pulling him up.

Negative : The teacher will not be pulling him up.
Interrogative : Will the teacher be pulling him up?
Interrogative Negative : Will the teacher not be pulling him up?

12. Shall we be singing a group song on the stage?

Interrogative Negative : Shall we not be singing a group song on the stage?
Affirmative : We shall be singing a group song on the stage.
Negative : We shall not be singing a group song on the stage.

Exercise

1. He will have sung a song.
2. He will have played in the garden.
3. I shall have told him the truth.
4. You will have declared him mad.
5. We shall have tried our best to play on the computer.
6. They will have come late from their offices.

7. She will have pretended to be illiterate.

Exercise

1. He will not have changed his mind in the meantime.
2. He will not have gone for a walk before you go and catch him.
3. I shall not have done my job when you mind to stop me.
4. The cattle will not have grazed in the fields.
5. She will not have dressed herself like a doll.

Exercise

1. Will he have taken care of his children?
2. Shall I have seen the movie thrice by that time?
3. Will you have corrected his mistakes?
4. Will they have targeted you to complete their mission?
5. Will he have told you a white lie?
6. Will they have promoted their scheme in your mind?

Exercise

1. He will not have told you the main idea.

   Affirmative : He will have told you the main idea.
   Interrogative : Will he have told you the main idea?
   Interrogative Negative : Will he not have told you the main idea?
2. Will they not have adjusted themselves according to the circumstances?

   Interrogative : Will they have adjusted themselves according to the circumstances?
   Affirmative : They will have adjusted themselves according to the circumstances.
   Negative : They will not have adjusted themselves according to the circumstances.
3. When will they have got up from their bed in the morning?

   Interrogative Negative : When will they not have got up from their bed in the morning?
   Affirmative : They will have got up from their bed in the morning.
   Negative : They will not have got up from their bed in the morning.
4. Where will she not have spat in the room?

   Interrogative : Where will she have spat in the room?
   Affirmative : She will have spat in the room (somewhere).
   Negative : She will not have spat in the room (anywhere).

5. Manjeet will not have taken oath in the name of God.
Affirmative : Manjeet will have taken oath in the name of God.
Interrogative : Will Manjeet have taken oath in the name of God?
Interrogative Negative : Will Manjeet not have taken oath in the name of God?

6. Why will he not have fetched a glass of water for you?
Interrogative : Why will he have fetched a glass of water for you?
Affirmative : He will have fetched a glass of water for you.
Negative : He will not have fetched a glass of water for you.

7. Why shall I not have beaten you for your such a blunder?
Interrogative : Why shall I have beaten you for your such a blunder?
Affirmative : I shall have been beaten you for your such a blunder.
Negative : I shall not have beaten you for your such a blunder.

8. They will not have opened the secret before anybody.
Affirmative : They will have opened secret before somebody.
Interrogative : Will they have opened secret before somebody?
Interrogative Negative : Will they not have opened the secret before anybody?

Exercise

1. They *will* have been playing in the garden *since morning*.
2. Sheela *will* have been drawing a picture *for one month*.
3. I *shall* have been living in this city *since 1980*.
4. He *will* have been serving in the army for *a year*.
5. Lucky *will* have been progressing in his studies for *two months*.

Exercise

1. Will he have been making a noise?
2. Will they have been behaving properly with you?
3. Will they have been repeating the question many times?
4. Will he have been getting himself employed?

5. Will it have been drizzling since morning?
6. Will the rain drops have been trickling down from this slope to the ground?

Exercise

1. ✓	**2.** ×	**3.** ×	**4.** ×	**5.** ✓
6. ✓	**7.** ×			

Exercise

1. (b)	**2.** (a)	**3.** (a)	**4.** (c)	**5.** (d)
6. (b)	**7.** (c)	**8.** (b)	**9.** (a)	**10.** (a)
11. (c)	**12.** (a)	**13.** (b)	**14.** (d)	

Exercise

2. He has changed his name.
3. The air is blowing too hard.
4. They are joking with each other.
5. He has been singing a song for two hours.
6. He has rubbed his hands with a towel.
7. Preeti tries her best to chain the puppy.
8. Ramesh is flying kite.
9. Leela applies brakes to her car.
10. He has been running on the track since afternoon.
11. He sees a lion in the zoo.
12. They are cracking jokes in the party.
13. He is not allowed to leave the place.

Exercise

2. He had decided to fly to London.
3. He did mistakes when he worked.
4. The peon had been ringing the bell since morning.
5. Did she do well in her test?
6. They were looking for the minister.
7. Tony had knocked at the door.
8. It did not make sense.
9. Surjeet had been batting since the match started.
10. He had cleared his accounts with me.
11. Johny was singing in a sweet voice.
12. Lovely often giggled in the classroom.
13. Ajit started his work early in the morning.
14. Seema had been waiting for her brother for four hours.

Exercise

2. She will have written down on the paper in red ink.
3. He will be gossiping with his friends.
4. She will have made this work easy for herself with her wit.
5. They will have finished their work.
6. He will open all the secretes.
7. I shall watch him daily.
8. The imps will be swimming in the flood-water.
9. Jaswant will have been planning to settle down in the U.S.A. since 1995.
10. She will be painting a picture brilliantly.
11. Pappi will talk too much.
12. Panday will not have come to school.

Exercise

2. show *or* showed
3. telling
4. do *or* did
5. laughed
6. talk
7. talked
8. find
9. teach
10. looks *or* looked
11. meets *or* met
12. saw
13. has been *or* had been *or* was picked
14. telling
15. got
16. give
17. buys *or* bought
18. working
19. give *or* gave
20. plays *or* played

Exercise

2. He smoked in the party.
3. They play well against our team.
4. Tina will be going to bazaar to buy a pen.
5. The Prime Minister had made an aggressive speech.
6. This book will be selling like hot cakes.
7. They had been waiting for you since the last night.
8. I ran very past.
9. Did she like you?
10. We will have reposed faith in your words.
11. He had taken his way to the hill.
12. The lion pounces upon the rabbit.
13. I shall show him a train running at a terrible speed.
14. The teacher was cleaning the blackboard with a duster.
15. I am allowing him to go away.

16. She has phoned me early in the morning.
17. The farmers work in the fields when I return from my morning walk.
18. The dog had barked at me.
19. Sangeeta will have been writing a letter.
20. Did he take his meals?

Chapter 28
ACTIVE AND PASSIVE VOICE (TENSE-WISE RULE II)
Exercise

1. The poor are laughed at by Sandeep.
2. A lot of mistakes are made by Mukesh.
3. A daily morning exercise is taken by us.
4. A good race is run by him.
5. A good score in cricket is made by him.

Exercise

1. am, him **2.** is, her **3.** He **4.** is, his father **5.** are, them

Exercise

1. is, her **2.** is, you **3.** are, you **4.** is, you **5.** are, him

Exercise

1. A frock is being sewed by her.
2. I am being laught by her.
3. I am being taught by him how to dance.
4. God is being prayed to by them.
5. The fields are being ploughed by the farmers.
6. My shoes are being repaired by the cobbler.
7. A story about ghosts is being told me by my grandfather.
8. Some advice is being given to me by the teacher.
9. A lie is being told by Dinesh.
10. The rat is being pounced upon by the cat.

Exercise

1. is, you **2.** is, her **3.** is, you
4. are, me **5.** am, them

Exercise

1. × **2.** ✓ **3.** ✓ **4.** × **5.** ✓
6. ✓ **7.** × **8.** × **9.** ✓ **10.** ✓
11. × **12.** × **13.** ✓ **14.** × **15.** ×

Exercise

1. The house has been broken by the thief.
2. All the plants in the garden have been uprooted by the elephant.
3. The question has been solved by the teacher.
4. The flower has been plucked by Mohan.
5. A garland of flowers has been prepared by her.
6. A noise in the classroom has been made by Ram.
7. Her work has been finished by her.
8. Her speech has been made by her.

Exercise

1. Why has he been sent to market by you?
2. Has a bird been caught by them?
3. Have her examinations been done well by her?
4. Has a friendly match been played by them?
5. Has something very well been planned by Sandeep?
6. Has a letter to her mother been written by Geeta.
7. Where has her hair band been lost by her?
8. Have you been scolded by him?

Exercise

1. were, him **2.** were, the tailor **3.** was, him
4. was, the wolf **5.** was, the teacher

Exercise

1. was then **2.** was, her **3.** was, them
4. were, him **5.** were, her

Exercise

1. A book was being read by her.
2. He was being followed by everybody.
3. We were being called by them.
4. The green flag was being waved by the guard.
5. The national flag was being unfurled by the Prime Minister.

Exercise

1. The examination was not being prepared for by you.
2. A fast was not being observed by her.
3. Anybody was not being waited for by us.
   or Nobody was being ....

4. Books were not being sold by the booksellers.
5. The ball was not being hit by the children.
6. The match was not being won by them.

Exercise

1. What was being done in the garden by you?
2. Where were the students being taught by you?
3. How were his parents being treated by him?
4. By whom was your advice not being acted upon?
5. Were flowers being plucked by the children?

Exercise

(A)

1. Why was any work not being done by you?
2. Were the classes not being attended by her regularly?
3. By whom were such things being told (to) you?
   or By whom were you being told such things?
4. Why was all this not being taken seriously by you?
5. Was hard work not really being done by them?

(B)

1. How was this work completed by you?
2. Which movie was going to be seen by you?
3. With whom were you annoyed?
4. Was his duty not being done by your brother?
5. Was the new job really liked by you?
6. By what was your mind being disturbed?
7. Was some remedy not being thought of by them?
8. Were poem being recited by the students?
9. Was the meeting not attended by him?
10. Was the enemy not being defeated by our soldiers?

Exercise

1. The cat had been chased by the dog.
2. The flyover had been crossed by the train.
3. My book had been stolen by Jagdish.
4. His face had been slapped across by Kuldeep.
5. Fire had been caught by the house.

Exercise

1. Where had the car been abandoned by you?

2. Why had your views not been expressed by you?
3. Had Suresh been beaten by them?
4. Had his face been hurt by the blade?
5. Had her examination been passed by her in the first class?

Exercise

1. shall, her
2. will, the dog
3. will, him
4. will, him
5. will, us

Exercise

1. Will this topic be talked on for a long time by us?
2. Why will so light a make-up be had by her?
3. Where will they go for a match box to be got?
4. Will they like the matter to be debated on ?
   or Will it be liked by them that the matter be debated on?
5. Why will her new purse be shown to everybody by her?
6. When will some advice be got from you by him?
7. Will life be gambled with by them?
8. Will a noise in the meeting be made by them?
9. Why will such a blunder be done by her?
10. Where will you be looked for by him?

Exercise

1. Will fun of you not be made by him?
2. Will all the food stuff lying in the kitchen not be eaten up by her?
3. Will the miser not be cursed by the beggars?

Exercise

1. Her brother's toy will have been broken by Radha.
2. A cup of tea will have been drunk by that time by Jagdeep.
3. He will have been caught red handed (by them).
4. A decision will have been taken by him.
5. The matter will have been changed in the meantime by them.
6. The door will have been knocked at by me.
7. A song will have been sung by her.
8. The law will have been passed by the government.
9. The problem will have been solved by his grandfather.
10. Her mind will have been changed by her.

Exercise

1. Why will gold ring have been located by them?

2. Where will the secret papers have been buried by her?
3. Will the secret have been opened by me?
4. To whom will the secrets of the sea have been known?
5. Will the martyrs have been saluted by him?

Exercise

1. Will you not have been warned by me?
2. Will you not have been detained for ten minutes by him?
3. By whom will his country not have been loved?
4. Will good result not have been shown by him?
5. Will he not have been hurt by it?

Exercise

1. Let us study the book.
2. You are ordered to show me your exercise book.
3. You are advised to try your luck.
4. Pray to God.
5. You are advised not to be superstitious.
6. By what are you bothered?
7. Who may be contacted by me?
8. Where shall I find him?
9. You are advised to think it hard.
10. You are ordered to lower the boats.
    or Let the boats be lowered.
11. You are advised not to fear anybody.
12. You are advised to trust in do the right.
    or Let God be trusted in and the right done.
13. What is meant by you?
14. My work is being done by me.
15. They should be treated well by us.
16. Your country should never be betrayed.
17. Go away.
18. It is no use for a job to be done.
19. You oblige me much.
20. We have discussed the matter.
21. An injury was caused him by you.
22. All men are loved equally well by God.
23. Love is begot by love.
24. God will reward you.
25. Ignore it.

26. It is time for our duty to be done.
27. The rose is sweet when smelt.
28. I can never be admonished by anybody.
29. The truth should always be spoken.
30. Let our country always be loved (by us).
31. We can't help it.
32. We can't relay upon him.
33. We must do our duty.
34. Ignore the matter.
35. Your time should be spent usefully.
36. His lesson will have been learnt by him by now.
37. We shall prosecute the trespassers.
38. He will have been opposed by her.
39. You will have to do it.
40. Don't to tell lies.
41. This exercise needs being corrected (*or* to be corrected).
42. It has to be done by him.
43. I'm ready for the rent to be paid.
44. I do not allow anybody to misbehave with anybody.
45. We shall give a prize to every student.
46. He should have included your name in the list.
47. Are you ready for the bill to be footed?
48. How does this matter concern you?
49. Are you allowed (by him) to go there?
50. His conduct surprises me.
51. This bucket contains much milk.
52. The hen lays eggs.
53. Don't laugh at the poor.
54. By whom were you called names?
55. Did you call in the doctor?
56. For what did you punish him?
57. Had your name been forgotten by him?
58. To which hospital were they taking the patient?
59. They will be received by me at the gate.
60. You won't cow me down.

Exercise-I

1. She says that Krishan looks handsome.
2. He says that he lives in Delhi.
3. Ram told his friend that he (you) sang extremely well.

4. Mohan says that his school is at a stone's throw from his house.
5. She told me that she knew them very wall.
6. Satish told Jagdeep that his bag was a beautiful one.
7. He says that he does not make a noise in the classroom.
8. Ravi told me that I was his best friend.
9. Laxman told his friend that children were (*or* are) the future of India.
10. Lucky told Jasbeer that he was a lazy boy.

Exercise-II

1. Ganesh told Ranjeet that he was going to play in the ground.
2. I told him that he was trying to kill two birds with one store.
3. Sandeep told Tony that they were watering the plants.
4. I told him that the storm had been to fast.
5. She told me that she was getting married on the 26th January.
6. I told my mother that I was going to visit the Taj the following week.
7. She told Rakesh that she liked him very much.
8. Lovely told Kuldeep that he was trying his best to solve that problem.
9. He told me that the children had been dancing on the terrace.
10. He told his sister that Monty had been trimming the grass in the garden.

Exercise-III

1. He told me that he had got a coin right from that spot.
2. She says that he has already agreed to help the poor.
3. Geeta told Sunita that she had done her work well.
4. She told me that Nepolen would have won Waterloo if he had not reached late at the spot by five minutes.
5. She told her friends that she had been working in the office for five years.
6. He told me that the matter was in its final stage.
7. He told me that he was not a simple man like us.
8. She told Ram that he had never done anything memorable.
9. I told Kant that it was better for him if he spoke no word.
10. She told me that I was quite a nice boy.

Exercise-IV

1. He ordered his friend to move ahead.
2. The commander commanded the soldier to attack.
3. The gardener forbade the child to pluck flowers.
4. The teacher said that the earth revolves round the sun.
5. The saint told his disciples that truth is God.
6. The doctor informed us that malaria had broken out in the town. He also

advised us that everybody must take care of himself.
7. The teacher forbade the teacher to make a noise.
8. The principal ordered the peon to go and ring the bell.
9. The old man wished that I might succeed in life.
10. My friend bade (wished) me a happy journey.

Exercise-V

1. Tony asked Geeta where she was going.
2. Sunita asked Pammi what he had done for his country.
3. He ordered me to go away.
4. Ravi enquired of his sister when she would get up in the morning.
5. Shanker enquired of me what made me laugh then.
6. Sheela abused (*or* snubbed) her friend in an angry mood and called her a bloody fool.
7. Jagdish advised me to take care of myself.
8. I advised him to make hay while the sun shone.
9. The old man exclaimed with sorrow that his son was not alive.
10. I offered him a cup of tea.
or I requested him to have a cup of tea.

Exercise-VI

1. My mother advised me never to hate anybody.
2. My father advised me to be happy.
3. I asked the hotelier if I might stay for the night in that room.
4. Ram forbade Sham to go outside.
5. She exclaimed with surprise saying that she saw it (very well).
6. He advised me not to worry and assured me that he would take of them.
7. The teacher allowed Naresh to go then.
or The teacher told Naresh that he could go then.
8. My father ordered me to fetch a glass of water for him.
9. I asked him where he lived.
10. Pappy enquired of me that was going on.

Exercise

1. He said to me, "I shall check the paper again".
2. She said to Suresh, "I was looking into the matter".
3. He said to me, "Good night!"
4. The poor man said, "Have mercy on me".
5. He said to me, "Bring your accounts".
6. He said, "What a big house!"

7. She said, "So, you have killed the lion!"
8. My father said to the children, "Don't throw stones at the mad dog".
9. He said to me, "I cannot change my behaviour".
10. He said, "Oh! (*or* Aha!) My brother has come".
11. He said to me, "Will you tell me a horror story?"
12. She said to her enemies, "I will teach you a lesson".
13. The Principal said to the students, "The sun is very much bigger than the earth".
14. My father said to me, "Trust in God".
15. My father said to me, "Obey your elders".
16. My father said to me, "Let us go for a walk".
17. He said to me, "Can I write with your pen?"
18 Pinky said, "Alas! My house has been reduced to ashes".
19. The old man said, "God can never die".
20. The child said, "How beautiful the rainbow is!"

Chapter 33
AGREEMENT OF THE VERB WITH THE SUBJECT
Exercise

1. I do not know his whereabouts.
2. I saw three deer in the park.
3. There is a brace of pigeons in our house.
4. Such news is always welcome.
5. What I love is oranges and apples.
6. Many a boy was present there.
7. Much work remains to be done by me.
8. My real obstacle was the circumstances.
9. Ram as well as you is to blame.
10. Mathematics is a very difficult subject.
11. The painter and the sculptor are dead.
12. Note me but you are to do this work.

(**Note :** Grammar के strict rules के अनुसार "Not I" correct है, परन्तु modern usage में "Not me" का अधिक प्रयोग होता है।)

13. He is one of those who are not amenable.
14. Bread and butter is an average man's aim in life.
15. The ship with all the sailors was wrecked.

Chapter 34
THE ADVERB
Exercise

1. *(d)* **2.** *(a)* **3.** *(e)* **4.** *(a), (b)*

Chapter 45
CLASSIFICATION OF CLAUSES
Exercise

1. I know (that) he *is a driver.*
2. The fact is *that he has left this place for good.*
3. Don't believe in *what you have not seen.*
4. That the *moon has not got its own* light is a well-known fact.
5. I cannot say whether *they will go on war or not.*
6. I went to see him on hearing *that he had been hurt in a road accident.*
7. He had to swallow *whatever insult was hurled at him.*
8. It seems that *he would like to drink more coke.*
9. Tell me *where you have concealed the papers.*
10. Do you know *which is the deepest lake in the world?*
11. I do not understand *what she wants.*
12. The news *that he has won a scholarship* is true.

Exercise

1. Which is book *that you found on the roadside*?
2. Which is the boy *who won the first prize.*
3. He is the teacher *whom every student likes.*
4. Do you know the place *where tea is cultivated*?
5. The book *you have given (to)* me is an illustrated one.
6. The song *that you wrote..........* .
7. The school *which you were first talking of* is near my house.
8. The train *which goes to Delhi* states at 10 a.m.
9. This is the same song as was *sung by Kavita at the Annual function.*
10. She is the girl *who has black hair.*
11. Such boys *as work hard* succeed in life.

Exercise-1

1. Do *as you are advised (to do).* (manner)
2. Think *before you speak.* (time)
3. Run fast *lest you .... train.* (purpose)
4. .... as fast as he could. (degree)
5. Go *wherever you like.* (place)
6. The .... go, *the cooler it is.* (degree)
7. Ram is .... tall *as Sham.* (comparison)
8. This is much better *than that.* (comparison)
   or This is *as I expected.* (manner)
9. I cannot .... *as I am unwell.* (reason)
10. He walks *as if he were lame.* (manner)

11. You .... me *however hard you may try.* (contrast)
12. .... *that does not care for anybody.* (extent)
13. No sooner .... *than we reached the school.* (time)
14. .... *so that they could pass.* (purpose)

Exercise-2

1. You cannot pass .... (condition)
2. Go .... (place)
3. You can pass .... (condition)
4. .... I shall have myself to go to her. (condition)
5. I'll accompany you .... (condition)
6. I won't go with him .... (reason)
7. I'm taller .... (comparison)
8. He loves me .... (comparison)
9. I'll help him .... (reason)
10. He is very busy .... (contrast)
11. .... I'll stand by him. (reason)
12. I objected to his behaviour .... (reason)
13. Go *or* working .... (time)
14. Wait here .... (time)
15. He walks .... (manner)

Exercise-3

Noun Clause = N.C.
Adjective Clause = A.C.
Adverb Clause = Adv. C.

1. were .... (noun clause : object to the verb 'know')
2. that .... (N.C. : in apposition to the noun 'reason')
3. that .... (N.C. : in apposition to the impersonal pronoun 'it')
4. That .... (N.C. : subject to the verb 'goes')
5. .... where .... (N.C. : object to the verb 'tell')
6. .... what ....? (N.C. : Object to the verb 'know')
7. .... as Sham. (Adv. C. : Showing comparison)
8. .... which .... (A.C. : qualifying the noun 'road')
9. .... that he gave me .... (A.C. : qualifying the noun 'book')
10. .... what .... (N.C. : complement to the verb 'is')
11. .... as you please. (Adv. C. : showing manner)
12. .... what .... (N.C. : object to the verb 'tell')
13. However .... work .... (Ad. C. : showing extent)
14. .... at fast .... (Adv. C. : showing degree)
15. .... unless .... (Adv. C. : of condition)
16. .... because .... (Adv. C. : of reason)

17. .... so that .... (Adv. C. : of purpose)
18. .... lest .... (purpose)
19. .... where .... (A.C. : qualifying the noun 'square')
20. .... so that .... (Adv. C. : of purpose)
21. .... if .... (Adv. C. : of condition)

Chapter 47
TRANSFORMATION
Exercise

1. Their glory can never fade.
2. It is so late that it cannot be mended.
3. You are requested (*or* ordered) to do it.
4. You are forbidden to make a noise.
5. Let him be helped by us.
6. It is a very fine idea.
7. I don't know where he lives.
8. He told me that he liked toys.
9. You must complete work in time.
10. She said, "May you be happy!".
11. He is so clever that he will not join our party.
12. Do not put off today's work till tomorrow.
13. Don't believe liars.
14. Let our country be served.
15. You are not as wise as he (is). (Positive)
16. (a) No other man in our town is as happy as he (is). (Positive)
(b) He is happier than any other man in our town. (Comparative)
17. You should speak in a loud voice.(*or* loudly)
18. Sit down, please.
19. If you have a will, you will get the way.
or If you have a will, there will be some way.
or If there is a will, there is a way.
20. Those being in glass-houses, should not ....
21. If you want to pass, you should work hard.
22. I disbelieve him.
23. They have cancelled five trains.
24. (a) He is happier than most others.(Comparative)
(b) He is one of the happiest ones.(Superlative)
25. I'm not at all for evil to others.
26. He (that man) is not only poor but also old.
27. If you want peace he prepared for war *or* (live like brothers).
28. Where there is a rose there is a thorn.

YOUR SPACE

YOUR SPACE

YOUR SPACE